应用型学前教育专业教材

RE 融媒体版

国家一流本科课程（绵阳师范学院《幼儿游戏与指导》）建设成果
河北省职业教育一流核心课程（在线）（唐山幼儿师范高等专科学校《幼儿游戏与指导》）项目阶段性成果

U0659771

学前儿童
游戏活动与指导
（第2版）

XUEQIAN ERTONG
YOUXI HUODONG YU ZHIDAO

么　娜 ◎ 主编

北京师范大学出版集团
BEIJING NORMAL UNIVERSITY PUBLISHING GROUP
北京师范大学出版社

图书在版编目(CIP)数据

学前儿童游戏活动与指导/么娜主编. —2版. —北京：北京师范大学出版社，2024.6

（应用型学前教育专业教材）

ISBN 978-7-303-29136-6

Ⅰ. ①学… Ⅱ. ①么… Ⅲ. ①学前教育－游戏课－高等学校－教材 Ⅳ. ①G613.7

中国版本图书馆 CIP 数据核字（2023）第 119666 号

图书意见反馈：gaozhifk@bnupg.com 010-58805079
营销中心电话：010-58802181 58805532
编辑部电话：010-58808898

出版发行：北京师范大学出版社 www.bnupg.com
　　　　　北京市西城区新街口外大街 12-3 号
　　　　　邮政编码：100088
印　　刷：北京溢漾印刷有限公司
经　　销：全国新华书店
开　　本：787 mm×1092 mm 1/16
印　　张：20
字　　数：380 千字
版　　次：2024 年 6 月第 2 版
印　　次：2024 年 6 月第 9 次印刷
定　　价：54.80 元

策划编辑：罗佩珍　　　　　责任编辑：薛　萌
美术编辑：焦　丽　　　　　装帧设计：焦　丽
责任校对：陈　民　　　　　责任印制：陈　涛　赵　龙

编委会

第2版前言
FOREWORD

人生百年，立于幼学。办好学前教育，打牢人才基础，意义重大，影响深远。改革开放以来，我国一直高度重视学前教育事业的发展。《幼儿园教育指导纲要（试行）》《3—6岁儿童学习与发展指南》《教师教育课程标准（试行）》《幼儿园教师专业标准（试行）》等一系列文件的颁布给我们提供了推动学前教育改革的重要依据。党的十九大报告中提出要在"幼有所育"上不断取得新进展，党的二十大报告提出要强化学前教育普惠发展，为我国新时期学前教育的发展指明了方向、提出了要求。

高素质的教师队伍是学前教育质量的保障，而课程与教材建设则是师资培养的重要抓手。2020年习近平同志在给人民教育出版社老同志的回信中强调，要紧紧围绕立德树人的根本任务，用心打造培根铸魂、启智增慧的精品教材。

编写团队以习近平新时代中国特色社会主义思想为指导，依据国家学前教育相关文件、教师资格证考试等精神，结合幼儿园教学实践工作需要，吸纳国内外学前儿童游戏的新研究新实践，启动了《学前儿童游戏活动与指导》的编写和修订工作。

本教材本着科学性、思想性、系统性、实用性、时代性的原则，在编写过程中参考大量国内外相关资料，力求做到知识系统无误；结合当前学前教育专业学生实际，做到内容通俗易懂，便于学生理解和应用，有操作性和实用性；牢牢把握习近平新时代中国特色社会主义思想的基本立场、观点、方法，注重系统整体设计、分段分科推进，在课程中有序铺开，强化学前教育专业课程与思政课一体化建设。

本次修订较第1版做了比较大的调整，每个章节都有课程思政的渗透和应用，有具体陈述和案例更新，也有新的章节内容增加。教材体系结构设计合理，与教学理念更相适应，与教学方式方法更相匹配，也更能反映学科知识体系。教材体系结构开放，编排方式灵活，满足弹性教学、分层教学等需求。教材既有较完善的知识模块和知识内容，又提供了数字平台，通过扫描二维码，可以看微课、看视频、看拓展知识，实现移动端随时看、反复学，纸数融合。同时，配套课件、课后习题答案齐全，使教材有丰富的配套资源。

本教材是国家一流本科课程（绵阳师范学院《幼儿游戏与指导》）建设成果；河北省职业教育一流核心课程（在线）（唐山幼儿师范高等专科学校《幼儿游戏与

指导》)项目阶段性成果；唐山师范学院教育教学改革研究项目"课程思政背景下《幼儿园游戏理论与指导》课程教学改革研究(项目编号：2021JG012)"结项成果。

　　本教材共包含十三章，编写工作具体分工如下：全书由唐山师范学院教授么娜主编，负责统稿并编写第一、二、八、十、十一、十三章；唐山幼儿师范高等专科学校张英杰负责编写第四章和第七章第一节；唐山师范学院潘元良瑞负责编写第七章第二节和第十二章；绵阳师范学院华正宏负责编写第五章和第六章；唐山师范学院王颖负责编写第三章和第九章。

　　唐山市花苗实验幼儿园王玉春、唐山市第二幼儿园高建民、唐山市南堡第一幼儿园刘立新、滦州市古城街道古城幼儿园韩素萍、唐山市第四幼儿园李金凤等众多幼儿园教师为本教材的编写提供了大量有价值的学前儿童游戏案例，更有华南师范大学袁爱玲教授、河北大学胡保利教授、河北师范大学田宝军教授等知名专家为本书的编写提出了很多珍贵编写建议，在此一并表示感谢！

么　娜

2024 年 5 月

第1版前言
FOREWORD

　　《幼儿园教育指导纲要(试行)》在总则中明确指出："幼儿园教育应尊重幼儿的人格和权利，尊重幼儿身心发展的规律和学习特点，以游戏为基本活动，保教并重，关注个别差异，促进每个幼儿富有个性的发展。"为了适应幼儿教育改革的要求及《幼儿园教育指导纲要(试行)》《3—6岁儿童学习与发展指南》等文件的精神，指导学前教育专业学生以及学前儿童教育工作者的教育实践，我们特意编写了《学前儿童游戏活动与指导》一书，将游戏教育理念渗透其中，以供参考。

　　游戏与学前儿童教育密不可分，教育离不开游戏，游戏的内容也离不开教育内容，游戏为学前儿童经验的获得与应用提供了重要途径与机会。游戏是教育的内容，是教育实施的背景，也是教育实施的途径。游戏是学前儿童十分向往的自主而快乐的活动，是学前儿童的基本活动。游戏所涉及的内容是与学前儿童的兴趣相关联的，游戏应该与学前儿童的行为相关联，游戏应该与学前儿童的主动性、自发性相关联。因此，学前儿童的游戏是学前儿童参与教育"设计"的途径。

　　作为教育者，首先，我们应加强宣传和学习，树立正确的游戏观。游戏是学前儿童最喜欢的，是他们的基本活动、主导活动，学前儿童的身心和谐发展是在游戏中实现的。其次，游戏是学前儿童最适宜的活动，我们应在游戏中促进学前儿童身心和谐发展，应注重游戏环境和条件的创设，保证学前儿童有充足的游戏时间，为他们提供足够的游戏材料，营造宽松、自由、积极的游戏氛围。再次，要明确教师在学前儿童游戏活动中的角色和地位，只有在轻松、愉快的环境中，学前儿童才能自然、真实地表现自己。最后，我们应做到教育教学活动游戏化、游戏活动教育化。游戏在幼儿园教育实践中的运用，不仅可作为教育教学的基本内容，也可作为组织教学活动的有效手段，更应是贯穿整个幼儿园教育教学所有过程的一种反映童年精神的灵魂。为此，游戏与教育才可真正达成立体而有机的融合，幼儿园也才可给予学前儿童一个真正的游戏童年、快乐童年和成长童年。

　　学前教育课程是实现学前教育目的的手段，直接关系到学前教育的质量，关系到学前儿童的发展。而很多的学前教育方面的教材理论价值很高，却不能有效转化为实践的具体操作内容，让大朋友们有些望尘莫及。因此，本书将为您介绍一些关于学前儿童游戏活动的理论与实践知识，提供大量科学有趣的学前儿童游戏案例，从而帮助学前教育专业的在校生在具备一定游戏理论的基础上，学会更多种类的游戏，知道如何组织这些游戏，如何指导学前儿童在游戏中获得发展。

本书共包含 13 章内容，其中第一章、第二章集中介绍了关于游戏活动和学前儿童游戏活动的基本理论，包括游戏的本质，经典的游戏理论，学前儿童游戏的含义、分类等。第三章介绍外国的一些典型游戏。第四章到第十一章分别介绍常见的各类学前儿童游戏活动的意义、作用，以及案例列举和分析，主要包括角色游戏、结构游戏、表演游戏、智力游戏、体育游戏、语言游戏、音乐游戏和美术游戏、特色游戏。第十二章主要是一些学前儿童各个年龄阶段的游戏案例。

全书由唐山师范学院副教授么娜老师主编并负责统稿，具体撰写分工如下：第一章、第二章、第四章、第十一章由唐山师范学院教育学院么娜老师撰写；第十章、第十二章由邯郸学院教育学院张静老师撰写；第五章、第六章由绵阳师范学院华正宏老师撰写；第三章、第九章由唐山师范学院教育学院王颖老师撰写；第七章、第八章由唐山师范学院教育学院李剑老师撰写。在撰写过程中，很多河北和四川的专家、园长和一线教师提供了大力支持和帮助，在此一并表示感谢！

本书的内容与观点是编写团队关于儿童游戏问题的探索和思考的阶段性总结，由于学识浅陋，书中难免有许多不足之处，希望各位专家、同行和读者不吝赐教，批评指正。

么　娜

2015 年 7 月

目 录
CONTENTS

第一章　游戏的本质

课程思政 ▶

　　本项目内容可以激发学前教育专业学生专业知识学习的热情，帮助学生在了解基本游戏常识的基础上提升文化素养，更加积极向上、谦虚好学、乐于沟通。

学习目标 ▶

　　1. 掌握游戏的定义、游戏的基本理论及游戏的特征，了解游戏的应用。

　　2. 在对游戏的基本知识有一个框架了解的基础上，能更好地设计和组织游戏。

重点和难点 ▶

　　1. 游戏的基本理论。

　　2. 游戏的特征。

　　游戏是学前儿童的基本活动，有益的游戏可以促进学前儿童的身心发展，是对学前儿童进行教育的有力手段。在游戏中，学前儿童的积极性、创造性和主动性能够得到充分发挥，从而获得知识、发展动作及提高技能。

　　儿时的游戏还在笔者的眼前萦绕，你还能想起你儿时玩过的"过家家""开商店""开医院"等有意思的游戏吗？还能想起和哪位小伙伴吵过架、拌过嘴、分开又聚合在一起玩耍吗？儿时的游戏让我们至今仍然回味无穷。本节即将讨论的就是有关学前儿童游戏的话题，提醒大家关注学前、关注学前儿童的游戏。

老师，我不想做"挂号员"

　　一天，在幼儿园的游戏时间，我们开展了各种各样的区角游戏活动。在玩"医院"游戏时，几个幼儿为扮演的角色发生了争执。蓉蓉说："我想当医生，给病人看病。"小明说："我要当护士，给病人打针。"恒恒也吵着说："不不，我也要当医生。"蓉蓉和恒恒还抢起位置来，我觉得恒恒平时有些调皮，自控能力较弱，于是便动员他担任"挂号"的工作。恒恒显得很不情愿，但他还是当起了"挂号员"。由于很少有

"病人"来挂号看病，恒恒显得无所事事。我在游戏结束后，特意表扬恒恒能够"坚守岗位"。

评析

游戏是学前儿童最喜欢的活动，也是一种有乐趣的活动，在日常生活和教学活动中，教师应注重将学习与游戏相结合，充分利用各种游戏组织教学，从幼儿的兴趣和愿望出发，让幼儿在学中玩、在玩中学。在游戏中，努力为幼儿营造一个宽松、民主、自由的环境，尊重幼儿，因材施教，关注幼儿的变化与需求，并且及时引导他们的行为，帮助他们解决问题，促进他们情感、态度、人际交往等方面能力的发展。

以上案例中，仍存在一定的问题，当蓉蓉和恒恒发生争执时，教师马上介入，按自己的意愿而不是引导、启发幼儿自己去协调、解决问题，使幼儿失去了一次独立解决问题的机会。可见，在宽松的活动环境中，教师应该学会"该出手时再出手"。

反思

第一，在游戏中学习、发展。游戏是学前儿童学习的基本方式，也是学前儿童最喜欢的活动方式。在游戏中，学前儿童处处体验着自己的生活经验，表达着自己的情感、态度，还能在合作交往中得到进一步的发展。当蓉蓉与恒恒在区角活动中发生矛盾时，教师的介入虽然使他们学会了合作，但他们的问题是在教师的帮助下得到解决的，交往技能的习得缺乏幼儿的主动性。如果教师只充当一个旁观者，由他们自己去尝试解决问题，不仅能使幼儿学会谦让与妥协，还可以让幼儿通过自身的情感调整来解决问题。因此，为幼儿创设开放、宽松的活动环境，让幼儿在活动中主动游戏、主动习得交往的技能，这比教师教他们应该如何去交往要理想得多。

第二，深入领会《幼儿园教育指导纲要（试行）》（以下简称《纲要》）的内涵，促进学前儿童全面发展。在《纲要》精神的指导下，教师努力成为幼儿活动的支持者、引导者、合作者。但在教学实践中，教师还未能将理论完全付诸实践，往往顾此失彼。如案例中出现的情况，教师在注重幼儿情感发展、合作游戏的同时，忽略了应该如何更有效地促进幼儿能力的发展。在学习中实践，在实践中学习，教师要不断深入学习领会《纲要》的精神实质，促进幼儿生动、活泼、主动、全面的发展。

我会拼出来

又到了每天区域活动时间，其他幼儿选择了自己喜欢的区域进行活动，而尖尖坐在一边茫然地看着大家，看到尖尖的样子，我心里默默地想："尖尖到底对什么感兴趣？美工区，娃娃家，绘本区，还是建构区？"因为担心拼图对小班幼儿来说有一定的难度，所以班级里一直没有开放益智区。于是我试着跟幼儿们说："今天我们有一个新的游

图 1-1 拼图游戏

戏——拼图!"还没等我说完,尖尖眼睛一亮举起手说:"老师,我想玩拼图!"……

注意:描述发生了什么。

看到尖尖在游戏中这么投入、认真,我认识到幼儿的能力不能只根据年龄特点、固定的理论来判断,更多的要根据他们自身的爱好。看到尖尖一块一块地拼好拼图,我拿出自制的教具"食物拼出来",即用多根冰棍棒拼出一幅画:多根冰棍棒平铺紧密放好后在上面画画,然后在每根冰棍棒的一端画上从1个到10个圆点的标记,再打乱画面顺序,让孩子尝试恢复画面。这个游戏尖尖更加认真地玩起来,一开始尖尖尝试根据不同冰棍棒上面的颜色找,看尖尖有些着急,我赶忙上去帮忙,尖尖却头也不抬一边继续找一边说:"不用不用,我自己来!"

在没有任何提示的情况下,尖尖发现了标记,一个接着一个地拼出来,发现画面是一只大螃蟹,尖尖高兴地招呼我:"张老师,张老师,你看,我拼好了,是只大螃蟹!"看到尖尖骄傲地告诉我自己成功了,我感到很欣慰!

识别:在这个故事中幼儿很可能学习什么?

当其他幼儿拼食物拼图时,大家都是根据颜色尝试拼,一会儿比一比是不是连着的,一会儿转一转是不是方向不对。但这种方法对小班幼儿来说确实有些困难,很容易导致幼儿放弃。而尖尖却发现了标记,利用标记把画面恢复,说明幼儿遇到困难没有放弃,而是愿意动脑筋尝试自己想办法找到答案,这是很好的学习品质。在别的幼儿拼不下去的时候尖尖还会主动帮助,告诉他去数一端的小圆点标记!

回应:如何支持幼儿的学习?

看到尖尖骄傲地告诉我成功拼好的时候,我真的很庆幸,在他遇到困难时我只是问了问,没有插手,在一边默默地观察,给予幼儿足够的时间和空间让他自己去探索问题、解决问题。如果剥夺了幼儿自己尝试的机会,这样不但会打消他的积极性,更会让他变得不爱思考。因此,看到幼儿遇到困难,我们不妨躲起来,让他们自己来!

(根据唐山市花苗实验幼儿园张琳老师的日记修改)

第一节　游戏概述

研究游戏,首先要研究游戏的定义,认识和掌握游戏的特点,以便更好地设计和指导游戏。古今中外,无论男女老幼,都乐于做游戏。自20世纪60年代末,关于游戏的研究如雨后春笋般出现,仅在20世纪70年代就有200篇以上关于游戏的学术性期刊文章及几十本有关游戏研究的书籍出版。

一、游戏的定义

对于游戏的概念,一直是许多心理学家和教育家研究和探讨的问题。但是,由于研究者们对游戏的理解、研究的方法、研究的角度、所依据的材料不同及所持态度不相同，所以目前还没有被人们一致认同的对游戏进行限定的表述。

按"游戏"的字面意思理解，游戏即游乐嬉戏。中国最早的字义训诂著作，多认为是成书于汉初的《尔雅》，书中有"游，戏也""戏，谑也""谑，戏也"。东汉许慎编撰的《说文解字》中也分别解释了"游""戏"的原意。无独有偶，印度梵文中"kridati"一词，指风的拂动、水的流动，也指动物、儿童、成人的游戏，还指人的跳跃、舞蹈。这是将物体的运动、动物的耍闹和人的游戏、体育活动、形体艺术联系起来了。

目前，对游戏的定义众说纷纭，《牛津英语辞典》中共列出了116条关于游戏的不同定义。虽然游戏是一个非常难以定义的概念，但是人们还是在尝试给它定义，原因如下。

(一)游戏定义的必要性和可能性

给游戏定义是必要的，因为我们研究任何一个问题都要首先弄清它"是什么"，而定义是根据问题的内涵和外延来给它限定一个范畴。

1. 给游戏定义的理由

(1)科学研究的需要

任何一个理论都有它的研究范畴，有的大些，有的小些，只有有了定义域的限制，才能确定研究对象的范畴，才能去科学、深入地做好研究。如果不去考虑游戏的定义，就不能限定游戏的范畴，其结果可能会造成概念混淆，致使研究范围过宽或过窄。做任何研究，都要首先明确定义，才能对研究对象进行较为准确的定位。

专家们认为，人们之所以对某些问题争论不休且缺乏一致的看法，主要就在于缺乏严密的科学概念。因此，有必要对研究对象的界定归结为大家都同意的、简单的表述。于是，研究者们都试图给游戏做出清晰的定义或更有用的假设。

(2)游戏现象的文化观所致，即对游戏价值有异议

出于试图搞清楚游戏的含义和价值的目的，人们将游戏定义作为研究的对象，因为定义中隐含了价值判断。现实中，由于价值观、侧重角度不同而导致差异：有的研究者认为规则游戏有价值，有的研究者认为角色游戏有价值，还有的研究者把工作和游戏区分开来，并且提出了这些活动的价值判断。正所谓"仁者见仁，智者见智"，研究的角度、方向、侧重点等不同会导致研究结果不同。

每个研究者都从不同角度定义游戏的特征，然而，始终未能产生一个被人们普遍认同的理想定义，从而使游戏研究陷入了一个定义的困境。这就产生了游戏定义中的困难。

2. 游戏定义中的困难

游戏可以从不同层面去定义。我们通常会遇到这种情况：对于一个词，我们似乎对它的意思很清楚，但一涉及它的内涵和外延就会迷惑不解。就像平时人们所说，

有些东西"只可意会不可言传"，有的时候真是难以用语言形容。由此，也就出现了对游戏定义的形形色色的解释。

有多种多样的游戏定义，有多种多样的游戏理论，每种理论都解释了游戏本质的一部分，然而没有一种理论是完全的。它是以多种姿态和多种形式出现的，任何一种定义都是部分的，让人觉得不全面。由于我们对游戏难以做出适当和全面的定义，甚至是描述，因此我们对游戏理论难以做出十分满意的回答，大多数心理学书籍和实践工作对其都是感性观察，而不是理论概括。从严格意义上来说，"游戏"一词并非科学概念。可能是由于这个原因，许多研究者虽然曾经试图寻找该词所表示的多种多样的共同点，但是至今仍未能满意地确定其范围和全面的解释。

对游戏进行定义可以在两个操作层面上进行：一是作为一类行为总称的概括性名称的游戏和作为某种活动类型的特殊性名称的游戏；二是作为文化意义的游戏和作为生物学意义的游戏。人们在给游戏下定义时，操作的层面是不同的，在不同层面上的操作性定义往往顾此失彼，难以用一种简单明确的术语全面概括。

由此，人们对对游戏进行定义的可能性产生了疑问，并且对对游戏进行定义的必要性产生了否定。事实上，人们总试着研究某种具体的游戏，而不是以一类行为总称的游戏为研究对象，对某种具体的游戏来说，是可以定义进而限定其研究的范围的，而对一类行为总称的游戏，只揭示它的文化含义即可。

游戏是一种社会文化现象，属于人文科学研究的内容，由于这种反映了人的主体精神的活动具有极其丰富和复杂的内涵，才会出现不同的人从不同的立场、不同的角度去理解、评析、定义游戏的现象。每种解释和定义都预示着一种角度、一种眼光和一种理解。那种要求以一个绝对的、可操作的、划一的定义囊括全部游戏现象的做法，显然不合实际。

(二)现行对游戏进行定义的几种方法

1. 已经尝试的对游戏进行定义的方法

已经尝试的对游戏定义的方法有以下三种：一是根据心理学上的意向，提出假设，通过思辨、抽象本质来辨别游戏；二是根据外显的行为类型，提出一些标准来辨别游戏；三是根据可能引起某种行为意向的环境，创设环境，辨别游戏。

这些方法定义的游戏概念可能比较全面，但对于我们来说，实施起来会显得太抽象，于是我们寻求其他的途径去解释"游戏"。

2. 教育家们提出的观点

德国教育家福禄培尔认为：游戏是幼儿内部存在的自我活动的表现。

美国心理学家布鲁纳认为：游戏是形成和完善在定向活动的基础上对行为的心理调节。

苏联心理学家艾里康宁认为：游戏是在真实条件之外，借助想象，利用象征性的材料再现人与人的关系。

在美国比较畅销的《幼儿的创造性活动》一书中指出：对成人来说，游戏是当他们完成工作时所做的活动，游戏是一种娱乐形式；对幼儿来说，他们整天都在做游戏，游戏就是生活，而生活就是游戏。

在卡罗斯·费尔特、尼塔·鲍勃所著的《现代美国幼儿教育学》一书中，对于什么是游戏的问题，概括出以下六种意见：其一，游戏有内部动机，它不是由目的指导的；其二，游戏是享受，尽管这种愉悦的外部表现形式可能多种多样，幼儿或成人在游戏中感到愉快；其三，游戏是灵活的，尽管有与场合和时间相关的一些共同因素，但它依不同场合和不同人而变化；其四，游戏是自由参与、个性选择的活动；其五，游戏不是不加夸张、确确实实的，它要求游戏者认识到游戏中正在发生的情况不是真实的，游戏与工作者有一些共同的特点，但游戏又不同于这些活动；其六，游戏要求语言、智力、身体活动，闲逛尽管也是愉快的，但不积极，所以不能归入游戏之中。

另外，有些人提出这样的一种观点，认为游戏是一种行为倾向，有内部动机，它发生在可描述、可再造的环境中，它是一种形式多样且可以观察的行为。这种行为倾向包括五个方面的因素。其一，作为一种行为倾向的游戏，它是一种内在的动机行为。游戏不是外因的作用，不是靠外部力量的推动，而是靠幼儿内部动机的驱使，是内在动机的行为表现。其二，游戏的兴趣在于过程，而不是目的。其三，游戏与探索不同，探索的对象是陌生的，探索的目的是想获得新的信息，探索是由外部因素引起的；游戏的对象是熟悉的，游戏是由本身的动机支配的。其四，游戏没有外界强力的规则。其五，游戏要求游戏者积极主动地参加。

上述对于游戏的解释也较为复杂。在国内外研究者的众多解释中，我们寻求最简单、最便于理解的定义。

3. 关于游戏的独特解释

英语中与游戏相关的单词有"play"和"game"两词。其中"game"一词多指有规则的竞技活动，与汉语中"博弈""搏戏"等词相仿。而"play"与"playing"则有"玩"和"游戏"的含义，与现代汉语中通常的"游戏"一词意义相同。英语中更有"fun"一词蕴含了多种"乐趣"之意。把"游戏(game)""玩(play)"和"乐趣(fun)"联结起来，便构成游戏品质的素描，即"游戏"是有趣味的玩乐活动；"玩"是游戏的具体行为；"乐趣"是从游戏中得到的体验和情感。因此，关于游戏的定义，我们就可以用这个公式来表示：游戏＝game＋play＋fun。

二、游戏的本质特征

荷兰著名文化史学家、语言学家胡伊青加(Johan Huizinga，又名赫伊津哈)在其开创性的名著《游戏的人》(已有两种中译本)中，从社会文化史的多个层面对游戏进行了深入研究。他基于游戏的主要特征，将游戏定义为：游戏是一种在固定时间和地点限制内的自愿活动或消遣，遵循自由但绝对接受应该遵守的规则；游戏本身具有一定的目标，同时伴随着紧张、喜悦的感觉和"不同于平常生活"的意识。他提醒我们要对游戏的特征进行辩证的分析。

图 1-2 幼儿自主游戏

游戏的本质特征深刻表明：游戏区别于动物的嬉闹，也区别于日常生活。基于此，学前儿童游戏可以概括出以下五个特点。

（一）主动性

游戏是学前儿童喜爱的、主动的活动，游戏是适应学前儿童内部需要进行的，它适合学前儿童身心发展的需要。

（二）虚构性

游戏是想象和现实的特殊结合。游戏离不开想象，想象既不能脱离现实，也不能原原本本地复制现实。虚构性的特点可以使学前儿童根据自己的需要随意改变行动方式，符合学前儿童活泼好动的特点。前面我们分析游戏的特征时也提到过游戏具有幻想和想象的成分，可以让学前儿童随意发挥。

（三）兴趣性

游戏的兴趣性是通过游戏的内容、形式和情节反映出来的。兴趣性包含在游戏之中，游戏能调动学前儿童的积极性，对学前儿童有较强的吸引力。

（四）形象性

游戏的形象性体现在声、形、动、情之中。在游戏中学前儿童扮演着社会各阶层的人物，模仿他们的动作、语言和表情，充分创造人物形象，学前儿童感到十分亲切，仿佛在真实生活一样。游戏以生动的形象来反映现实生活，强烈地吸引着学前儿童，满足了学前儿童的需要，让他们愉快。

（五）社会性

游戏的社会性主要表现在游戏的内容上，游戏的内容来自社会生活，是对社会生活的反映。学前儿童生活在社会里，在社会上接触到的事物和现象都具有社会性，并且随时代的不同而变迁。人类社会生活越丰富、越进步、越文明，学前儿童的游戏越充实、越能充分地反映现实生活。

视频微课

游戏概述

第二节　关于游戏的本质学说

我们说，理论往往是通过概括行为的表现和探索行为的原因后对行为做出的一种解释。从古至今，许多专家、学者致力于儿童游戏的实验与研究，由于游戏行为涉及许多学科的根本问题，如人性、人类文化、人的精神、人的生存意义及人的发展等，所以对它的研究曾引起哲学家、美学家、人类学家、心理学家、教育学家等各方面学者的广泛兴趣。由于他们研究的立场不同、角度不同、出发点不同和指导思想不同，出现了形形色色的理论观点。这些理论虽然各有其不足之处，但是从各种理论、观点的对立和联系中，我们仍然可以借鉴到不少有益的思想，给我们今天理性地思考学前儿童游戏以不少的启示，如严渊的《严氏家训》、卢梭的《爱弥尔》、洛克的"白板说"等。

关于游戏的本质，各种游戏观所做的阐述精彩纷呈，可谓仁者见仁，智者见智，本节将进行简要的介绍。

一、早期的传统游戏理论

(一)定义

早期的传统游戏理论是指第一次世界大战之前所倡导的游戏理论，由于这些理论在当时以致后来有着广泛和久远的影响，在理论界占据重要地位，也被称为经典游戏理论。

这些理论产生于19世纪末20世纪初，传统游戏理论主要研究游戏产生的原因与结果。

(二)代表性的早期游戏理论

早期游戏理论比较有代表性的主要有以下六种。

1. 精力过剩说

表1-1　精力过剩说

学说名称	代表人物	游戏观点
精力过剩说	席勒、斯宾塞	游戏消耗剩余、过剩的精力

这一理论的代表人物是德国的席勒（F. Schiller）和英国的斯宾塞（Herbert Spencer），他们认为游戏是人的机体内部剩余的力量产生的，其主要观点是：生物都有维持自身生存的能力，高等动物在维持生存所耗精力之外尚有剩余精力，游戏便成为一种消耗剩余精力的出路。

儿童在日常生活中消耗的精力较少，有剩余精力，这些剩余精力必须从体内发散出去，否则就会像不透气的压力锅那样爆炸，游戏便是宣泄剩余精力、保持健康的最佳通道。他们认为人类的活动无外乎两种：一种是有目的的活动，称为工作；另一种是无目的的活动，游戏便是其中的主要方式。通过游戏与艺术相通性的研究，他们还认为游戏是人类审美领域里的最高境界。

席勒认为人与动物区别的根本标志就是有没有"自由意志"。斯宾塞发扬了席勒的观点，他认为消耗剩余精力的游戏活动是随人类社会的发展而变化的。他也对游戏进行了分类：感觉器官的过剩活动；艺术——美学的游戏；高级的协调力量的游戏；模仿。

精力过剩说所具有的普遍常识性，使它如今依旧很流行，它可以解释为什么儿童在教室里上了一段时间的课后，需要到游戏场上奔跑、追逐，也可以解释为何儿童会比成人更有精力，以及为何高等动物比低等动物更有精力。当然，精力过剩说也有很严重的缺陷，因而遭到来自各方面的批评。首先，有人认为这理论没有以实验为依据的证明。如从刚识数开始，我们就知道"1＋1＝2"，但"1＋1"为什么等于"2"呢？得有理论证明才能让人信服。因而，这个理论被认为是没有依据的、不能实验的，所以是不能让人信服的。其次，这种理论不能解释为什么儿童即便到了筋疲力尽的程度，也会又开始做游戏。如果是精力过剩，那么儿童在感到疲劳之后应当休息，而往往他们又全身心地投入游戏或新游戏中，乐此不疲。再次，这种理论违背进化论的观点。进化论认为对人类生存有利的行为特性才会一代代延续，而游戏常被认为是多余的，对生存而言并不是必需的活动。现实中游戏却一代代延续，甚至越高级的动物对游戏越需要，这似乎与进化论的观点相矛盾。最后，这种理论陷入了一种循环论证。比如，猫捉老鼠与猫追皮球相比较，精力消耗少却不被认为是游戏，而猫追皮球精力消耗较多却被认为是游戏，这个例子中判断是否为游戏的准则即看行为是嬉戏还是严肃，这却与精力过剩论有一定的出入。

知识拓展

席勒（1759—1805），德国18世纪著名诗人、作家、哲学家、历史学家和剧作家，德国启蒙文学的代表人物之一，是德国文学史上著名的"狂飙突进运动"的代表人物，也被公认为是德国文学史上地位仅次于歌德的伟大作家。斯宾塞（1820—1903），英国哲学家、社会学家和教育家。他为人所共知的就是"社会达尔文主义之父"，他提出的学说将进化理论中的适者生存应用在社会学上，尤其是教育及阶级斗争上。

2. 松弛消遣说

表1-2 松弛消遣说

学说名称	代表人物	游戏观点
松弛消遣说	拉察鲁斯、裴茄克	游戏恢复在工作中消耗的精力

松弛消遣说的代表人物是德国的拉察鲁斯（M. Lazarus，有的音译为"拉扎鲁斯"）和裴茄克（Patrick，有的音译为"帕特里克"），其主要观点是：人类在脑力和体力劳动中都会感到疲劳，为了放松自己、消除疲劳和恢复精力就产生了游戏。游戏不是发泄剩余精力，而是为了精力的恢复。这种理论认为有机体在持续工作以后丧失了大量的精力，需要有一种能使有机体放松，并且使失去的精力得以重新恢复的活动，这个活动就是游戏，因此游戏是使失去的精力重新恢复起来的一种活动。对于儿童来说，由于受身心发展水平的限制和生活经验的缺乏，对复杂的外部世界难以适应，很容易产生疲劳，所以需要游戏来使自己得到放松和恢复精力。

这种理论可以在儿童教育中应用。如在教学中将智力活动与游戏交叉进行，或者将智力活动寓于游戏之中，使儿童的生活处于一种动静交替、有张有弛的有序过程中。但同样，这种理论也有其局限性。如把体力方面的艰苦劳动看成少于脑力紧张的劳动，就无法解释体力劳动者为什么也需要游戏。

3. 预演说（生活准备说/本能练习说）

表 1-3　预演说

学说名称	代表人物	游戏观点
预演说	格罗斯	为未来成人生活做准备

预演说的代表人物是德国生物学家、新达尔文主义者格罗斯（K. Gross）。其主要观点是：儿童有天生的本能，但本能不能适应未来复杂的生活，要有一个生活准备阶段。这就要求在天赋能力的基础上进行练习，锻炼自己适应"生存竞争"所必需的能力。因此，游戏是儿童对未来生活的一种无意识的准备，是一种升华本能、练习生活的手段。

这种观点的价值在于强调了游戏的实践意义，强调了游戏中的学习，把游戏与儿童的发展联系起来。当然，明显的错误在于颠倒了游戏和劳动的关系，颠倒了游戏和童年的关系，是一种先验论的思想。

4. 复演说（行为复演说/种族复演说）

表 1-4　复演说

学说名称	代表人物	游戏观点
复演说	霍尔	游戏消除原始本能

19世纪末期，科学家发现人类胚胎的发展经历了与人类进化过程同样的一些阶段，如人类胚胎具有与鱼鳃类似的生理结构。这个发现导致了个体的发展重陷种族发展的理论。美国心理学家斯坦利·霍尔（G. Stanley Hall）将复演说应用于儿童游戏。他认为通过游戏儿童复演了人类的发展阶段——动物、原始人到部落人等，儿童游戏的阶段性也遵循人类进化的顺序。因此，儿童爬树的活动（如同我们原始祖

先)会在群体游戏(部落人)之前出现。游戏的目的是消除那些不应该在现代生活中出现的原始本能。如儿童玩棒球,可帮助儿童消除用棒子攻击之类的原始打猎的本能。

霍尔认为人类游戏发展分为五个阶段(从原始人到现代人)。动物阶段是指类人猿阶段,儿童表现是本能的反应,如吸吮、哭泣、抓爬、站立等。未开化阶段是指靠猎取动物为生的阶段,儿童表现为追逐游戏、丢手绢游戏和捉迷藏游戏。游牧阶段靠游牧为生,儿童表现出爱玩小猫、小狗、小鸡、小鸭的游戏,爱护小动物的游戏等。农业耕种阶段是指儿童表现为玩娃娃、玩具、挖地、挖河等游戏。城市阶段也称部落阶段,儿童表现出喜爱小组游戏,由单个人玩发展为一群人一起玩。总之,他认为,儿童游戏是种族行为的复演。

复演论让人充满想象,似乎有其独到之处,但也遭到了各种批评。如有人认为该理论缺乏证据支持,并且不能解释骑自行车、开汽车等现代行为。

5. 成熟说(成熟理论)

表 1-5　成熟说

学说名称	代表人物	游戏观点
成熟说	博伊千介克	游戏是机体逐渐成熟的表现,并且随着机体的成熟,游戏将出现不同的形式

这种理论的代表人物是荷兰生物学家、心理学家博伊千介克(F. Buytendijk,又译作"拜敦代克"),其主要观点是:人有潜在的内部力量,而心理的发展就是在这种潜在的内部力量的驱动下完成的,游戏不需要做准备、不需要练习也能发展起来。游戏不是练习,而是一种欲望的表现。引起游戏的欲望有三种:求解放的欲望、与周围环境一致的欲望、重复运用习得的欲望。因为年幼才有游戏,而不是因为游戏才有童年。

6. 生长说(生长理论)

表 1-6　生长说

学说名称	代表人物	游戏观点
生长说	阿普利登、奇尔摩	游戏促进机体生长

美国学者阿普利登(Appleton)提出,游戏是儿童能力发展的一种模式,游戏是生长的结果,也是机体练习技能的一种生长性手段。另一位美国学者奇尔摩(Gilmore)也认为游戏源于练习生长的内驱力,儿童通过游戏而生长。这与"成熟说"相近。

可以看出,这些早期游戏理论主要研究游戏产生的原因,即儿童因何游戏、为何游戏。它们都或多或少地存在一些缺陷或不足,有些理论只是种假说。埃利斯(Ellis)把它们称为"空想理论",因为它们较注重哲学思辨,不太注重实验结果。这六种经典游戏理论又可组合成三组：精力过剩说与松弛消遣说，将游戏视为精力调节的一种手段；复演说与预演说，用本能来解释游戏；成熟说和生长说，将游戏与生理发育联系起来。有关这些理论更详细的讨论可参见埃利斯的著作《人为何游戏》。

知识拓展 ⏰

早期游戏理论的共同特征与影响

早期游戏理论的共同特征是：他们主要关心的是人的本性中有哪些因素导致人的游戏及游戏的功用问题，不关注游戏的个体差异和特点；都受到当时被称为"时代精神"的达尔文生物进化论的影响，都用生物发展的规律解释儿童的游戏，把儿童的游戏生物学化；主要以"工作"作为"游戏"的对立面，说明什么是游戏及游戏的原因；都是主观思辨的产物，缺乏科学的实验基础。

早期游戏理论对现代游戏理论与研究的影响主要表现在七个方面：①游戏是儿童改造现实从而建立起关于世界的象征性表象；②儿童的游戏因人的发展而呈现出不同的阶段；③现代游戏的基本特征之一是"假装"或不具有活动的"实义性"；④游戏有助于美感和创造性的发展；⑤儿时的游戏能够对成年期严肃的、有用的活动进行练习，从而掌握这些活动；⑥在儿童的发展中，游戏具有"宣泄"作用；⑦游戏与神经系统的机制有关。

经典游戏理论有明显虑之不周之处，而 20 世纪尤其是 1950 年以来流行的游戏理论则出现了重大转折，一些现代心理学派的游戏理论密切关注并将其自觉应用于儿童教育，将注意力投向阐释游戏的特质或游戏的功能。

二、现代游戏理论

(一)定义

现代游戏理论主要产生于 20 世纪初的第一次世界大战后，包括精神分析学派和 20 世纪中叶的认知发展学派、苏联社会文化历史学派及 20 世纪 80 年代兴起的觉醒理论和元交际理论等，现代游戏理论不仅仅解释游戏为什么而存在，也尝试定义游戏在儿童发展中的角色、在某些情况下指出游戏行为的前导条件及揭示幼儿游戏内容和游戏行为。

(二)代表性的现代游戏理论

1. 精神分析学派的游戏理论(又称发泄论或补偿说)

表 1-7 发泄论(补偿说)

学说名称	代表人物	游戏观点
发泄论(补偿说)	弗洛伊德	游戏是受"快乐原则"支配的，表现为游戏能满足儿童的愿望，它是满足的源泉

以奥地利心理学家弗洛伊德(S. Freud)为代表的精神分析学派认为，一切生物都具有一些与生俱来的原始冲动和欲望，而人的原始冲动和欲望在现代现实社会中受到压抑，这种压抑如果找不到一条出路便会导致精神分裂，游戏便是排解内部心理矛盾和冲突的途径之一，因为游戏远离现实，是一个完全受控于自己的自由天地。这种理论又称发泄论或补偿说。

知识拓展

弗洛伊德把人格的发展分为五个发展时期：口唇期(0～1岁)、肛门期(1～3岁)、性器期(3～7岁)、潜伏期(7～12岁)和生殖期(12～18岁)。

弗洛伊德并未系统地论证过儿童的游戏，而只是在论述心理学的基本观点时涉及了游戏问题。他认为游戏能帮助儿童发展自我力量，儿童可以通过游戏解决"本我"和"超我"之间的矛盾。

(1)弗洛伊德的游戏观点

弗洛伊德的人格理论奠定了其游戏理论的基础。他把本能欲望看成人格构成中的最低境界，称为本我；社会规范是人格构成中的最高境界，称为超我；协调本我和超我之间的矛盾冲突而获得的现实性人格，称为自我。弗洛伊德认为游戏是受"快乐原则"支配的，表现为游戏能满足儿童的愿望，它是满足的源泉。游戏的这种调节机制具体表现在两个方面。

第一，游戏能实现现实中不能实现的愿望(wish fulfillment)。儿童的愿望就是快快长成大人，做大人所能做的事情，崇拜及扮演，这种愿望只有在游戏中才能实现。在幼儿园里我们经常会看到，幼儿在游戏中模仿成人的活动，如"开医院"，当医生、"过家家"当爸爸妈妈和"开汽车"当司机等。儿童通过游戏模仿成人的活动，扮演成人的角色，使儿童想当成人、想做成人的事情的愿望得到满足。这种理论游戏能为儿童提供一个安全的环境，能使儿童从现实的强制和约束中解放出来，补偿现实生活中不能满足的欲望。

第二，能控制现实中的创伤性事件(mastery of traumatic events)。儿童的游戏不总是和愉快的体验联系在一起，有时在游戏中儿童会重复那种不愉快的体验，不愉快的体验也往往成为游戏的主题。如在与父母一起玩幼儿园的游戏时，4岁的杰姆听录音带上的故事，但他只听了一会儿就说："我不想听这个了，想听另一盘。"妈妈回答说："你必须听完这盘，才能听另一盘。"这时杰姆跳了起来，扔掉耳机，走向泥土桌，抓起黏土，脸上带着怒容，他用力压、按、滚，一会儿滚成了一个细长圆柱和几个小球，嘴里还说着："这是妈妈的早餐。"突然，他把所有的黏土放在一起，一边用力按、压一边说："它们都坏了。"然后，他咯咯地笑了。在操作黏土的过程中，没有成人的限制，杰姆通过压、滚黏土消除了紧张、不愉快的体验，他在游戏中获得发泄。再如，在游戏中儿童把成人给他打针的仇恨发泄在娃娃身上，同时他给娃娃打针也可以克服他自己打针时的紧张等。弗洛伊德称这种现象为"强迫重复"（repetition compulsion），是一种"转向报复"。

这两条原则是游戏的两种调节机制，儿童就是通过游戏这个安全的场所回避现实的约束、排解现实的压力及补偿现实的遗憾，在游戏和现实的不断转换中使心理处于一种平衡的状态，并且在这个过程中自我不断地完善起来。而且，即便游戏已经结束，但是游戏的原动力却继续存在于将来现实活动的无意识的动机中。在弗洛伊德看来，儿童游戏和成人游戏其表现形式虽然不同，但其趋乐的本质是一致的。儿童游戏的对立面是现实，即以是不是"真实的"来辨别游戏；成人游戏的对立面是工作，即以是不是"严肃的"来辨别游戏。

对于弗洛伊德的理论，我们分析、辨别后会发现其有一定的道理，但却建立在一种绝对欲望框架的基础上且有很大的偏激性。

精神分析学派理论在一定程度上可应用于游戏治疗，就是观察儿童在游戏中的行为及所用玩具，从中考虑其潜在的体验，目的在于使儿童的潜意识经验变成有意识的经验，从而使其能自我控制或抛弃某种心理，达到心理治疗的效果，如沙箱疗法。再如幼儿看到一名工人从 20 米的高处掉下来，严重受伤，进行现场急救后被救护车送走。最初，许多儿童因这件事受到了惊吓，产生了心理上的困扰。接着他们被多次安排参与类似意外事件的戏剧性游戏。几周后，这类游戏举例的次数减少，儿童也不再被这类事件困扰了。

精神分析学派的代表人物有弗洛伊德、帕勒、蒙尼格、埃里克森等人。其中，通过考察游戏对正常人格发展的贡献，埃里克森（Erikson）扩展了游戏的精神分析理论。根据埃里克森的观点，游戏发展所经历的阶段反映了儿童心理发展的各个阶段。通过游戏，儿童可以创设模拟的情境，进而帮助自己处理现实中的问题。

（2）帕勒和蒙尼格的游戏观点

帕勒的"角色动机说"侧重于从角色扮演这个角度来扩展弗洛伊德的游戏理论。

蒙尼格的"宣泄说"强调游戏对发泄内在冲动和减轻焦虑的益处。他认为游戏的价值就在于能发泄被抑制的侵犯性冲动。费奇贝克和班图拉通过实验进行了验证。

（3）埃里克森的游戏观点

第一，游戏是一种自我的机能。埃里克森把自我看成积极的因素，他认为社会文化和心理性欲都是导致个体发展的重要因素，就如同一条皮带上转动着的两个齿轮，其动力共同导致自我发展，这种自我发展就是恰当的心理性欲和社会文化阶段的建立，即社会因素和生物因素的成功结合，游戏就是其中的润滑剂。

第二，游戏调节了发展阶段的冲突。游戏的这种自我机制就体现在埃里克森为人格发展确定的八个发展阶段上，每个阶段都有一对发展的主要矛盾，在童年期的几个阶段上主要通过游戏来解决这些矛盾冲突，并且控制矛盾所导致的伤害。

第三，游戏中的表现存在性别差异。生物因素和社会文化因素共同作用于男女儿童的性别差异，并且使之在游戏中表现出来。

（4）游戏治疗理论

游戏治疗理论具体又可以分为以下六类游戏治疗方法。

第一，分析性游戏治疗。弗洛伊德和克林最早将游戏引进儿童情绪困扰的治疗。他们都相信游戏是一个能让儿童最自在地表达自己的方法，游戏可以取代语言式的自由联想，游戏提供了通往潜意识的途径。两者的差异在于：克林十分强调在游戏中揭示潜意识，方法是解释儿童游戏的象征意义；弗洛伊德强调游戏帮助儿童与治疗者之间建立正向情感联结，以便进入儿童世界。

第二，发泄性游戏治疗。这是一种针对经历特定情绪压力的儿童而发展起来的方法，通过选定玩具重新创造激起儿童焦虑反应的经验，达到释放能量纠正行为的目的。

第三，主动性治疗和被动性治疗。

第四，关系性游戏治疗。这个方法主要强调治疗者与儿童之间情感关系的治疗力量。

第五，非指导性游戏治疗。这个方法认为人有自我指导能力，任何人没有能力改变别人，人是由源自自己内心的力量所改变的。

第六，行为取向治疗。这是一种由行为主义理念中发展出来的行为矫正的方法。这个方法认为行为是由环境塑造的，行为的后果对行为本身又有强化的效果。强化分为正强化和负强化。行为结果的强化是否有效取决于：强化方式必须适宜；行为与结果的时间差很重要；当行为产生多种结果时，则先出现的结果产生强化效果。

2. 角色模仿说

表 1-8　角色模仿说

学说名称	代表人物	游戏观点
角色模仿说	萨立	儿童通过扮演现实生活中的某个角色，以"实现"其愿望

心理学家萨立（Sully）于 20 世纪初提出角色模仿说理论，他认为儿童游戏的实质在于执行某个角色，获得某种新的地位感。在萨立看来，儿童最初对游戏产生的兴趣，明显地表露出儿童内心的幻想，那是一些十分诱人的内心幻想，它们深深埋于儿童心中，并且成为游戏的动力源泉。儿童通过扮演现实生活中的某个角色，以"实现"其愿望。萨立还提出游戏的结构，包括角色、游戏行为、游戏材料或玩具，以及游戏者之间的角色关系等。在角色与活动的关系上，萨立认为儿童自己扮演的角色，是连接其他方面的中心，一切其他方面都取决于角色及与之相联系的行动，游戏进行过程中儿童之间的关系也取决于角色。

3. 皮亚杰关于认知发展的游戏理论(认知动力理论)

表 1-9 认知动力理论

学说名称	代表人物	游戏观点
认知动力理论	皮亚杰	游戏不是一种独立意义的活动,而是认知水平的表现形式,能促使儿童游戏的动力基础在于智慧的发展

认知发展游戏理论的代表人物是瑞士儿童心理学家皮亚杰(Jean Piaget)。在西方现代儿童游戏理论中,皮亚杰关于游戏的表述可谓独树一帜,他把游戏与认知发展联系起来考虑,将游戏纳入认知心理学范畴,可以说皮亚杰的游戏理论与认知发展理论有着密切的关系,是他的认知发展理论的组成部分。皮亚杰认为游戏不是一种独立意义的活动,而是认知水平的表现形式,因此促使儿童游戏的动力基础在于智慧的发展。

皮亚杰是 20 世纪研究儿童认知能力阶段性发展的主要代表。在他看来,游戏是儿童认识客体的主要方法,也是巩固已有概念和技能的方法,还是使思维和行动相协调、平衡配合的方法。皮亚杰把智慧看作生物适应的延伸,即认为智慧也是适应环境的一种手段,这种适应是在同化和顺应的动态平衡中实现的。

什么是同化?同化就是把外界元素整合于一个正在形成或已经形成的结构中。什么是顺应?顺应是同化性的格式或结构受到它所同化的元素的影响而发生的改变。适应就是同化和顺应的平衡。任何认识活动都离不开认知结构的同化、顺应作用,认知的发展就是认知结构不断地顺应外物,外物又不断地同化于认知结构的对立统一的结果。同化和顺应在儿童活动中的不同比例,就决定了儿童活动的不同形式。当同化大于顺应时,所产生的活动具有游戏活动的特征;当同化小于顺应时,所产生的活动具有模仿活动的特征;当同化与顺应平衡时,所产生的活动具有智力活动的特征。也就是说,在游戏中儿童并不是发展新的认知结构,而是努力使自己的经验适合于先前主客体相互作用中形成的结构。儿童通过游戏补充、巩固着儿童生活活动达到的水平,而儿童游戏的形式是由儿童现实认知发展的阶段性决定的。其认知理论见表 1-10。

表 1-10 认知发展阶段

大致年龄	认知阶段
0~2 岁	感觉运动阶段
2~7 岁	前运算阶段
7~11 岁	具体运算阶段
>11 岁	抽象运算阶段

皮亚杰根据儿童智力发展的不同水平,把游戏划分为相继发展的三个阶段:实践性游戏(练习性游戏)(0~2 岁)、象征性游戏(2~7 岁)、规则性游戏(7~11 岁)。

皮亚杰不仅用认知发展的术语来解释幼儿的游戏，还认为幼儿认知发展的阶段决定幼儿在任何特定时期的游戏方式，三个阶段都有其对应的游戏内容，从而获得机能性快乐。具体对应见表1-11。

表 1-11　认知发展阶段和游戏发展阶段的对应

大致年龄	认知阶段	主要游戏类型
0～2岁	感觉运动阶段	练习性游戏
2～7岁	前运算阶段	象征性游戏
7～11岁	具体运算阶段	规则性游戏

在阐述游戏活动的机制时，皮亚杰首先看到了游戏与儿童认知发展的关系，然而他在表达游戏的发展功能时，却看到的是游戏与儿童情感发展的关系。在这一点上，他与精神分析学派的游戏理论极其相似。

皮亚杰的观点认为，游戏有两个主要作用：一是愉快或纯粹的乐趣，幼儿经常长时间地使用一种玩具游戏，或者带着深深的满足把石头扔到坑里或水里，如打水漂；二是游戏提供的适应作用，幼儿经常游戏，最后能使行为适应其真实世界的要求。可见，游戏是儿童的自我表达，他是用自己创造的符号系统去同化现实。

这样看来，皮亚杰强调的是游戏的情感发展价值，并不注重游戏的智力发展价值。尽管这个观点有些偏颇，但我们仍然可以从中受益：游戏与认知活动是协调的而不是对立的，游戏与学习是相辅相成的而不是相互排斥的。在学习中获得的知识和技能（适应），在游戏中得到练习和巩固，前者改变了认知结构，后者将改变了的认知结构进行巩固，为新的学习奠定基础。因此，不能说皮亚杰的游戏发展价值排斥了对智力发展的积极效应。可见，皮亚杰的理论贡献是巨大的。

4. 行为主义游戏理论

表 1-12　行为主义游戏理论

学说名称	代表人物	游戏观点
行为主义游戏理论	桑代克	受社会文化和教育要求的影响，也受学习的效果律和练习律的影响

以美国心理学家桑代克（Thorndike）为代表的行为主义理论认为：儿童的游戏是一种学习行为，受社会文化和教育要求的影响，也受学习的效果律（反应的满意效果加强联系，不满意效果则削弱联系）和练习律（反应重复的次数越多，联系越牢固）的影响。该理论从游戏的功能着眼，认为与环境相互作用、持续进行信息加工是人类的正常需要。但外部刺激的数量要适当，如果刺激过少，会使内部想象增多，增加学习的努力代价；如果刺激过多，会增加努力的分散程度，也会减少与环境的有效联结。因此，刺激量的适当是很要紧的。游戏作为一种激励探索的手段，可以探寻和调节外部和内部刺激的数量，以产生一个最佳的平衡，从而获得更多的心理满足。

5. 社会活动游戏理论（苏联游戏理论）

表 1-13　社会活动游戏理论

学说名称	代表人物	游戏观点
社会活动游戏理论	维果茨基等	儿童游戏的产生并非本能，而是后天在实践中形成的，其机制与高级心理机能相关

苏联的一些倡导游戏研究的理论学说心理学家组成了"社会文化历史学派"。他们主要从马克思主义的活动论观点来解释游戏。专家们认为儿童的游戏与动物的游戏有着极大的区别，儿童游戏的产生并非本能，而是后天在实践中形成的，从而坚决反对西方的游戏生物学理论和游戏本能论。他们认为儿童游戏的机制与高级心理机能相关，因此游戏的提倡既具有反映论意义，又具有社会实践意义，并且能促进社会和个体的发展。

如维果茨基认为儿童看到周围成人活动，并且在游戏中模仿这些活动，因此儿童游戏反映了成人世界的实践活动。他强调儿童游戏的社会性，认为儿童在真实的实践情况之外，通过游戏创造了一种想象的情境，从而掌握基本的社会关系。并且游戏行动再造了某种生活现象，成为一种"社会性实践"。

另一位心理学家鲁宾斯坦（创立鲁宾斯坦学派）则认为游戏是一种经过思考的活动，是儿童对周围现实态度的表现。他提出游戏是解决儿童日益增长的新需要和儿童本身的有限能力之间矛盾的一种活动。

苏联心理学家、教育家艾里康宁认为游戏作为儿童活动的一种组织形式，是由于儿童的地位在社会发展的一定阶段上发生了变化而出现的。他从游戏的社会起源出发提出：当社会产生了各种各样的手工业、有了复杂的工具、有了儿童不能直接参加的生产劳动时，儿童在游戏这种特殊活动中模仿成人的劳动，满足了自己的需要及与成人共同生活的愿望。而成人社会考虑到儿童的教育任务和年龄特征，也开始推广游戏、生产玩具、制订规则，并且把规则一代代传递下去，慢慢地产生了用游戏表现现实的种种方法。

苏联著名心理学家彼得罗夫斯基提出儿童是游戏的创造者。儿童的游戏是生命活动与机能性快感相联系的一种形式，是儿童表现其积极性的一种形式。在游戏中，儿童的形象、动作和语言及其相互联系，反映着周围生活，包括人们的行为、活动和相互关系。他强调了儿童在游戏中的主动性。

总之，苏联游戏理论的基本思想有四点。

第一，游戏是一种社会反映性活动。游戏的主题和内容都不是凭空想出来的，也不是儿童主观臆造的，更不是儿童头脑里固有的，而是对周围现实生活的反映。

苏联游戏理论认为不论是游戏的社会起源，还是游戏的个体发生，均由社会存在决定，所以游戏是一种受到儿童在其中生活与接受教育的社会存在所制约的活动。

纵观游戏的历史，我们会发现儿童游戏的主题没有太大的变化，但其内容是具体地反映他们的生活的，是随着每一代新人和具体发展的社会的每个新阶段而不断更新着的，儿童所玩的就是成人在社会的该阶段中最关心的事情。而儿童在游戏中对社会现实生活的反映并不是原封不动的再现，不是简单的、机械的、被动的反映，而是通过想象，积极地、能动地、再造地反映。儿童凭着自己的生活经验，借助想象，运用游戏材料和玩具，用新的动作方式，创造性地反映现实生活。正如艾尔康宁指出的，人类游戏是在直接的真实活动的条件之外，再造人与人之间的社会关系的活动。如儿童"开医院"游戏、"娃娃家"游戏、"开商店"游戏等，都是儿童通过模仿和想象，以物代物，以人代人，在遐想的情境中创造地反映现实生活。

第二，游戏是一种有目的、有计划的活动。伟大的教育家乌申斯基指出，游戏就是活动，这种活动的性质是自觉的、有意识的、有目的的。这就是说，游戏是人的活动，人是有意识的、有语言的、有计划的。人类有了语言，人类的活动就具有了意识性和目的性。

人是社会的人，具有社会性。儿童出生后，就生活在丰富多彩的现实社会中，他们在与成人交往的过程中认识了许多事物，学到了许多知识，积累了许多经验。儿童为满足自己生理和心理方面的需要，把在现实生活中获得的知识、经验和印象，通过语言和行为在游戏中反映出来。在游戏中儿童积极地构思，选择游戏内容，确定游戏主题、角色，发展游戏情节，实现自己的目的和愿望。

有人把儿童游戏与小动物嬉耍等同起来，这显然是不对的。儿童游戏活动和小动物嬉耍有着本质的区别：幼儿是社会的人，他们有思想、有意识，不仅能积极地认识世界，还能积极地反映世界。儿童的游戏是对社会的反映，是一种社会性的活动。而动物则不同，动物对外界刺激的反映是纯粹的生物性反映。小动物玩耍、抓咬等动作，都是一种本能反应，这些动作是单调的、简单的重复。动物只能消极地适应环境，只有人才能通过社会性活动积极地影响环境和改造环境。正如恩格斯所指出的，人类社会和动物世界的本质区别在于，动物顶多只是采集，而人类则能生产，仅仅由于这个唯一的然而是主要的区别，就不可能把动物世界的规律简单地搬到人类社会去。同样，不能把儿童游戏活动同小动物的玩耍等同并列起来。

正因为苏联的教育家们把儿童游戏看成一种有目的的社会活动，所以苏联学前教育学将游戏的目的与教育的目的一致起来，赋予儿童游戏以社会目的性，认为社会形成和推动游戏的目的是教育和培养儿童参加未来的劳动生活。

第三，游戏是学前儿童的主导活动。游戏符合儿童生理和心理发展的需要和发展水平，是适应儿童内部需要而进行的。儿童正处在身体迅速发展的时期，他们的体力日趋增强，语言交往能力和活动能力增强，思维能力、想象能力有了一定的发展。他们对周围的事物感兴趣，对活动感兴趣，在游戏活动中表现积极，表现出他们的能力和自我实现的愿望，从成功和创造中获得愉悦。正如心理学家柳布林斯卡娅所指出的，正是这种把以前获得的印象组合成新的创造物的可能性，正是这种对自身力量的考虑，游戏是儿童产生巨大愉快的源泉。游戏能满足儿童的需要，能给儿童带来极大的快乐和满足感。因此，游戏是儿童主动的、自愿的、积极的、愉快的活动。

儿童的内在需要和外部需要之间的矛盾能在游戏活动中得到表现和解决，从而推动儿童心理的发展。因此游戏被认为是学前儿童的主导活动。

第四，游戏是一种需要成人指导的活动。苏联教育家克鲁普斯卡娅指出：游戏对于他们是学习，游戏对于他们是劳动，游戏对于他们是重要的教育形式。也就是说，游戏应纳入教育的范畴，儿童在与成人的互动中、在成人的指导下一步一步地学习游戏。特别是一些角色游戏，更能培养儿童的社会适应性，如果没有成人的指导，其将流于自由教育，而失去它的有益影响。

因此，对各年龄的儿童游戏，从内容到形式、从动作到语言一步步地开展，在幼儿园的教育大纲中，将游戏并列于作业，与作业一样，有每个阶段的任务及所需达到的目标。

游戏要有成人的指导，要注意这个指导的"度"，并不是要求成人去安排、去导演，而是在成人的引导下，使游戏有益于儿童，对儿童有教育意义。

（1）维果茨基的游戏理论

游戏形成于符号的间接作用。人与动物的最大区别在于人有高级心理机能，即心理活动的随意性和概括性。维果茨基认为高级心理机能的产生是由于实践活动中工具的使用，从低级心理机能向高级心理机能的发展，是以工具为中介而实现的。维果茨基的研究就是要论证实践活动是如何达到符号表示的，即个体与环境的关系是如何从直接达到间接的。

游戏创造了儿童的最近发展区。儿童心理机能不断由低级向高级发展，符号的间接作用的不断抽象化，似乎是以一种小步递进的自我促进机制展开的，用维果茨基的术语表述就是游戏创造了儿童的最近发展区。

游戏规则是儿童的自我限制。在维果茨基那里，儿童创造游戏的想象性情境，并不是源于认知的要素，而是源于社会性情感的压力。在游戏中，儿童把自己的愿望和一个想象中的自己联系起来，即把自己所扮演的角色和该角色在现实生活中的行为规则联系起来，心甘情愿地服从于来自现实生活的规则，并且放弃直接的冲动。

（2）列昂节夫的游戏观点

游戏发生于儿童心理发展的矛盾。列昂节夫认为儿童随着年龄的增长，他们所面临的实物世界将越来越广阔，儿童的心理发展就表现为对这个广阔的实物世界的认识和掌握。儿童的认识首先是以行动的方式显示出来，通过用手操作物体的行动表现出来，列昂节夫称之为及物行动。

婴儿期的儿童表现出一对特殊矛盾：一方面是儿童的动作发展日益复杂，意味着及物行动的需求强烈起来；另一方面儿童所面临的仅仅是满足基本生活需要的过程。到了幼儿期，儿童的及物活动的需求更加强烈，以至于他们已经想做大人们正在做的事，又限于自身的能力不能实现这样的行动，那就只能在想象的活动形式中解决。

列昂节夫认为游戏有三个特点。首先，游戏行为的动机在活动过程，不在活动结果，如儿童玩积木，不在于要建成什么，而在于用各种方法去摆弄积木的过程。其次，游戏过程的操作与行动，对于儿童来说总是真实的行动，永远不是伪造的、幻想的。最后，游戏行为永远是概括的行为，儿童在游戏中不扮演、不表现某个当事人的特殊事件，而是表现那些典型的、一般的事件。

（3）艾里康宁的游戏观点

从角色游戏的社会起源来看，艾里康宁认为游戏是人类历史发展到一定阶段上的产物，这是由于社会生产力的发展，导致儿童在社会生产劳动中的地位发生变化的缘故。从角色游戏的个体起源来看，艾里康宁认为游戏是个体发展到一定阶段的产物，这是由于儿童与成人之间关系的改变而导致的结果。

艾里康宁认为游戏有三个发展阶段：掌握物品的习惯用法；最初动作的概括化；进一步的动作概括化。

苏联儿童游戏理论的最大意义在于强调了游戏的教育价值，揭示了游戏与教育的联系：一方面，强调儿童游戏行为是由成人教给儿童的，这就将游戏作为了一种教育的内容；另一方面，成人通过教儿童游戏塑造儿童正确的社会性行为，游戏又实现了教育的目的。

6. 游戏的激活理论（游戏的觉醒理论）

表 1-14　游戏的激活理论

学说名称	代表人物	游戏观点
游戏的激活理论	伯莱因等	游戏的作用在于增强刺激，外界刺激水平过强或过弱都将引起中枢神经系统处于最佳水平之上的激活度

（1）理论基础——内驱力说

驱力是有机体的需要状态，其功能在于激起行为。与生理需求相联系的驱力引发的行为，只是一种为了获得外部奖赏的手段性反应，因而是一种外部动机性行为；与生理需要无关的活动内驱力，则只是一种自身的奖赏，是满足自身活动的需要，因而是一种内在动机性行为。

在生理上，中枢神经系统需要适当的刺激，使它保持在一个最佳的激活水平，如果外部刺激水平过高或过低，就会引起中枢神经系统的激活状态失衡，那么有机体就会采取不同的行为，通过内部平衡机制，使失衡的激活状态恢复到一个最佳水平。

（2）激活理论的各种观点

一是伯莱因的观点。他认为游戏的作用在于增强刺激，降低激活水平，当刺激活动水平达到最佳时游戏就停止了，只有当刺激减弱、激活水平再次提高时，它才又开始。外界刺激水平过强或过弱都将引起中枢神经系统处于最佳水平之上的激活度。

二是埃利斯的观点。在埃利斯看来，刺激存在，中枢神经系统的激活水平提高；刺激消失，激活水平便降低。游戏的功能就在于产生刺激，提高激活水平，使之趋向最佳水平。

三是赫特的观点。在赫特的模式中，环境刺激是不断地从过多向过少循环着的，有机体的行为是为了使激活水平避免一个极端与另一个极端相对的情况，并且沿着这个途径暂时地经过中等水平，游戏就产生在这个中等水平上。

四是费恩的观点。费恩认为在游戏中有机体本身也能引起一种新奇事件，从而引起不确定性并伴随着一种机体的紧张感。

7. 游戏的元交际理论

表 1-15　游戏的元交际理论

学说名称	代表人物	游戏观点
游戏的元交际理论	贝特森等	游戏中的交际是一种充满着隐含意义的元交际

（1）元交际特征

一从元交际和交际的方面来看。元交际是一种抽象的交际，是对处于交际过程中的双方真正的交际意图或所传递的信息的意义的辨识与理解。元交际是交际的交际，是一种抽象的或意义含蓄的交际。元交际能力是一种非常重要的社会性交往能力，它是一种就"内隐的交际"所传达的信息进行意义沟通的能力。

二从元交际与言语交际的方面来看。元交际是人类言语交际的基础。元交际能力是理解讽刺、反话、幽默、笑话的基础。年幼的儿童往往缺乏这种能力，因而经常不能理解说话者的真实意图。

三从元交际与游戏的方面来看。贝特森发现游戏中的交际是一种充满着隐含意义的元交际。元交际的顺利与否依赖交际双方对于隐含意义的敏感性，这种理解隐含意义的敏感性，又取决于交际双方熟悉了解的程度和知识背景的相当程度。

"打雪仗"游戏

一个幼儿在雪地上抓了一把雪，出其不意地向另一个幼儿掷去，然后停下来，笑着等待对方的回应。被雪掷中的幼儿吃了一惊，刚要发怒，但看到同伴的表情，似乎明白了什么，随即把书包一扔，也笑嘻嘻地抓起一团雪，向对方扔去。于是，两个幼儿玩起了"打雪仗"的游戏。

（唐山师范学院，么娜）

从个体发生的角度来看，儿童的元交际能力是在成人的影响下，在与成人相互作用的社会性游戏过程中形成并发展起来的。元交际能力最早萌发于母婴游戏中。

（2）研究元交际特征的意义

第一，游戏的元交际理论为追溯意识的种族演化史提供了依据。在交际的进化过程中，先有元交际，后有语言交际，元交际是人类语言交际的基础，游戏是元交际的来源，因此意识就在游戏中产生。

第二，游戏是通向人类文化和表征世界的途径和必需的技能。在一般的人际交往中，人们常常在某些特别的场合需要通过一个眼神、一个动作或一种特殊的表情向交际的对象表达某些不便直接表达的意思；在特殊的文化交流中，元交际特征也比比皆是；我们的语言表征系统更具有一个类似于元交际的结构特征。

（3）游戏的元交际特征对儿童的意义

儿童在游戏时是同时在两个层面上进行操作的：一是游戏中的意义；二是真实生活中的意义。

各派游戏理论从不同的立场和角度分别论述了游戏的性质和游戏的功能，可以区分出三条主要的路线：一是偏重认知的路线，以皮亚杰理论为主导，强调认知的发展与游戏的关系；二是偏重情感的路线，以精神分析理论为先驱，强调情感的成熟与游戏的关系；三是偏重社会性本质的路线，以苏联游戏理论为核心，强调社会的实践与游戏的关系。

近20年来当代中国儿童心理学、教育学界，对游戏的研究更多表现出与欧美学术快速接近的趋势。分布在大学和科研院所各学科的学者专家及教育一线的幼儿教师，从人类学、哲学、美学、文化学、教育学、心理学、医学、社会学、文学艺术（包括工艺）等诸多学科领域，发掘着游戏和游戏教育的宝矿，出现了一批值得珍视的学术论著。

上述互有差别的游戏本质观，与其说存在着根本的冲突，不如说是互相补充的对游戏丰富性的认识——事物的本质具有根本的稳定性，但它未必是唯一的，往往与研究的切入点深刻关联。游戏的本质并非只有一个，而完全可以有多个。

视频微课
关于游戏的本质学说

＊＊＊＊＊＊＊＊＊＊

本章小结

　　游戏是学前儿童的基本活动，有益的游戏可以促进学前儿童的身心发展，是对儿童进行教育的有力手段。在游戏中，儿童的积极性、创造性和主动性能够得到充分发挥，从而获得知识、发展动作和提高技能。

　　研究游戏首先要研究概念，理解游戏的含义，认识和掌握游戏的特点，以便更好地设计和指导游戏。

　　对于游戏的定义，一直是许多心理学家和教育家研究和探讨的问题。但是，由于研究者对游戏的理解不同、方法论不同，研究的角度和所依据的材料不同，所持态度也不尽相同，所以，迄今为止，没有一个人们一致认同的对游戏进行限定的表述。

　　游戏的本质特征深刻表明：游戏区别于动物的嬉闹，也区别于日常生活。它可以概括为以下五个特点：主动性、虚构性、兴趣性、形象性、社会性。

　　关于游戏的本质，各种游戏观所做的阐述精彩纷呈、歧见迭出，可谓仁者见仁，智者见智。本章主要介绍了早期传统游戏理论和现代游戏理论中具有代表性的学说，关注传统，统领当今。

关键术语

游戏　早期的传统游戏理论　现代游戏理论

思考题

1. 名词解释

游戏（公式）　早期的传统游戏理论

2. 简答题

(1)早期的传统游戏理论有哪些？代表人物和主要观点分别是什么？

(2)游戏的特点有哪些？

(3)弗洛伊德的游戏观点是什么？

(4)苏联游戏理论的基本思想是什么？

拓展阅读

1. 梁周全，尚玉芳. 幼儿游戏与指导. 北京：北京师范大学出版社，2011.

2. 李跃儿. 谁拿走了孩子的幸福. 北京：国际文化出版公司，2013.

3. 么娜，胡彩云. 幼儿游戏活动指导（第二版）. 上海：华东师范大学出版社，2021.

第二章　学前儿童游戏与学前儿童游戏教育概述

课程思政▶

本项目内容主要是让学生了解我国学前儿童游戏教育的历史和现状，激发学习者的爱国热情，探索科学有效的学前儿童游戏教育模式，突出文化自信，体现民族情怀。

学习目标▶

1. 掌握学前儿童游戏与成人游戏的区别、古代教育家对游戏的观点、古代儿童游戏的常见形式、学前儿童游戏的特点、现代游戏教育模式、学前儿童游戏的教育作用、学前儿童游戏价值观的演变等知识，了解学前儿童游戏的应用。

2. 喜欢学前儿童，并愿意给他们设计和组织游戏。

重点和难点▶

1. 学前儿童游戏与成人游戏的区别。

2. 游戏教学活动及其模式探索。

从繁华的都市到淳朴的乡村，从绵延的海滨到广袤的牧场，从古朴的街巷到雅致的公园，人们随处都可以见到孩子们在兴致盎然地做着各式各样的游戏。他们或玩布娃娃，当"爸爸""妈妈"，或捉迷藏玩追逐，或装扮"大灰狼"演故事，或搭积木建房子，或猜谜语，或唱儿歌，不一而足。正是由于孩子喜欢游戏，无论是豪华的大商场还是狭僻的小店铺，都始终不忘将花样翻新、大小各异的儿童玩具展列其中，成为吸引孩子的最大亮点。游戏成为孩子们生活的一项重要内容。

角色游戏"理发店"

一位教师为她负责的一组3～4岁的幼儿布置了一个理发店，她想让幼儿进行模拟理发活动，可是幼儿的反应非常冷淡，偶尔只有两三个幼儿走进理发店，拿起梳子梳梳头，或者对镜子照一照，完全没有教师期望的情形。请尝试解释幼儿的反应，并且评论理发店角色游戏对该组幼儿来讲是不是合适的选择。

评析

由于这组幼儿年龄尚小，在幼儿园属于小班幼儿，上理发店的机会不多，有些甚至完全没有到理发店的经验。况且从角色游戏的发展阶段看，3～4岁幼儿仍处于角色扮演初期，还不能有系统地扮演，也不会与其他角色互动，因此他们对设置的这个角色游戏没有兴趣，更不懂得模拟理发程序。假如换成"娃娃家"游戏，幼儿进行角色活动的情况会大有改观。

反思

幼儿园角色游戏活动除上述情形外，还有没有其他类似情形，请你课下利用课余时间到就近的幼儿园观察其角色游戏活动开展的现状，或者跟幼儿园教师进行沟通，了解你所在社区幼儿园游戏活动的情况。

第一节　学前儿童游戏概述

学前儿童游戏对学前儿童的生理及心理发展都有益处。在游戏中学前儿童发挥想象力和创造力，能有效使用玩具和其他工具，在玩耍中不断进步。

一、学前儿童游戏与成人游戏的区别

成人游戏与学前儿童游戏一样，都有游戏的本质特性。但两者相比，有以下五个方面的不同。

(一)游戏在各自生活中的地位不同

在成人的生活中，工作是最主要的日常活动。成人的生活包括政治、经济和思想文化等多方面的社会活动。游戏作为一种重要的娱乐方式，可以有效排解成人的各种紧张与不安的情绪。虽然游戏在成人生活中不可或缺，但它仍然只是成人生活中一个相对次要的部分。而在学前儿童的生活中，游戏是主要的或基本的活动形式。对于学前儿童来说，游戏即生活。游戏甚至可以说是学前儿童除了休息与吃、喝等活动外的几乎全部生活内容。

(二)游戏的心理状态不同

游戏中的成人有着丰富的经验和明确的游戏目标。成人意识中有明确的游戏生活与非游戏生活的区分，既不会把"正经"事情当"儿戏"，又能在"正经"事与社会交往中辨别并运用游戏手段，以示亲和感或调节、放松自己，还能在游戏中恰当把握和运用"不严肃的严肃""不当真的当真"，如幽默、诙谐、善意的戏谑等。成人在游戏中往往会从游戏走神到游戏外，而学前儿童则往往从生活中走神到游戏中，在游戏时则会有在日常生活中的朦胧感，游戏与非游戏之间的界限是模糊的和游移的，弄不清是"庄子梦蝴蝶，还是蝴蝶梦庄子"。这说明学前儿童没有泾渭分明的游戏与非游戏的"界限意识"。

（三）游戏的内容不同

成人游戏多为强规则游戏，带有一定的民族传承性和突出的竞技色彩。在游戏中，成人往往更看重游戏技巧，追求技巧的娴熟，因而成人游戏有较多紧张惊险的刺激因素。而学前儿童游戏更为舒缓，他们游戏的内容一般是反复操作玩具、互相追逐及在假想的情境中扮演角色，游戏的玩法多为隐性规则的自然游戏和规则性不强的游戏，在游戏中获得的乐趣体验更具有本能性和原始性。

（四）游戏的驱动力不同

成人游戏的内部动机，来自间接的动机（被游戏外的"第三者"所诱惑）。成人往往会为了达到某种游戏之外的目的（如为了联络人际感情）来进行游戏性活动，因而成人的游戏往往带有更多间接性内驱力的功利性。而学前儿童游戏的驱动力则是直接内在的，他们很少为了游戏以外的因素，如"为赢得游戏外的什么"去游戏，基本上是"为了游戏而游戏"。

（五）游戏的价值功能不同

尽管成人依然富有好奇心，但对于成人来说，游戏已不再有探索、求知、发育身心的功能。而游戏对于学前儿童身心的成长和发展来说，则具有至关紧要的作用，游戏中丰富的探究、审美趣味对于儿童有非常重要的自我教育意义。这是成人游戏与学前儿童游戏最大的区别所在。

二、学前儿童游戏的定义

游戏是游戏者能动地驾驭活动对象的主体性活动，它直观地表现为学前儿童的主动性、独立性和创造性活动。我们可以把它的定义概括为以下三个方面。

（一）游戏是学前儿童喜爱的活动，是学前儿童生活的主要内容

如果仔细观察身边的孩子，或者回想一下自己的童年时代，就不难发现，在一日生活中，除了吃饭、睡觉外，学前儿童绝大多数的时间都在游戏，只要没有特别的限制，他们一定是在游戏着。即便是生活、劳动、学习等活动，学前儿童也常常以游戏的形式来进行，或者是将生活、学习、劳动的过程变成游戏活动，可见学前儿童不仅喜欢游戏，还喜欢把他们的一切生活游戏化。游戏占据着学前儿童生活的大部分时间，几乎成为生活的全部，是他们的基本活动，是他们生活的主要内容。游戏是学前儿童十分向往的自主而快乐的活动。

（二）游戏符合学前儿童身心发展的需要

游戏是适合学前儿童身心发展特点的活动。在其高级神经活动的过程中兴奋强于抑制，高级神经系统和身体的其他系统仍不健全，容易疲劳，这也导致了学前儿童好动的年龄特点，长时间呆坐不动或保持同一动作会使他们感到疲劳和厌烦。此

外，学前儿童的认识过程突出具体形象性，但有意性差。而游戏是具体形象的，游戏中有动作，有玩具和游戏材料，游戏内容和形式丰富多彩，灵活多变，可以自由活动，这些都符合他们身心发展的特点，可以满足其身心发展的需要。

此外，学前儿童好模仿、精力旺盛，渴望参加成人的社会实践活动。但是由于他们缺乏知识经验，能力有限，还不能很好地控制自己。因此，学前儿童渴望独立参加实践活动的需要与其从事这种独立活动的经验与能力水平之间产生了矛盾，而游戏活动正是解决这一矛盾的最好的活动形式。在游戏活动中，他们可以通过假想，装扮成各种角色进行各种活动来满足他们参加社会实践活动的强烈愿望，从而得到心理上的满足，也推动了他们的心理向前发展。

(三)游戏是学前儿童一种特有的学习方式

对于学前儿童来说，游戏不仅仅是一种消遣，还是他们主要的学习方式，那种认为游戏与学习完全对立，甚至认为游戏是"不正经的事"的观念是错误的。学前儿童在游戏中学，在游戏中健康成长。

学前儿童在游戏中的学习是一种自觉的、自发的学习，与其他学习活动相比游戏有着不同的特点。

首先，学习的动力来自学前儿童自身。他们在游戏中学习，是为了满足自身好动、好奇和与人交往等方面的需要，而不是成人要求他们做、强迫他们学习规定的东西。所以，游戏中的学习完全是由儿童的兴趣、爱好、探究欲望等内部动机推动的。

其次，学习没有明显的目的。学前儿童玩游戏的目的在于游戏活动本身，是为了好玩而游戏。他们虽然在游戏中学习，却没有明显的学习所要达到的目标，如玩积木，并不是因为他知道玩积木能发展想象力、锻炼小肌肉群，对学前儿童来说，他并没有明确意识到在某个游戏之后，自己要了解什么、掌握什么、会做什么。但并不是说这种学习没有目标，而是说这种目标是隐含于游戏过程之中的，只要他们积极、主动地投入游戏，就会在游戏过程中自然地实现某些方面的发展目标。经常进行各种不同类型的游戏，就能达到促进学前儿童健康成长、和谐发展的目标。

最后，学习是潜移默化的。由于学前儿童总是伴随着愉快的情绪体验，加上积极性、主动性高，因此，他们在游戏中的学习是潜移默化的，甚至他们自己也不知道是在进行学习。如在进行"走轮胎"游戏的时候，儿童走来走去，觉得很好玩，不知不觉中他们的平衡能力得到了发展，身体得到了锻炼。

教师为了实现教育的任务、目的，采用游戏的形式进行教学，我们通常把这种活动称为教学游戏或游戏化的教学。从本质上说，教学游戏是一种教学，是一种寓教于乐、寓教学于游戏之中的活动，而不只是游戏。因为这种活动具有明显的外在目的，注重活动结果。但由于它体现了游戏的某些特征，如趣味性、虚构性，学前儿童也就有了游戏的感觉。

雨点

雨点(女)只有两岁半，是幼儿园小小班的幼儿。这天小小班的幼儿们玩游戏时，教师把一篮积木倒在桌上让小小班的幼儿们自由发挥。只见雨点把积木在自己面前排成一横排，然后向前一推，嘴里喊着："我胡了！"

评析

怎样运用游戏对学前儿童进行教育和发挥游戏的教育价值，这是值得教育工作者深思和探讨的话题。

（唐山师范学院，么娜）

三、学前儿童游戏的分类

游戏的分类是多种多样的，我们要了解各种从不同角度进行的分类，以便较全面地了解幼儿园游戏的种类，为实际工作中更好地指导和设计游戏提供条件。

（一）从认知发展理论的角度分类

从认知发展理论的角度进行分析，游戏的发展是沿着认知发展的线索而发展的，在不同的认知发展水平上，会出现不同水平的游戏形式。可以按认知理论把游戏分为机能性游戏、象征性游戏、建构游戏和规则性游戏四种。

1. 机能性游戏（实践性游戏、练习性游戏）

机能性游戏又称"实践性游戏"。这种游戏是在感知运动发展阶段出现的，是游戏的最早形式，主要是1岁前还不太会说话的婴儿进行的游戏，因此，又称为婴儿游戏。如婴儿对悬挂着的玩具表现出兴趣，一会儿拉拉，一会儿丢开，反复练习新获得的运动技能，体验着运动中的愉快。因此，机能性游戏是一种只对现实实践活动本体感兴趣的游戏。

在幼儿1岁左右，机能性游戏占其全部游戏的100%；幼儿6～7岁时，机能性游戏就只占其全部游戏的14%左右了。也就是说，随着幼儿年龄的增长，机能性游戏逐渐减少。

2. 象征性游戏

象征性游戏是2～7岁幼儿的典型游戏，它具有"好像"和"假装"的特征。在游戏中，以物代物、以人代人是象征的表现形式。当幼儿能够把以前经历的事情、活动及眼前并不存在的事物作为表象回忆起来的时候，机能性游戏便转化为象征性游戏，其高峰期在3～5岁。象征性游戏能够满足现实生活中实现的要求（获得愉快情绪、发泄不满）。因此，象征性游戏具有了解学前儿童内心状态的诊断及治疗上的意义。

3. 建构游戏（结构游戏）

建构游戏也叫作结构游戏、建筑游戏，是幼儿利用各种不同的结构玩具或结构材料，来构造物体形象、反映现实生活的活动。这类游戏有助于学前儿童的空间思维能力的发展。

4. 规则游戏

规则游戏的特点就是规则性和竞赛性。这种游戏是以一定规则制约着的游戏，是用规则来组织的游戏。4～5岁以后的儿童对象征性游戏渐渐失去兴趣，取代它并开始占主导地位的是带有自发性规则的游戏。在这种游戏里包含着"义务观念"，参加者必须意识到游戏至少有两个人一起玩。这是一种在相互交往中以规则为目标的社会性游戏。儿童在规则游戏中以社会一员的身份遵守社会准则，打下遵守规则和道德规范的基础。随着年龄的增长，规则游戏分化成体育游戏、纸牌游戏、棋类游戏等各个分支游戏形式，这些游戏将伴随人的一生。

(二)按学前儿童的社会行为分类(从游戏群体社会性的角度分类)

游戏的另一个发展维度是儿童在游戏中的社会性参考程度，根据这一发展线索又可将游戏分成以下六种。

1. 无所事事的行为

儿童有时会无所事事、独自发呆、不参加游戏，而一旦出现什么吸引他注意的东西，他的身体就总在动个不停、坐立不安。严格来说，无所事事的行为是泛泛的、不具有明确目标的，但它为游戏的真正发生奠定基础。

2. 单人游戏(独自游戏)

单人游戏是指一个人玩玩具，即使儿童能看到别的儿童在玩也不愿参加进去，兴趣完全集中在自己的游戏上。

3. 旁观行为

儿童几乎整个游戏时间都在注意其他儿童的游戏，虽然偶尔也跟别人搭几句话，但是始终不加入游戏中去。

4. 平行性游戏(模仿)

儿童玩的玩具和方式都和周围其他儿童差不多，相互靠近，除了自己摆弄材料外，还会看别人的操作，甚至模仿别人的动作，却不和其他儿童一起玩。形式近似游戏同时并存的状态。

5. 联合性游戏

儿童同其他儿童一起玩，玩具相互借来借去，有说有笑。一起玩的儿童的活动大体相同，没有组织上的分工，他们的行为都是为别人服务的从属性行为。

6. 协作性和组织性游戏(合作游戏)

协作性和组织性游戏一般在儿童3岁以上才会产生，5～6岁得到发展，这是儿童社会性日益成熟的表现。为了某个目的而组成整体，集体内有总的分工，整个集体遵照一两个儿童的指令行动。这是一种富有集体性的协作统一的游戏。

(三)从游戏时间的角度分类

随着学前儿童年龄的变化和心理水平的提高，游戏可以分为如下五类。

1. 未分化型游戏

未分化型游戏是指一会儿动动手，一会儿动动脚，一会儿再碰碰花铃棒，每个动作持续的时间都很短，一般不超过 3 分钟，而且这些游戏动作都是无规则的。这类游戏是 0～1 岁的婴儿常见的，这个年龄的婴儿都是无意识地游戏，没有持久性。这些游戏内容混合在一起，每种游戏持续的时间都较短。

2. 累积型游戏

累积型游戏是多种游戏内容混合在一起，但每种游戏持续的时间都较长。2～3 岁的儿童进行游戏时，持续的时间较以前长得多，但还是会频繁变换游戏内容，而且两个相邻的游戏间一般没有什么关系。儿童一般较短时间内就能完成多个游戏。

3. 连续型游戏

连续型游戏进行时就像连续剧且中间插入"广告"。3 岁左右的儿童注意力还是不够稳定，但是比以前已强得多，本来他在做着游戏，但被某物吸引后，会暂时忘记了正在进行的游戏，过一段儿时间会再想起来，接着做原来的游戏。

4. 分节型游戏

4～5 岁的儿童会将某个游戏进行很长时间，但当他玩腻了时会转成另一个游戏，而两个游戏持续的时间都很长。

5. 统一型游戏

当幼儿能长久地进行某个游戏时，应该说，他的注意稳定性已有很大发展，即便他会改变游戏形式，也是在变相进行着原来的游戏。一般 5～6 岁的儿童才有这个水平。总之，学前儿童的游戏内容和游戏水平是在不断地向纷繁复杂发展的。

(四)从游戏者活动形式的角度分类

按照活动的侧重方面，我们可以把儿童游戏分为五类。①运动性游戏：走、跑、跳、投掷等游戏。②智力性游戏：拼图类、棋艺类和文字类等游戏。③装扮性游戏：角色扮演、表演游戏等。④操作性游戏：需要运用四肢大小肌肉群活动进行这类游戏，包括器械游戏和积木游戏、插板游戏等。⑤接受性游戏：作用于传播媒体的游戏形式，如看电视、听音乐、阅读画册、操纵电子游戏机等。

(五)从游戏者活动内容的角度分类

从游戏者活动内容的角度划分，可以分为：动作技能性游戏（运动性游戏）、认知性游戏（主要是智力性游戏）、社会戏剧性游戏（扮演游戏）和结构性游戏（操作性游戏的主流）。

(六)从教育实用的角度分类(按游戏的教育作用分类)

根据《纲要》的规定可把游戏分为两大类：创造性游戏和有规则游戏。创造性游戏分为角色游戏、结构性游戏、表演游戏；有规则游戏分为智力游戏、体育游戏、音乐游戏、娱乐游戏。其中，创造性游戏反映了儿童的心理发展水平，是教师观察儿童、了解儿童的最好途径。而有规则游戏是幼儿园教学的主要游戏形式。

四、学前儿童游戏的教育作用

游戏能有效地促进学前儿童的认知、社会性、情感和身体各方面的发展。有人指出，游戏对学前儿童来说，它的重要性仅次于母乳喂养和母爱，足见游戏对学前儿童发展的重大价值。游戏的教育作用主要有四个方面。

(一)游戏能促进学前儿童身体的发展

学前儿童的许多游戏都含有生理活动，这能够锻炼儿童的身体，促进儿童正常的生长发育，增强幼儿的体质。如当儿童进行跑跳、攀爬、投掷、平衡等需要大肌肉群运动的游戏时，身体很多相应的部分就得到了锻炼，同时可以加快血液循环，促进新陈代谢。如"切西瓜"游戏，腿部肌肉得到了锻炼。再如在大型器械里玩的"钻圈""攀登"游戏，儿童钻来钻去，爬上爬下，四肢肌肉的协调性和灵活性就会有所提高。

1. 游戏是成熟引导下的自发动作练习

生理成熟是学前儿童动作发展的重要前提，当神经系统控制的某个部分肌肉、骨骼充分成熟后，与这部分成熟的骨骼、肌肉有关的动作就会自动产生，但这刚刚萌发的动作要得以成熟和发展，却需要一定量的练习。游戏的练习机能就指的是动作的自发练习。

2. 游戏提供了多种运动形式的练习

学前儿童根据自己运动能力的发展水平，选择适合自己的游戏活动，又在这种游戏活动中发展了运动能力，再根据已经提高了的运动能力变化游戏内容的难度，进一步发展其运动能力。

当然，学前儿童的游戏有的是运动量大的，有的是运动量小的，有的是全身的，有的是局部的。如当儿童进行"拼图""插积塑""搭积木""穿串珠"等游戏时，就可以练习手部小肌肉群的活动能力，让手指活动越来越精确，同时还能促进手眼协调能力的发展。

此外，学前儿童游戏中大量都是在户外进行的。儿童可以接触充足的阳光、新鲜的空气，增强儿童对外界环境变化的适应能力，有利于儿童身体的健康。如"切西瓜""踩影子"，还有"玩水""玩沙"的游戏，都利用了阳光、空气等自然因素，促进了儿童身体的健康发展。

(二)游戏能促进学前儿童智力和语言的发展

游戏是学前儿童智力发展的动力,对学前儿童智力的发展有重要的影响,通过游戏,学前儿童开始认识世界,了解事物之间的关系,知识、技术、能力都有了相应的发展。

首先,游戏丰富了学前儿童的知识。游戏是学前儿童学习知识最有效的途径,学前儿童在游戏中通过使用材料和器械,获得了许多关于周围世界的基本知识和主要概念。如玩水的时候,儿童感觉到并认识到水的流动、浮力等特性;在玩滑梯的时候,通过爬上和滑下的身体运动,体验高低变换的感受,理解"高""低""上""下"等方位概念。这些知识都是学前儿童在游戏的过程中自然获得或巩固的。

其次,游戏提高了学前儿童的感知能力。儿童通过游戏,能更好地认识物体的颜色、形状、大小等特性,如玩积木,感受到积木的颜色、形状和木头的质地等。

再次,游戏激发了学前儿童的想象力。虚构性是学前儿童游戏的特点之一,这就要求儿童在游戏中要进行想象,把一个物体想象成另一个物体,把一个人想象成另一个人,游戏为儿童提供了充分想象的自由,也让儿童的想象力得到了发展。如在"医院"游戏中,儿童用铅笔代替注射器,给病人打针;在"幼儿园"游戏中,儿童扮演教师,给其他儿童讲故事。随着扮演的角色和游戏情节发生变化,游戏的内容就越丰富,儿童的想象也就越活跃。有时,儿童在游戏中不仅仅是以物代物,还可以一个物体代替多个物体,一个人可以扮演多个角色。例如:枕巾可以当棉被,也可以当衣服;床可以当医院,也可以当舞台;一个儿童可以扮演司机,也可以当警察等。这些游戏中的想象从物到人,从动作到背景都极其富有创造性,甚至是成人想象不到的他们也想象得到,这就有利于儿童想象力的发展,特别是创造性想象力的发展。

最后,游戏发展了学前儿童的思维能力。在游戏中,儿童要对自己的行为做出决定,玩什么,怎么玩,和谁一起玩,用什么样的材料玩,这使儿童有机会去进行分析、判断、推理、概括和总结,发展思维能力。如在"银行"游戏中,"行长"要思考设立几个营业窗口,安排几个员工上班,用什么材料制作银行卡、人民币,用什么充当柜员机等。此外,在游戏中儿童还会遇到各种各样的问题,需要他们动脑筋去解决,在此过程中儿童解决问题的能力就得到了提高。如在"娃娃家"游戏中,扮演"妈妈"的小女孩要给"宝宝"(一个玩具娃娃)包好小被,带"宝宝"去看国庆花展,但"妈妈"怎么包也包不好,因为横着包长度不够,竖着包宽度又不够,最后经过多次尝试,她终于想出一个好办法,按对角线的方向斜着包。

另外,游戏也可以发展学前儿童的口语表达能力,《纲要》指出:"语言是在运用的过程中发展起来的,发展学前儿童语言的关键就是要为学前儿童创设一个使他们想说、敢说、喜欢说并能得到应答的环境。"而游戏正好满足了这个要求,游戏为学前儿童语言的运用提供了大量的机会。在游戏中,学前儿童需要运用语言进行沟通、交流、协商等。这样，学前儿童的语言在自然而然的练习过程中就会有发展和提高。此外，一些专门针对语言训练的听说游戏（如语音游戏"买柿子"、词汇游戏"说相反"），可以更有效地使学前儿童的语言得到锻炼。

（三）游戏能促进学前儿童良好情绪的发展

游戏不仅能给学前儿童以快乐，促进其身体、智力、语言的发展，而且还可以丰富和深化学前儿童的情感，促进其良好情绪的发展。学前儿童在游戏中没有压力，可以无拘无束地玩，尽情地表达个人的感受和情绪，从而忘掉烦恼，心情舒畅。

游戏的内容和形式丰富多彩、灵活多样，学前儿童在游戏中通过扮演角色体验各种积极的情绪情感。如"娃娃家"游戏中，扮演父母的儿童体验着父母对孩子的关心与爱护，给孩子做饭、喂饭，为孩子穿衣服、叠被子，给孩子洗澡，送孩子上学，尽管游戏是"假装"的，但儿童在游戏中所产生的情感却是真挚的；在"医院"游戏中，儿童会像医生一样给"病人"听诊、开药，嘱咐病人按时吃药，当"护士"的儿童不仅给病人量体温、打针，还主动搀扶病人，让病人好好休息，病人的感谢使他们的满足溢于言表。在这样的表演游戏中，学前儿童深深地体验着人物的喜、怒、哀、乐。

此外，游戏使学前儿童可以进行一些合理的情感宣泄。在生活中不同程度的客观条件的限制和束缚，难免会使学前儿童的心理产生紧张或压抑感，感到不高兴或不顺心，而游戏是能够缓解学前儿童紧张情绪的良好方式，从而化解他们的不良情绪。如有的儿童喜欢反复搭积木，然后又用力推倒；"娃娃家"中，有的儿童打娃娃的屁股，口中还念念有词，这都具有宣泄意义。通过游戏，儿童的愤怒、厌烦、紧张等不良情绪得以发泄，儿童的情绪变得平静、缓和，游戏有利于抑制、减少消极情绪的负面作用，避免心理健康问题的出现。也有人认为儿童获得一次游戏的机会，就是获得一次心理保健的机会。

（四）游戏能促进学前儿童社会性的发展

在特定的社会环境中，掌握该社会所认同的行为方式，掌握和遵循社会行为准则，实现社会性的发展，是每个人在成长过程中必须完成的任务。

社会性是指人们进行社会交往，建立人际关系，理解、掌握和遵守社会行为准则，以及人们控制自身行为的心理特征。学前儿童正处于从自然人向社会人转变的时期，是其社会性发展的关键阶段，游戏作为学前儿童的基本活动，是其社会性发展的重要途径。

游戏为学前儿童提供了社会交往的机会，发展了其社会交往的能力。学前儿童通过游戏实现了与同伴的交往活动，逐渐了解自己和同伴的想法、行为、愿望和要求，理解他人的思想、行为和情感，逐渐掌握人与人之间的交往规则。如在游戏中，有时会遇到因玩具或角色分工而引起的矛盾，如两个儿童想玩一个玩具，这就要求他们学会与同伴分享玩具，学习与他人协商、互相谦让等基本的交往技能。

荡秋千

一天，张恒在荡秋千，佳佳也想玩，可是等了很长时间，张恒就是不下来，佳佳着急地说："你要是再不下来，我以后就不和你玩'警察抓小偷'的游戏了。"张恒听后说："你不想和我玩，我还不想和你玩呢！"一会儿，佳佳又说："我们不是好朋友吗？好朋友应该互相谦让对不对？你看我都等这么长时间了，我都急死了，请你让我玩一会儿，就一小会儿，好吗？"这几句话打动了张恒的心，他愉快地从秋千上跳下来让给了佳佳。可见，游戏能为学前儿童在满足自己需要和同伴的需要之间、在分享和索取之间找到平衡。

（唐山师范学院，么娜）

游戏有助于学前儿童形成良好的道德品质。游戏是对现实生活的反映，游戏中蕴含着人与人交往的基本规则，游戏可以缩短学前儿童掌握道德行为规范的过程。如玩过"扶盲人过马路"游戏的儿童，在生活中遇到盲人过马路的情况时，就愿意主动帮助他们；玩过"拾金不昧"游戏的儿童，不仅自己捡到东西时会交给教师，看见父母或他人捡到东西时，也要坚持还给失主。可见，学前儿童在游戏中通过模仿习得的社会行为规范，会迁移到实际生活中，从而有助于其在现实生活中对道德行为规范的理解和遵守。

游戏有助于学前儿童自制力的增强，起到锻炼意志的作用。学前儿童自制力差，意志尚未得到充分发展，但在游戏中学前儿童却能表现出比较高水平的意志行为，能够克服困难，坚持把事情做到底，而且一般来说，学前儿童在游戏中的行为表现都要高于他们日常的行为水平。例如，一个日常表现很不稳定、站不住、坐不住的儿童，在游戏中扮演了"警察"这个角色。他能够以警察的行为榜样要求自己，在岗位上持续站了二十多分钟，之后，他跑卜"岗楼"想参加其他活动。但是当教师提醒"怎么没有警察指挥交通了"时，他能够马上意识到自己的失职而返回"岗楼"继续指挥交通。

苏联心理学家马卡连柯曾做过"哨兵站岗"的实验，要求儿童在空手的情况下保持哨兵持枪的姿势，有两种情境：一种是非游戏情境——其他儿童在一边玩，让他以哨兵持枪的姿势站着；另一种是游戏情境，实验者以游戏方式向他提出要求，告诉他其他儿童是工人，正在包装糖果，你来当哨兵，为保护工厂的安全而站岗。结果表明，在第二种情境下，儿童保持不动的时间远远高于非游戏情境（见表 2-1）。可见，游戏在锻炼学前儿童意志中发挥着重要作用。

表 2-1　不同情境下儿童保持不动的时间对比

年龄	非游戏情境	游戏情境
4～5 岁	41 秒	4 分 17 秒
5～6 岁	2 分 55 秒	8 分 15 秒

总之，游戏可以缩短学前儿童掌握道德行为准则的过程。学前儿童在游戏中通过扮演角色，反复地模仿和体验，提高了他们的道德认识，激发了道德情感，实践了社会道德行为规则，这样有利于他们在现实生活中掌握和形成良好的道德行为品质。

五、儿童游戏与儿童发展

童年充满了游戏，儿童的发展在游戏中实现，游戏与儿童的发展紧密联系在一起。每个年龄阶段的儿童，其游戏形式也是迥然不同的，随着年龄的增长，他们的游戏活动便越来越复杂了，并且对儿童身心的发展起到很大的作用。也就是说，儿童游戏与儿童身心发展有很大联系。

因为游戏是儿童向成人发展过程中的行为，所以游戏行为必然隐含着发展的奥秘，游戏中必然存在着发展的原动力，游戏与发展的密切关系将以何种机制来体现呢？本节从两个方面加以分析。

(一)游戏是幼儿生命活力的体现

1. 游戏是生命运动的一种形式

儿童游戏正是人类个体从不成熟到成熟的过程中体现机体与环境相互平衡的一种活动，是生命力的体现。

生存和发展是生命现象，生存体现了有机体整个的生命活力，而发展则体现了幼年的生命活力，无论是生存还是发展，都是由运动来维持的。对于儿童来说，满足发展需要的运动便是游戏。

2. 游戏的特性与生命本质的特性一致

首先，生命运动不同于机械运动，它非外力所促发，即不是由于外界作用下的任何其他原因，而是由于有机体的生存需要由本人自发地去活动的。所以有机体的发展是通过其自发的与环境作用的运动，使有机体的组织细胞自身更新的过程，而机械的更新则需将各个零件调整后重新装配。

其次，自发的生命运动往往是趋乐的，机体的需要状态随时促发为满足需要的运动，以追求舒适、安全、快感及符合快乐的原则。游戏的愉悦性与生命运动一致，因为游戏主要是一种正向情绪体验的活动。

再次，在生命运动的过程中常常含有某种偶然性，疾病、灾难等的遭遇往往不可预料，不同的生命在与这些偶然因素的抗争中会有不同的反应，以体现出不同的生命活力。儿童就是在游戏的不确定中体验着最大的乐趣。

最后，生命在于运动，尤其是发展中的生命，不仅需要靠运动来维持，更需要靠运动促进其生长，儿童无时不动，正是体验了发展中的生命活力。儿童的好动则通过游戏来表现。

综上所述，游戏的特性与生命本质的特性一致。这种一致性概括起来表现在四个方面：自发性、趋乐性、偶然性、活动性。

现代心理学研究使游戏理论更加深入，专家们把学前儿童游戏理论水平与游戏表现联系起来，提出了下述观点。

(二)游戏是幼稚心理的表现

1. 游戏体现儿童的心理世界

儿童游戏的共同心理基础是幼稚的心理特征，不成熟、不完善的心理机能是游戏活动的原因。儿童世界与成人世界有着极大的不同，表现在行为和心理方面。

儿童的心理特点决定了儿童的基本活动只能是游戏。心理机能越不成熟，行为的游戏性越鲜明，生活中游戏活动的比例也越大，也许正是从这个意义上说，游戏属于儿童。

孩子心里想什么都会在言谈、动作中表现出来，正如我们常说的"六月的天，孩子的脸，说变就变"。

2. 幼稚的心理特征与游戏的稚拙表现相对应

第一，学前儿童的感知笼统而片面，认识肤浅而表面，其由此而获得的概念则往往是不准确的，所做出的判断也常常是错误的，这意味着他们的知识经验是贫乏的。

第二，学前儿童思维的特点是直觉动作的、具体形象的，这就决定了学前儿童对世界的认识依赖于形象和材料，依赖于动作和行为表现，他们通过摆弄实物认识事物，通过操作实物反映事物。

第三，学前儿童的情绪极其外露和冲动。

第四，学前儿童的注意力不稳定，容易分散，意志薄弱，持久力差，这就决定了学前儿童不能较长时间把注意力保持在某个事物上。做需要付出一定意志努力的事时，学前儿童特别容易受到干扰而注意力分散。

第五，学前儿童富于幻想，其想象夸张而远离现实。

每个发展阶段的学前儿童，其游戏行为总是正好符合这个阶段学前儿童的心理发展水平。儿童游戏具有一种把现实降低到儿童能接受的水平的功能，他们能自然地把具有约束力的环境转化为一种游戏。

幼稚的心理特征与游戏的稚拙表现相对应，是从上述五个方面来体现的，概括起来分别是：感知笼统性，如画"丁老头"笼统而夸张；思维形象性，如有些孩子会问"地球是转动的，人站在地球表面不动，如果地球转到另一面朝上，人会不会掉下去"；难以自控性，如多次反复犯同样的错误；注意不稳定性，如走神；富于夸张幻想性，如"月亮上荡秋千""撒谎"等游戏。

视频微课
儿童游戏与儿童发展

第二节　学前儿童游戏教育

游戏以教育为载体，实现了对儿童在知识、技能的真正意义上的传授与提高。因而，游戏教育在学前教育中占据着至关重要的地位。

一、学前儿童游戏与学前教育的关系

游戏是学前教育的一种重要教育手段，已成为全世界的主流教育共识。现代社会文明赋予并充分肯定学前儿童游戏的权利，好的学前教育是这个权利实现的重要保障渠道。

(一)游戏是学前儿童的权利

1989 年 8 月，在丹麦哥本哈根举行的世界学前儿童教育大会的主题就是"保护儿童游戏的权利"。1989 年 11 月 20 日，第 44 届联合国大会一致通过的《联合国儿童权利公约》(以下简称《公约》)第 31 条明确规定："儿童有权享有休息和闲暇，从事与儿童年龄相宜的游戏和娱乐活动，以及自由参加文化生活和艺术活动。"《公约》确认儿童不仅有发展权、受教育权，而且还有享受游戏的权利；承认游戏是学前儿童身心发展的需要，并且保障这种需要的满足使之成为学前儿童的基本社会权利，已成为人类社会文明进步的标志之一。

中国 1989 年 6 月颁布实施的《幼儿园工作规程(试行)》(2015 年 12 月最新修订)，将"以游戏为基本活动"作为幼儿园教育工作的基本原则。《幼儿园教育纲要(试行草案)》(1981 年颁布，2001 年修订为《幼儿园教育指导纲要(试行)》)则在总则中明确指出："幼儿园教育应尊重幼儿的人格和权利，尊重幼儿身心发展的规律和学习特点，以游戏为基本活动，保教并重，关注个别差异，促进每个幼儿富有个性的发展。"

由此，任何不从学前儿童的实际出发，只关注知识教学，只重视技能学习的"教育"，都是与现代儿童观、现代学前教育的文明主流相背离的。

(二)学前儿童游戏需要教育

近现代主导性的儿童教育观认为，每个儿童都具有巨大的发展潜能，并必定在活动中释放升华。而释放升华的主体是儿童自身。儿童的天性是积极主动的，他们本能地向环境敞开，在敞开中探索学习，不断建构其精神世界。学前教育的重大意义是为儿童发展提供适宜的条件，"帮助"儿童开发潜能，开发得越及时越充分，效果就越好。

游戏是学前儿童主动学习的重要方式。在游戏中，学前儿童用自己的方式去感知和探索周围世界，模仿和演练社会行为规范。各种游戏活动为学前儿童获得知识经验、实现身心发展提供了学习的平台。由于学前儿童游戏的目的在于"玩"本身，学前儿童在游戏中的学习便具有"无意"自动的特性。这种无意学习的效果使人们并不总能预料到，也就是往往出乎成人的意料，也常优于成人为儿童有意安排的学习效果。

但是，学前儿童的自觉性也在萌生并逐渐提高。这就会出现自觉与自发的协调问题。前面讲到学前儿童的"兴趣主义"，这个特点决定了学前儿童有意活动受到情绪、兴致和外界刺激的强烈影响，其自我学习的随意性、随机性会更多地向自发性一面倾斜。如一旦遇到难题，原有的活动意向就会改变，而改变常常意味着中止甚至干脆放弃学习。教育的重要意义在于及时提供有效的帮助、引导和支持。这种帮助、引导和支持，当然要顺其自然，但不教育则是任其自然。不但通常意义上的教育是必要的也是重要的，即便对学前儿童的游戏来说，指导也是必要的、重要的，至少游戏中相关的模仿、交往、探索和操作等技能因素是需要成人示范、教练的。

任其自然是对教育的取消，如果不能顺其自然则首先取消了孩子的主动性。即便教育有像阳光、雨露、土壤、肥料、培护等对植物那样的重要性，生长的主体也仍然是儿童自身。儿童具体发展得如何，从根本上看，还是儿童自身学习的生长过程。而作为"阳光、雨露、土壤、肥料、培护"的教育，不但要适宜恰当，而且根本无法代替儿童的主体地位。

(三)学前教育需要游戏

幼儿园是区别于家庭和其他场所的学前教育机构。由于学前教育有知识启蒙和素质培养的重要目标，幼儿园要有系统、有步骤地让学前儿童达到教育目标。但学前儿童在学前教育阶段获得的知识、技能，有别于中小学正规的"知识密集"型教育教学，这就决定了幼儿园的教育形式有别于中小学以课堂教学为主的教育教学方式，而必须寓教育于学前儿童的活动中。最好的活动便是游戏。

在过去传统的学前教育中，学前儿童被看作教育塑造的客体，其主体性与个别差异性被忽视，家长和教师把传授知识、为学前儿童适应应试教育打基础作为突出的意向。由于有计划、有目的的课堂教育有明显可控的节奏和进度，能够及时反映出教育效果，而游戏教育的作用则是发散的和难以量化的，这很容易让教师失去游戏教育的耐心和信心，导致学前教育长期步入误区。

在幼儿园中，游戏主要有两种形式：一种是学前儿童自发的自由游戏或自然游戏；另一种是教师有组织的游戏，通常被称为手段性游戏或教学游戏。前者是学前儿童身心发展的基础活动，也是教学游戏赖以发生的土壤和母本资源园地；后者则提升游戏的教育含量，指向一定的知识和能力目标，一般在教师组织下进行，是幼儿园教学活动的主要形式。学前游戏教育既要充分尊重自然游戏的天然惯性，又要适当控制自然游戏的比重。

凡是目光远大、胸怀宽广、对人性有较深刻体认、有思想见识的成人，都不会忘记"顽皮的孩子聪明"这句话。很多成人也看到很多小学、初中阶段考试成绩优秀的孩子，后来上高中乏力了，而不少"顽皮的孩子"进入高中以后"突然"出现了爆发力强、后劲足的现象。这其中的秘密就是游戏不会耽误儿童的发展。当然"顽皮"只是游戏的外观，它本身也潜藏着放任自流的危险。实际上，这里要说的是：只要是恰当的游戏活动，儿童从中取得的知识和技能的进步，一点也不会比传统的课堂教学差。游戏教育需要有这样的认识和自信。

二、游戏教学活动及其模式探索

任何事物都是不断发展变化的，儿童游戏作为一门学科也经历了一个漫长的发展时期。

(一)游戏及游戏教学活动的历史概述

1. 关于游戏的发生

(1)游戏与劳动的关系

第一种是高等动物本能说。高等动物本能说认为在比较高等的动物中普遍存在着游戏，而且越是高等的动物，游戏的需要越明显。这种观点表明了游戏先于劳动而存在。

动物的游戏正是源于机体对活动的需求，由于运动系统的新陈代谢和生长发育，从内部要求动物不断地活动。这种需求如果在低等动物那里，一般通过物质追求的生存活动就能得到满足。而越高等的动物，实际的生存活动就越不能满足于内在的活动欲，于是动物就会自发地表现出"无目的"的运动。

游戏更多地表现在幼小动物中的事实，又表明动物游戏也是生存本能的训练。游戏是生物快感——生命力自由展现的情绪体验。到了人的游戏时，是动物的游戏本能在新的意义上的复归和质变。这时，游戏的体验则从动物的快感进入人的美感。

游戏先于劳动而存在。德国的华歇尔论证：原始民族那里的劳动，是一种颇为模糊的现象，我们越接近它发展的起点，不论在形式上还是内容上它都接近于游戏。原始人的劳动是游戏性的，而越是早期的劳动就越像游戏，劳动的技能在游戏中获得，以后逐步分化演进为独立的劳动，即游戏先于劳动。

由于运动系统的新陈代谢和生长发育，从内部要求动物不断地活动，而高等动物的生存活动不能满足这种欲望，于是在高等动物群体中就产生了游戏。对于人类来说，游戏和劳动结合起来，原始人的教育和劳动都是游戏性的。

第二种是劳动说。劳动说论证的是人的游戏，它从两个方面说明了游戏与劳动的关系。首先，在劳动中人的手脚总是在活动的，劳动的动作所产生的节奏能使劳动变得轻松。游戏和劳动的结合，可能是原始人为了使劳动不再令人感到讨厌，使劳动变得轻松愉快，采取了游戏的形式，而这种游戏的动作、声音、节奏又服从劳动的节奏，是由劳动技术决定的，如"劳动号子""插秧舞"等游戏。其次，人在劳动中会有一种深切的体验，体验到自己的力量和智慧，体验到劳动收获的快乐和战斗胜利的喜悦。这种观点似乎说明，游戏源于劳动，劳动先于游戏。

著名心理学家冯特曾说过，游戏是劳动的产儿，没有一种形式的游戏不是以某种严肃的工作为原型的，这个工作在时间上是先于游戏的。因为生活的需要迫使人去劳动，而人在劳动中逐渐地把自己力量的实际使用看作一种快乐。

综上所述，我们得到游戏与劳动的三种关系：劳动前的预演，即高等动物的游戏本能和儿童的游戏；游戏与劳动的结合，即原始野蛮人的游戏，表明了动物游戏向人的游戏的演化；劳动后再度体验，即具有社会性的人的游戏。

动物的游戏和人的游戏之间的根本区别在于：动物仅仅是内在的活动欲所驱使的游戏本能，而人的游戏则具有反映论的意义，它是现实生活的反映。

（2）游戏与艺术、体育的关系

从艺术、体育的起源中我们发现，萌芽状态或原始状态的艺术和体育正是游戏。

第一种是模仿说。模仿说认为艺术起源于人的模仿本能。艺术就是对自然界各种现象的模仿。从模仿中产生快感的心理机能越在童年期越明显，推想人类的童年期也是如此。可见，模仿不仅是创作过程中的单纯手段和方式，从根本上说，还是人类比较原始的心理倾向和心理机能，这种机能引发的是游戏的冲动，这种冲动的表现也被称为原始的艺术。

第二种是巫术说。巫术说认为原始人类曾经经历过一个巫术统治的时代，巫术的观念、巫术的活动渗透到人类生活、生产的各个方面，这个时代早于艺术，艺术起源于巫术的形式和内容。如"埋葬舞""祈雨舞"等都带有巫术色彩。

第三种是游戏说。游戏说认为艺术发端于游戏，原始的艺术就是游戏。

从游戏的发生及游戏与劳动的关系、游戏与艺术体育的关系中，我们可以得出结论：游戏是生物进化过程中出现的一种现象；游戏与艺术、体育是同态的，也是同源的，其共同的根源在于劳动；三者各自有一个演进的过程；游戏日益脱离了功利目的，即它摆脱了物质追求的束缚，而艺术体育从游戏中分离出来，具有了劳动意义，日显其功利性的一面。

2. 儿童游戏及其价值观演变的四个阶段

（1）早期人类的游戏共享

类似于现代类型的游戏往往在原始人那里是高度融合的，主要表现为想象性游戏和运动性游戏两种。

想象性游戏的主要形式是跳舞，对现实生活的想象全在这类似于舞蹈的游戏中得到体现。运动性游戏内容繁多，有些游戏实际上已是正式的运动了，但原始人的运动与玩耍之间的界限是不清楚的。

（2）游戏成为学前儿童的权利

首先，随着社会分工的发展和私有制的出现，使少数一部分人得以脱离劳动而拥有大量闲暇和娱乐时间，而大部分人却还不得不为谋生、为供奉少部分有闲者而整日忙碌，失去了能使他们充满欢愉感的时间，这时游戏的权利便与劳动者分离了，即劳动者不游戏或很少游戏，游戏者往往是不劳动者。

其次，由于游戏本身的发展，艺术、体育以比较成熟的形式从原始态的游戏中独立出来，那种比较幼稚的、随意的、自发的游戏更多地成为儿童活动的方式。

艺术、体育从游戏中独立出来，为成人活动，游戏是幼稚的、随意的、自发的，成为学前儿童的活动方式。

（3）游戏成为学前儿童教育的手段

儿童游戏从户外走向户内，从完全自发走向组织起来，是在幼儿园诞生以后。儿童进入了正式的教育机构，但又未到正规学习系统知识的年龄，游戏仍应是学前儿童的主要活动。然而，游戏的纯粹自发性被一定的规范性取代了。

首先，儿童游戏的空间受到限制，无限广大的空间变成相对狭小的室内空间。其次，儿童游戏的时间也受到限制，原来爱什么时候玩就什么时候玩，现在须听从教师的安排。最后，游戏的内容更是受到加工和筛选，通过教育者们的精心工作，游戏开始系统化、正规化，使之服从于一定的目的。

（4）游戏日益成为现代生活的重要内容

科学技术的进步大大提高了劳动生产效率，工时缩短，余暇增多，必然激发人的内在精神力量，最能体现人的自由意志、主体精神的游戏活动需求日益强烈起来。至今我们还在进行着许多有趣的游戏，如"踢毽子""跳皮筋""丢手绢"等。

3. 中国古代的儿童游戏

（1）古代教育家对儿童游戏的两种认识观点

第一种是严教——强调对儿童游戏进行干预。凡是符合当时社会所崇尚的伦理价值观的游戏，被视为正当的游戏，其能完善儿童的品行，因此不被干涉；凡是与当时社会所崇尚的伦理价值观相悖的游戏，则是不正当的游戏，因其将败坏儿童的品质，必须加以禁止。

第二种是乐学——主张儿童教学要游戏化。乐学的思想是从孩子的年龄特点出发，目的是通过游戏，提高学习的有效性，并使孩子把更多的时间和精力投入正常的学习，"学而优则仕"，培养新一代的仕儒君子。这种思想与现代有别。

就表面来看，严教似乎难以乐学，似乎与游戏难容，而乐学则必须寓教于乐，寓学习于游戏之中，这是一对矛盾。而实际上严教和乐学这两条原则，是在两个范畴内表达其含义的。严教在德育的范畴使用，这条德育的原则反映在游戏的态度上，则表现为对自发游戏的严格控制和把关，严教是通过限制自发游戏来实现的。乐学在智育的范畴使用，这条教学的原则反映在对游戏的态度上，则是教师要以合适的方法，使孩子以游戏的心理体验来从事学习。

（2）多种形式的古代儿童游戏

第一种是益智游戏。这是一种将智力活动和娱乐活动巧妙地结合起来进行的游戏形式，主要有拼图类和棋艺类。拼图类包括七巧板、益智图等。棋艺类包括华容道、象棋等。

第二种是文字游戏。古代的文字游戏包括诗钟、灯谜、字谜等。诗钟主要是文字对仗，有分咏、属对、嵌字等。分咏是两个人一人吟诵一句，要求分咏成联。属对是一人先说一字，另一个对一字，然后轮流补字最后成句。这两种最终都形成对联，和我们今天所见的对联差不多。嵌字也为补字，如给"轻风柳絮，明月梨花"，令儿童补"吹""飘"之类的词。这种文字游戏花样最多，补字的位置不定。诗钟这类游戏大大促进了儿童的文字能力。灯谜为元宵节时的常见游戏，任人竞猜，猜什么的都有。古代的字谜是猜一句古诗中的某一个字，即用古诗一句，中空一字，让猜谜人猜。

知识拓展 ⏰

"绝"对联

孟姜女庙门口有一副对联很绝，上联是：海水朝朝朝朝朝朝朝落，下联是：浮云长长长长长长长消。你能正确读出这些字的字音吗？

除此以外还有一些很有趣的对联，如下所示。

上联：风声雨声读书声声声入耳

下联：国事家事天下事事事关心

上联：风起大寒霜降屋前成小雪

下联：日照端午清明水底见重阳（含六个节气）

这些对联既有趣又生动。你还知道哪些有趣的对联吗？

第三种是幻术游戏。古代幻术游戏可分为两类：一类是科学性质的小实验、小设计；另一类是戏法。这类游戏深受孩子们喜欢。

第四种是偶戏。偶是用土、木、陶、瓷等各种材料做成的人物形象。其中，纯粹被供奉、作为崇拜对象的叫偶像；被儿童用来作为游戏伴侣的叫作玩偶；赋予偶动态情节以演戏的叫作戏偶。偶在幼儿园中最常见的形式就是毛绒玩具类的手偶，也有指偶。

第五种是运动性歌舞游戏。这类游戏具有模仿、表演、娱乐性质。许多文物史料上都对这类游戏有记载。

第六种是生活游戏。就是现代常见的角色游戏。

第七种是童谣。以明朝作为分界线，明朝以前的童谣以政治童谣为多，明朝以后才出现了一批真正反映儿童生活的童谣。

儿童感兴趣的是童谣的娱乐性和那朗朗上口的韵律感。特别是那些与游戏动作结合起来的童谣，更受儿童欢迎。童谣包括拍手歌、顺口溜和纯粹的文字童谣等多种形式。

童谣赏析

冬爷爷

冬爷爷，怕长胖，

不吃菜也不吃粮。

吃雪糕，吃冰棒，

呼出气来冰冰凉。

第八种是野趣。野趣就是贴近大自然的户外游戏，我们现在比较常见的春游、秋游等都属于这类游戏。

以上八种古代常见的儿童游戏对现代的游戏内容仍然有影响，我们现代的许多学前儿童的游戏都是从这些游戏中演变发展来的。从我国古代儿童游戏的描述中我们可以看到，游戏确实是一种文化现象，它具有一定的社会性和历史性，任何一种儿童游戏的形式和内容总是与当时的社会文化背景相适应。

视频微课

多种形式的古代儿童游戏

（二）当代游戏教学活动及其模式探索

当代一批有思想和使命感的心理、教育领域的学者、专家，以及一线的幼教工作者已认识到：必须大力实行游戏教育，为"素质教育"开发出源头活水。从已有的实践可以看到，之前的重视游戏的努力集中在两个方面，即学前儿童学习游戏化和学前儿童游戏课程化。显然，这是两种出发点不同、实质相融的"相向而行"的努力。

学前儿童学习游戏化是指幼儿园将学前儿童日常学习活动都纳入游戏之中，将儿童的学习和游戏交融，综合运用教学游戏与儿童自然游戏形式，促进儿童全面和谐发展。这种模式突出以游戏为基本活动，除了保证儿童的自由游戏活动外，还把游戏活动的要素渗入学习活动之中，依循游戏活动的实质来组织儿童各类学习活动，使其游戏化。尽管有的仅仅是借用游戏的形式，但真正的努力则应该是充分注意游戏在儿童学习活动中的真实结合与运用，让儿童作为学习和发展的主体，在幼儿园各项活动中生动活泼、积极主动地学习、成长。

学前儿童游戏课程化是指学前儿童以游戏为基本活动，教师以游戏为主要教育手段，充分体现游戏对学前儿童早期发展的影响，其主要特点是课程统整化、教材生活化和教学活动化。毫无例外，实施的主要途径都是游戏，通过教师与儿童互动，引导儿童自主发展，并且赋予儿童人性化的教育环境，以温暖、接纳、信任、鼓励的态度提供安全、支持的氛围。这种教育模式的理论基础是潜在课程理论。这种理论认为在幼儿园教育活动中，存在着大量的潜在课程和潜在学习，它们于不经意时、不经意处诱发和引导儿童积极的潜在学习，使学前儿童在幼儿园里能够做到自觉、自愿、积极、愉快地接受潜移默化的教育。而游戏作为一种最典型的潜在课程，几乎能满足幼儿所有潜在学习的需要与特点。

还可以将相关努力概括为两类：一是将相对稳定的活动内容模式化，也就是相应地建构成相对稳定的游戏模式，这是保证和提高游戏教育质量的规范化努力；二是将因时因地而异的内容和手段风格化，风格化就是每个园的师生都有独特的创造。这种风格化的游戏活动见于欢度儿童节、教师节、母亲节，以及给新生班布置游戏化环境、春游秋游中的联欢、节约温情的生日祝贺等。

1. 学前儿童学习游戏化的探索

上海一些地区的幼儿园在近 20 年的探索与实践中，针对学前儿童游戏开展了一系列深入的改革与课题研究，摸索总结出一套行之有效的做法。

（1）日常生活中的自由游戏

自由游戏的特点是开放、松散。教师在教室、走廊创设许多以物为媒体的游戏，游戏的内容是多方面的，游戏的难易是多层次的，游戏的材料是多种类的，游戏的玩法是多变的，游戏的实践是随意的（可在来园、饭后等时间），游戏占据的空间是多方位的（有桌面、地面、墙面等）。儿童参加游戏的方式是按个人意愿进行的，以个别活动为主。儿童在游戏中的学习活动以兴趣为导向，通过摆弄、操作玩具等方式来进行。自由游戏着眼儿童在游戏中的体验，儿童按照自己的意愿自由选择、自主游戏。教师则是观察、了解每个儿童的发展水平与学习特点，以此为任务定向游戏、集体游戏提供游戏设计的依据。在此种游戏活动中，学前儿童游戏性最强，教师对游戏过程的干预最少。

（2）活动室的任务定向游戏

活动室的任务定向游戏具有半封闭、低结构的活动特点。在教师创设的游戏环境中，封闭性和开放性并存。在游戏设计上，教师按照儿童每个阶段的学习，有顺序、有内在联系地安排游戏材料，并且给予儿童专门的时间与空间（非正式活动室），让儿童体验某方面的感性经验。相对于自由游戏而言，任务定向游戏环境中的学习要求更外显一些，提供儿童游戏的材料也更为集中一些，儿童游戏时间相对固定。但在游戏过程中儿童仍可自由地个别玩或结伴玩，仍可按照自己的发展水平和学习速度进行游戏，同时接受教师一定的启发、引导或点拨。

在任务定向游戏中，教师的主要任务是观察儿童的游戏过程，了解儿童的游戏结果，并且调整游戏的内容，使游戏中的任务定向始终与儿童的原有水平保持一种学习的最近发展区。同时注重儿童发展的个体差异，为发展较快或较迟缓的儿童提供适宜的游戏内容，引导他们与同伴进行交流。

（3）教师组织的集体游戏

教师组织的集体游戏具有封闭性和高结构的活动特点。教师事先设计的游戏目标指向明确，游戏设计周密，教师组织游戏的语言严谨，层次清楚。游戏以集体的方式（全班或分组）进行，游戏过程既受教师的影响，又受到同伴的影响，儿童游戏的进程受教师事先设计的游戏方案制约。这类游戏学习要求更为明确，但在设计与游戏组织进程中，教师比较注重激发儿童产生自愿、自发的动机与积极愉快的主观体验。教师的任务是让儿童在游戏中愉快地学习、自主地发展。

教师组织的集体性游戏，相对自由游戏、任务定向游戏而言，可以是前置性的，即对儿童今后阶段的学习起引导、启迪作用；可以是过程性的，即对当前儿童学习普遍需要解决的难题通过集体游戏进行解决；也可以是后置性的，即对儿童一个时期的学习内容进行综合归类。

总之，自由游戏可以激发学前儿童的活动兴趣，积累大量感性经验；任务定向游戏基本满足学前儿童一般发展和个别发展的需要；集体游戏帮助学前儿童解决发展中的矛盾以及整理、归纳已有的经验。其中，前两种游戏被称为非正式学习活动形式，后一种被称为正式学习活动形式。这些游戏形成了学前儿童学习的良好环境，使学前儿童的学习和游戏在更大的范畴内在更深的层次上得到前所未有的统一。同时，作为对"幼儿园以游戏为基本活动形式"的一种尝试，学前儿童学习游戏化继承和发扬了传统教育宝库中的精华，又着力体现现代社会的教育思想、教育观念，从而创造出了一种新思路、新模式。目前，学前儿童学习游戏化的先进性和时间性已得到我国许多幼教专家的关注与肯定，它的可行性与可操作性也被广大一线教师所认同和接受。

2. 学前儿童游戏课程化的探索

北京市在发展和建立游戏实验园及开展"以游戏为基本活动"课程模式的研究和探索中，取得了丰硕的研究成果。"区域游戏与主题游戏的融合"就是一种把学前儿童的学习融入游戏之中的课程模式。

（1）区域游戏

课程把学前儿童的区域游戏划分为六类：建构类、美劳类、表演类、益智类、角色类和运动类。这六类游戏在课程中的作用主要是创设能够支持学前儿童兴趣活动的物质环境，保证学前儿童素质潜能的开发和个性的充分发展。教师有计划创设的区域游戏环境应包括幼儿园基本的教学任务，各区域游戏在目标上既各有侧重又有重合。

图 2-1　区域游戏一

图 2-2　区域游戏二

（2）主题游戏

主题游戏是指教师根据学前儿童的兴趣和发展需要灵活生成的活动。游戏的线索是学前儿童随心所欲的发散性思维，其中也渗透了教师有意识的鼓励和帮助。课程把学前儿童的主题游戏划分为四类：自我认识、生存环境、生物世界和科学探索。主题游戏在培养学前儿童学会主动学习方面起着突出作用。它能够启发学前儿童探索的兴趣和养成合作研究的习惯，使每个学前儿童都能借助集体的力量，实现学习的能力（认识能力、表达能力、表现能力）的自我超越。游戏的表现形式以小组学习为主，不同主题、不同内容的游戏参加的人数不等。

（3）区域游戏与主题游戏的融合

学前儿童的区域游戏和主题游戏是既有区别又有联系的。一般来说，学前儿童在区域游戏中关注的是区域环境的探索和游戏内容的挖掘；在主题游戏中关注的是寻找兴趣点和合作研究、表达、表现。由于这种划分不是由规则所限定，而是由学前儿童兴趣和游戏的需要自然形成的，因此这两种游戏就经常互为融合。学前儿童可能在某个游戏发现兴趣点，生成主题并把游戏扩展到其他区域；也可能在主题游戏中形成分工，分散到各区域中去研究、探索、表达、表现，并且转化为区域游戏的主要内容。正因为两种游戏具有相互联系、相互依存的特点，我们在教育实践中应努力使这两种游戏自然融合，取得"1＋1＞2"的效果。

视频微课

当代游戏教育
及其模式探索

＊ ＊ ＊ ＊ ＊ ＊ ＊ ＊ ＊ ＊ ＊

本章小结

学前儿童游戏对学前儿童的生理及心理发展都有益处。在游戏中学前儿童发挥想象力和创造力，能有效使用玩具和其他工具，在玩耍中不断进步。

成人游戏与学前儿童游戏一样，都有游戏的本质特性。但儿童游戏与成人游戏相比，有五个方面的不同：游戏在各自生活中的地位不同、游戏的心理状态不同、游戏的内容不同、游戏的驱动力不同、游戏的价值功能不同。儿童游戏有自己独特的含义和特点。游戏的分类是多种多样的，我们要了解各种从不同角度进行的分类，以便较全面地了解幼儿园游戏的种类，为更好地指导和设计游戏提供条件。

　　游戏能有效地促进学前儿童的认知、社会性、情感和身体各方面的发展。有人指出，游戏对学前儿童来说，它的重要性仅次于母乳喂养和母爱，足见游戏对学前儿童发展的重大价值。

　　游戏是学前教育的一种重要教育手段，已成为全世界的主流教育共识。现代社会文明赋予并充分肯定学前儿童游戏的权利，好的学前教育是这个权利实现的重要保障。

　　任何事物都是不断发展变化的，儿童游戏作为一门学科也经历了一个漫长的发展时期。本章介绍了学前儿童游戏和学前儿童游戏教育模式的发展历程。

关键术语

儿童游戏　学前儿童游戏　学前儿童游戏教育　游戏教育模式

思考题

1. 名词解释

智力性游戏　学前儿童游戏

2. 简答题

(1)古代儿童游戏的常见形式有哪些？

(2)学前儿童游戏的特点有哪些？

(3)现代游戏教育模式主要有哪些？是怎样组织的？

(4)古代教育家对游戏的观点有哪些？

(5)学前儿童游戏的教育作用是什么？

(6)学前儿童游戏价值观的演变是怎样的？

(7)学前儿童游戏与成人游戏的区别有哪些？

拓展阅读

1. 林菁. 幼儿园创造性游戏指导与实施. 福州：福建人民出版社，2011.

2. 刘焱. 幼儿园游戏与指导. 北京：高等教育出版社，2012.

3. 彭俊英. 幼儿园游戏活动的组织与指导. 北京：教育科学出版社，2014.

4. 么娜. 可以一起玩的幼儿游戏. 北京：光明日报出版社，2013.

5. 许政涛. 幼儿园游戏与玩具. 北京：北京师范大学出版社，2001.

6. 汪荃. 幼儿园游戏课程模式. 北京：中国妇女出版社，2003.

第三章　国外学前儿童游戏与教育

课程思政 ▶

　　本项目介绍了美国和日本学前儿童游戏，既帮助学生开阔视野，又引导学生思考国外的儿童游戏有哪些成功之处，思考如何取其精华为我所用，从而使我国的学前儿童游戏理论和实践更为成熟、完善和繁荣。

学习目标 ▶

　　1. 了解美国游戏在幼儿园课程中的地位，掌握游戏在美国幼儿园中的具体运用。

　　2. 了解日本学前儿童游戏在幼儿园课程中的地位，掌握现代日本幼儿游戏教育的特点。

重点和难点 ▶

　　1. 美国学前儿童游戏与教育带给我们的启示。

　　2. 日本学前儿童游戏与教育带给我们的启示。

　　古往今来，任何时代、任何民族、任何国家、任何地区的儿童都无一例外地热爱着游戏。游戏是儿童的基本生活内容，也是儿童的正当权利，对儿童的发展具有重要意义。在当今学前教育的发展背景下，了解外国儿童游戏的现状，对于丰富和完善我国的儿童游戏理论，指导我国的儿童游戏实践具有积极意义。本章主要介绍美国和日本两个国家的学前儿童游戏发展现状。

第一节　美国学前儿童游戏与教育

　　美国是世界上学前教育最为发达的国家之一，既有扎实的学前教育理论，又有丰富的教育实践经验。美国幼儿园的教育计划比较灵活，它并不给幼儿某种所谓的正规训练,基本原则是让幼儿从"做"中学、"玩"中学,同时为幼儿提供进入小学的经验准备。美国的学前教育机构更多地主张在早期教育中保持儿童自然游戏的风格与特点,强调教师在幼儿园为幼儿创设游戏的环境,激发幼儿游戏的兴趣,并且避免对幼儿游戏进行不必要的直接干预。

一、美国学前教育的特点及游戏在幼儿园课程中的地位

美国的学前教育工作者认为学前教育机构是学前儿童初次离开父母而独立生活的地方,学前教育机构应为学前儿童提供一个安全的、有教育意义的、社会化的环境,使学前儿童能自然地离开家庭,自信地在学前教育机构中学习。学前教育机构的目标主要包括以下八个方面。[①]

其一,激发儿童的好奇心,以儿童个体发展的水平为基础,充分发挥他们的潜力,鼓励他们在各方面都得到发展。

其二,鼓励儿童与别人相互作用,帮助儿童学会友好地与同伴交往,能够相信成人,并能对成人的各种要求做出反应,拥有责任感。

其三,帮助儿童理解并尊重他们自己的文化传统和其他儿童的种族文化。

其四,鼓励儿童发现问题、解决问题,使他们能够表达自己的需要,学会与人分享和合作。

其五,发展儿童的社会性和情感,培养儿童的艺术技能和认知技能。

其六,提高儿童肢体动作的准确性、手眼动作的协调性,发展儿童的独立精神和探索精神。

其七,培养儿童学习的技能,如读、写、算的技能,但不要强迫他们去学习,使儿童能够根据自己的成长速度来进行学习。

其八,通过游戏丰富儿童的知识经验,并且帮助儿童对知识经验进行总结、分类;增进儿童的友谊,发展儿童的自尊心、想象力和创造力。

美国的学前教育机构通过开放的、多样的途径来促进儿童的全面发展,其具体的措施如下。

(一)丰富多彩的一日活动

在学前教育机构的一日活动中,幼儿活动的内容和形式多种多样:既有生活活动,也有学习活动、游戏活动;既有动脑活动,也有动手活动、动口活动;既有自由活动,也有教师规定的活动;既有个人活动,也有小组活动、大组活动;既有室内活动,也有室外活动等。这做到了动静交替,劳逸结合,促进了幼儿身心的健康发展。

---

① 李生兰:《美国学前教育的特点及启示》,载《学前教育研究》,2002(6)。

纽约市某托幼机构的每日活动安排表

8:00　　儿童入园/自选活动

9:30　　晨间谈话(如日期、天气、故事等)

10:00　　区角学习(如艺术、操作、戏剧游戏、积木等)

10:45　　早点

11:00　　圆圈活动(如音乐、故事、律动等)

11:30　　室外游戏

12:30　　午餐

13:00　　文学和故事

13:30　　休息

15:00　　安静活动(如七巧板、操作、读书等)

15:45　　午点

16:00　　圆圈活动、故事活动(如唱歌、讲故事等)

16:30　　室外游戏

17:00—18:00　儿童离园

(二)活泼生动的区角活动

走进美国幼儿园的活动室,泾渭分明的各个活动区就会展现在你的眼前。

1. 活动区的共性和个性

几乎在每个班级都设立了活动区,如电脑区、科学区、图书区、计算区、戏剧游戏区、积木(积塑)区、操作区等;有的班级还设立了家庭区,如玩沙区、玩水区、玩球区(打保龄球或篮球)、手工区、绘画区、泥塑区、木工区、实验区、烹调区、劳动区等。

2. 活动区的位置和面积

靠近班级门口的地方一般是动态活动区,如玩沙区、玩水区、玩球区;远离班级门口的地方主要是静态活动区,如图书区、电脑区、计算区。不同的区域占地面积不同,相对来讲,图书区、积木区、戏剧游戏区、绘画区等占地面积较大,计算区、电脑区、手工区、烹调区等占地面积较小。

3. 活动区的材料和陈列

各个活动区的材料都非常丰富,种类齐全,全部开放,置于低矮处,幼儿选用十分便利。例如:在图书区内,既有录音机、桌椅、沙发,也有多本图书、多副耳机、多个靠垫;在科学区中,既有多种动物模型、标本,也有尺寸不同的烧杯、放大镜;在玩水区里,不仅有或沉或浮的物体,还有漏斗、水桶;在积木区内,不仅有空心、实心的积木,还有形状、颜色不同的积木。

4. 活动区的分隔和人数

图书柜、玩具柜和操作台是常见的分隔物。不同的活动区对幼儿有着不同的吸引力。相比而言，在戏剧游戏区、积木区、玩球区进行活动的幼儿人数最多；其次是电脑区、操作区、手工区；最后是科学区、图书区、玩水区、玩沙区。

(三)自由自在的游戏活动

1. 游戏的种类及主题

游戏自然地走向儿童，在开展各类游戏活动时，教师总是鼓励幼儿自己进行选择、做出决定，幼儿既可以参加"娃娃家"的角色游戏，如带"娃娃"去购物，也可以加入"舞蛇"的表演游戏，如使用不同模型的"蛇"作为道具。

2. 游戏的材料及构思

游戏是儿童学习的主要方式，材料是儿童游戏的支撑，教师十分尊重儿童对材料的取舍和操作的方式；游戏是儿童的工作，教师注意为儿童创设轻松愉快的游戏氛围，保护儿童游戏的积极性，赞赏儿童的不同观点。如在"造大桥"的积木游戏中，有的幼儿提出要先造"桥墩"再架"桥"；有的幼儿则提出不需要造"桥墩"，直接铺上一块长板就可以造成"大桥"了；有的幼儿提议要用圆柱形的实心积木做"桥墩"；有的幼儿却提议应用长方形的空心积木做"桥墩"。对于幼儿的这些想法，教师都可以全盘接受，夸奖他们想象合理，设计奇特，很值得去试一试。

3. 游戏的时间及场地

幼儿在上午、下午都有很长的一段时间进行游戏，能够尽情地玩耍；游戏场地开阔、安全，室内以地板、地毯为主，室外以木屑、胶粒为主，如果天气允许的话，幼儿会有大量的时间在室外游戏场地上度过。

(四)走进社会的实践活动

教师注意从儿童的特点和兴趣出发，利用社区丰富的教育资源开展实践活动，为儿童的发展寻找契机和突破口。

1. 动手活动

"听过就忘记了，看过就记住了，做过就理解了"，这是儿童获取知识、掌握知识、运用知识的真实写照。教师经常把幼儿带到当地的儿童博物馆，让幼儿自己去触摸、尝试、探索和发现，使学习成为一种探险活动，变得其乐无穷、永无止境。幼儿的思维也变得更加活跃，想象更为丰富，对周围世界的认识更加深刻。此外，教师还会带幼儿去美国历史博物馆中的"动手科学中心""动手历史屋"及国家自然历史博物馆里的"发现屋"，使幼儿在教师的指导下，通过自己动手操作和亲身体验，探寻科学的奥秘。

2. 参观活动

教师定期带幼儿参观当地的各种博物馆，如航天博物馆、邮政博物馆、美国艺术博物馆、美国原住民博物馆、非洲艺术博物馆、波士顿美术博物馆；历史名胜，如华盛顿纪念碑、林肯纪念堂；政府机构，如国会大厦、白宫、联合国总部。幼儿丰富了对国家发展和世界文化的感性知识，提高了审美能力。

3. 其他活动

儿童的成长是在生动有趣的活动中完成的。教师有时会带幼儿到农场去郊游，到马戏团去看表演，到水族馆去观赏，到公园、街道、广场去散步，以开阔幼儿的眼界，增强幼儿的体质，陶冶幼儿的情感。

二、游戏在美国幼儿园中的应用

（一）在游戏中培养学前儿童的读写能力

在游戏过程中，幼儿需要运用听说技能与教师和伙伴进行交流，并且能够接触到图书及其他阅读材料。他们还会使用纸、笔等各种工具模仿成年人的读写活动。游戏中幼儿的手指协调能力、视觉分辨能力、运动能力、抽象思维能力和想象力都可以得到很好的锻炼。这些都是发展幼儿真正读写能力的基础。美国幼儿园普遍使用三种典型游戏。[①]

1. 积木游戏

积木游戏是常见的幼儿游戏。这里的积木除了通常所说的积木之外，还包括小汽车、微型建筑物模型及小玩偶等。幼儿用积木可以搭建出现实世界的多种场景，如房屋、街道、花园、钟楼等。美国研究人员认为积木作品既能反映幼儿从现实世界获得的经验，又能反映幼儿的创造力和想象力。经常玩积木，可以使幼儿的手指更加灵活，可以锻炼幼儿的视觉分辨能力。此外，积木游戏中轻松自由、无拘无束的气氛，有利于幼儿与小伙伴及教师间的交流及幼儿语言能力的发展，这些都是发展读写能力的重要基础。

让幼儿在进行积木游戏时充分接触各种各样的阅读材料，有助于幼儿早期读写技能的发展。为了达到这个目的，教师经常为积木活动设定主题。活动时教师会为幼儿提供与积木游戏主题有关的图书，投放的材料也与游戏主题相适应。如积木游戏主题是"火车站"，教师就会拿来关于火车的图书；主题变成了"农场"，教师又会拿来介绍各种家禽和家畜的图书等。有时教师也会提供一些积木搭建技巧的图书。积木游戏中幼儿所处的场所，也可以成为幼儿的阅读对象：教师会在幼儿能看到的墙壁上贴上与活动主题有关的有简单文字的图片。幼儿玩积木时，教师还会制作一些道具，如写有站名的站牌、写有文字的商店招牌等。教师制作路标或商店招牌的行为经常成为幼儿的模仿对象，当幼儿开始动手制作的时候，教师会给予其适当的帮助。

---

① 刘彤、李立：《亲历美国幼儿教育之七：在游戏中培养幼儿读写能力》，载《早期教育》，2005(3)。

要激发起幼儿"写"的兴趣，就要让他们经常接触到写字的材料和工具。为此，教师总是把铅笔、蜡笔、彩色粉笔、水彩笔、彩纸、便笺条等与书写有关的工具和各种积木放在一起。总之，教师应经常在积木游戏中创造机会。让幼儿看到成年人如何使用纸、笔和文字，然后鼓励幼儿尝试自己书写。

2. 表演游戏

美国幼儿园表演游戏的主题通常来自日常生活，如家庭、医院、邮局、饭店、百货公司、野营、生日聚会等。和中国的幼儿一样，美国的幼儿也玩"过家家"一类的游戏，也会扮演"医生"为"病人"看病、扮演"售货员"卖东西、扮演"教师"为小朋友们组织活动等。已有研究表明，幼儿表演游戏的能力与幼儿语言发展和读写技能发展之间呈正相关的关系。在表演游戏中，幼儿的运动协调能力和视觉能力等读写能力的基础能力会得到进一步加强。游戏中所包含的谈话和社交行为也锻炼了幼儿的语言表达能力。

教师经常把图书和各种有文字的材料带入表演游戏中，如病历、课本、商品标签、家庭主妇的购物清单等。在表演游戏进行前或结束后，教师会为幼儿读一本与游戏内容有关的图书。如表演游戏的主题是"理发店"，教师就会带来几本发型杂志。再如幼儿要表演"海滩上的日光浴"，教师就向他们介绍《海滩的小动物》的图画书。这些丰富多样的阅读材料，会使幼儿逐渐熟悉文字，对阅读产生兴趣。

书写文字的工具如笔、橡皮、纸、便笺本等也被教师带入表演游戏，用作表演道具。例如：玩"医生看病"的游戏时，幼儿可以模仿医生用纸和笔"开"处方；玩"打电话"游戏时，幼儿可以假装在记事本上记录电话的内容。教师此时的作用是充当幼儿的榜样。如玩"一家人去商店购物"时，教师说："今天我们要买什么东西呢？要买面粉、糖果、书、玩具。现在，我来列一张购物清单。"随后把清单的内容写在一张纸上。

3. 结构游戏

美国幼儿园的结构游戏是指用特定材料做出某种作品，包括绘画、捏橡皮泥、折纸、剪纸、建沙堡等。除了幼儿的手指这个最好的工具外，结构游戏的工具还有彩笔、蜡笔、刷子、海绵、橡皮泥、纸、小黑板、剪刀、胶水、水、沙子等其他常用的材料和工具。结构游戏时教师并不过分强调幼儿作品的水平，而是要求幼儿每天参加各种形式的结构游戏。结构游戏中可以使用小模型。例如：幼儿用沙子和小模型建构沙盘：沙子上插上小树枝、树叶，再摆上小动物模型，就是"森林"；在白色沙子上摆上冰块和白熊模型，就是"北极"。这样可使结构游戏的表现力更加丰富。结构游戏锻炼了幼儿的视觉观察能力和动手能力，也促进了幼儿读写能力的发展。幼儿在玩这类游戏时，教师鼓励他们互相帮助和互相交流，以此锻炼幼儿的语言能力。

和积木游戏一样，教师在结构游戏中也经常使用图书，并且经常为幼儿朗读介绍艺术家的书籍。通过模仿书中的图片，幼儿在建构水平逐渐提高的同时对图书也产生了亲切感。

结构游戏中的绘画对发展幼儿的实际书写能力非常有帮助。研究表明，幼儿学习写字的过程是一个渐进的过程：开始是乱写乱画，然后是模仿写字，最后才能写出真正的字。所以，每当幼儿随意涂写时，美国教师总是给幼儿一些鼓励。鼓励幼儿绘画时使用各种不同的笔（蜡笔、彩色粉笔、小刷子、铅笔甚至海绵、手指等），画在颜色、大小各异的纸、画布、小黑板甚至墙壁上。幼儿完成一个作品后，教师会帮助幼儿写上名字。

在游戏中培养幼儿早期读写能力时需要注意以下三个问题。

首先，游戏的总量要充足。美国幼儿园每天都保证一定量的游戏。游戏安排在一天不同的时段，上午、下午都有，内容和形式也很丰富。他们的游戏活动经常是这样的：绘画时，上午活动通常被安排在室外，教师会把大幅白纸贴在幼儿园外墙上，幼儿用画刷和水彩尽情创作；下午在室内进行绘画活动时，幼儿用铅笔、蜡笔等细致描画。积木游戏时，上午在室内玩小型积木；下午在教师监督下玩活动区里的大型积木。表演游戏时，上午在室内进行，幼儿可以穿上表演服装，小桌子、小椅子等室内用品可用作道具；下午户外活动时，则可以玩"野餐""郊游"主题的表演游戏。总之，在游戏中培养幼儿早期读写能力，要保证充足的游戏量，丰富的游戏内容和多样化的游戏形式。

其次，每次游戏活动要有足够的时间。为了在游戏中培养幼儿自发的读写能力，每次游戏都要持续几十分钟，使幼儿有时间在简单游戏的基础上创造出更复杂的游戏。游戏活动时给幼儿充足的时间很重要，只有时间充足时幼儿才可能从搭建积木房子，发展到利用它展开表演游戏。例如：在表演"医生"游戏时，幼儿开始时可能只是穿上白大褂，戴上听诊器为小伙伴看病，如果有了充足的时间，他也许会拿起纸和笔给"小病人"写病历；绘画时，如果时间充足，幼儿可能会就作品问题请教教师。美国幼儿园的教师通常认为每种游戏应进行 45～60 分钟。

最后，注意成人的示范作用。教师应有意识地创造机会向幼儿示范成年人读写技能的运用。例如：表演游戏前，教师朗读与游戏主题有关的故事书；积木游戏前，教师在黑板上写出积木的颜色和形状；结构游戏后，教师为幼儿朗读与艺术有关的书等。这些都是很有效的方式，对培养幼儿读写能力有重要的作用。

（二）音乐活动区中的音乐游戏

游戏是幼儿教育的核心，音乐游戏是向幼儿进行音乐教育的主要途径。一般情况下，美国的幼儿园都有音乐活动区。活动区中的音乐游戏要让幼儿在音乐艺术的氛围中主动地学习与探索音乐。①

---

① 刘彤：《亲历美国幼儿教育之十五：音乐活动区和音乐游戏》，载《早期教育》，2006(3)。

乐器猜谜

游戏准备

多种乐器，一个大屏风。

游戏过程

先让幼儿认识乐器，知道乐器的名称，了解乐器的演奏方法。教师指导幼儿演奏这些乐器，听每种乐器发出的声音。在幼儿熟悉大量乐器之后，猜谜游戏开始。第一轮，教师藏在屏风后面演奏乐器，让幼儿猜出乐器的名称。第二轮，幼儿两人一组，一个在屏风后面演奏乐器，另一个猜乐器名称。如果想使游戏容易些，教师就给幼儿提供音质差异大的乐器；要想提高活动的挑战性，就给他们提供音质相近的乐器。

制作"沙球"

游戏准备

容器，如纸盘、空汽水瓶、塑料杯、糕点罐等；填充材料，如大米、沙子、豆子等；封口材料，如订书器、胶带等；播放器材。

游戏过程

在教师的示范下，幼儿自由选择制作沙球的容器、填充材料，然后把填充材料放在所选容器中封好，简易的沙球就做成了。让幼儿摇动沙球，仔细倾听自己沙球的声音，也可以鼓励幼儿互相辨别他人沙球里装的是什么材料。最后，播放音乐，幼儿伴随着熟悉的歌曲摇动沙球。

音乐瓶

游戏准备

准备七个一模一样的装着等量水的玻璃瓶、敲击工具、一个小水壶、纸、彩笔。

游戏过程

让幼儿敲击瓶子，如果瓶子里所装的水一模一样，它们的声音是很相似的。然后，建议幼儿往瓶子中加水，让他们比较，加水后瓶子的敲击声和其他瓶子的声音有什么不同。鼓励幼儿按从低音到高音的顺序排列瓶子，然后在瓶子上敲击，创作简单、熟悉的曲子。还可以鼓励幼儿画出图画来表现瓶子的先后顺序。

演奏不同的乐曲

游戏准备

每周给幼儿提供一两种乐器。

游戏过程

详细介绍乐器的使用方法和注意事项，确保幼儿和乐器的安全。教师先给幼儿示范如何使用这种乐器，然后让他们模仿。教师应该郑重地示范，这样幼儿就不会随便拨弄乐器了。如果发现他们只局限于用某种方式演奏乐器时，教师就要鼓励他们用更多的演奏方法改变乐器的声音。

在音乐游戏中，教师的作用非常关键，教师主要应做好以下四个方面的工作。

1. 计划

首先，确定在游戏中要让幼儿了解哪些乐器后，教师要为游戏布置场景，明确如何循序渐进地把这些乐器介绍给幼儿，通过哪些办法让幼儿感受到乐器的声音特点。其次，研究怎样让幼儿有兴趣地参与到活动中来。在这个过程中，教师可以充分发挥幼儿的想象力，与他们共同设计音乐游戏。

2. 观察

观察幼儿如何选择、演奏乐器，从中寻找教授指导的机会。教师还应该仔细地观察儿童的表现，倾听儿童的心声，这样才能发现儿童的兴趣，使活动更具指导性。

3. 参与和扩展

教师要分享幼儿音乐游戏的快乐，而不是单纯去指导他们如何使用乐器进行游戏。教师还要让幼儿参与建立音乐活动区的使用规则，以保证每个进入音乐活动区的幼儿感觉到轻松自由，能独立地以安全的方式使用各种乐器。此外，教师要寻找适当的机会扩展音乐游戏，如增添一些新的乐器、加入一些新的玩法等。

4. 示范和鼓励

当幼儿没有兴趣继续游戏时，教师可以参与到游戏中，通过一些示范活动重新激发其游戏的兴趣。教师边示范边讲解时，幼儿会创造出不同的动作。

此外，要想很好地组织幼儿的音乐游戏，达到音乐教育的目的，教师除了遵循音乐教育的原则，精心设计音乐游戏之外，还应当在音乐游戏中扮演多种角色，这在开展音乐教育活动中是不可缺少的。

三、美国学前儿童游戏举例

瓶盖拼单词游戏

游戏准备

准备大量废旧瓶盖，在瓶盖上写上英文字母 A～Z。

游戏过程

游戏以分组刘抗的方式进行，每组幼儿面前放置写好字母的瓶盖，由幼儿自由搭配组成单词，每拼好一个单词就大声读出来。看看哪组拼出的单词又多又快又准。

爆米花游戏

游戏准备

准备爆米花桶一个，将白色、黄色的纸裁成边长 5 厘米左右的小正方形若干，其中白色的纸写上数字 1～10，黄色的纸写上"＋"或"－"两种运算符号，然后将写好数字或符号的正方形纸片攒紧，形成爆米花的样子，放在爆米花桶里。

游戏过程

让幼儿从桶中拿两个白色"爆米花"和一个黄色"爆米花"，打开之后，按上面的数字和符号进行相应的计算。

扭扭乐

游戏准备

在地上铺一大张含有各种颜色的垫子。

游戏过程

游戏者站上垫子，听指令"left hand on green，right hand on yellow，left foot on … right foot on …"（左手放在绿色上，右手放在黄色上，左脚在……右脚在……），然后照做。由于要完成任务，游戏者的身体会扭动成各种姿势从而带来乐趣。

利用泡沫垫和一些字母/单词卡片，这个游戏还可以有很多变通玩法，如用来练习字母"left hand on A，right hand on C …"（左手放在 A 上，右手放在 C 上……），练习单词"left foot on monkey，right foot on tiger …"（左脚放在 monkey 上，右脚放在 tiger 上……）。

跳房子

在方格里按顺序写上英文字母或数字，幼儿向方格内掷入塑料瓶盖、小石头或硬币等小东西，按字母或数字顺序跳到指定方格，捡起它，再按原路跳回。随着幼儿英语学习的深入，跳房子的难度也可以不断进阶，可以慢慢地在每格中用单词替代字母，甚至每周的跳房子也可以变换不同的主题，如这周是星期几的名称、下周是动物名称、再下周是水果名称等。

红绿灯

首先告诉幼儿，老师说"one"时，幼儿手指头发并说出 hair；老师说"two"时，幼儿摸摸小脸蛋并说出 face；老师说"three"时，幼儿捏捏耳朵并说出 ears；老师说"four"时，幼儿手指眼睛并说出 eyes；以此类推，five 代表鼻子 nose，six 代表嘴 mouth，seven 代表双肩 shoulders，eight 代表腿 legs，nine 代表手 hands，ten 代表脚 feet。

经过反复练习，幼儿熟练以后可以由教师来数数，幼儿找出相应的身体部位，讲出英语单词，要求手口一致，比赛谁更快。负责数数的人应由慢至快，并且注意幼儿讲得是否正确。还可以打乱顺序来数数，看看幼儿的反应能力。

知识拓展

"提供高质量的学前教育"
——美国前总统奥巴马

2013 年 2 月 12 日，时任美国总统奥巴马在美国国会发布了其连任以来的首份国情咨文。国情咨文的教育部分透露出美国教育的最新发展动向。奥巴马指出："一次又一次的科学研究证实，一个孩子越早接受教育，他的未来之路就能越平稳。"奥巴马在国情咨文中称，在高质量的学前教育领域每投入 1 美元，就能够为美国政府在提升毕业率、降低未成年人怀孕率甚至削减犯罪率等地方节省 7 美元。

就在国情咨文发布两日后，奥巴马来到位于佐治亚州的迪凯特市社区活动中心发表讲话并指出，要为所有儿童提供高质量的学前教育。当日，奥巴马还造访了迪凯特市一所针对 4 岁儿童的早期儿童学习中心，并且和儿童一起互动，以彰显其对将提供高质量的学前教育作为第二任期内执政重点的信心和热情。

美国教育部工作人员蒂芙尼表示，根据指示，教育部正在考虑增加对 4 岁及之前适龄儿童的教育投入，并且准备开展配套计划。配套计划包括三个方面：为每个儿童提供高质量的学前教育，通过与 50 个州建立经费合作关系，使联邦拨款和优质学前教育学校与机构能够惠及所有弱势家庭的 4 岁儿童；为儿童提供更多接受优质学前教育的机会，惠及对象包括刚出生的婴儿和蹒跚学步的幼儿；通过"义务家访"项目加大对儿童的家访次数，参与者包括护士、社会工作者及其他儿童问题专家，以实现儿童健康的学习与成长。据悉，高质量学前教育计划经费主要基于美国"力争上游——早期学习挑战"计划基金，而该基金由美国教育部与卫生和福利部共同组建。

第二节 日本学前儿童游戏与教育

由于游戏对学前儿童身心的发展具有重要的价值，因此世界各国的学前教育机构普遍重视游戏活动。在日本，儿童每天室内外游戏活动时间占总保育时间的 1/2 左右。

一、日本学前教育的发展及游戏在课程中的地位

日本的学前教育从 1876 年创办第一所幼儿园算起，至今已有 130 多年的历史。

经过明治、大正、昭和、平成几个时代的众多变革，日本的学前教育形成了比较完整的体系。日本学前教育的发展和变革可以分为五个阶段。[①]

(一)学前教育的初创期(明治初期至 1898 年)

1876 年，日本创立了第一所幼儿园——东京女子师范学校附属幼儿园。由于福禄培尔理论在日本受到高度评价，甚至被冠誉为"在保育学科中占有最高地位"，所以福禄培尔"恩物"的教育思想也被该幼儿园予以实施并置于教学的重点位置。

当时，该幼儿园的教育内容主要以"恩物"为主。园长关信三在 1879 年编写了《幼儿园 20 例游戏》，将福禄培尔的 20 种"恩物"进行图解说明，并且建议幼儿园每天花 3~4 小时将这 20 种游戏逐一教给儿童。该书所宣传的福禄培尔游戏种类及使用方法，在当时日本的幼儿园中被广泛采用。

(二)学前教育的发展期(1899—1925 年)

1899 年，日本制定了第一个关于幼儿园设施、设备、保育内容及保育时间等项规定的《幼儿园保育及设备规程》。这是日本首次由政府颁布有关幼儿园的综合而详细的法规。《幼儿园保育及设备规程》指出，幼儿园的保育内容有游嬉("随意游戏"和"共同游戏")、唱歌、谈话、手技四个项目。在"保育四项目"中，把"游嬉"置于首位，说明日本幼儿园教育在早期就充分肯定了游戏活动在幼儿园教育中的重要地位。东京女子师范学校附属幼儿园在每天的保育时间中，约有 3 小时是游嬉时间，其他三项合计为 1 小时左右。

(三)学前教育的整顿期和战争时期(1926—1945 年)

这一时期又被称为"保育五项目时代"。1926 年，日本文部省颁布了《幼儿园令》及同令实施规则。这是日本学前教育史上第一部较为完整而又独立的法令。在《幼儿园令施行规则》中有一些新的规定，如在原来"保育四项目"的基础上，增加了新的一项"观察"，并将"游嬉"的"嬉"改为"戏"。游戏仍列为五项内容之首，包括"自由游戏"和"律动游戏"，其余四项依次为唱歌、观察、谈话、手技。

(四)学前教育的整顿改革期(1946—1955 年)

这一时期又被称为"保育十二项目时代"。1948 年日本颁布了第一部学前教育大纲——《保育大纲》，其中强调以"自由游戏"为主，其基调是试图最大限度地尊重儿童自由和自发的活动。在幼儿园一日生活安排方面，《保育大纲》要求以自由游戏为主，不分特定的作业和活动时间，不规定课业，让幼儿自由自在地度过。在《保育大纲》的指导要求和倡导下，在欧美儿童中心主义思潮的影响下，检查学前教育工作优劣的一个重要标准是"让幼儿快乐"，因而让幼儿自由游戏、尊重幼儿自由和自发活动的主张一时深入人心。

(五)学前教育的稳定发展期(1956 年至今)

1956 年日本在《保育大纲》的基础之上推出《幼儿园教育纲要》，并于 1964 年进

---

① 王小英、努尔沙拉：《从历史角度看游戏在日本幼儿园教育中的地位》，载《外国教育研究》，2004(10)。

行了修订。该纲要规定了日本幼儿园教育的十一条基本方针。其中，第十条方针是："突出幼儿园特点，有别于小学教育。"把幼儿园教育与小学教育严格地区分开来，这是日本幼儿园教育的一大特点。如在班级的命名上，日本幼儿园回避小学式的"班级"一词，而是采用"组"的称谓，并且以动物或植物来命名，如不叫"小一班"，而是称"梅花组"。在教育理念上，把幼儿园教育与小学教育严格地区分开来，为游戏活动在幼儿园的顺利开展奠定了良好的思想基础。

1989 年日本颁布了第二个《幼儿园教育纲要》。新纲要首先明确了幼儿园教育的根本特征是"通过环境进行教育"，并且在此基础上强调了幼儿园教育应该注意的三个事项：展开与幼儿期相适应的快乐生活；通过游戏进行综合指导；适应幼儿的个体差异进行教育。此外，新纲要还将旧纲要中的六领域——健康、自然、社会、语言、音乐、美工，改为五领域——健康、语言、人际关系、环境、表现。

随着城市化、信息化的发展，日本儿童游戏的机会日益减少，尤其是活动全身的户外游戏明显不足。另外，受社会环境的影响，日本早期教育偏向智育的情况比较普遍，许多家长不让儿童多玩，甚至不让儿童玩，而是让儿童机械地进行读、写、算的学习与训练。这些情况严重地影响着儿童身心健康的发展。针对这样的现状，日本中央教育审议会受文部大臣的委托，就"从幼儿期如何开始'心'的教育"问题进行了广泛的调查研究，并且在 1998 年写出了题为《从幼儿期开始进行心灵教育》的咨询报告。研究者们在报告中专设一节阐述"对游戏重要性的再认识"，指出游戏对儿童至关重要，要让儿童在自然环境中轻松愉快地游戏，要增加自然体验和社会体验的机会，要纠正早期教育偏向智育的倾向，广大家长应当充分认识到游戏在儿童身心发展中的重要作用。如果在这个时期不给儿童提供充分的游戏时间，只是一味地让儿童死读书，以家长自身的愿望来构建儿童的生活，那么儿童的身心发展就会扭曲。研究者们呼吁："家长应有胆识和勇气给儿童以自由游戏、自由活动的时间，应把双休日还给孩子！"与此同时，文部省还组织了人员对幼儿教育的现状、问题及对策进行了调研。此外，教育课程审议会经过两年的研究，对改进幼儿园教育课程也做出了明确的规定。在此基础上日本于 1999 年颁布了第三个《幼儿园教育纲要》。

2000 年开始实施的第三个《幼儿园教育纲要》继续保持第二个《幼儿园教育纲要》所提出的"以游戏为中心进行综合指导"等基本观点，并且加以充实与发展。如第三个《幼儿园教育纲要》在总则部分明确指出："幼儿期的生活，几乎被游戏活动占满，由于游戏活动的过程，是儿童自发地倾注、释放身心全部能量的过程，因此，在游戏活动中儿童可以获得身心综合性的发展。"可见，近年日本教育界更加重视游戏对儿童身心发展的独特意义，及其在幼儿园教育和家庭教育中的重要作用。

二、现代日本学前儿童游戏教育的特点

日本幼儿园重视开展游戏，"以游戏为基本活动"早已不是一种口号，而是实实

在在的儿童的生活方式，这在各个幼儿园都是极普遍的，成为日本幼儿园教育的特色。具体可以从以下四点得到体现。[1]

（一）充足的游戏时间

日本幼儿的在园生活是从游戏开始的，一日生活中游戏时间充分。日本幼儿园、保育园的一日生活安排，入园时间大多为上午 8:00—8:30（或 9:00），幼儿自入园至 10:00 或 10:30 均为自由活动、游戏时间，幼儿可以在室内或户外玩。天气好时幼儿一般都选择户外游戏。

日本幼儿园、保育园的教育活动有两大组织形式，即集体活动与自由活动，幼儿自由游戏与集体活动（包括生活环节）的时间之比一般为 3:1。以半日教育为主的幼儿园的孩子，每天在园大约有 3 小时可以在大自然中进行自发自主的游戏，尽情玩耍。保育园实施全日教育，孩子的游戏时间更长。

集体活动也是以游戏为主，如唱歌、音乐律动及绘画、手工制作等。集体教育的一种重要形式是"行事"活动，即取材于社会生活或幼儿园生活的重要事件的综合主题活动，如"七夕""风筝"等，通常也是密切结合幼儿生活经验，使之得到充分情感体验的游戏。总之，无论是去幼儿园还是保育园，所看到的多半都是孩子们在游戏的情境。日本幼儿园中教师组织的正规的知识性教学极少见。

（二）游戏环境材料简易、朴实、自然

日本幼儿园通常有较好的自然环境，有浓郁的树阴，有的园内还有小树林和草丛。室内材料购买的现成玩具有限且大多很简单，如拼板、积木、绒毛玩具、折纸材料等。户外材料设施则较为多样，大型运动器械有秋千、单杠、滑梯、攀登架、跳马、爬网、平衡木、联合运动器械等，小型运动材料有球、圈、绳、沙袋等。此外，常能见到传统玩具，如陀螺等。

沙箱、沙池及玩水设施的设置很普遍。这类活动幼儿最为感兴趣，利用率极高。有的幼儿园甚至把整个院落作为一个大沙场供幼儿玩耍。在这里，自然物及废旧材料得到极为充分的利用。在幼儿园常常可以见到大量非专门化的材料，如纸板箱、废纸盒做成的摇马、娃娃家小房子等，为幼儿开展游戏创造条件。通常，各班均备有纸头、绳头、布头、木块、塑瓶盒等废旧物箱，很多玩具都是幼儿自制的。小班幼儿也尝试自制玩具，如将废报纸染色后折帽子。幼儿园注重为儿童提供在自然中游戏的条件。材料设施常常是依自然环境设置，如在树上系绳、打结、架绳梯、绳网或在两树之间架秋千，供幼儿攀爬、荡悠。有的幼儿园依大树干造一座小木屋，幼儿可以爬上去玩他们喜欢的游戏。有的幼儿园依地势高低不同而设跳台或在场地上特意堆起小山坡，让幼儿进行登、滑、钻、爬等活动，获得多种体验。总体来看，日本幼儿园提供的游戏环境与材料具有简易、朴实、自然的特点，使人有亲切平实之感，更重要的是有利于激发幼儿兴趣，便于幼儿进

① 张燕：《日本幼儿教育的特色及其启示》，载《教育科学》，2003(2)。

行创造性的操作和活动。

(三)活动类型多样，注重自然游戏

日本幼儿园特别注重引导幼儿在自然中进行活动性游戏和密切接触自然的游戏。具体来说，活动性游戏开展充分。孩子可以在场地上跑动、蹬脚踏车、玩大运动器械、爬竿等，充分运动身体，体验惊险，感受克服困难后的愉悦和对自己能力的自信。幼儿充分运动，因而身体健壮，有较强体力和活动能力。各园均有沙池，幼儿可玩沙池建筑的游戏，有的幼儿玩得兴起，甚至脱光了衣服跳进沙池泥水中玩耍。到了夏天，通常幼儿每天可在水池中游泳、戏水，获取在水中活动的感受。幼儿可以开展接触自然的活动，如在草丛中找寻昆虫。他们三三两两地在草丛中寻找、观察这些小生灵的不同形态、习性，关注它们的生存状况。饲养与种植活动开展得也比较普遍。幼儿园通常有自己的种植园地，并且饲养羊、马、狗、鸡等小动物。幼儿直接参加种植与饲养不仅可以直接认识观察动植物，更重要的是幼儿可以通过关心、照料动植物，学习完成工作任务，培养责任意识和对自然界事物热爱的情感。

再有各园普遍重视开展远足活动。这是引导幼儿走向自然的综合活动，儿童步行一次可以长达数公里，并且在山涧中戏水，过集体生活。此外，民间传统活动也为幼儿园游戏的重要组成部分，各种在我国快要消失的民间游戏如"放飞竹蜻蜓""抽陀螺"等在日本也较为常见。

(四)游戏中幼儿自主自由，教师积极参与，共享游戏快乐

游戏中幼儿自主自由，活动类型不是由教师硬性安排的，而是由幼儿自己选择的，"玩什么""怎么玩"均由他们自己做主。幼儿在游戏中无拘无束，尽情玩耍。教师也与班上孩子们一起玩，如教师与孩子们一起做泥饽饽，一起挖沙，一起玩荡船及打水仗、捉人等游戏。教师始终是游戏的参加者，有时提供建议指导，有时给予一定帮助，但更多的时候是作为游戏参与者中的一员，使得师生之间距离感较少。教师作为幼儿的游戏伙伴或大朋友，以自己饱满的情绪感染影响幼儿，并且对幼儿表达支持赞许的态度，这样可以增强师生情感。教师这种平等身份还有助于幼儿在活动中学习自己做主、自创玩法等，因而游戏中较少见到幼儿依赖教师的行为。教师通常不对幼儿提出强制性要求，而是与幼儿一起活动，为幼儿进行行为示范和引导感染幼儿。如在音乐律动活动中，常常可以看到教师像孩子一样四脚着地爬行，并且像幼儿一样开心地喊叫，虽然满手是灰是泥，但能与幼儿共享游戏的欢乐。

视频微课

现代日本学前儿童
游戏教育的特点

一般在自由活动中班级界限不明显，教师放手提供一种宽松开放的环境。每个幼儿可以做他喜欢做的事情，不同年龄、班级的幼儿也可相互学习、影响。

当然在游戏中，教师并非完全放任，而是要做到心中有数。教师要注意幼儿在

和谁玩、在哪儿玩、玩什么及玩得如何等，并依平时对每个儿童活动特点的观察和了解采取相应措施。

三、日本学前儿童游戏举例

纸人大力士对抗赛

游戏准备

相扑台一个，纸人大力士若干。

先用硬纸板做出一个直径 30 厘米的圆，然后涂上棕色，作为大力士的相扑台。然后用剩下的硬纸板做纸人大力士，做好的纸人大力士需要对折，这样大力士就能"站立"起来。请幼儿给每个大力士都取好名字。

游戏过程

两名幼儿挑选自己喜爱的纸人大力士，然后将纸人大力士放在相扑台上。两名幼儿分别坐在纸人大力士的后面，说"开始"之后，两人分别用手指敲打硬纸板的"相扑台"，造成台面抖动，大力士会因此而站立不稳，最终大力士先倒下的一方为输方。

小猪突围

让一名幼儿扮演"小猪"，并背着一个小筐。"小猪"站在由幼儿围成的大圈中间，其他幼儿扮演"猎人"将"小猪"围住，老师一声令下，"猎人"将手中的小球向"小猪"的小筐里扔，"小猪"以最快速度拱开人群钻出大圈。"猎人"可以拾起掉在地上的球继续扔。注意要使用软球，不要用网球等较硬的球。

花环套球

三人一组，其中两个幼儿双手拉手组成"花环"。另一名幼儿将球扔到地上弹起，组成"花环"的小朋友让球"钻"进"花环"。看看哪组小朋友完成得最好。

踩颜色

若干幼儿通过猜拳游戏选出一个"老怪"，然后"老怪"说出一种颜色，如红色。然后"老怪"被蒙住眼睛，其他幼儿躲起来。"老怪"倒着数数，时间到了以后就要开始抓其他幼儿。如果幼儿触碰到了指定颜色——红色（如红色衣服、红色旗子、红色图画），那么就是安全的，就不会被抓。但如果某个幼儿没有碰到指定的颜色，"老怪"就可以去抓他，抓到一定数量的幼儿之后，"老怪"即可宣布获胜。

我们赢了真高兴

参加游戏的人分成两组，排成一横排并手拉手。双方猜拳游戏，赢者一方一边唱"我们赢了真高兴"一边往前走，而输者一方则往后退。接着，输者一方边唱"我们输了真懊恼"一边向前推进，而赢者一方则做出被推回的动作。然后，双方各指名对方一人，被双方指名的两人猜拳，输者加入对方。游戏如此反复进行，直到其中一组剩下的最后一个人也在划拳中输掉为止。

MENKO

MENKO 是日本很早以前就有的男孩子玩具。MENKO 是一种画片，大多画的是当代儿童心仪的英雄人物，如武士、著名运动选手、漫画故事主人公等。玩MENKO 游戏时，赢者可以拿下对方的画片。

游戏过程

用石头、剪刀、布游戏来决定玩者顺序，赢者先玩。参加游戏的人把自己的画片放在地上，玩者用自己的画片击拍自己看中的画片，击拍时要使劲，带起一阵风，如果带起的风使对方的画片翻过身来，就可以拿下这张画片。如果击拍者没能将画片翻过身来，就要让位于下一个玩者。

MENKO 游戏还可以有其他很多规则，如在地面上画一个直径 1 米左右的圆圈，出了圈外的画片就被输掉了。再如，游戏者交替击拍画片，最先成功地将画片翻过身来的人就可以得到游戏者拿出并放在地上的所有画片。

木工游戏

游戏准备

各种形状的木片、木头，以及铁锤、锯子、钉子、木工胶、绳子等工具。

游戏过程

幼儿可以自由选择材料进行游戏，如可以在木板上用钉子钉出各种图案，并且根据自己的喜好用各种颜色、形状的材料进行装饰。还可以用钉子或木工胶连接木片或木头。即便仅仅是用锤子往木头上钉钉子这种敲敲打打的活动，也足以让幼儿感到快乐。

* * * * * * * * * *

本章小结

古往今来，任何时代、任何民族、任何国家、任何地区的儿童都无一例外地热爱着游戏。游戏是儿童的基本生活内容，也是儿童的正当权利，对幼儿的发展具有重要意义。在当今学前教育的发展背景下，了解外国幼儿游戏的现状，对于丰富和完善我国的幼儿游戏理论，指导我国的儿童游戏实践具有积极意义。在本章，我们一起了解了美国和日本两个发达国家的学前儿童游戏发展现状。

美国是世界上学前教育最为发达的国家之一，既有扎实的学前教育理论，又有丰富的教育实践经验。美国幼儿园的教育计划比较灵活，它并不给幼儿某种所谓的正规训练，基本原则是从让幼儿从"做"中学、"玩"中学，同时为幼儿提供进入小学的经验准备。美国的学前教育机构更多地主张在早期教育中保持儿童自然游戏的风格与特点，强调教师在幼儿园为幼儿创设游戏的环境，激发幼儿游戏的兴趣，并避免对幼儿游戏的不必要的直接干预。

由于游戏对学前儿童身心的发展具有重要的价值，因此世界各国的幼儿教育机构普遍重视游戏活动。尤其是在日本，儿童每天室内外游戏活动时间占总保育时间的1/2左右。

关键术语

美国学前儿童游戏　日本学前儿童游戏　课程　一日活动　区角活动

思考题

1. 简答题

(1)在美国幼儿园的音乐游戏中，教师主要应做好哪些工作？

(2)现代日本的幼儿游戏教育有哪些特点？

2. 游戏实践

请参考美国、日本的幼儿游戏，尝试在幼儿园组织实施几个游戏活动。

拓展阅读

1.[美]安妮·H.扎克里. 美国儿科学会婴儿亲子游戏. 北京：北京科学技术出版社，2019.

2.[德]安德烈亚·埃克尔特. 感知觉训练游戏——最受欢迎的德国幼儿游戏. 北京：中国农业出版社，2015.

第四章　角色游戏

课程思政▶

　　本项目使学生在了解角色游戏相关理论的基础上，增强团结协作、善于沟通的素养，提高富有个性化与新颖多样思维的创新能力。通过角色游戏案例分析，培养学生尊重幼儿、热爱幼儿的良好师德，强化和提高学生对幼儿教师职业的认同感。

学习目标▶

　　1. 了解角色游戏的意义和作用，掌握基本的角色类型、角色游戏中的指导方法。

　　2. 能尝试设计学前儿童的角色游戏，在组织和实践中，引导幼儿社会性、语言等能力的发展。

重点和难点▶

　　1. 角色游戏的指导要点。

　　2. 各年龄班角色游戏的观察和评价。

　　角色游戏是象征性游戏的最高级水平，它的出现和存在对于学前儿童来说有着极为重要的意义。

"娃娃家"游戏

　　游戏时间到了，小朋友到活动区域玩了起来。雨晨和朋友选择了娃娃家，雨晨做"姐姐"，小恬做"妈妈"，景润小朋友也紧跟着加入进来当起了"爸爸"。今天娃娃家可真忙活，"姐姐"和"妈妈"一起去理发店了，"爸爸"去上班了。这样娃娃家就没人了，我走了过去，"哆，哆，哆！有人在家吗？""妈妈"和"姐姐"正在烫头发，"爸爸"听到后马上赶回家对我说："我去上班了。""可是娃娃家没有人在家，也没有关门，要是小偷进来了危不危险啊？""爸爸"听了马上回到了娃娃家："那我先在家里，等她们烫好头发我再去吧！""爸爸"便留下来看家。游戏还在进行中……

评析

教师应让娃娃家的幼儿之间相互沟通好，学前儿童还未养成出门要关好门的意识，对安全知识的了解较为贫乏，警惕性和安全意识不够高。

分组大讨论：教师指导要点是什么？

指导策略

教师引导幼儿相互合作，在活动结束总结时教师要让幼儿自己来说一说角色游戏中的情况，把好的地方与不足的地方提出来，其他幼儿帮助解决问题或教师给予一定的建议，让幼儿学会相互帮助。

在课余放松的时间，教师要给孩子多讲述一些安全知识，让幼儿多了解，例如：出门时不能单独出门，和别人一起出门时要把具体的情况告诉爸爸妈妈，并且关好门再出去；不能玩电、玩火、独自去游泳等；在角色游戏活动中建议增加警察或保安角色，这类角色的添加不仅能够保证各个区域的治安，还能避免幼儿间出现争吵的现象。

第一节　角色游戏概述

一、角色游戏的意义和作用

角色游戏是学前儿童通过模仿和想象扮演角色，创造性地反映现实生活的一种游戏，又称主题角色游戏。在幼儿园里，学前儿童常玩的角色游戏有"娃娃家"游戏、"开商店"游戏、"医院"游戏、"邮局"游戏、"幼儿园"游戏等，其意义在于：角色游戏最适合学前儿童身心发展的需要，是幼儿期最典型、最有特色的游戏。

(一)角色游戏能发展学前儿童的社会性

在角色游戏中，学前儿童通过扮演妈妈、教师、司机、警察等现实生活中的各种角色，模仿社会生活中人们的行为，体验他们的情感，实践现实生活中人与人的交往，学习分工合作、角色之间相互配合。如在"医院"游戏中，有的学前儿童当医生，有的当病人，有的在挂号，有的在病房当护士。做这样集体分工合作的角色游戏，有助于学前儿童学会和实践社会性行为，发展学前儿童的社会性。再如游戏"牙病"中的对话。"你有虫牙吗？""为什么会有虫牙呢？""你没有及时刷牙，晚上细菌就爬到你牙齿上干坏事，细菌中的虫卵孵出来也会腐蚀牙齿。"这些对话能够教育学前儿童保护牙齿，知道早晚都要刷牙。

(二)角色游戏也有利于发展学前儿童的主动性和创造性

角色游戏突出的特点在于它是学前儿童自己创造的，游戏的主题、角色和情节等都是依照学前儿童自己的兴趣、意愿、经验进行设计的。在游戏中学前儿童可以自由地发挥想象力和创造力，独立自主地再现成人的劳动和活动，这种主动性和创造性是学前儿童认知发展、情感发展、身体发展的重要基础。

(三)角色游戏能提高学前儿童的记忆力

国外一些学者的研究成果表明，角色游戏能唤起学前儿童的兴趣，使学前儿童在轻松愉快的气氛中学习和提高记忆力。如有人研究发现，学前儿童在商店游戏中，根据扮演角色的需要，必须自觉积极地去识记、追忆和集中注意力，所以学前儿童在游戏中记忆的数量和质量都比一般实验室条件下的记忆效果好。表 4-1 是在不同学习条件下的不同年龄的儿童识记词的平均数统计。

表 4-1　不同年龄儿童识记词的平均数统计

年龄	在实验条件下识记词的平均数	在商店游戏条件下识记词的平均数
3～4 岁	0.6 个	1.0 个
4～5 岁	1.5 个	3.0 个
5～6 岁	2.0 个	3.3 个
6～7 岁	2.3 个	3.8 个

(四)角色游戏能发展学前儿童的意志能力

苏联心理学工作者马卡连柯研究了角色游戏对儿童意志行动的影响("哨兵站岗"实验)。实验的条件有两种：一种是在一般实验室条件下站岗；另一种是在糖果工厂角色游戏中当哨兵站岗。实验结果表明在角色游戏的相互交往中，儿童站岗姿势保持的时间最长。表 4-2 中显示不同年龄的学前儿童，在游戏中担任角色的条件下比一般实验室的条件下坚持的时间分别长 3 分 35 秒、6 分 20 秒、1 分。

表 4-2　不同年龄儿童意志力在两种条件下的对比

年龄	在一般实验室条件下坚持的时间	在游戏中担任角色时坚持的时间
4～5 岁	42 秒	4 分 17 秒
5～6 岁	2 分 55 秒	9 分 15 秒
6～7 岁	11 分	12 分

二、角色游戏基本的角色类型

按照对应的学前儿童不同的认知水平，可以把角色类型划分为五种。

(一)机能性角色

对角色原型典型动作的模仿，其中角色纯粹由动作或对物的操作来表示，如"开火车"游戏等。

(二)对应性角色

以角色关系中的另一方存在为条件的角色扮演，即互补角色，如母子、父子、服务员与顾客等。

(三)关联性角色

在同一个游戏中，一人担多重角色，角色动作指向不同的角色，如一名幼儿在家时是"妈妈"，上班后是"教师"。

(四)同一性角色

角色动作指向同一类型的角色，是同类角色的配合，也就是在同一个游戏中有两名或两名以上的幼儿都扮演同一类角色，如都是学生。

(五)想象性角色

这些角色不源于生活，而是出自文艺作品或传说，如幼儿看了某动画片之后会扮演其中的角色。

三、角色扮演的心理结构

(一)角色行为

角色行为包括角色动作、语言所构成的扮演过程。角色动作是实现游戏程序的主要动作，只有借助这种手段，才能把主题变为真实的游戏过程。学前儿童是以动作和语言来扮演角色的。如在"娃娃家"游戏中，幼儿像妈妈一样收拾床铺，给娃娃穿衣服、叠被，喂娃娃喝奶，又找来澡盆、浴巾，假装倒进水，和娃娃的"爸爸"一起给娃娃脱鞋、脱衣服、洗澡，正是这一系列的动作和语言的交流构成了游戏过程。

学前儿童在游戏中的动作，不是具体的某个动作的翻版，而是概括的动作，如为病人检查身体是医疗行为的概括。正是由于概括的动作，使角色游戏给学前儿童以广阔的想象空间，也使不同的学前儿童在不同的条件下都可以进行角色游戏。

口头语言与肢体语言的结合恰到好处，才能使学前儿童游戏水平提高。

(二)角色扮演动机

角色的选择和角色的动作表演都有一种内部推动力，即动机。这些动机包括三个方面。

1. 模仿动机

年龄较小的学前儿童会对某些成人产生崇拜感，产生好奇心，于是极力想模仿他们的言谈举止。

2. 情感动机

情感动机包括爱戴、羡慕、钦佩等正面情感，也有妒忌、恐惧、憎恶等负面情感。

3. 认知动机

为满足自己的好奇心和求知欲，学前儿童可能去进行实践、体验和再认等行为。于是其表现出一些创造性游戏行为，如男孩子扮演未来战士或女孩子扮演花仙子、白雪公主等。

知识拓展

动机(motivation)就是激发和维持个体进行活动，并导致该活动朝向某个目标的心理倾向或动力。作为活动的一种动力，动机具有三种功能：激发功能、指向功能、维持和调节功能。不同的动机可以通过相同的活动表现出来；不同的活动也可能由相同或相似的动机支配，并且人的一种活动还可以由多种动机支配。

(三)角色意识

学前儿童扮演角色是把自己放在角色的位置上，把自己当作别人，表现别人的特点，体会别人的思想、感情和态度；扮演角色时，学前儿童既是别人，又是自己，把自己融入角色之中，又把自己和他人区别开来。这要求学前儿童要达到一定的心理发展水平，扮演角色发展到较高的水平时，学前儿童的角色意识已经产生。

扮演角色对发展学前儿童的想象力和自我意识，以及使学前儿童从自我中心过渡到一个社会化的个体有着重要作用。

(四)角色认知

角色认知指的是对角色行为职责和角色之间关系的理解，这是对一种社会生活现实逻辑的理解和认识，与学前儿童的认知发展和生活经验有关。这是在角色意识的基础上进一步发展来的。

由此，我们可以看出，角色扮演的发生、发展过程是循着一条规律产生、展开的，即角色行为—角色动机—角色意识—角色认知。

四、角色游戏的指导

游戏是幼儿园的重要手段(教育手段)，要发挥游戏的教育作用必须有教师的指导。同时，角色游戏是学前儿童独立自主的活动，教师对角色游戏的指导主要体现在帮助幼儿按自己的意愿和想象进行游戏上，而不是把教师的意愿强加给幼儿。指导角色扮演游戏的核心问题是如何使教师的指导与幼儿在游戏中的主动性和积极性结合起来。主要做好以下四个方面的工作。

(一)角色游戏组织与指导的基本原则

1. 主体性原则

以主体性为基本特性的游戏活动，对学前儿童主体性的发展有深远的意义。在角色游戏的组织与指导中，教师尊重幼儿的主体性主要体现在：要尊重幼儿游戏的兴趣和需要，不能把自己的意愿和想法强加给幼儿；要尊重幼儿游戏活动的年龄特点，允许他们按照自己的节奏和想法来游戏；要尊重每个幼儿的游戏兴趣和方式，不强迫他们玩同一种游戏，为幼儿创设在游戏材料和内容及方式方法上都具有"可选择性"的自由游戏环境；要相信幼儿的能力，给他们提供自主探索和尝试错误的机会。

知识拓展

动物遇到新的情况和问题状态时，无目的地不断重复本身所具有的反应方式且某个反应偶然地带来成功，这种行为状态被称为尝试错误。

2. 开放性原则

在角色游戏的开展过程中，学前儿童不时会产生新的兴趣和需要，这种新的兴趣和需要可能不是教师预先设想的。教师应当在尊重幼儿兴趣和需要的前提下，积极地理解幼儿的想法，发现其中的"价值"，并且及时地调整自己的计划，帮助幼儿实现他们的想法。这种不拘泥于既定计划和实施程序的指导必定是开放性的指导。开放性并不否定教师指导的计划性。但教师指导的计划性必须以对学前儿童游戏的兴趣和需要的观察为基础，来考虑自己下一步"做什么"和"怎么做"，而这种计划不是教师"想当然"的产物。

3. 整体性原则

角色游戏组织和指导的整体性原则要求以整体性的发展观和活动观为指导，正确认识和判断学前儿童在角色游戏中的"情境"的发展价值和教育教学潜能，以学前儿童身心发展的整体性和对学习内容的综合性要求为依据，有机整合角色游戏活动和幼儿园课程、教学活动之间的关系。

主体性、开放性、整体性原则的实践可以使角色游戏兼具自然性和教育性，使角色游戏成为幼儿园教育活动的有机组成部分。

视频微课

角色游戏组织与
指导的基本原则

（二）角色游戏前的指导

1. 丰富学前儿童的生活经验，拓宽角色游戏的内容来源

角色游戏是学前儿童对现实生活的反映，学前儿童的生活经验越丰富，游戏的内容也就越充实、越新颖。学前儿童的生活经验主要来源于家庭和幼儿园的生活和见闻。为了充实角色游戏的内容，一方面教师要在日常教育教学活动、生活活动和娱乐活动中，利用一切机会引导幼儿观察周围，拓展幼儿的视野，丰富和加深他们对现实生活的印象；另一方面教师可指导和协助家长安排好幼儿的家庭生活，丰富幼儿的见闻。在丰富幼儿对现实生活的印象时，教师要注意引导幼儿认识成人劳动的社会意义和人与人之间的关系。

交通事故

角色游戏开始了，明明今天当出租车司机，只见他非常开心地假装开着小车在教室里跑来跑去。突然，由于明明速度太快，把天天狠狠地撞了一下。天天摔倒在地上，大声地哭了起来。看到了刚才发生的一幕，我正要像平时一样教育明明不应该在教室里跑那么快时，却看见了明明闯祸后非常紧张而后悔的表情，我转变了想法：为什么不换一种方法帮助孩子真正认识到自己的错误行为会带来严重后果，并在以后的活动中避免出现同样的行为呢？于是，我装作不知道刚才发生的事情问他们："怎么了？"天天边哭边说："明明刚才把车开得很快，把我撞倒了。""什么，是出了交通事故了呀！那可不得了，你一定受伤了，很痛吧？万一有什么问题可不是闹着玩的。快让我送你到医院里去检查一下。明明你快来帮忙呀。"我表现出了一副非常紧张的样子，和明明一起扶着天天慢慢地来到了"娃娃医院"。"医生，快给他检查一下，明明的车开得太快把天天撞倒了。"于是，涛涛"医生"就让天天躺在床上给他像模像样地检查起来，并责怪明明："你呀，一点儿也不懂事，为什么把车开得那么快？天天的腿都断了。"说着用手抬了抬天天的腿，"不行，天天要住院开刀。明明以后你开车可要慢一点，记住了吗？"明明在旁边边点头边说："我下次一定注意，一定会慢一点开。"

评析

教师根据游戏中行为角色表现的需要，参与角色扮演教育明明，提醒明明要注意遵守交通规则、遇到事情要头脑清醒，以及正确处理问题并改正错误。

在平时的自由活动和游戏中，经常会出现以上这样的事情。幼儿喜欢在教室里你追我赶、打闹嬉戏，一不小心就会摔倒，甚至发生撞伤的流血事件，非常危险。对于这样的突发事件，教师们常采用的方法往往就是不停地教育幼儿在活动室不要奔跑，要注意安全。可是，说教的结果却往往是教师说得口干舌燥，而"肇事者"乖乖认错后再玩的时候就又忘记了，效果不明显。而案例中的教师尝试以游戏的形式来处理，使幼儿始终处于游戏的情境中，并且游戏中涛涛"医生"教育了"肇事者"明明。如此，不仅避免了明明由于撞倒人而受到批评以致心情不愉快，并可能对说教产生抵触的情绪，还使明明真正地意识到由于自己的鲁莽行为给同伴带来了痛苦，同时也丰富了游戏情节。

2. 为学前儿童开展角色游戏创造物质条件

游戏场地、游戏设备、玩具和材料是学前儿童开展角色游戏的物质条件，同时又是激发学前儿童游戏愿望和兴趣、发展学前儿童想象力的重要工具。教师要为幼儿设置固定的游戏场所和设备、提供丰富多样的玩具材料，让幼儿参与环境创设和游戏材料的准备，要把这些材料放在幼儿容易取放的位置，并且还给他们充足的游戏时间，以促进游戏深入地开展。

小小美容师

生活馆由美容院和理发厅组合而成，红红选择当一位美容师。刚开始她拿了枕头、化妆品、蒸汽机等材料布置美容院，但当客人来时美容院提供的材料仍然不够，红红拿大毛巾为客人包住头发后，就没有毛巾可以帮客人洗脸了。于是她掏出自己的小手帕，假装用它为客人清洗。当小手帕使用完后，她还拿了个篮子充当水槽，洗干净后再继续使用。看到美容院被她管理得井井有条，我满意地走向其他主题。一会儿，红红跑过来对我说："我把喷嚏打在客人们的脸上，他们都跑光了！""你感冒了？怎么忘了转过脸或捂着嘴巴呢？"我问道。"来不及！而且要用手捂着嘴巴，等下还要帮客人按摩手也是很脏的！""那你找个东西捂着好了，想想，什么东西比较适合呢？"红红想了一会儿突然说："老师在分点心时不是有口罩吗？好像临近的'医院'有，我去借一个用。"于是，红红向"医生"借了一个口罩，继续当起美容师。

评析

学前儿童在游戏中发现问题、解决问题，通过交流促进了自身的发展。教师的指导也很关键，有时教师的眼神、动作和反问可以帮助幼儿学会思考，去解决一些游戏中的问题。游戏中幼儿比较喜欢使用已提供好的道具或材料，替代物的使用现象较少，几乎都以教师提供的材料为主，有的幼儿则会不断地询问教师解决的办法。该幼儿在游戏时的自主性较强，当没有毛巾时能想出用自己的小手帕代替，使游戏进行下去，并丰富了游戏的情节。在打喷嚏事件中，她虽然在开始时无法独立解决问题，但通过教师适当地引导与提示，她能够联想到其他主题中可相互使用的游戏材料。因此，幼儿对各主题中的知识、材料与角色职责也需要有一定的认识。所以，游戏前除了丰富幼儿的生活经验，教师还可提供些半成品或是在游戏中可用来替代的材料、道具等供幼儿自由选择。同时可以用多种玩具启发幼儿发挥想象，充当游戏中所需要的物品。

(三)角色游戏中的指导

第一，帮助学前儿童确定游戏的主题，学会分配和扮演角色。角色游戏是学前儿童自主自愿的游戏，其主题应来源于幼儿的需要。教师要善于发现幼儿游戏的需要，适当启发幼儿游戏的动机，帮助幼儿学会确立主题。教师不应是游戏计划的设计者和实施者，而应该成为幼儿游戏的观察者、促进者、支持者和引导者。同时，不同年龄阶段的幼儿有着不同的特点，教师要根据其特点进行有针对性的指导。

金五星商店

新的游戏主题出现后，激起了幼儿游戏的兴趣，他们兴冲冲地和教师一起布置"金五星商店"。幼儿进入"金五星商店"开始游戏后，出现了一系列问题：顾客不交钱(积塑片)就拿走了商品，售货员看到了也不管，收银员却只知道埋头数钱，还有幼儿因钱而发生冲突。当天游戏活动结束后，教师让幼儿说说游戏活动中有哪些问题，幼儿们纷纷说出自己的想法，在发现问题后，教师还带着他们到附近真正的商店去参观。随着游戏的开展，又出现了幼儿因为同样的商品但价钱不同而发生冲突的问题。通过讨论，他们决定为商品制作价签。当很多顾客都来买东西时，营业员担心商品很快卖完。为解决这个问题，他们决定开一个工厂来制造更多的商品。结果讨论产生了新的主题——"工厂"。

评析

当学前儿童进入新的游戏环境时，他们往往会在游戏的过程中产生和发现新的问题。恰当地利用这些问题，可以进一步丰富学前儿童的生活经验，扩展他们的游戏内容。这样以"问题"为契机促进学前儿童游戏的发展。

第二，指导学前儿童选择和分配角色。游戏中角色的确定有多种方法，如猜拳、轮流、交叉互换等，教师可以在平时游戏中教会幼儿使用这些方法来分配角色。幼儿在分配角色时比较容易产生纠纷，教师可以用多种方法帮助幼儿解决纠纷，在这个过程中教师应注意问题解决的针对性和公平性。

竞争当"爸爸"

一天，个子小小的健健与高高大大的君君都想当"爸爸"。君君说："你个子那么小，怎么当'爸爸'呀？"健健理直气壮地说："那我今天还穿了新皮鞋呢！"两人都想当"爸爸"，这可怎么办呢？我请其他幼儿帮忙想办法。有的幼儿说"今天你当，明天他当"；有的幼儿提议"君君个子高，像'爸爸'，君君当"。我出了个主意：请其他幼儿来选"爸爸"。先请两个想当"爸爸"的幼儿说说自己的想法：怎么当"爸爸"？让两个"爸爸"开展竞赛，其他幼儿认为哪个"爸爸"好，就让哪个幼儿当"爸爸"。君君说："我先给孩子包饺子，等大家都吃饱了，我们再一起去看木偶戏。"结果，幼儿们推选了君君，今天他当了"爸爸"。

评析

教师要学会组织幼儿们自己解决问题，可以尝试采用表决的方法。

第三，善于观察学前儿童，及时给予帮助和指导，促进游戏情节的发展。教师可以参与游戏，扮演角色，促进游戏情节的发展，教师根据需要提供有助于丰富游戏内容和促进情节发展的玩具和材料。

定做小镜子

乐乐是商店今天的售货员。游戏一开始，商店就热闹起来。我看见这儿生意这么好，也参加到游戏中。乐乐见我来到了商店，热情地问道："您买什么？我们这儿商品很多，您先看看。""你们这儿没有我想要的东西，我想要面小镜子。"这下难住了乐乐。只见他看了看柜台里的商品，然后转身走出商店，回头又说："您先别走。"他干什么去了，我也搞不清楚。过了一会儿，乐乐回来了，手里拿着一面用插片插好的"小镜子"。他走到我面前说："这是您要的东西，五元钱。"我接过"小镜子"，奇怪他从哪里弄来的，原来他是去工厂定做的。

评析

教师参与到游戏中，会发现幼儿身上的更多闪光点。

理发店的发型书

一天，教师扮成顾客去理发店理发。理发师问："你要理发还是要洗头？""我要烫卷卷的头发。"理发师问："你要烫什么样的卷头发？"教师启发说："我也说不清楚，要是让我看到发型我就知道了！"那怎么办呢？理发师犯愁了。这时，小顾客朱文说："我陪我妈妈去烫过头发的，他们有一本很漂亮的书，里面就有很多很多的发型。""我知道，我也看到过的。""老师，我们也来做一本发型的书吧。"于是教师和幼儿找来了一些发型图片，分类贴在纸上并装订成一本精美的发型书。于是，发型书就在理发店游戏中使用起来了。

评析

生活中的留心观察很重要。

第四，加强角色之间的内在联系，增强游戏的合作性。

第五，引导学前儿童遵守游戏规则。

第六，评价游戏，丰富学前儿童游戏的经验，提升游戏水平。借助游戏评价，教师可以进一步了解幼儿的游戏情况、丰富游戏情节、提高幼儿解决问题的能力。当然，并不是每次游戏结束后都需要开展游戏评价，教师可以根据幼儿游戏的具体情况灵活处理。有的游戏还可以在过程中开展评价，如幼儿在游戏开展一段时间后注意力不集中或幼儿之间发生激烈的冲突时。

我饿了

今天角色游戏的活动时间到了，丹丹担任的是理发店的发型师。有一位顾客来到了理发店，丹丹开始为他理发。丹丹一只手拿着梳子，一只手拿着小推子，梳一梳、推一推，认真地、有模有样地为顾客理着发，理完了，顾客照了照镜子，高兴地走了。丹丹看见顾客走了，又没有新的顾客来，就在椅子上坐了下来摆弄着理发店里的物品。摆弄了一会儿，她看看还是没有顾客来，就起身来到烧烤店，对服务员说："我饿了，给我一串韭菜吧。"她接过服务员给的韭菜串，然后独自坐在烧烤炉前开始烤她的韭菜串。她烤了一会儿韭菜串后，听到旁边的幼儿说这个很香，那个很好吃，就又跑到服务员面前，大声地喊着："我还要一串这个，一串那个。"她一边说，一边指着架子上的各种烧烤串，不一会儿，手里又拿了好几串各式烤串，她回到烧烤炉前一边烤着烧烤串，一边还跟旁边的幼儿说着话。好长时间过去了，她烧烤的热情依旧高涨，在教师的提醒下她才放下了手里的各种烧烤串，离开了烧烤店，回到了理发店继续当理发师，等待顾客上门。

评析

从这个案例中可以看出，学前儿童的角色意识不是很强，对游戏的坚持性也比较差，不管是担任"服务员""医生"、"娃娃家"的"爸爸""妈妈"或是"顾客"的幼儿都存在同样的问题，他们容易被其他游戏所吸引，不能很好地坚守岗位，尤其是当他们在无所事事或是比较空闲的时候就会特别明显地表现出来。就像丹丹的岗位在理发店，是一名理发师，可她在理发店只招待了一位顾客，当看到店里没有顾客时自己也就离开了，也不管后面有没有顾客再来。她在别的游戏区逗留了较长时间才回到自己原先的岗位，已经完全忘记了自己今天的角色任务。

(四)角色游戏后的指导

1. 让游戏在愉快自然的状态下结束

在愉快自然的状态下结束游戏才能保持学前儿童下次继续游戏的积极性。为此，教师要把握好游戏结束的时机和结束的方法，可以根据游戏的内容和情节发展来灵活掌握，如可以用语言或动作提示幼儿结束游戏。

2. 做好游戏后的整理工作

游戏结束后整理场地，收拾玩具既是方便游戏下次开展的必要条件，又是培养学前儿童良好生活习惯的重要时机，教师千万不能包办代替。

3. 评价、总结游戏

就情节、游戏材料、玩具制作与使用、游戏中的学前儿童的行为分别进行评价。评价的形式多种多样，主要有讨论、现场评议、汇报等。

五、角色游戏的观察与评价

学前儿童游戏的好坏直接取决于教师的指导和评价，对游戏进行观察后进行的评价是一种间接指导，有着举足轻重的作用。由于角色游戏随着学前儿童年龄的增长与生活经验的增加而程度不同，因而对学前儿童游戏的观察和评价要点也不同。

(一)小班

小班阶段对学前儿童游戏的观察和评价有十个要点：是否有角色意识，对社会角色的认识是否明确；游戏时是否表现初步的交往意识；主题、角色行为的观察；是否有角色规则的意识；是否会商量解决问题(出现矛盾、如何解决)；是否有尝试其他角色的兴趣和欲望；游戏中的对话语言(是否有礼貌)；是否爱惜物品；是否会整理玩具和根据标志将物品放回原处；角色行为是否稳定。

(二)中班

中班阶段教师应注意观察与评价学前儿童在游戏中发生纠纷的原因，从而以旁观者或合作者的方式予以指导，让学前儿童学会解决简单的问题，掌握交往的技能和相应的规范。此阶段观察与评价的要点涉及三个方面。

一是表征行为：能出现哪些主题和情节（需要教师创设环境、材料提供）；游戏情节是否丰富；动机出自物的诱惑还是同伴间的模仿；学前儿童的角色意识如何；行为仅仅指向物，还是指向其他角色；游戏中主题的稳定性如何；观察学前儿童在游戏扮演中的积极性如何；行为是以物品为主还是以角色关系为主；是否使用替代物进行表征。

二是构造行为：对造型是先做后想，还是边做边想，或者是先想好了再做。

三是合作行为：能否从平行游戏过渡到合作游戏；主动与人沟通还是被动沟通（交往能力如何）；指使别人还是跟从别人；是否会采用协商的办法处理玩伴关系。

（三）大班

大班阶段教师的观察应重点放在学前儿童对游戏的创造能力上，而在评价时一定要注意对学前儿童独创性的评价。教师应协同学前儿童进行评价，评价时注意针对性与科学性相结合。此阶段的观察与评价的要点是：游戏的目的性及游戏主题是否广泛、丰富；独立性和集体性；同一主题情节的复杂性和持久性；角色扮演是否逼真、能否反映角色的主要职责及角色与角色之间的关系；能否与同伴进行广泛、友好地交往，能否善于调整自己的行为以适应他人，能否用协商的办法处理玩伴之间的关系；创造游戏规则，能否独立解决游戏中的问题，克服游戏困难；会自制玩具，能否充分运用玩具，开展游戏；能否评价自己与别人的游戏行为，是否对评价游戏表现积极；能否用同一物品进行多种替代，或者用不同物品进行同一替代；游戏规则的复杂性。

第二节 学前儿童角色游戏案例与分析

一、小班

（一）特点

小班幼儿处于独自游戏、平行游戏的高峰阶段。对模仿成人的动作或玩具感兴趣，角色意识差；游戏的主要内容是重复操作、摆弄玩具；游戏主题单一、情节简单；幼儿之间相互交往少，与同伴玩相同或相似的游戏。

（二）指导要点

教师要根据小班学前儿童的生活经验为其提供种类少、数量多且形状相似的成型玩具，避免学前儿童为争抢玩具而发生纠纷，满足学前儿童平行游戏的需要；以平行游戏法指导学前儿童游戏，也可以游戏中角色的身份加入游戏，在与学前儿童玩游戏的过程中达到指导的目的；注意规则意识的培养，让学前儿童在游戏中逐渐学会独立。

(三)案例与分析

娃娃家的"妈妈"

在小班的娃娃家活动区里,我看见贝佳和慧慧把娃娃放在一边,都在使劲地切菜,便走过去问:"你们这么忙着切菜,准备给谁吃啊?"贝佳回答说:"我给娃娃家切菜。"慧慧说:"我也是。"我接着说:"那你俩谁是娃娃家的'妈妈'呀?"贝佳说:"我当'妈妈'。"慧慧说:"那我就当'姐姐'吧。"我说:"哟,娃娃哭了,该喂奶了吧?"慧慧抢着说:"'妈妈'做饭,我去喂娃娃吧。"贝佳也说:"好,我先给娃娃热点牛奶。"两个人便分头忙开了。

评析

分工合作是小班幼儿游戏中需要发展的重要方面,教师要有意识地引导和指导幼儿。

娃娃家和美容美发

玩法一

乐乐在欢欢家做客,欢欢家的"爸爸""妈妈"在厨房洗水果、切水果,最后拿着两盘水果放在桌上对乐乐说:"请你吃草莓。"乐乐一边说"谢谢",一边拿起盘子里的草莓放在嘴边做吃的动作,嘴巴里还不停地说:"草莓红红的,真好吃!"

玩法二

今天天天是美发屋的理发师。客人一进门,天天便大声地说:"欢迎光临!"请客人坐到椅子上,然后拿起梳子和剪刀为客人理发。客人坐在椅子上,天天不停地重复剪发的动作。给客人理完发后过了一会儿,这位理发师就到点心店开始摆弄点心了。

评析

小班乐乐对娃娃家中的仿真物品感兴趣,聚焦于形象生动的物品,能摸摸、看看、玩玩;天天角色意识不稳定,符合小班幼儿角色游戏的特点,模仿的动作表现多为内容重复、情节单一。

指导策略

在活动前,教师可以通过卡通片、故事等方式增强幼儿的角色意识,丰富角色游戏的情节;在活动中,教师以玩伴的身份适时地参与游戏,帮助幼儿丰富游戏内容,拓展游戏情节;在讲评时,教师可以运用多媒体,使游戏过程中的情节再现,有意识、有目的地进行角色行为和情节的讨论,提高角色游戏的水平;家园联系,请家长利用双休日的时间带幼儿去公共场所参观,引导幼儿观察周围人们的活动,使其认识角色的行为,丰富生活的经验。

二、中班

(一)特点

中班幼儿由于认识范围的扩大，游戏的内容和情节比小班幼儿游戏内容和情节丰富得多；处于联合游戏阶段，想尝试所有游戏主题。中班幼儿有了与别人交往的愿望，但还不具备交往的技能，常常与同伴发生纠纷。中班幼儿在游戏中有较强的角色意识，有角色的归属感，他们首先会给自己找到一个角色，然后带着这个角色去做所有想做的事情。所以，中班阶段的学前儿童游戏常表现出游戏情节丰富但游戏主题不稳定，并且学前儿童在游戏中频繁换场的现象。

(二)指导要点

教师应针对中班学前儿童的特点，根据学前儿童的需要提供丰富的游戏材料，鼓励学前儿童玩多种主题或相同主题的游戏；在游戏中注意观察学前儿童游戏的情节及发生纠纷的原因，以平行游戏或合作游戏的方式指导；通过讲评游戏引导学前儿童分享游戏的经验，从而丰富游戏的主题和内容；指导学前儿童在实际操作中学会并掌握交往的技能及相应的规范，以便帮助学前儿童进一步与同伴交往，学会在游戏中解决简单的问题。

(三)案例与分析

"医生"怎样看病

中班幼儿在玩"小医院"游戏时，医院的"医生"常常在每位来访的"病人"看病时一声不响就给"病人"打针。对此，教师让幼儿们讨论医生到底应该怎样给病人看病。幼儿们积极性特别高，纷纷发言："要先问哪里不舒服！""要用听诊器先听！""要先挂号！""可以吃药，不用打针！""如果针打错了，会死人的！"他们各持己见，最后达成比较一致的看法。通过讨论的方式不但产生了新的玩法，发展了游戏，还增强了幼儿们的是非观念，也找出了解决问题的办法。

评析

中班幼儿需要更多的机会讨论解决问题，交流经验和教训，帮助幼儿达成共识是游戏的基本目的。

谁来当"服务员"

游戏开始了，娃娃家的"爸爸""妈妈"、烧烤店和超市的"营业员"、医院的"医生""护士"等都各就各位，但教师发现在"百味小吃"店里还缺一个"服务员"。于是，教师就让幼儿们自荐，但没有幼儿愿意当。教师询问原因时，一位幼儿说："老师，当'服务员'一点儿也没劲，没有客人的时候就要一直站在那里，没有事情做，也不能到其他地方去！"教师便引导着提问："那'服务员'在没有客人的时候可以做些什么事情呢？我们一起来想一想吧。"接下来幼儿们开始讨论起来。通过讨论，大家最终决定服务员除了招呼客人之外，还可以在空闲的时候做各种小点心，接下来大家又讨论了要制作的小点心。继续游戏时，很多幼儿一边举手一边说："老师，我来当'服务员'！我来！"

评析

通过观察，教师发现"服务员"对于幼儿来说，已经失去了吸引力。中班下学期的幼儿在角色游戏中的能力已经有了一定的进步，因此教师对幼儿提出问题的时候，他们能积极、踊跃地举手，这说明他们在遇到游戏中的问题时，已经能够开始想办法解决了。针对这样的情况，教师要善于观察、发现问题，并且及时引导幼儿讨论解决问题的策略。在本次游戏中，首先，教师帮助学前儿童解决问题时要充分考虑学前儿童的自主性。教师以讨论的形式，引导幼儿自己解决服务员空闲的时候应该做什么的问题。其次，教师应该随时捕捉幼儿的学习发展需要，以参与者或指导者的身份积极地去解决学前儿童游戏中存在的一些问题和矛盾。

三、大班

(一)特点

大班幼儿游戏经验相当丰富，在游戏中能主动反映多种多样的生活经验；游戏主题新颖，内容丰富，能反映较为复杂的人际关系；处于合作游戏阶段，喜欢与同伴一起游戏，能按自己的愿望主动选择并有计划地游戏；在游戏中自己解决问题的能力增强。

(二)指导要点

教师根据大班学前儿童游戏的特点，引导学前儿童一起准备游戏的材料及场地，多用语言来指导学前儿童的游戏，在游戏中培养其独立性；观察学前儿童游戏的种种意图，给他们开展游戏提供练习的机会和必要的帮助；允许并鼓励学前儿童在游戏中的点滴创造，通过游戏讲评，让学前儿童充分地讨论问题、分享经验，学会学习和创造，取长补短、开拓思路，不断提高角色游戏的水平。

(三)案例与分析

娃娃家的客人们

森森想玩娃娃家游戏，而这个区的人数已经够了，不能再加人了。她站在娃娃家旁边看了一会儿，没有小朋友出来，只好到我身边来求助，希望我能帮助她进入娃娃家。我说："娃娃家已经满员了，你可以去别的游戏啊。"她没出声，看着她渴求的目光，我不忍心破坏她的情绪，于是对她说："你可以想想娃娃家还需要什么新的角色呢？"森森想了想便到娃娃家对"妈妈"说："我来当你的同事，来你家做客行吗？""妈妈"欣然同意了。森森很高兴，很快进入了角色，一会儿给孩子讲故事，一会儿又拉着孩子出去玩。游戏中，她始终没有离开娃娃家。

评析

活动区域人数问题可以灵活解决，像上述案例中，"客串"的方式可以尝试。

角色游戏案例设计

游戏主题

麦当劳、花店、玩具城、家、超市、银行。

游戏目的

能积极参与角色游戏活动，对角色游戏形成浓厚兴趣；

能正确反映角色的社会职责和角色相互之间的社会关系；

能自主选择角色，学会用协商的方法分配角色；

学会分工合作，与同伴友好交往，分享游戏的快乐，初步学会解决在游戏中出现的问题；

形成热爱生活、礼貌待人、遵守规则的良好品德行为；

尝试选用替代物来丰富游戏。

游戏准备

常用的家具、炊具、餐具、食品等；货柜、货架、商品、宣传单、导购员和收银员的服装及工作牌；汉堡包、薯条、鸡腿、可乐等；各种绢花、塑料花、纸花、包装纸等；各种玩具、"存折""钱"等。

游戏过程

第一部分，教师提出游戏主题，幼儿自由选择。

第二部分，幼儿看录像，讨论解决上次游戏时出现的问题。

第三部分，幼儿分组，自主选择游戏，学会协商分配角色，合作布置游戏场所。

第四部分，教师以"记者"的身份参与游戏，在游戏过程中指导学前儿童遵守游戏规则，讲文明，有礼貌，引导幼儿大胆地模仿扮演角色，动脑筋大胆地选择可用的替代物。

第五部分，结束游戏，讲评游戏。

评析

幼儿玩角色游戏是越来越投入了，因为有了相关的生活经验，他们玩游戏的情节也更加丰富了。麦当劳的接待员很热情地招待客人，无论是面对本班的幼儿还是教师，他们都能够大方地介绍。花店的花和玩具城的玩具都深受大家的喜爱。游戏主题贴近幼儿的生活及从幼儿的兴趣出发，是游戏能够受到幼儿喜欢的根本。因此，幼儿玩角色游戏是越玩越爱玩，每次玩都能够更深入一些。但是，幼儿玩游戏还是停留在已有的经验之上，缺少动脑筋去创新，不会选用替代物，所以在游戏中教师要重点引导学前儿童动脑筋去创新和选用替代物。

当医生

大一班的角色游戏时间到了，悦悦、分分、多多和东东一进入角色区就争着装扮医生，我发现东东没穿医生衣服但是戴了帽子，其他三名女孩子穿上了白大褂但是没有戴帽子，他们开始了医生看病的游戏。

玩了一会儿，东东突然大声地说："我要打怪兽，你们都是怪兽。"于是在接下来的时间里，他们多次出现：假装我是牙医……假装你是警察……假装你在洗澡……多个假装词汇句式，同时，他们一会儿拿起扫帚假装扫地，一会儿拿起梳妆台上的镜子化起妆，一会儿拿着电话在拨打报警电话。

这时，我走过去轻声问他们："你们是在玩扮演医生的游戏吗？谁是医生谁是病人呢？"听了我的疑问，他们开始了角色分工，悦悦、分分和多多变成了"医生"，东东变成了"病人"：分分在假装记录，悦悦在尝试检查病人的身体，多多在与病人交谈……

评析

幼儿的角色游戏状态正常情况下就如同这案例描述中的一样，在半小时到1小时的区域时间内角色意识在不断地跳动，很多时候是平行游戏、联合游戏、合作游戏交织在一起，要想让幼儿角色意识和游戏水平得以深入，除了教师的语言引导之外，也可以考虑再加入一些医院会使用到的工具类道具，如记录本、体温计、听诊器、输液器等。这样更能帮助幼儿进行游戏，同时也能提升幼儿合作游戏时间。

（江苏省句容市茅山风景区中心幼儿园　杨帆）

拓展视频

视频资源

主题背景下的角色区
——陶瓷超市游戏的
观察与解读

设计者/河北省唐山市
第四幼儿园 李金凤

视频资源

角色游戏"乘公交"

设计者/河北省唐山市
花苗实验幼儿园 汤英青

* * * * * * * * * * *

本章小结

角色游戏是学前儿童通过模仿和想象扮演角色，创造性地反映现实生活的一种游戏，又称主题角色游戏。在幼儿园里，幼儿常玩的角色游戏有娃娃家游戏，开商店游戏、医院游戏、邮局游戏、幼儿园游戏等。其意义在于：角色游戏最适合学前儿童身心发展的需要，是幼儿期最典型、最有特色的游戏。

角色游戏基本的角色类型有五种，本章简要介绍了角色游戏的心理结构，分别介绍了角色游戏前、中、后的指导方法，叙述了小、中、大班的角色游戏特点。

关键术语

角色游戏　象征性游戏　角色扮演

思考题

1. 名词解释

学前儿童角色游戏　角色认知

2. 简答题

(1)学前儿童角色游戏的作用是什么？

(2)基本的角色类型有哪些？

(3)学前儿童角色游戏的组织和指导应遵循的原则有哪些？

(4)学前儿童角色游戏中的指导工作包括哪些？

(5)小班学前儿童角色游戏的指导工作具体有哪些？

(6)中班学前儿童角色游戏的指导工作具体有哪些？

(7)大班学前儿童角色游戏的指导工作具体有哪些？

3. 游戏实践

设计学前儿童角色游戏案例并分析(小、中、大班各一)。

拓展阅读

1. 刘焱. 儿童游戏通论. 北京：北京师范大学出版社，2004.

2. 范明丽，朱学英. 幼儿园游戏与指导(第2版). 北京：北京师范大学出版社，2020.

3. 李春良. 幼儿游戏与指导. 上海：复旦大学出版社，2022.

4. 霍习霞. 学前儿童游戏与指导(第二版). 上海：华东师范大学出版社，2021.

5. 邹玲，华雅娟. 学前儿童游戏与指导. 北京：中国轻工业出版社，2021.

第五章　结构游戏

课程思政▶

　　本项目通过挖掘结构游戏对于学前儿童深度学习的发展价值，引发学生对学前教育价值的再思考；在介绍学前儿童结构游戏相关知识的基础上，帮助学生学习理论并能为幼儿游戏提供适应的支持，引导学生学会更有效地利用学前儿童结构游戏引领儿童认知、空间思维能力的发展，和谐生活，同时激发学生对民间优秀传统文化的热爱、提升文化自信。

学习目标▶

　　1. 了解幼儿园结构游戏的特点、分类和教育价值。

　　2. 掌握各年龄班幼儿结构游戏的基本技能、特点和指导要点。

　　3. 能够组织、指导与评价幼儿园结构游戏活动。

　　4. 喜欢建构活动，参与结构游戏建构实践。

重点和难点▶

　　1. 结构游戏的特点和基本技能。

　　2. 结构游戏的组织与指导。

　　儿时的记忆总是充满着快乐，我们曾经在河边挖沙坑、引水渠，把小石块儿堆高围堵在水渠的一头，或者用泥巴堆成一个水坝，把水渠的水封住，如果水太满，就会在泥坝下面捅出一个小洞，水流就会从这个小洞里面涌出。如果有几条小鱼或蝌蚪游来，那是最大的收获了，我们会快乐地跳跃起来。路旁或院落里的小木块儿、砖头、纸盒子、树枝、瓶瓶罐罐都成了我们的宝贝，小伙伴们会用这些材料搭建房屋，布置过家家的场地，有的还摆成小卖部、火车，这些场景已经成了我们的幸福记忆。现在，每次走进幼儿园，我们也同样会看到幼儿玩这样的游戏：用积木堆成城堡，用易拉罐和纸盒子、积木条搭成立交桥，用雪花片拼插成灰姑娘的南瓜车，幼儿们专注的眼神、灵巧的小手、喜悦的表情，总能让我们也陶醉在童趣之中……这些幼儿用生活材料、建构材料、结构玩具进行的拼搭建构的游戏，就是结构游戏。

第一节　结构游戏概述

一、结构游戏的定义、特点和发展过程

(一)定义

结构游戏，也称为建构游戏，是指学前儿童利用各种不同的结构玩具或结构材料来构造物体形象、反映现实生活的活动。它是创造性游戏的一种，通过学前儿童的意愿构思、动手造型、构造物体等一系列活动，丰富而生动地再现现实生活中的各种物品及建筑物。

(二)特点

1. 创造性

结构玩具或建构材料的单个组件或元件并没有实在意义，但当组成各种物体形象的时候，这些组件或元件的组合就被赋予了意义。学前儿童按照自己的经验和意愿，借助空间想象力和创造力，将结构元件按照顺序进行组合建构，在结构游戏中选用什么材料、构造什么造型、如何搭配颜色、如何布局等，都需要借助创造性思维。

2. 动手操作性

结构玩具或建构材料是结构游戏的游戏素材，学前儿童必须直接动手操作，运用各种建构技能，才能将这些结构游戏素材进行形象构造，学前儿童在动手拼搭建构的活动中得到愉快和满足。

3. 造型艺术性

结构游戏被誉为"塑造工程师的游戏"，这种造型活动不仅仅反映了学前儿童的美术欣赏能力，也需要学前儿童掌握物体的造型、色彩、构图、比例、布局等方面的知识和技能。学前儿童创造出的立体结构造型反映了他们生活中对美的感受、对美的表现及对美的创造。

(三)过程

学前儿童的结构游戏一般经历五个发展阶段，构成了他们结构游戏发展的过程。五个发展阶段包括：结构游戏的萌芽(1～1.5 岁)、无意建构阶段(1.5～3 岁)、想象建构阶段(3～5 岁)、模拟建构阶段(4 岁以后)、意愿建构阶段(5 岁以后)。

二、结构游戏的分类

(一)按照结构材料分类

根据结构游戏材料和构造形象的形式,可以将结构游戏分为七类,即积木建构游戏、积塑建构游戏、积竹建构游戏、金属结构游戏、拼图游戏、串编游戏、未定型材料建构游戏。

1. 积木建构游戏

积木建构游戏,我们通常称为"搭积木",是幼儿普遍喜爱的一种创造性游戏。积木有四种类型。

(1)普通积木

普通积木是指大型、中型、小型的,以木原色、彩色几何形体组成的积木,这些几何形体我们也称之为积砖。大型积木的积砖多为空心结构形体,也有的用泡沫制成。幼儿园适合投放木原色实心积木(见图5-1)、木制彩色空心积木(见图5-2)等。

图 5-1 木原色实心积木

图 5-2 木制彩色空心积木

(2)主题建构积木

主题建构积木整体可以建构成某种主题,如城堡、立交桥、交通工具、动物园等,其通常有两种形式:一种是积木的表面印有主题纹样,用以构成反映主题内容的立体造型(见图5-3);另一种是积木做成主题所需要的各种形状,用以构成反映主题内容的立体造型(见图5-4)。

鸭子　稻草人

货车

火箭

图 5-3 主题纹样积木

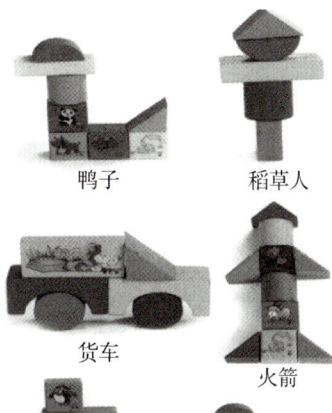

图 5-4 主题形状积木

（3）拼插积木

拼插积木由各种木片、木棒等组成，以拼插进行连接构造（见图 5-5）。

（4）榔头积木

榔头积木是以小圆棒为连接物，将各种形状的积砖进行拼接构造的积木，连接时需要用小榔头敲击帮助连接（见图 5-6）。

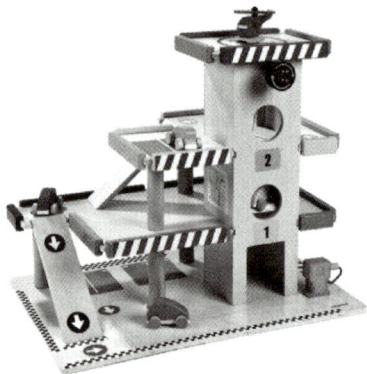

图 5-5　拼插积木

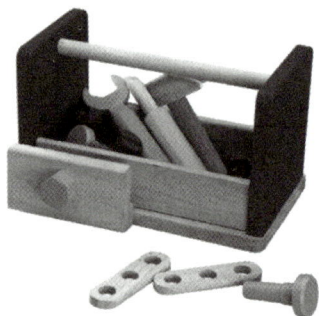

图 5-6　榔头积木

2. 积塑构造游戏

积塑构造游戏是利用塑料和塑胶材料制成的结构材料而建构的游戏，塑料和塑胶材料制成的结构玩具很多，按照其结构性质可以分为主题积塑和素材积塑两大类。主题积塑按照主题需要做成各种形状，如桥梁主题建构玩具就由桥墩、桥面、车道、指示灯等部件组成，用以随意建构桥梁；素材类积塑则是由一些简单元件构成，可以根据想象构成各种造型，这类玩具具有更大的想象和创造空间。在幼儿园中通常有塑料积砖、插塑积塑块、积塑片、塑料珠、塑料螺丝、雪花片等塑料制成的各种形状的部件，通过接插、镶嵌、黏合等方式组成各种物体或建筑物模型（见图 5-7、图 5-8）。积塑造型灵活，轻便耐用，便于清洁和消毒，也是幼儿较为喜欢的玩具。

图 5-7　插塑

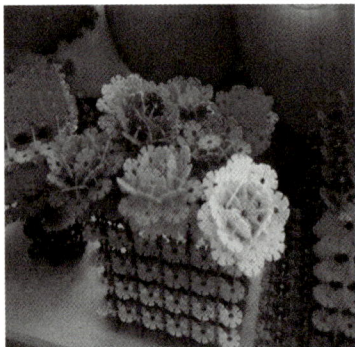

图 5-8　雪花片

3. 积竹游戏

积竹游戏是指将竹子制成各种大小、长短不同的竹片、竹筒、竹圈，保留竹子原本的颜色或染上各种鲜艳的颜色，然后用这些材料进行的结构游戏（见图 5-9）。幼儿可以利用这些竹子素材进行各种建构，如用竹片、竹筒搭建或拼插成建筑物，用竹圈进行穿串游戏等。

4. 金属结构游戏

金属结构游戏是以金属为主要构成部件进行连接组合、建构成各种物体形象的结构游戏。这些部件常用的有带孔长条、金属轮、金属螺丝、金属螺帽、金属磁铁拼接等（见图 5-10、图 5-11）。金属结构玩具大多是成套的定型产品，构造时用螺丝和螺母将部件连接在一起，这种结构游戏难度较高，因此适合大班幼儿使用。

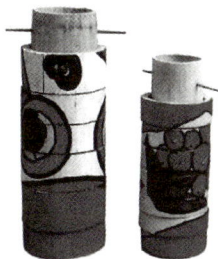

图 5-9 积竹转轴玩具　　　图 5-10 金属车辆玩具　　　图 5-11 金属磁力棒

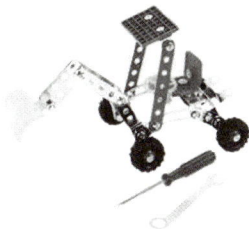

5. 拼图游戏

拼图游戏是用木板、纸板、塑料或其他材料制成散块，按照规定的方法进行拼摆的游戏（见图 5-12、图 5-13）。按照其拼摆的图形形象可以分为集合形体拼图、动物拼图、脸谱拼图、美术拼图等；按照其拼用的材料和特征可以分为图像组合拼图、几何图形拼图、拼板、拼棒、自然物拼图和美术拼图等。

图 5-12 动物拼图　　　　　　　图 5-13 树叶拼图

6. 穿编游戏

穿编游戏是穿珠、串线、编织类游戏的总称。穿珠、串线游戏是指将有孔的建构元件用线类物穿过从而组合物体形象的活动。幼儿园投放的这类材料一般有各种小环、珠子、细管、带孔板等(见图5-14、图5-15)。编织游戏是指将细长的材料交叉组织起来而成为某个物体或某个形象的活动,如用纸带编成花篮、用毛线编辫子等。

图 5-14　穿编树

图 5-15　编辫子

7. 未定型材料建构游戏

未定型材料建构游戏是指用自然物和无毒无害的废旧物品做未定型的建构材料进行的建构游戏(见图5-16、图5-17)。学前儿童非常喜欢使用沙土、水、雪、小石块等自然物玩游戏,这些是简便易行的结构游戏,尤其是自然资源丰富的农村幼儿园,开展相关活动非常便利。这类材料的建构通常需要加上一些辅助材料,如模具、桶、铲等工具。根据学前儿童的兴趣和需要,可以将废旧物品用于幼儿园的结构游戏,废旧物品作材料不仅经济实惠,更有利于幼儿创造性思维能力和动手操作能力的发展。幼儿园的结构游戏区可以投放的废旧材料有木棍、雪糕棍、纸盒子、纸箱子、奶粉罐、饮料瓶、绳子、吸管、纸杯、方便餐盒等,这些材料既可以用于学前儿童的建构,也可以作为辅助材料对建构物进行装饰。

图 5-16　沙水建构

图 5-17　堆雪人

(二)按照游戏的创造程度分类

按照游戏的创造程度,结构游戏分为自由建构游戏、模拟建构游戏和主题建构游戏。

自由建构游戏是指学前儿童根据自己的兴趣和经验自由自发地进行建构的游戏,不需要提前商讨、确定主题。模拟建构游戏是指学前儿童参照平面图或观察实际物体结构,从中学习建构的方法进行建构的游戏。模拟建构主要分为对建构作品的模拟;对建构图纸或照片、图画的模拟;对事物、玩具形象的模拟。主题建构游戏是指学前儿童根据对周围生活环境的观察和社会生活经验,按照游戏前的计划建构主题进行建构的游戏。

(三)按照建构造型分类

按照建构造型，结构游戏分为单一建构游戏和组合建构游戏。单一建构游戏是指建构的作品在功能上、艺术风格上体现得比较单一，如房子、火车等，或者仅进行一些单一技能的游戏内容，如垒高、平铺等。组合建构游戏是指建构的作品在总体设计上、功能上、艺术风格上都是综合多元的，可以组成一个完整的建筑群，各个建筑物之间有机协调、互为补充，成为统一的整体。

视频微课
结构游戏的分类

知识拓展

七巧板

七巧板又称七巧图、智慧板，是受广大人民群众喜爱的智力玩具。据清代陆以湉的《冷庐杂识》记载："宋黄伯思燕几图，以方几七，长段相参，衍为二十五体，变为六十八名。明严瀓蝶几图，则又变通其制，以勾股之形，作三角相错形，如蝶翅。其式三，其制六，其数十有三，其变化之式，凡一百有余。近又有七巧图，其式五，其数七，其变化之式多至千余。体物肖形，随手变幻，盖游戏之具，足以排闷破寂，故世俗皆喜为之。"现在的七巧板由一块正方形切割为两个大等腰直角三角形、一个中等腰直角三角形、两个小等腰直角三角形、一个正方形和一个平行四边形，可以将其拼凑成各种事物图形，如人物、动植物、房亭楼阁、车轿船桥等。

三、结构游戏的发展价值

互动平台

请根据这个案例，总结与分析结构游戏的发展价值，把你的想法写下来。

我要搭出我的家	
安安："妈妈，我想搭出咱们的家。" 妈妈："好啊，你想用什么搭呢？怎么搭呢？" 安安："我要用大大的纸做地图，画出咱们小区，还有小区旁边的人民医院、菜市场，还有我们小区前面的路。然后，我就用积木和卡片搭出房子。" 妈妈："那我们一起搭吧！" 安安："我还想叫上桐桐和我们一起搭！" 于是，安安约来了邻居桐桐，和妈妈一起搭建起来。她们先找了一张大大的毛边纸，然后以安安的家为中心，勾画出小区的边缘线、小区附近建筑物的区域线、小区周边马路及停车场等。画完后，她们	结构游戏对幼儿的发展价值，你能总结出哪些？

找来了很多积木和其他材料，在每个建筑物的边缘线范围内搭建，搭建的房子还按照色彩进行了调整。在马路上摆出了斑马线，当想搭建交通指挥岗的时候，她们讨论了好半天，想了很多办法，后来决定到外面找树枝、画红绿灯卡片，用树枝夹住卡片，底盘用橡皮泥固定，加工成交通指挥岗。建构完毕后她们很高兴，还在这个小区地图上有秩序地摆放了几个小玩偶和辅助的材料，扮演着和模拟着开始了她们的又一个游戏。

检核参考：结构游戏能够提高学前儿童的动手操作能力；结构游戏能够促进学前儿童智力的发展；结构游戏能够锻炼学前儿童的人际交往能力、语言表达能力；结构游戏能够培养学前儿童良好的行为习惯；结构游戏能够促进学前儿童审美能力的发展。

四、结构游戏的基本技能

结构游戏的基本技能就是使用结构材料的基本方法和技巧。学前儿童掌握结构游戏的基本技能是其顺利进行结构游戏的基础，也是其完成建构作品的保障。结构游戏的基本技能因材料的不同而不同，主要技能有接插、镶嵌、排列、组合、穿编、黏合、旋转、敲击等。

（一）接插、镶嵌技能

结构材料中无论是木制、塑料材制，还是金属材制，有的材料需要用一端插入另外一块之中，使之连接在一起，成为一个整体，这就是接插（见图5-18、图5-19）。镶嵌是把一个材料嵌入另一个材料中（见图5-20）。接插、镶嵌都是把两个或两个以上的结构部件相互连接，形成一个整体的构造方法。这种连接可以是面的连接，也可以是各部件的交叉连接。这类结构材料的部件上都有一个凸起的"头"，还有和它相对应的凹进去的"孔"，或者是可以插进去的"槽"，将"头""孔""槽"互相插入或镶嵌，形成另外一种新的结构物。利用积塑材料进行接插建构是主要的技能，包括一字插、十字插、米字插、环形插、正方形插、三角形插、插形组合。

图5-18　积块接插　　　　图5-19　雪花片接插　　　　图5-20　镶嵌

（二）排列、组合技能

排列是指将结构材料按照一定的规则排列形成自己需要的形状。组合是指将排列好的各个部分连接在一起形成一个整体。排列、组合在积木建构游戏中利用最多，其主要建构方法有平铺、延长、堆高、对称、间隔、围合、盖顶、搭台阶、拼图排列等。

1. 平铺、延长

平铺、延长是指在一块积木的左右两端依次平铺摆放另外的积木，操作要求是连接时左右两边要排列整齐。这是小班幼儿积木建构中的常用方法，但是小班幼儿由于手部动作灵活性较差，在使用这个技能的时候，作品并不能平铺得很整齐，这一技能幼儿在中班时才能逐渐掌握。

2. 堆高

堆高是将积木类材料向上堆放，并且保持堆积物的平衡和稳定，搭建难点在于找准堆积物的重心。这个技能操作适合于围墙、房屋等立体造型的建构。

3. 对称

对称是一种较为复杂的建构方法，它是幼儿选用某材料组块为中心线，使其左右两侧所摆放的材料在形状、颜色等方面能够完全一致。这种技能一般中班幼儿就能够运用，大班幼儿使用更为频繁，如搭建房子、公路等。

4. 间隔

间隔是指幼儿在搭建物体时，按照事先确定的间隔模式，根据间隔距离、颜色、大小和形状的匹配等对积木材料进行的有顺序地重复建构的技能。间隔技能对幼儿的认知水平和审美水平要求较高，通常在中班、大班的结构游戏中使用频繁，最常见的是幼儿用这种技能搭建围墙、栅栏等。

5. 围合

围合是指将积木进行整体的包围，建构具有一定空间的建筑作品，这种建筑作品往往是具有一定的外形特征的。

6. 盖顶

盖顶是指在积木搭建的造型顶部，用积木或者其他板状材料进行遮盖的技能。小班幼儿已经能够使用这种技能，如搭建一层小房子、搭建一个大门等。到了中班，幼儿使用盖顶技能逐渐提升，可以建构多层建筑作品，如建构高楼、天坛等。

7. 搭台阶

搭台阶是将积木进行堆砌建构，使其呈现出逐级升高的阶梯状排列的建构方法。这种技能要求操作的精准性较高，因此中班、大班幼儿才会更多地应用此技能。

8. 拼图排列

拼图排列是指用积木自身的几何形状进行排列后形成一种平面图形的技能。小班幼儿通常会尝试将两个同样的半圆形积木围成一个圆形，或者用两个三角形去拼摆出方形或新的三角形，他们会在这些简单的拼图排列过程中认识形状之间的关系，到了中班、大班，幼儿会有意识地去拼出他们想要的图形。

(三)穿编、黏合技能

穿编技能是穿插、编织类操作活动技能的总称。穿插技能既是一种游戏技能，也是一种生活技能，如穿鞋带、扣纽扣等，幼儿园中进行穿插活动的材料一般有串珠、穿线板、衣饰架、系鞋带的鞋子模型等。串珠材料比较多，如塑料珠、陶瓷珠、玻璃珠等，也有各类环状材料元件供幼儿穿插，常见的幼儿穿插作品有手链、项链、窗帘、门帘、数数串珠等。编织技能是指将细长的材料交叉组织起来，而成为某个物体或某个形象的操作。幼儿园经常利用长纸条、线绳、布条等材料进行编织活动。最常用的编织技能是生活中的编辫子，另外还有穿插编织法、圆心编织法等。黏合是指用黏合剂将结构部件进行连接的一种方法。幼儿园经常用的黏合剂有橡皮泥、胶泥、双面胶等，在使用时需要注意黏合剂自身的黏性及幼儿的安全。

(四)旋转技能

旋转是利用螺丝和螺帽将结构部件进行连接的一种造型活动技能，是生活中经常用到的一项技能，如拧瓶盖、拧螺丝等。

(五)敲击技能

敲击技能是将带有凸起、钉状或柱状物用小榔头或锤子敲击进入匹配的凹槽或孔内的技能。

积木建构技能是最为复杂的，对幼儿结构能力要求较高，学前儿童积木建构技能发展顺序具体如图 5-21 所示。

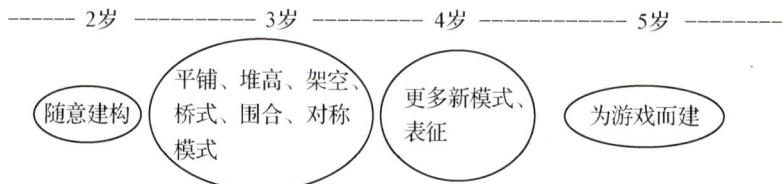

图 5-21　学前儿童积木建构技能的发展顺序

五、结构游戏的指导

(一)模拟建构活动

模拟建构是让学前儿童模仿结构实例的建构活动，是结构游戏的基本形式。学前儿童通过看平面结构物体或实际物体，从中学习建构技能和造型技能。模拟建构的重点是选择模拟对象，让学前儿童知道要模拟什么东西。根据模拟对象的不同，模拟方式可以分为以下四种。

1. 对结构物的模拟

结构物是一种立体结构造型的范例，幼儿通过模仿范例，在操作中掌握和运用结构技能。

对结构物的模拟建构活动适合低年龄段幼儿，教师通过出示范例、示范和讲解构造方法，引导幼儿了解构造物体的主要特征，相对来说，幼儿在模拟构造活动中的创造成分较少。因此，在选择材料种类和颜色搭配上要给幼儿自由的空间。

2. 对结构图纸的模拟

开展对结构图纸的模拟建构活动，教师会事先给幼儿出示构造图纸，让幼儿观察图纸中的结构造型，了解构造物的主要特征，然后再指导幼儿按照图纸造型将材料变为立体造型。

3. 对实物、玩具等形象的模拟

对实物、玩具等形象的模拟建构活动要求幼儿根据观察实物玩具的主题形象进行构造，但不出示玩具的结构造型，因此这样的构造具有一定的创造性。

4. 对物体形象图的模拟

对物体形象图的模拟建构活动要求幼儿根据图片、照片中的结构物形象进行结构构造，将平面造型变成立体造型。

这四种模拟建构的结构技能要求逐步加深，其中对结构物的模拟方式是最基础的活动，对物体形象图的模拟是模拟建构中难度最大的活动。

(二)主题建构活动

主题建构活动是指教师指定主题内容，要求幼儿围绕主题进行布局，集体合作建构的活动，如建构游乐园、城市等。这些主题一般是反映幼儿熟悉的生活环境，其目的在于培养幼儿建构的目的性，以及集体协商合作、构思创造的能力。

在主题建构活动中，教师要围绕物体造型、主题布局、分工合作等方面进行重要指导，教师指导幼儿根据平面图进行主题建构活动的基本步骤为：出示平面图，引导幼儿观察并学习合理布局；组织讨论分组建构的具体内容；集体协商合作建构中的大型结构主题。此外，教师也可以通过参观建构物或组织幼儿讨论建构物的结构特点，使幼儿分组合作完成同一主题的建构活动。

图 5-22 幸福家园

(三)自由建构活动

幼儿在掌握一定的建构技能的基础上，可以根据自己的意愿、兴趣自由选择建构主题和建构物体。自由建构游戏的创造性成分较多，并且能够充分体现幼儿游戏的自主性。

自由建构的指导重点是及时了解幼儿的建构意图，鼓励幼儿独立建构，并根据幼儿的具体建构情况给予帮助，诱发自由想象和创造进程，使他们能实现建构的目的，内心产生愉悦感及胜任感。同时，教师可以引导幼儿分享成果及建构经验，发挥幼儿的独立性和创造性。

六、结构游戏的组织与实施

结构游戏

　　教师将几个装有插塑的收纳箱放在桌子上，让幼儿们进行"桌面游戏"。教师说："小朋友自己做自己的，不要讲话，更不要吵闹。"幼儿们安静地玩着手中的插塑，面部表情很单一，并且建构的兴趣也不高，很多幼儿坐在那里自主地做起别的事情来。教师看幼儿们玩得无趣，就喊了一声："现在停止游戏，开始收玩具。"这时候，幼儿们非常兴奋地拔开刚才拼插的部分，并且相互愉快地交流起来，似乎这个拆掉玩具的过程才是孩子自己想玩的结构游戏。

　　看着这样的场景，教师应该认识到幼儿园结构游戏的开展，并不是把玩具交给孩子，让孩子随意去玩，孩子的建构活动需要教师有效地组织和引导。在组织和指导结构游戏的过程中，教师的角色不仅是材料的提供者、保管者，还应该是幼儿游戏环境的创造者，游戏的支持者、引导者、合作者。教师对幼儿园结构游戏的组织和指导，要做好以下四个方面的工作。

（一）理解幼儿园结构游戏的目标

　　幼儿园结构游戏的目标具体内容如表 5-1 所示。

表 5-1　结构游戏的目标

类型	内容
认知和经验目标	认识结构游戏材料并感知其特征，熟悉各种材料的构造方法；掌握物体的造型、色彩、比例、构图、布局等方面的简单知识；根据生活经验提出主题并进行建构活动
能力技能目标	学习不同的建构方法建构物体造型；学会看简单的平面结构图，围绕主题进行建构；学会合理选择、利用建构材料并添加辅助物，要有创造性；正确取放材料，学习正确评价自己和伙伴的游戏情况
情感目标	对建构活动感兴趣，按照意愿大胆尝试建构；能与伙伴分享使用材料，能与伙伴协商分工合作；爱护自己和别人的建造物；大胆介绍作品，有成就感（具体目标参见本章第二节）

（二）确定建构内容，创设建构环境，投放建构材料

　　教师根据结构游戏目标，确定本班幼儿结构游戏的建构内容，然后根据建构内容进行建构环境的创设，再合理地投放相应材料。幼儿园能够选择的建构内容非常广泛，教师要根据本班幼儿的兴趣和需要合理地创设环境。

　　幼儿园开展的结构游戏有专门的集体建构活动，还有建构区的自选建构活动，

两者是相辅相成的关系。建构区分为室内建构区和户外建构操作区。室内建构区通常设置在较为宽敞的地方，面积至少达到 10 平方米，地面要平滑，硬度较高，没有裂痕。保证该区域没有来往的幼儿干扰，以防止幼儿走动而导致结构作品的毁坏。建构区的墙面环境应具有动态性，可以为幼儿提供必要的示范标识、提示、图例、欣赏图、分享等支持。

结构材料的投放类别根据不同年龄班而有所区分，但是，积木、插塑这两种必备的建构材料是每个班都应该投放的，并且数量要能够满足本班孩子的需要。教师也可以根据游戏的需要，投放数量充足、种类丰富、适合建构且卫生安全的废旧物品材料，以及提供动植物、交通工具、人物玩偶等成品玩具作为辅助材料。结构玩具或材料可以按照一定的标准分类，最好是有玩具盒、玩具托盘，放置于开放式的且适合幼儿身高的玩具柜里收纳，以便取放，在摆放处也可以配上相应的图标，以便幼儿独立拿取、收纳。大型建构材料可以放在相对固定且没有干扰的区域，以方便幼儿建构。

知识拓展

游戏环境的创设和材料投放应该反映幼儿的建构意愿，教师应该及时捕捉幼儿日常学习和生活中的建构兴趣，满足幼儿结构游戏的需求。

(三)制订结构游戏常规，保障结构游戏秩序

结构游戏是动手操作的活动，通常会有建构成果，如果没有一定的活动常规，游戏秩序及游戏成果便无法保障，更重要的是，有些违反常规的行为一旦形成习惯，将影响幼儿的行为习惯和个性品质。建构游戏的常规一般包括以下方面：①取放结构材料时轻拿轻放，有顺序地进行摆放；②需要多少材料就取多少，取放多个材料时会使用盛放工具；③任何时候不能乱扔玩具，不用的材料放回原处；④搭建物体时离玩具柜 20～30 厘米的距离；⑤需要使用别人正在使用的材料时，要征得别人的同意；⑥当玩具不够用时，要懂得谦让；⑦行走、搭建时，要注意保护好自己和他人的作品，不小心碰到别人的作品时要及时道歉；⑧当和同伴共同建构，意见不统一的时候，要与同伴协商；⑨按照建构区的规则进行活动。

游戏规则是需要幼儿遵守的，对于作为游戏主体的幼儿来说，他们更愿意遵守自己制订的规则。因此，在制订游戏常规和规则的时候，应该融入幼儿的意志和想法。教师可以创造机会让幼儿参与规则的制订，并且监督辅助幼儿执行游戏规则，纠正幼儿的不恰当行为，培养其良好的行为习惯。

(四)结构游戏的开展

1. 丰富经验，激发兴趣

游戏是学前儿童生活的再现，游戏的素材源于学前儿童的生活，丰富的生活经

验是学前儿童进行结构游戏的源泉，创造就来源于这些丰富的生活认知。教师应该有意识地利用日常生活中的活动，指导幼儿观察生活、体验生活，鼓励他们大胆地进行创作。例如：教师可以鼓励幼儿去观察生活中各种各样的桌子，让他们观察桌面、桌腿的形状及如何连接等。生活经验的获得既可以通过孩子的实地观察，也可以通过媒介，如视频、图片等。

兴趣是学前儿童从事各类活动的前提，结构游戏的开展首先要激发学前儿童建构游戏的兴趣，有的学前儿童之所以手持结构材料而无所事事，往往是因为他们对于建构活动或材料缺乏兴趣。教师要仔细观察，发现幼儿的兴趣点。之后，教师可以通过提供不同的材料、创造不同的游戏环境或呈现不同的游戏主题，来激发幼儿建构的兴趣。教师可以通过建构区的环境创设来激发幼儿的建构兴趣。例如：教师鼓励幼儿收集自己感兴趣的各种结构物图片、照片等资料；帮助幼儿熟悉和大胆地应用结构技能去建构物体形象，让幼儿心中充满胜任感；在游戏区域的墙壁上或玩具柜上贴一些简单的建构图例，给幼儿以提示；提供一些简单的搭建图例资料（如图书、照片、卡片等）、复杂的建筑物彩图或立体图书，幼儿可以按需取阅；提供适合不同能力水平的结构游戏材料，保证每个幼儿都能找到自己爱玩、可玩的材料；创设幼儿感兴趣的结构游戏情境，激发幼儿建构的欲望。

2. 共同讨论，研制计划

教师可组织幼儿展开讨论，如建构什么、怎么建构、用什么建构。这三个问题涉及幼儿的认知能力、建构技能、材料工具。因此，教师在组织结构游戏时，要注意启发引导幼儿设计建构活动。

3. 支持表达，鼓励创造

教师要支持幼儿大胆表达，分享和交流；鼓励幼儿想象，激发幼儿创造。

4. 教师适时介入，提供帮助

结构游戏进程的开始阶段幼儿的建构兴致很高，一旦进入中间阶段，特别是遇到了困难且短时间不能解决时，情绪就会低落。没有了建构的兴趣，幼儿往往就会放弃建构。这时就需要教师介入游戏，稳定幼儿的情绪，采用多种方式为幼儿的结构游戏提供支持，保证游戏的顺利进行。在结构游戏中，教师应该以伙伴的身份、游戏的角色融入游戏，进行点拨。教师在指导结构游戏时，应该注意以下四个方面。

第一，根据每个幼儿不同的需要确定不同的指导要点，有的需要提高建构技能，有的需要培养意志品质，有的需要体验成功感。

第二，指导应在幼儿原有的水平上，帮助幼儿提高到新的水平。

第三，根据幼儿的实际水平，采取不同的指导方法，一般的指导方法有环境刺激、语言启发、以自身介入共玩、榜样暗示、图片和范例提示等。

第四，教师的介入要把握时机，不要包办、指挥，而要合作、引导，更要及时退出。

5. 展示作品、分享成果

随着年龄的增长，幼儿越来越在乎自己的建构作品。因此，教师若为幼儿提供作品展示的机会，会进一步激发幼儿的创作兴趣，带给幼儿成功的体验。幼儿园建构作品展示的方式有以下几类：将搭建成果画成图画进行展示；将搭建成果拍成照片布置在建构区环境中进行展示；制作幼儿的建构作品集进行展示。

6. 多元评价、激励建构

建构游戏结束后的评价是游戏展开中必不可少的环节。通过分享、交流，教师可以了解本班幼儿的游戏水平，分析游戏中存在的问题，适时适地调整游戏计划，并对幼儿进行有针对性的指导，促进幼儿游戏的不断深入。对幼儿来说，这也是提高建构技能、丰富相关认知经验、提升交流和表达能力、培养审美能力及体验与同伴分享的乐趣的重要途径。通过分享与交流，幼儿能从中受到启发，激发其再创造的愿望。

评价既是对幼儿游戏活动的总结和肯定，也是激发幼儿深入游戏的有效方法，它源于教师对幼儿游戏过程的细心观察，也源于教师对评价实质的理解和灵活运用。教师要关注评价方式，也要关注评价内容。教师可以根据对幼儿游戏情况的观察，有目的地选择一些主题进行评价，如幼儿在活动中的建构技能、幼儿的认知经验、与其他角色游戏的互动情况、行为习惯、学习品质等。

第二节　学前儿童结构游戏案例与分析

一、小班

（一）目标

认识各种不同的建构材料，感知材料形状特征，熟悉材料的操作方法；在观察模仿的基础上，学习平铺、延长、围合、堆高、拼插等建构技能；能用建构材料建造简单的物体造型，表现出物体的主要特征；学会共同使用玩具，学习有序地收拾各种材料；懂得爱护自己及他人的建构物。

（二）特点

小班幼儿进行结构游戏没有一定的目的，只是没有计划地随意摆弄结构材料，注意力容易分散，会临时改变建构的造型形象或临时更改命名。当有人问他搭的是什么时，他才会去注意自己的建构物，思考这是什么并根据想象告诉你。小班幼儿在结构游戏中对建构的动作感兴趣，喜欢把结构材料堆高后再去推倒，并且不断重复这个动作，从中体会乐趣。小班后期，在教师的指导和示范下，幼儿的结构游戏逐渐有了主题，但是主题不稳定，还不会利用结构材料开展主题游戏。

(三)指导要点

教师要为幼儿安排场地，准备数量充足的结构玩具，开始可以给每人一份结构玩具，自己玩自己的，建立最初的常规。教师可以采用"故事情境法"激发幼儿的兴趣，如"兔妈妈生了兔宝宝，我们帮助兔妈妈建一个大房子吧"，也可以带小班幼儿到中班、大班参观结构游戏。教师要引导幼儿认识各种结构材料及材料部件，学习建构的基本技能。教师可以边示范边讲解，向幼儿展示构造的方法、顺序及注意的问题，鼓励幼儿在模仿建构的基础上独立地搭建简单物体，同时引导幼儿给结构物命名，使他们建构活动的目的逐渐明确。教师要建立结构游戏简单的规则，如爱护玩具，教给幼儿整理和保管玩具的简单方法，使幼儿能够参与整理玩具的部分工作，培养幼儿爱护玩具的习惯。

(四)案例与分析

堆雪人

设计意图

户外活动时间，教师让幼儿们自主练习拍篮球。一些幼儿拍着拍着就"不认真"了，有的开始滚球，有的抛球，还有的坐在篮球上玩起了手指游戏。安安、豆豆、小凯和小宇则用篮球玩起了"堆雪人"的游戏。

游戏目标

1. 认知圆形物体垒高特点。

2. 能协作将圆形物体垒出预想的结构。

3. 喜欢搭建活动，乐于沟通与合作。

游戏准备

1. 物质准备：篮球。

2. 经验准备：叠高的建构技能。

游戏过程

安安、豆豆、小凯和小宇把各自的篮球自下而上重叠在一起。他们尝试松手使球柱直立，然而未能成功。当再一次完成叠高时，安安突然将自己的篮球从球柱推出去，导致球柱坍塌。小伙伴们面对这次人为的倒塌先是一愣，随即哈哈大笑起来。于是他们捡回球又迅速地搭好了一个球柱，再争相将自己的球推离出去，欢喜无限。在一次又一次的倒塌和默默搭建的过程中，安安突然冒出一句"堆雪人"，小凯眼睛一亮，咧嘴笑了。小凯、小宇和豆豆抱着自己的球立刻响应，将"雪人"堆好又扑倒，堆好又扑倒，乐此不疲。

评析

幼儿们改变拍篮球的常规玩法，主动创造出"堆雪人"游戏，充分体现了游戏的六大特征。第一，游戏是一种内在动机性行为，是非功利性活动，幼儿们在游戏中并不追求奖赏或名次，游戏的目的就是游戏本身。第二，游戏是游戏者自主地活动，和谁玩、用什么玩、怎么玩都是幼儿们自己决定的。第三，游戏是表现游戏者基于已有经验的活动，叠高属于小班幼儿掌握的常见建构技能。第四，游戏是一种假想的非正式的活动，不需要交给教师展示或评价。本次游戏过程中教师一直处于认真观察、心理参与的状态，幼儿们从始至终都在自由游戏。第五，游戏是重过程大于重结果的活动，在此过程中幼儿不断实现自我挑战，变得灵活机智。安安在游戏过程中起主导作用，小伙伴们的配合也十分默契，幼儿们在面对问题时会自主思考，想办法解决问题，如用篮球"堆雪人"不成功后选择推倒它以自得其乐。第六，游戏是一种趋乐性行为，扑倒"雪人"的行为流露出幼儿们潜意识里某种难耐的"破坏欲"，并且游戏的推进和快感均来源于此。对于幼儿这种简单纯粹的乐趣，教师予以充分尊重。本次观察到的自主游戏正是回归了自由选择、自主决定和自我挑战的游戏本质。

图 5-23　堆雪人

（中国人民解放军 63820 部队八一幼儿园，朱星月）

知识拓展

小班幼儿结构游戏计划与指导

一、入园初期阶段

（一）幼儿特点及表现

幼儿刚入园，对集体生活处于适应阶段。他们的建构水平不同，有的幼儿不认识建构材料，对建构活动无兴趣，往往是无目的地玩弄和堆砌材料。建构的过程中幼儿坚持性较差，小肌肉群的控制能力不强，建构的时间也很短。

（二）指导要点

1. 创设情境，丰富幼儿的感性经验

教师可以通过上课、参观、散步、观察图片和模型等方式丰富幼儿的感性经验，并通过谈话、绘画的方式加以巩固，如引导幼儿观看一些单一的物体——大门、楼梯、围墙、房屋的平面造型、汽车的侧面造型等。教师有目的地创设一定的情境，提供一些辅助材料，可以增强幼儿游戏的目的性和兴趣。如教师说："我们搭个兔宝宝幼儿园吧，让小兔进来玩。"于是幼儿开动脑筋，搭小路、大门、围墙等。教师也可以和幼儿一起创设缺少某个玩具或材料的情境，鼓励幼儿自己想办法解决问题。

2. 提供适宜的材料供幼儿使用

（1）材料的提供

针对这个阶段孩子的特点，教师在提供材料时应注意选择积塑的体积要大，但要便于幼儿拿放，色彩要鲜艳，形状要单一，如大型积木等。教师还要为不同层次的幼儿提供不同的建构材料。如小型积木形状多、体积小，适合有一定建构经验的幼儿使用；大型积木体积大、形状单一，较易成型且操作简单，适合刚开始接触结构游戏的幼儿使用。

（2）材料的使用

幼儿入园后的头两个月，一方面，教师主要引导幼儿认识各种积塑的形状、颜色、大小等，摸索各种材料的多种使用方法。例如：采用"铺路"的形式引导幼儿学习铺平和延长的技能，搭建"幼儿园""街道""花园"等；引导幼儿在建构时将有颜色的一面对着自己；帮助幼儿形成左右对称的概念；鼓励幼儿向别人介绍自己的作品。另一方面，教师要鼓励幼儿和伙伴一起玩，学习用礼貌语言（请、谢谢）借还玩具，不争抢，不哭闹，学会请求别人的帮助。幼儿入园后2～4个月，他们已经掌握了一些建构技能。教师主要鼓励幼儿巩固所学技能，掌握平衡、对称的要领。如用架空的方法搭长椅、房子，用搭"大树"的形式学习垒高技能，掌握高度与平衡的关系。这个阶段，幼儿很想用建构的方法表现日常生活中的简单实物。教师应用结构分析的方法帮助幼儿用不同的几何图形来表现物体的各个不同部分，帮助幼儿感受、理解各种材料的用途，知道一物多用、多物一用的道理。常规方面，教师鼓励幼儿收拾整理自己的游戏材料，学习遵守规则，学习用礼貌的语言向同伴借物品，培养幼儿礼貌待人的行为及信赖别人的意识。

3. 讲评

教师要以鼓励为主，支持幼儿大胆介绍自己的作品。讲评的时间要短，讲评对象的面要广，形式要多样化并有趣味性（如拍照、小动物找家等）。

二、入园提高阶段（略）

三、入园创造阶段

（一）幼儿特点及表现

本阶段，幼儿已经能较熟练地运用各种建构技能表现所要搭建物体的主要特征，游戏的坚持性和目的性也增强了。但这时出现了一个短暂的"高原期"，即幼儿经常重复搭建已经搭过的物体而不去创新，有时还会出现很快搭好然后无事可做的现象。

（二）指导要点

1. 拓展幼儿的思路

教师可以提一些启发性的问题："你还见过哪些东西？""可以把它搭出来吗？"或者带幼儿去参观他们没有见过的建筑物，鼓励幼儿将生活经验运用到结构游戏中去。这样，幼儿们就会充分发挥想象，搭出蹦蹦床、马路上的车、高楼大厦等各式各样以前没有搭过的物体。

2. 引导幼儿合作游戏

（1）教师参与确定主题

教师说："我们今天来搭幼儿园吧！有的人搭城堡，有的人搭滑梯，有的人搭围墙……"

（2）幼儿自己确定主题

慢慢地，有能力的幼儿就会成为组织者，他会召集几个幼儿过来，说："我们今天来搭小区吧！A搭第一排楼房，B搭第二排楼房，C搭第三排楼房……"于是几个幼儿开始搭建，最后用路、树将房子连接起来成为一个整体。在合作游戏时，教师要引导幼儿协商解决出现的问题。

（3）加强游戏中的联系

为了增强游戏的趣味性和情节性，教师还要鼓励幼儿加强互相之间的联系。例如：搭街道的幼儿可以为搭建公园的幼儿送来做好的花、树等；搭汽车的幼儿可以搭好小汽车去公园开；玩积木的幼儿可以为娃娃家做家具等。

3. 讲评

讲评时，教师要鼓励幼儿用完整连贯的语言，主动向大家介绍建构的物体的名称、用途及选用的材料；要求合作搭建的幼儿能够商量好谁先讲，相互谦让，不争抢；提醒幼儿在倾听时不要把别人的建构物碰倒。

二、中班

（一）目标

初步学会看简单的结构平面图，能与伙伴合作建构；学会按照简单命题和围绕主题进行建构，能有始有终地完成建构内容；学会运用悬空搭高、平衡对称、接插镶嵌等技能构造出物体的基本特征及细微部分的特点；学会利用建构材料，大胆地提出自己的建议，具有一定的创造性；能够有条理地收放建构材料，学习正确评价自己和伙伴的游戏情况。

（二）特点

中班幼儿的结构游戏已经有了比较明确的目的，能够初步了解结构游戏的计划，对操作过程有浓厚的兴趣，同时也关心建构成果。中班幼儿已经能够建构比较复杂的物体形象，也能够按照一定的主题进行建构，并且喜欢围绕建构的物体开展游戏，能够独立整理玩具。

（三）指导要点

家园配合，丰富幼儿的生活经验，增加幼儿对生活中常见物体结构造型方面的知识；指导幼儿掌握结构游戏的基本技能，并启发和引导幼儿应用这些技能进行建构；引导幼儿设计结构方案，使幼儿能够有目的地选材和参照平面图进行构造；鼓励幼儿进行独立的创造性建构活动，也要鼓励幼儿的合作性建构活动，引导幼儿共同讨论、制订方案，进行分工，友好合作地开展建构活动；组织幼儿评议游戏成果，鼓励幼儿主动、独立地发表自己的看法，从而培养幼儿的语言表达能力、创造性思维能力，以及对他人成果尊重、欣赏的态度。

（四）案例与分析

最强礼炮

设计意图

在阅兵仪式上，幼儿们看到了发射礼炮的机器。在一次建构活动时，一位幼儿拿了一根纸筒，觉得有点像放礼炮的筒，于是他又找了几个积木作为礼炮支架……但是，简单的搭建并不能让他满意，于是我们开启了一段关于"礼炮"的探索。

游戏目标

1. 能够使用架空、垒高、连接等建构方式搭建"最强礼炮"。

2. 能自主绘制建构设计图，并按照图纸搭建。

3. 乐于和同伴合作搭建"最强礼炮"，喜欢参与建构活动。

游戏准备

物质准备：积木若干。

经验准备：会看设计图。

游戏过程

情景一：绘制设计图

在建构区活动时间，一位幼儿偶然发现建构区的纸筒很像礼炮，另一位幼儿说："礼炮应该是放到地上的。"于是他们开始搭建礼炮的底座，但是几次搭建都不成功。为了让幼儿能够借此次契机更加深入地学习建构的技巧，教师决定带领小朋友一起搭建"最强礼炮"。

在搭建活动开始前，教师提问："建筑师修房子会按照设计图来修建，如果由你来设计'最强礼炮'的设计图，你会怎么设计？"引导小朋友展开讨论之后，教师鼓励幼儿们要自主设计"最强礼炮"设计图。在设计过程中，教师引导幼儿设计图要切合实际，具有可操作性。

情景二：搭建"最强礼炮"

幼儿自主分组，每组投票选择了自己组最喜欢的设计图，根据设计图的样式，他们很快就投入了搭建活动。幼儿已经有过建构经验，但是按照设计图搭建还是第一次，设计图上礼炮底座用什么搭建？礼炮炮管是用长管还是短管呢？他们疑问多多。教师发现：孩子们喜欢尝试不同的材料搭建；在搭建过程中喜欢和同伴比较谁搭建得最高、最大；在搭建过程中常常会忽略看设计图。教师提问："怎样让我们的最强礼炮和设计图上一样？"

教师提示幼儿一边看设计图一边搭建，尝试利用连接、垒高、架空等建构技巧，按照设计图进行搭建。孩子在活动过程中会反复尝试使用不同的材料，希望达到最好的效果。偶尔也会发生摩擦，出现争抢积木材料或说其他组没有自己组搭建得好的情况。在这个过程中老师观察幼儿处理问题的情况，在出现安全问题前及时帮助幼儿。最后完成了"最强礼炮"搭建。

情景三：介绍"花幼最强礼炮"

搭建完成之后，每组幼儿派出了代表进行作品说明，在这个过程中教师鼓励幼儿说完整的话，肯定了幼儿的搭建成果，为幼儿下一次的搭建活动提出了期许，希望孩子们能够在探索中学会更多的搭建技巧。

评析

在搭建最强"礼炮"的过程中，幼儿从最初的创意到礼炮设计再到现场搭建，以及解决搭建时面临的各种问题，都处于积极思考的状态。他们将自己的作品与现实的礼炮相结合，创作了新的功能和造型的礼炮。在这一系列的过程中，幼儿们不仅提升了逻辑思维能力，还提升了解决问题的综合能力。

在后期的活动中，教师要继续鼓励幼儿进行建构活动，丰富幼儿的主观体验，发展幼儿的动手能力和建构技能，帮助幼儿在协商、谦让、交换的游戏氛围中学会分享与合作，尝试开拓与创新，体验成功与挫折，从而实现合作交往能力的提高及幼儿个性的和谐发展。

视频资源

中班建构游戏
"最强礼炮"

设计者/四川省绵阳市
花园实验幼儿园 孙怡

（绵阳市花园实验幼儿园 孙怡）

三、大班

(一)目标

能与伙伴协商建构主题，规划建构场地，分工合作进行建构活动；能够有目的、有计划地按顺序进行主题建构，布局合理；能运用围合、堆高、悬空搭建等方法有规律、有创造性地建构物体，并注意使物体美观；能够整理和保管好建构材料，并能爱护建造物；会合理选择及利用建构材料，学会利用辅助材料进行建构活动；大胆地向他人介绍建构物体，有成就感。

(二)特点

大班幼儿的建构目的比较明确，计划性增强，能围绕一个主题进行长时间的建构，有的建构过程会持续几天。大班幼儿能够运用很多的建构方法，他们在结构游戏中会追求物体的美观和造型效果；集体意识增强，能够合作商议主题、方法，能够为共同的建构目标努力。

(三)指导要点

教师要丰富幼儿的结构造型知识和生活经验，引导幼儿为结构活动收集素材，保证结构游戏的主题和内容不断发展。

教师要开展集体主题建构活动，指导幼儿学会制订计划，使幼儿能够共同完成创造性的主题建构。活动可以是小型活动，也可以是人数多、持续时间长的大型活动，在活动中，教师要不断鼓励幼儿进行创造性的思维，并与其共同商议建构材料的准备和选择，帮助他们克服困难，教师也可以参与幼儿的活动，与他们共同完成结构任务。

教师要多采用语言提示的方法指导幼儿掌握新的建构技能，重点指导他们运用新的技能去实现自己的构思。

教师要教育幼儿重视建构成果，可以通过展览会的形式，引导建构者向大家介绍自己的成果，也引导其他幼儿对该成果进行评价。

（四）案例与分析

"国色天香"水上乐园

设计意图

"国色天香"是成都温江的一个大型水上乐园，也是班上幼儿熟悉又喜欢的地方，他们在幼儿园经常提到这个地方。水上乐园设施的造型奇特，别具风格，将其引到幼儿园"大创游"活动的结构游戏中，可以丰富和拓展幼儿的建构技能和美感体验。

游戏目标

1. 能够根据水上乐园的实物图片，发挥想象，进行建构。
2. 继续巩固接插、镶嵌、围合等技能，进行模拟构造。
3. 能有目的、有步骤地开展构造活动，能够小组合作。

游戏准备

知识准备：了解各种游乐设施的外形特征，基本掌握积木、插塑的构造技能。

物质准备：各种游乐设施的图片、大型积木、各种积塑、趣味插子、中型花片及各种辅助材料。

游戏过程

步骤一：引入部分

以"国色天香"水上乐园的游乐场景视频为导入，引起幼儿的兴趣，和幼儿谈话，激发幼儿建构该主题的兴趣。

步骤二：游戏开展

首先，教师出示各种不同的游乐设施图片，如水滑梯、摩天轮、游泳圈等，让幼儿说出玩具设备的名称，然后分析玩具设备的结构及建构方法。其次，教师按照幼儿的兴趣进行分解建构示范。再次，教师按照幼儿的建构兴趣分组，分组后交给幼儿将要建构的图片，由幼儿讨论决定用什么材料、怎样建构该设施。最后，幼儿在规定的场地自行建构。

在幼儿建构的时候，教师要观察每组幼儿的建构情况，对不遵守游戏常规的小组要进行提示，对无法操作下去的小组提出一些建议。

指导重点：有些设施的结构复杂，构造较难，尤其是环形的构造、螺旋形的构造，需要教师再一次进行示范，教师在指导的时候可以建议幼儿简化其结构要素，然后让幼儿自己决定如何搭建。

步骤三：结束部分

各个小组建构完毕后，教师组织全班幼儿在这个"国色天香"水上乐园参观、欣赏，并让每个小组介绍玩法和分享建构经验，让其他幼儿进行评价。

教师总结。

评析

教师从孩子的生活中引出的建构主题要适合幼儿的建构兴趣。水上乐园设施的建构具有一定的难度，教师根据图片进行构造分解，并且进行示范，降低了幼儿的构造难度。在活动中教师提供了多种建构材料，幼儿可以根据自己的兴趣和能力自主进行选择。

（成都市温江区鱼凫双语幼儿园，黄佳）

拓展视频 🔔

视频资源

沙水游戏故事
"红军桥"

设计者/四川省绵阳市
实验幼儿园 马静雯

* * * * * * * * * *

本章小结

结构游戏是幼儿喜欢的经典游戏类型，掌握结构游戏组织和指导要点是幼儿教师的基本能力。本章我们学习了幼儿园结构游戏的定义、特点、类别、发展价值及结构游戏的基本技能，对幼儿结构游戏有了初步的认知，然后学习了幼儿园不同年龄段结构游戏的目标、特点、内容选择、实施开展、游戏常规及结构游戏活动的组织和指导。以案例的形式分享幼儿园教师针对不同年龄层次的幼儿开展的结构游戏，并且做了案例分析。

关键术语

结构游戏 建构 结构基本技能 积木 积塑

思考题

1. 名词解释

结构游戏　主题构造游戏

2. 简答题

(1)结构游戏的特点有哪些?

(2)结构游戏对幼儿的教育作用表现在哪些方面?

(3)按照结构材料的不同,结构游戏有哪些类别?

(4)结构游戏有哪些基本结构技能?

(5)结构游戏的常规有哪些?

3. 游戏实践

请为各个年龄班的幼儿制订结构游戏活动计划。

实训练习

实训一　制作七巧板

制作方法

准备一支笔、一把尺、一把剪刀、一块纸板(纸张)、几支彩笔。

第一,在纸上画一个正方形,把它分为 16 个小方格。

第二,从左上角到右下角画一条线。

第三,在上面线的中间连一条线到右面线的中间。

第四,在左下角到右上角画一条线,碰到第二条线就可以停了。

第五,从刚才的那条线的尾端开始画一条线,画左上与右下的对角线的 3/4,另外,在左上右下这条对角线的 1/4 处画一条线,与上边的中间相连。

第六,把它们涂上不同的颜色并沿着黑线条剪开,你就会拥有一副七巧板。

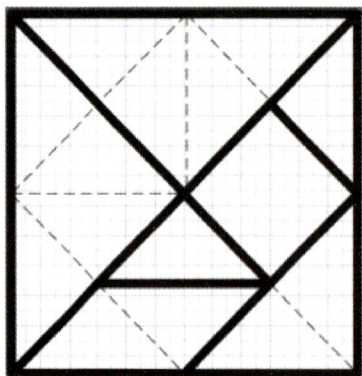

图 5-24　七巧板制作图

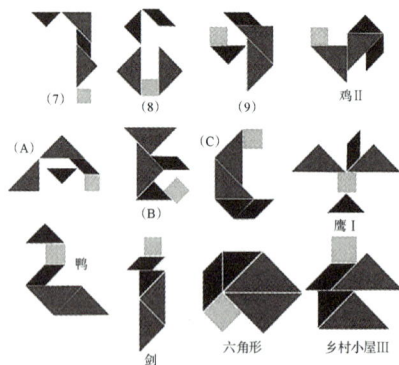

图 5-25　七巧板

拼图技巧

先确定出两个大三角形的位置,熟悉梯形的几种组合。幼儿七巧板指导方法如下。

第一,根据幼儿的年龄特点选择图形的难易。

第二,对所拼图形进行提示和针对性指导。第一种提示法为关键线逐渐提示法,即逐步提示关键线以帮助幼儿确定大三角形的位置。第二种提示法为面向对象提示法，即根据幼儿的具体情况进行针对性的提示和指导，给幼儿以最佳的拼图难度。

第三，通过拼故事、小比赛等形式增加拼图的趣味性。

第四，运用多套七巧板进行组合拼图，拓展七巧板游戏。

实训二　积木建构技能

目标

掌握积木建构的基本技能；学习设计和分析图纸，掌握按图进行构造的技能。

内容和要求

能选择各种积木进行建构游戏，掌握积木建构的基本技能；学会看平面图和立体图建造图纸，注意物体的细微部分和装饰物；结合所学的技能分析建构图，并能根据建构图进行搭建活动。

实训三　积塑建构技能

目标

掌握各种积塑拼插的建构特点和技能，并能建构各种结构物；掌握拼插技巧，能够进行创造性的构造。

内容和要求

在自由构造活动中，能够运用和分析自己的建构技能；能围绕规定的命题内容进行结构拼插，要求画出设计示意图，能形象地表现出物体的主要特征；作品有立体感，注重颜色搭配、整体协调，连接、镶嵌到位，构思巧妙，体现新颖性和创造性。

实训四　制订结构游戏活动计划

目标

根据各年龄班幼儿特点，学习制订结构游戏活动计划；具备指导幼儿进行结构游戏活动的技能和组织能力。

内容和要求

根据各年龄班幼儿的特点，制订一份完整的、详细的结构游戏活动计划。活动计划要有主题名称、活动目标、活动准备、活动过程及注意事项。活动目标的确定要从幼儿的角度出发，要具有可操作性；活动准备包括知识准备和物质准备；活动过程包括引入、指导过程、教师语言等方面的内容。

根据具体活动内容，选择设计结构制作图。

拓展阅读

1. 彭俊英，魏婷，等. 幼儿园游戏活动的组织与指导. 北京：教育科学出版社，2014.

2. 马维国，秦金亮，曹桂芳. 合作目标结构游戏训练对儿童分享观念与分享行为影响的实验研究. 第八届全国心理学学术会议文摘选集，1997.

3. 陈霞. 幼儿园结构游戏中的教师指导研究——以济南市幼儿园为例. 山东师范大学硕士学位论文，2014.

4. 周红梅. 当前幼儿园结构游戏存在的问题和对策探析. 教育导刊，2011(5).

第六章　表演游戏

课程思政 ▶

　　本章通过寓言、童话、故事等文学作品的表演游戏体验，使学生体会角色的同时提升文学修养，获得角色认同感，增强对不同文化特点的了解。

学习目标 ▶

　　1. 了解学前儿童表演游戏的特点、种类和发展价值。

　　2. 掌握组织和指导学前儿童表演游戏常用的方法和技巧。

　　3. 掌握学前儿童表演游戏活动评价的内容和方法。

　　4. 具备组织、指导和评价学前儿童表演游戏的基本素质，积极反思幼儿园表演游戏实践。

重点和难点 ▶

　　1. 表演游戏的特点和发展价值。

　　2. 表演游戏的组织与指导。

"小红帽"游戏

　　有一次，我来到幼儿园，看到一个小男孩拿着一块积木跑到一个躺着的小男孩的身边，大喊："大灰狼，这下你可跑不了了，我要救出小红帽和外婆，哈哈！"然后，这个小男孩用积木远远地朝"大灰狼"一比画，从"大灰狼"的身边就跳出来两个小朋友，她们高呼："谢谢你，猎人……"很显然，幼儿们在扮演《小红帽》故事里的情节，看着他们专注的表情，我感觉到幼儿在表演游戏中的快乐。

　　评析

　　幼儿离不开文艺作品，离不开这些作品带给他们的游戏——表演游戏。

第一节　表演游戏概述

一、表演游戏的定义和特点

(一)定义

表演游戏是指学前儿童按照童话、故事及传媒中的情节扮演某个角色，用对话、独白、动作、表情等进行表演，再现文学作品内容的一种游戏形式。学前儿童通过扮演作品中的角色来创造性地再现作品，表达他们对作品的理解及自己的情感体验。表演游戏的作品不仅包括故事、童话等文学作品，也包括学前儿童自己续编、创编、改编的故事、儿歌及动漫等文艺作品。

(二)特点

1. 游戏性和表演性并存

表演游戏具有游戏的基本特征，由学前儿童自主选择游戏的主题、内容、玩法及游戏的难易程度，游戏的过程由学前儿童控制。游戏本身就是目的，在表演的过程中学前儿童能够享受表演带给他们的快乐。表演游戏也有别于其他游戏，具有表演性，学前儿童表演的主题、情节、游戏材料的使用等都与文艺作品密切相关，如果缺乏表演性，表演游戏也就失去了自身独立存在的依据。

2. 游戏性重于表演性

表演游戏兼有游戏性和表演性双重特点，但它并不是纯粹的戏剧表演。在表演游戏中，学前儿童不是为了表演而表演，而是为了好玩、有趣才表演。在表演游戏中，学前儿童的游戏体验是最重要的。如果在表演游戏中，对学前儿童的台词、表情、步调严格控制的话，他们在游戏中所能够获得的快乐体验就会大打折扣，只有表演游戏的游戏性重于表演性，学前儿童才能够愉快地享受游戏。

(三)表演游戏与角色游戏、戏剧游戏的区别

1. 表演游戏与角色游戏

表演游戏与角色游戏都有角色，两者均通过语言、行为、表情等扮演角色，演绎故事情节的发展。但是，两者在故事主题和情节的来源及表演的故事结构性与规则要求方面存在差异，两者具体区别如下。

（1）主题和内容来源不同

表演游戏的主题和内容来源于故事、童话、儿歌、动漫等文艺作品，而角色游戏的主题和内容来源于学前儿童的现实生活，反映学前儿童在现实生活中的所见、所想。

（2）学前儿童对角色的塑造不同

表演游戏的情节、内容及游戏中学前儿童使用的语言、动作、表情都受作品的

影响，虽然在游戏中学前儿童会有所改造，但是总体上还是离不开作品的。角色游戏却不受作品影响，游戏前学前儿童没有可以参照的游戏模式，根据自己的生活经历与经验自由地决定游戏的内容和情节。

（3）所含的表演成分不同

表演游戏兼有游戏性和表演性的特点，而角色游戏体现的是学前儿童对生活中角色的认知，并不注重表演。

2. 表演游戏与戏剧表演

表演游戏和戏剧表演都是学前儿童根据一定的作品，运用语言、动作、表情、体态等手段创造性地再现作品的活动，两者具体区别如下。

（1）规则不同

表演游戏和戏剧表演都依托文艺作品，但是戏剧表演需要严格按照文艺作品的情节和角色表演，同时还要遵循一定的表演程序。而表演游戏则可以给予学前儿童较大的自主性和创造性，学前儿童根据自己对作品的理解、喜好和社会经验进行表演。

（2）表现形式不同

表演游戏是一种自娱自乐的游戏形式，而戏剧表演是一种演出，主要是演给观众看，必须有观众。

二、表演游戏的类型

（一）从创造性的角度分类

从创造性的角度，可以将表演游戏划分为作品表演游戏和创作表演游戏。

作品表演游戏是利用现成的文艺作品进行表演，可以利用这些作品让学前儿童在表演游戏中共同思考并掌握作品的主题和情节，共同制作教具、布置情境并分配角色进行表演，充分体验交流、合作的乐趣。创作表演游戏是指没有现成的作品，学前儿童根据已有的经验和丰富的想象力创作作品并加以表演的游戏。在表演游戏中，不但能满足学前儿童的表演愿望，还能使他们学到一些优美的语言，体会一些积极的情感，明白一些生活中的道理，并且潜移默化地使学前儿童养成良好的品德和行为习惯，它为不同发展水平的每个幼儿提供了表现的机会和场所。

（二）从角色扮演形式的角度分类

从角色扮演形式的角度，可以将表演游戏划分为自身表演游戏、桌面表演游戏、偶戏游戏和影子戏游戏。

1. 自身表演游戏

自身表演游戏是学前儿童自己扮演角色进行表演的游戏活动。他们以故事、诗歌、童话等作品为蓝本，按照自己对作品的理解，在游戏中自编、自导、自演，每次的演出可能都存在差别。

2. 桌面表演游戏

桌面表演游戏是指在桌面上以小玩具替代作品中的角色，学前儿童以口头独白、对白或控制玩具角色的动作来再现作品内容。这种形式也包括故事盒表演游戏、沙盘表演游戏等。

3. 偶戏游戏

偶是指用木头、布料等材料制成的人物、动物。通过偶的表演来再现文艺作品的内容，称为偶戏。常见的偶有布袋偶、手指偶、杖头偶、提线偶等，还有一种重要的表演形式就是人偶同演。

4. 影子戏游戏

学前儿童玩的影子戏游戏有头影游戏、手影游戏和皮影戏游戏等，其中以手影游戏居多，而皮影戏游戏则具有鲜明的地方特色。手影游戏是一双手在光束照射下，做出各种变化的手形，黑色影像投射在墙壁或者背景上，呈现一幅幅神奇变幻的动画。皮影戏是让观众通过白色幕布，观看演员操纵的平面偶人表演的灯影来达到艺术效果的一种戏剧形式。皮影偶人一般是平面侧影，具有小巧玲珑、夸张生动的特点，其形式包括了美术、音乐、戏剧、剪纸、故事和游戏等综合性因素。

知识拓展 ⏰

皮影的相关知识

皮影戏，又称"影子戏"或"灯影戏"，使用的是以兽皮或纸板做成的人物剪影。皮影戏中的平面偶人及场面道具景物，通常是民间艺人用手工、刀雕彩绘而成的皮制品，故称为"皮影"，其在蜡烛或燃烧的酒精等光源的照射下用隔亮布进行演戏，是中国汉族民间广为流传的傀儡戏之一。表演时艺人们在白色幕布后面，一边用手操纵戏曲人物，一边用当地流行的曲调唱述故事，同时配以打击乐器和弦乐，有浓厚的乡土气息。据史书记载，皮影戏始于战国，兴于汉朝，盛于宋代，元代时期传至西亚和欧洲，可谓历史悠久，源远流长。

由于皮影在中国流传地域广阔，在不同区域的长期演化过程中形成了不同流派，常见的有四川皮影、湖北皮影、湖南皮影、北京皮影、唐山皮影、山东皮影、山西皮影、青海皮影、宁夏皮影、陕西皮影、川北皮影、陇东皮影等风格各具特色的地方皮影。各地皮影戏的音乐唱腔风格与韵律都吸收了各自地方戏曲、曲艺、民歌小调、音乐体系的精华，从而形成了异彩纷呈的众多流派，有沔阳皮影戏、唐山皮影戏、冀南皮影戏、孝义皮影戏、复州皮影戏、海宁皮影戏、陆丰皮影戏、华县皮影戏、凌源皮影戏等。

学前儿童皮影戏的取材和制作，不必像传统的专业皮影戏那样用皮革精雕细刻，可以就地取材，选用硬纸片、透明胶片、卡纸等代替皮革，用剪纸和刻花的方法制作影人、布景和道具。演出的影窗可用一块白纱布绷在倒置的桌腿上，再把灯光调整到适当的位置即可。然后一边操纵影人，一边配词拟声，进行简单的表演。

(三)从表演内容的角度分类

从表演内容的角度，可以将表演游戏划分为语言类表演游戏、音乐类表演游戏和简单的形象装扮表演游戏。

语言类表演游戏可以分为童话剧表演游戏、故事表演游戏、儿歌歌谣表演游戏、播报表演游戏等多种形式。音乐类表演游戏可以分为歌表演游戏、节奏乐表演游戏、韵律表演游戏等。形象装扮表演游戏则主要是指学前儿童自主进行的化妆、换装、造型设计等活动。

三、表演游戏的意义

(一)加深学前儿童对文艺作品的理解

表演游戏是学前儿童对文艺作品的一种学习和再现的过程，在游戏过程中学前儿童的各种语言信息伴随着具体的动作信息和情境信息一起进入大脑，与学前儿童已有的表象进行整合，学前儿童通过表演角色，呈现出角色的思想、情感、对话和动作，不知不觉地在脑海中烙下角色的印记。借助表演游戏，学前儿童能够更好地掌握文艺作品的主题思想、内容和情节、时间的逻辑和先后顺序、情节的发展和因果关系，以及人物的性格特征和人物之间的关系，领会人物的思想感情，加深对文艺作品的理解。

(二)促进学前儿童语言能力的发展

学前儿童通过表演游戏，能有效地掌握有关的语言内容、语言形式和语言运用的经验，从而创造性地用符合角色的语调和表情表达出来，这个过程提高了学前儿童的口语表达能力。同时，在表演游戏中，学前儿童加深了对故事结构和情节的理解，增强了对书面语言的感知和理解。学前儿童还要学说各种不同的词汇和句式，获得有关口语表达的经验，提高学前儿童连贯的语言表达能力。

(三)有益于学前儿童想象力和记忆力的发展

表演游戏有益于学前儿童的想象力和记忆力的发展，学前儿童需要记住故事或童话的情节、结构、人物对话，同时进行有根据的想象，在有限的道具、服装等"假想"材料的帮助下，学前儿童把游戏的过程想象成"真"的，这些都借助学前儿童的想象。没有记忆和想象，学前儿童就无法进行表演游戏。

(四)促进学前儿童良好个性的形成

在表演游戏中，学前儿童反复体验作品中的人物的思想感情，不仅能加深学前儿童对生活的认识，也能帮助学前儿童区别什么是好的、正确的行为和优良的品德。在表演游戏过程中，学前儿童通过扮演，满足自己成为某个角色的愿望，体会角色高兴、生气、伤心、害怕、紧张等情绪情感，学会站在他人的角度思考问题，这种活动可以帮助学前儿童去除"自我中心"，让学前儿童体验不同角色的个性特点，丰富学前儿童的个性品质。如在"白雪公主"的表演中，扮演小矮人的学前儿童能够同情、帮助白雪公主，能够体会到助人、救人的品德的重要性。

（五）有效地使学前儿童受到艺术的熏陶

表演游戏过程中，学前儿童塑造角色形象，尝试调整自己的体态、言行去适应他头脑中的角色，这对学前儿童的形象、仪表、言行、体态等方面的表演素质都起到综合培养的作用。因此，表演游戏有助于发展学前儿童的表演才能，使他们能够从感受语言美、艺术美逐步扩展到通过言行去塑造美、创造美、表现美，从而发展学前儿童的审美能力，陶冶幼儿的艺术气质。

（六）具有整合课程与生成课程的功能

表演游戏中不仅融入了语言和艺术两个领域的课程内容，还可以渗透到健康、科学、社会等领域，成为整合的游戏活动。

小动物过冬

青蛙、小燕子和小蜜蜂是好朋友。它们常常在一起唱歌跳舞，日子过得很快乐。秋风刮起来了，天气渐渐凉了。一天，青蛙、小燕子、小蜜蜂聚到一起商量过冬的事。小燕子说："冬天快要来了，虫子也没啦。我要飞到南方去，那儿暖和，还有很多虫子。等明年春暖花开的时候，我再飞回来。"小燕子接着问青蛙："青蛙哥哥，你不是也吃虫子吗？可你不会飞，怎么到南方去呢？"青蛙说："我不到南方去，就在这里过冬。我准备吃得饱饱的，过两天钻到泥土里去，好好睡上一大觉。等到来年春天，再出来找虫子吃。"小燕子又问小蜜蜂："蜜蜂妹妹，冬天地上都是冰雪，没有鲜花，你怎么生活呢？"小蜜蜂说："我早就采了很多蜜，藏在蜂巢里，够吃上一个冬天的。"它们商量好了，约定第二年春天还在这里相见。

利用这个儿童故事开展表演游戏，学前儿童不仅可以根据自己对小动物的理解运用体态、语言等创造性地表现故事情节，通过想象体验各种小动物的过冬方式，还可以通过观察、调查、讨论了解各种动物的生活习性。在表演游戏中，教师可以根据幼儿的兴趣爱好，生成新的课程，给幼儿的表演游戏增添浓厚的兴趣。

视频微课
表演游戏的意义

四、表演游戏的组织和指导

（一）表演游戏的指导原则

1. 游戏性先于表演性

长期以来，幼儿园的表演游戏存在着"重表演，轻角色"的现象，为了让幼儿更快地达到生动表演的水平，教师往往采取立即示范或手把手教等高度控制手段指导游戏，这种指导忽略了表演游戏的游戏性。教师应该将表演游戏看作"游戏"，而不是"表演"，要按照游戏活动的特点来组织和指导幼儿的表演游戏，让幼儿在活动中产生游戏性体验。游戏性体验的外部条件有：学前儿童是否有自由选择的权利和可能；活动的方式和方法是否由学前儿童自主决定；活动的难度是否与学前儿童的能力相匹配；学前儿童是否寻求或担忧游戏以外的奖惩。教师应该为幼儿开展游戏创设宽松自由的游戏环境，给幼儿充分的时间和空间去协商而不是催促，鼓励和支持幼儿主动探索和交往。游戏的过程由教师和幼儿共同推进，游戏的进展既来源于幼儿的兴趣和需要，也来自教师的建议和引导。

2. 游戏性与表演性统一

表演游戏的表演性和游戏性可以很好地融合在一起，游戏性应当是基本的，它体现在整个活动过程中。表演性则是逐渐提高完善的，由一般性表现向生动性表现发展，作为活动的结果显现出来。所以，表演游戏的表演性并不能以牺牲表演游戏的游戏性为代价。教师一定要学会等待，不要催促学前儿童，不要对他们抱有不切实际的期望，期望他们听完故事后能够立即生动地表演。学前儿童表演水平的提高需要他们对这个作品的兴趣及重复性的表演。教师也要给学前儿童重复表演的机会，还要把简单的重复变得富有新意和挑战性。

(二)表演游戏组织和指导的要点

1. 选择合适的主题和内容

表演游戏的内容大多来源于故事、童话、寓言等文学作品和儿歌、歌舞，另外也有来源于影视作品的，但并不是一切作品都适合学前儿童表演，教师要注意作品应该具有健康活泼的内容、起伏变化的情节、适宜的表演性、丰富的对话等特点。易于表演的作品很多，如《拔萝卜》《三只羊》《小熊请客》《萝卜回来了》《小动物过冬》《三只蝴蝶》等，这些都是表演游戏常用的童话和故事。学前儿童不必刻意地背诵童话、故事，因为作品具有美的语言、吸引人的情节、起伏的故事发展，只要教师带着表情和动作反复地向学前儿童讲述故事、童话，他们就能很好地记住作品，并且产生表演的欲望。

2. 协助学前儿童理解表演内容

任何表演都建立在深入理解作品的基础上，在学前儿童的表演游戏中理解游戏内容非常重要，学前儿童对于自己喜欢的故事会重复地听，每次都会有新的收获。教师可以根据这个特点，以声情并茂的方式给学前儿童讲故事，吸引他们进入故事情境，激发他们表演的欲望。教师还可以利用多媒体播放音频、视频材料，让学前儿童加深对作品的理解，在每次重复的过程中增强学前儿童对游戏内容的理解。教师也可以运用提问、讨论等方式，帮助学前儿童熟悉文学作品，加深他们对作品的理解。

3. 创设表演环境，提供表演游戏的物质条件

游戏环境是决定表演游戏能够顺利开展的重要因素，可根据学前儿童平日所喜爱的故事角色，吸引学前儿童一起来准备玩具、服装、道具等并一起来布置场景。

舞台和布景是表演游戏不可缺少的环境，幼儿园的表演游戏不需要专门的舞台，力求简单易行，怎么方便怎么创设，甚至一块幕布就可以营造出舞台的效果。表演游戏布景可以利用废旧材料，也可以利用学前儿童在美工活动中的作品，发动学前儿童一起制作游戏中所需要的材料。

服装与道具能够吸引学前儿童参与到表演游戏中，使学前儿童深深地沉浸在游戏情境里，还能唤起学前儿童的角色意识，在一定的游戏情境中进行表演。服装和道具尽量简单，易于操作，象征性地表现出角色的显著标志即可。教师可以将幼儿自制的头饰、面具、披风、裙子等材料放在表演区，增加幼儿表演的热情和乐趣。

游戏材料是表演游戏开展的支持条件，并不是所有游戏中必须有游戏材料，而是为了学前儿童的游戏开展得更加有趣味性和持续性，表演游戏的材料不是给别人看的摆设，而是给学前儿童玩的。在表演游戏中，教师不必一开始就投放所有的材料，可以根据幼儿的实际游戏需要进行投放。在表演游戏的过程中，幼儿可能会产生对游戏材料的需要，教师可以和幼儿一起讨论："我们需要什么样的游戏材料？""我们可以怎样获得这样的材料？"教师可以带领幼儿一起制作需要的材料。

4. 指导学前儿童分配角色

作品中的主人翁往往是学前儿童都喜欢扮演的角色，但要引导学前儿童认识到每个表演故事都需要各个不同的角色的配合，无论是主角还是配角，无论是正面的还是负面的，都是表演游戏中不可缺少的，使学前儿童满腔热情地对待自己所担任的角色。在小班可以由教师指定角色，也可以由幼儿自愿选择角色，在中班、大班则应该逐渐由幼儿自己协商分配角色。教师不要强迫幼儿扮演他们不愿意扮演的角色，否则既会挫伤他们的积极性，又会使他们在游戏中不能尽情表演。对个别只想当主角的幼儿，教师应恰当引导，使他愿意担任配角。对于中班、大班的幼儿，教师应该尽量激励他们发挥主动性，鼓励他们按照自己的意愿进行表演，切忌在表演中对他们强加干涉，不可随意打断他们的表演，如果他们的表演总是处于被动状态，表演游戏也就失去了其本来的意义。

5. 指导学前儿童表演技能，鼓励学前儿童自然、生动地表演

学前儿童由于缺乏丰富的社会经验，在表演中常常不能很好地表现角色的主要特征，因此要积极引导学前儿童进行观察和交流。必要的时候，教师要通过自身的示范表演来指导幼儿，在有的情境中教师也可以和幼儿共同表演。教师可以引导幼儿积累社会生活经验，提高表演水平，同时启发幼儿表演的创造性。

6. 注重表演游戏的延伸

表演游戏是由学前儿童自主进行的，有一定故事情节的表演活动。但是在具体

的活动中，学前儿童也可以提出自己的问题，甚至还可以临时改变表演情节，或者生成新的表演活动。如在"三只蝴蝶"的表演中，表演红花的幼儿改变了台词，他说："红蝴蝶像我，请进来，黄蝴蝶、白蝴蝶，你们不像我，但是我也愿意帮助你们，你们也进来吧。"这时候，表演黄花的幼儿很着急，说："那谁到我们这里避雨呢？原来演的不是这样的，黄蝴蝶，黄蝴蝶你快点过来，红花那里太拥挤了，白蝴蝶快点到白花那里避雨吧。"说完，"黄蝴蝶"飞到了"黄花"那里，"白蝴蝶"飞到了"白花"那里，这时候，表演太阳公公的幼儿出现了，对大家说："你们真是相亲相爱、互相帮助的好朋友。"这样的表演在幼儿园里是经常出现的，幼儿改变了原有的故事情节，自发生成新的情境，在新的情境中幼儿们会创造性地应变，适应临时生成的表演游戏。同时，在表演游戏之后，教师也可以引导幼儿进行和这个游戏主题有关的其他活动。如"三只蝴蝶"表演后可以启发幼儿给蝴蝶做避雨房等，也可以由蝴蝶引出"蝴蝶的一生"的科学方面的学习活动。

表演游戏有时候是学前儿童在其他活动之后自发生成的。如幼儿在绘本《母鸡萝丝去散步》的阅读活动之后，在进行结构游戏时自发地生成了一个建构主题"搭建母鸡萝丝去散步的农场"。幼儿们就利用班上的大型积木，在活动室内搭建了农场、磨坊、萝丝的家等场景，幼儿们建设完毕，又自发地进行了角色选择与分配、道具的准备，然后根据绘本里的故事情节，创造性地开展了"母鸡萝丝去散步"的绘本表演游戏。这个例子也告诉教师，要注重表演游戏和其他活动的衔接与整合。

（三）表演游戏的评价

"小动物过冬"游戏的评价

在"小动物过冬"的表演游戏中，教师可以对以下方面进行评价：学前儿童是否能够运用语言、表情、动作、体态等创造性地表演青蛙、小燕子、小蜜蜂的角色；是否表现了作品的内容和思想感情；是否能够与同伴协商、分工、合作；在游戏中是否专注表演……

在表演游戏结束后，教师要组织幼儿对游戏活动进行评价，评价的目的不是区分好坏、评出优劣，而是在肯定幼儿表演行为的同时，给幼儿提出下一步表演游戏的目标和方向，教师应该进行恰当的评价，以表扬、挖掘幼儿的闪光点，共同商量解决问题，增强幼儿表演游戏的乐趣，帮助他们培养参与活动的信心。

教师在表演游戏评价过程中，需要把握的问题如下。

1. 评价的目的是指导学前儿童体验表演，而不是批评和指责

在评价过程中，可以通过表扬某个学前儿童的语言、动作、表情等给其他学前儿童提供模仿的榜样。如在表演《小动物过冬》的时候，教师可以引导幼儿讲一讲哪个角色表演得很棒及其原因；让幼儿关注游戏中角色的语言、表情、动作等表演技巧，促进幼儿在游戏中更好地塑造角色。

2. 根据学前儿童年龄特点进行具体评价

不同年龄段的学前儿童，表演技巧和对文艺作品的理解存在差异，因此，指导要具有年龄的针对性，对不同个性的学前儿童评价的语言也应该有所区别。对于内向的幼儿，教师要多鼓励、多支持，建议语言不要讲得太直接，而是应该启发他们自己讲出如何表演得更好、表演得更开心；对于外向的幼儿，教师可以激励他们发挥创造性，建议语言可以讲得直接，并且要有适当的重复。

3. 在评价中帮助学前儿童学会评价

到了中班、大班，教师可以适当发挥幼儿的自主性，以讨论等形式对幼儿的表演游戏进行总结和评价。教师可以参与到小组中，鼓励幼儿把游戏中自己的感受分享给大家，开展幼儿互评，这样可以提高幼儿的角色表现意识和能力。

4. 灵活运用多种评价方式，促进学前儿童提高表演水平

教师的评价语言如果常常运用"谁表演得好""谁扮演得更像"，幼儿就容易产生枯燥感，也会使幼儿只关注表演性而忽视游戏性，教师应该根据游戏的目的，采用多种评价方法，充分调动幼儿的积极性，提高他们表演游戏的能力。教师可以凭自身的角色身份参与评价，评价方式还有自我评价、讨论式评价、再现式评价、现场式评价等。

知识拓展

表演区评价表

幼儿园：_____   年龄班：_____   时间：_____

一级评价指标	二级评价指标		标准分	得分
区域环境的创设(30分)	空间布局（10分）	区域空间的大小满足学前儿童进行表演的需要	3	
		整体布局有艺术气息，能激发学前儿童的表演欲望	4	
		画面、色彩具有艺术感染力，能够启发学前儿童的表演想象	3	
	道具和材料的投放（15分）	道具和材料形象、生动，能够引发学前儿童的表演欲望	3	
		道具和材料的数量、种类充足，能够满足学前儿童不同角色的表演需要	3	
		有满足学前儿童自制或者创意需求的半成品材料和替代材料	6	
		道具和材料的取放、使用有规则引导	3	
	区域墙饰（5分）	墙饰、背景与近期的表演内容相匹配，并随着内容的变化及时更换	3	
		有当前或以往表演的记录或展示，满足学前儿童自我欣赏的需要	2	

续表

一级评价指标	二级评价指标		标准分	得分
区域中的幼儿(40分)	表演兴趣(5分)	主动、积极地参与表演	2	
		专注、持续地进行表演	3	
	理解和把握作品(6分)	理解作品的情节、结构和发展脉络	3	
		理解和把握角色的形象和特征	3	
	表演与表达能力(16分)	选择自己喜欢的角色大胆地进行表演	2	
		运用替代材料充当道具或自制道具	2	
		进行角色的自我装扮并努力体现角色的形象特点	3	
		表演使用的语言、动作符合角色的特点	3	
		操作、使用道具材料的技能水平有利于角色形象的塑造	3	
		对角色或者形象进行创意表演或表现	3	
	表演中的合作与交往(8分)	使用交换轮流等方法与同伴协商分配角色	2	
		与同伴及时协商，合作表演并坚持到底	2	
		与同伴协商并有效解决表演中的矛盾和争执	2	
		遵守表演规则	2	
	表演体验(5分)	积极参与游戏评价，乐意向同伴介绍自己的游戏体验	3	
		关注并理解同伴的游戏体验	2	
区域中的教师(30分)	对幼儿表演的观察(8分)	有明确的观察目的及观察计划	3	
		有具体的观察方法及观察记录	2	
		能够敏锐地发现学前儿童表演中存在的问题	3	
	对幼儿表演的指导(10分)	对表演题材和内容的选择切合学前儿童的年龄特点	1	
		向学前儿童提示和建议，拓展学前儿童的表演思路，促进游戏的发展	2	
		注重学前儿童表演技能的培养，提高学前儿童的表演水平	1	
		适时提问和组织讨论，促进学前儿童语言能力的发展	2	
		引导学前儿童协商解决表演中出现的矛盾与争执	1	
		及时捕捉学前儿童表演中的创造火花，充分鼓励和肯定学前儿童的创造性行为	2	
		提升学前儿童的审美体验和情趣发展	1	
	对表演活动的评价(4分)	评价能提升学前儿童的表演经验，并对其后续表演具有激励作用	2	
		鼓励学前儿童通过分享、讨论等进行自评和互评	1	
		注重学前儿童审美体验的分享，提高学前儿童的审美情趣	1	

续表

一级评价指标	二级评价指标	标准分	得分
对表演游戏的反思和调整（8分）	调整区域的空间布局和道具材料	2	
	延续或者拓展学前儿童表演的内容，保持并提高学前儿童的表演兴趣	3	
	调整或改进学前儿童表演的方法步骤，增进学前儿童的表演经验	3	
总分			

评价者：_____

第二节　学前儿童表演游戏案例与分析

一、小班

(一)特点

根据皮亚杰的认知发展理论，小班幼儿的思维发展正从感知运动思维向象征性思维转变，这个阶段幼儿的思维发展是表面的、零散的。如果事物在眼前、身边，幼儿就会对其进行思考；如果事物不在眼前，幼儿很难在脑海中形成想象、思维。另外，小班幼儿的语言发展处于简单句阶段，能用基本的主语、谓语讲清自己的想法，但是语言还不够丰富和完善，具体特点如下。

1. 多用动作进行表达

在小班的表演游戏中，幼儿表演得很简单，而且幼儿的动作表现远远超过语言表达。幼儿喜欢重复一个简单的动作，并且沉浸其中、自得其乐。如"拔萝卜"的故事表演游戏中，幼儿对故事的情节和角色语言并不是很理解，不能完全表演出来，但是所有的幼儿都喜欢"拔萝卜"这个环节，特别是最后萝卜拔出来时大家跌倒在地上的情境，每到这个环节幼儿就会跌倒一片，并且反反复复，乐此不疲。

2. 喜欢简单、机械地重复故事中的主要对话

小班幼儿的认知特点决定了他们在很多情况下不能完整地认知整个故事，而只是对自己感兴趣的某个片段留下较深刻的印象。因此，在指导幼儿表演游戏时，教师应注意选择内容相对简单、情节少，语言简洁、精炼，并且重复较多的故事。童谣式的故事也是小班幼儿喜爱的。如"小兔乖乖"故事表演游戏情节简单，语言重复，幼儿们喜欢的话语是："小兔子乖乖，把门儿开开，快点儿开开，我要进来！""不开不开，就不开，妈妈没回来，谁来也不开！"

3. 游戏中同伴合作很少，基本是单独表演

美国学者帕顿将游戏分为偶然的行为、旁观、独自游戏、平行游戏、联合游戏和合作游戏。小班幼儿的游戏基本都是旁观、独自、平行游戏的组合。表演游戏是学前儿童的社会性交往行为，表演游戏中的表演行为依然受学前儿童社会性发展水平的制约。因此，在小班幼儿的表演游戏中，如果没有教师的指导，他们基本没有合作，更谈不上配合。

(二)指导要点

教师要为小班幼儿选择简单的表演游戏内容，选择情节简单、角色语言重复的故事作品，多引导幼儿进行动作性的表演，允许幼儿进行角色语言的重复。小班幼儿的表演游戏以模仿学习为主，重在尝试、参与，建议教师有针对性地选择与幼儿生活经验有关的短小故事，通过与幼儿共同进行表演的方式隐性指导。小班幼儿不能有意识地分配角色，教师可以指定角色。个别幼儿经常扮演主角，教师可以采用动员、轮流的方式让他们轮换不同的角色。

全班共同参与表演或者分组进行的分段表演，比较适合小班幼儿。如《小兔乖乖》《拔萝卜》《小蝌蚪找妈妈》《聪明的小白兔》《小猪变干净了》等。

(三)案例与分析

小兔乖乖(一)

游戏目标

1. 熟悉《小兔乖乖》故事情节。

2. 初步掌握故事角色的对话。

3. 感受与同伴共同游戏的乐趣。

游戏准备

知识准备：了解幼儿对《小兔乖乖》故事情节和对话的熟悉程度。

物质准备：《小兔乖乖》故事图片、音频资料等。

游戏过程

教师以幼儿比较熟悉的《小兔乖乖》音乐引出《小兔乖乖》故事；欣赏《小兔乖乖》故事，通过图片让幼儿了解故事的主要内容；通过提问，学习故事中的角色对话，知道故事中有几个角色，以及它们都说了些什么；引导幼儿想想小兔、兔妈妈和大灰狼的对话应该是什么样的。

评析

幼儿对《小兔乖乖》故事情节比较熟悉，知道故事中有几个角色，教师在讲述故事时幼儿能很专心地听并呼应，有的幼儿还不时地做出开心、害怕的表情。幼儿听到兔妈妈回来一边敲门一边唱歌时，会高兴地唱"小兔子乖乖，把门开开……"的歌谣；听到大灰狼来敲门时，会用粗粗的声调来模仿；还会学小兔拒绝开门的歌声：

"不开不开我不开，妈妈没回来，谁来也不开！"但幼儿对角色的其他对话还不够熟悉，与《拔萝卜》的故事一样，他们对故事的讲述部分不感兴趣，只对唱歌部分感兴趣。此外，孩子们还不善于表演，不会自己做一些表演动作。

小兔乖乖(二)

游戏目标

1. 进一步掌握故事角色的对话和初步学习角色的动作。

2. 感受与同伴共同游戏的乐趣。

游戏准备

知识准备：熟悉该故事。

物质准备：歌曲音频，兔子、大灰狼的头饰，小棒，布置简单的场景等。

游戏过程

教师引导幼儿欣赏《小兔乖乖》故事，加深他们对故事中角色对话的记忆；引导幼儿通过学习故事中的角色对话，知道故事中有几个角色，记住三只小兔的名字，以及它们都说了些什么；引导幼儿学小兔、兔妈妈和大灰狼的动作；请几个幼儿和教师一起来表演，其他幼儿当观众；让幼儿们来说说谁表演得最好及应该怎样表演更好。

评析

幼儿们都很喜欢《小兔乖乖》这个故事，他们喜欢扮演故事中小兔的角色，不愿意扮演大灰狼，在教师的带领下对故事中角色的对话基本能掌握，他们还不能自己进行动作的表演，需要教师的引领。全班幼儿一起学说时声音比较响亮，如果只有个别幼儿自己表演，他们需要在教师的参与下效果才比较好，贝贝、浩然、桐桐三个幼儿比较活跃，和教师一起表演时表情较丰富，但有时会忘记做动作，需要教师的提醒示范。有些幼儿不敢上来表演，在下次游戏中可多请一些幼儿与他们共同表演，这样也可以给更多幼儿提供表演的机会。

小兔乖乖(三)

游戏目标

1. 学习按照故事的情节进行表演。

2. 感受与同伴共同游戏的乐趣。

3. 尝试在集体中大胆表现。

游戏准备

音乐音频，兔子、大灰狼的头饰，小棒，布置简单的场景等。

游戏过程

教师指导幼儿复习故事中兔妈妈和大灰狼的对话，加深印象；引导幼儿一起学小兔、兔妈妈和大灰狼的动作，看谁学得最像；请全班幼儿分别扮演故事中的不同角色，引导、提醒幼儿按照故事情节进行表演；让幼儿们来说说谁表演得最好及应该怎样表演更好。

评析

幼儿们在"小兔乖乖"的表演游戏中玩得比较尽兴，在分配角色时幼儿们喜欢争着扮演兔妈妈和小兔子，只有几个幼儿愿意扮演大灰狼，不过小班的幼儿在教师的动员下很容易改变决定，所以基本上每个角色都有幼儿扮演，扮演兔妈妈的幼儿比较认真，能把角色的对话和动作基本上做出来，而由于扮演小兔的幼儿人数太多，有的幼儿在游戏时淘气，没有认真进行游戏，有的幼儿在玩布置的场景……小班的幼儿在进行表演游戏时需要老师的指导，无法自主进行游戏。在以后的游戏中可以把幼儿分成几组，利用班级的区角，在教师的带领下扮演角色开展游戏。

（绵阳市金童岭幼儿园，张守花）

二、中班

（一）特点

1. 游戏的目的性不强，以快乐体验为主

中班幼儿在准备道具等材料的过程中，常忘记自己活动的目的是游戏，而把摆弄玩具当作目的。他们有时候会无所事事或嬉戏打闹，需要教师提醒才想起参与的游戏主题，这也说明中班幼儿游戏的目的性并不强，只是将愉快作为游戏的目的，在游戏中任务意识不强。

2. 游戏的计划性不强，边计划边开展

中班幼儿一边开展游戏，一边协商安排角色、材料、规则、情节、动作、对白等诸多内容。但是达成共识并不是一件容易的事情，在协商过程中他们往往因为意见不统一而使得有的幼儿脱离集体独自游戏。因此，中班幼儿的表演游戏是需较长时间去开展的。

3. 逐渐会有意识地分配角色，但角色更换意识不强

当有头饰、服装等道具的情况下，中班幼儿能够经过协商完成角色分配的任务，但是分配好角色后他们还不能立即进入表演游戏的情境，完成角色的转换。因此，中班幼儿的表演游戏经常会出现无所事事或嬉戏的场面。

4. 表演以表现日常生活经验为主，表演意识和能力不强

中班幼儿在表演游戏中以日常的语言、动作和表情来表现故事内容，不能完全进入角色的情境进行表演。另外，受儿童语言、情绪情感发展，特别是移情能力发展的影响，中班幼儿的表演能力普遍不强，主要以一般性表现为主，语调较为平淡，表情也不能和角色匹配。

（二）指导要点

教师应为中班幼儿提供相对封闭的空间和充足的游戏时间，并且注意环境材料的结构化程度，要提示幼儿坚持游戏主题。在游戏最初的开展阶段，教师要帮助幼儿做好配组工作、讲解角色更换原则。教师不要过于干涉幼儿的表演游戏，不要急于示范，要耐心等待幼儿协商、讨论。在游戏开展阶段，教师应帮助幼儿提高角色表现意识，可以参与幼儿的表演游戏，为幼儿提供示范。

中班幼儿的表演游戏主要以在游戏中提高能力为主，教师可以通过帮助幼儿理解作品的情节，分析角色的动作、表情、心理，以及教师自身有选择地参与、示范，引导幼儿共同游戏。有一定情节的作品比较适合中班学前儿童进行表演，如《三只蝴蝶》《小红帽》《白雪公主》《幸运的一天》《三只小猪》《小羊和狼》等。

（三）案例与分析

三只蝴蝶

游戏目标

1. 喜欢欣赏《三只蝴蝶》的故事，会认真观看同伴的配乐故事表演。
2. 知道《三只蝴蝶》故事的主要角色对话，懂得团结友爱、互助。
3. 喜欢参加《三只蝴蝶》表演游戏活动，能用不同的语气、动作和外形特征来表现红、白、黄蝴蝶与红、白、黄花朵之间的角色对话。

游戏准备

知识准备：熟悉《三只蝴蝶》的故事。

物质准备：蝴蝶、花朵、太阳公公、乌云、雨等角色的头饰、指偶及有关的道具，故事光盘。

游戏过程

教师出示指偶激发幼儿活动的兴趣；引导幼儿观看表演，逐步帮助幼儿掌握表演的内容；引导幼儿跟着故事录音，进行同步自由表演，尝试模仿故事中各个角色的口气；简单讲评幼儿的表演情况，如情绪、表演投入情况等。

活动结束。

评析

幼儿对这个故事很感兴趣，可以在比较短的时间内掌握故事中的故事情节、对话。教师以观看情境表演的形式，充分激发了幼儿表演的兴趣，幼儿观看后都争先恐后地想要参与到表演中来。于是教师请一些幼儿尝试进行表演，个别幼儿能模仿角色的特征进行表演。但大部分幼儿的表情、动作还比较生硬，动作、表情、语气还不够大胆、不够形象，需要继续加强。下阶段教师将重点指导主要角色的对话、表情、动作等，加深幼儿对故事情节的理解。在区角提供指偶，让幼儿练习角色对话，使幼儿能较快掌握好角色对话。

（帛阳师范学院，华正宏）

三、大班

(一)特点

1. 游戏的目的性、计划性较强，能较自觉地表现故事的内容

大班幼儿表演游戏中的嬉戏性行为少于中班幼儿，游戏过程中无所事事的行为也明显减少。大班幼儿能够在表演游戏前集中协商游戏的情节、出场顺序、规则，进入游戏角色后能自觉表演故事内容，关注游戏的进展。个别幼儿还能够随时关注同伴的行为和游戏的表演情况，提醒没有进入游戏情境的小组成员。大班幼儿能够预先计划，而后执行，体现了较强的计划性。

2. 能独立选择、分配角色，并有较强的角色更换意识

大班幼儿能够独立地选择主题、分配角色，他们会积极地选择适合的道具和服饰。大班幼儿在游戏中的交往主要集中在规则、动作、对白等方面，经常参与表演游戏的幼儿在角色分配、情节、材料准备方面一般都能达成共识，不需要大量的时间进行协商。

3. 具有一定的表演意识

大班幼儿已经具有一定的表演意识，他们会紧张地等待自己上场的时间，上场之后也能够注意对扮演的角色的语气、语调和表情的调整。

4. 具有一定的表演技巧，但是还需要进一步提高

大班幼儿已经具备一定的表演技巧，但是如果没有教师的指导，大班幼儿也不能够自如地综合使用夸张的语言、逼真的动作等表演技巧来表现角色，教师的指导介入是非常必要的。

(二)指导要点

教师可以为大班幼儿提供多样的游戏材料以鼓励和支持他们进行各种表演尝试。在游戏的最初阶段，教师除了提供时间、空间和基本材料外，应尽可能少地干预。随着时间的展开，教师应该及时为幼儿提供反馈，提高幼儿表现故事、塑造角色的能力。对于大班幼儿来说，教师反馈的侧重点应该在如何塑造角色上。要帮助幼儿运用语气语调、夸张的动作、生动的表情来塑造角色。大班幼儿的表演游戏，教师可以适当放手，以幼儿自主探索为主。教师可以让幼儿自主、自愿地进行表演游戏，不必说教、急于示范或干预游戏如何开展。情节起伏的作品适合大班幼儿开展表演游戏，如《小熊请客》《小兔子找快乐》《渔夫和金鱼》《萝卜回来了》《田鼠阿福》《长大尾巴的兔子》《灰姑娘》等。

(三)案例与分析

一场皮影戏

设计意图

在户外活动时，幼儿观察到在阳光的照射下，地上会出现不同造型的影子，幼儿对这种现象非常感兴趣，结合之前了解过的有关皮影戏的知识，幼儿萌生了"演一场皮影戏"的想法，全班幼儿根据自己的兴趣爱好和表演意愿，投票选出了表演绘本《十兄弟》。

游戏目标

1. 能够根据故事情节制作相应的皮影戏道具。

2. 喜欢参与皮影戏表演，在表演过程中感受中国优秀传统文化的魅力。

3. 能根据自己观看舞台剧的经验，投入一场皮影戏的表演活动。

游戏准备

物质准备：皮影若干、皮影布架、台灯。

经验准备：能够根据角色背诵台词、会使用皮影道具。

游戏过程

情景一：绘本共阅与表演

在阅读绘本《十兄弟》的过程中，教师发现大班幼儿对于长相各异并拥有各项奇异能力的主人翁"十兄弟"及生动有趣的绘本故事情节十分感兴趣，为了帮助幼儿加深对作品的体验和理解，教师在学习绘本之后开展了一场即兴表演游戏。在游戏开始之前，教师通过提问引导幼儿思考并尝试表演角色的经典动作与语言，演出由幼儿自主发挥。在第一组幼儿表演的过程中，台下的幼儿认真观看，第一幕表演结束后开始小演员自评和小观众点评的环节。在这次表演游戏中，教师以观察者的身份观察幼儿的表演兴趣、肢体表达、合作能力，并适时、适宜地为幼儿提供介入指导。介入指导一共有三次。第一次是在游戏开展之前，通过启发式提问的方式引导幼儿从多角度去塑造角色，如动作、语气……第二次是在表演游戏开始之后，幼儿们有角色出场混乱、表演记不住台词的情况，教师在此时介入，以不影响表演活动的正常开展为前提，用旁白的方式提醒幼儿台词和角色的出场顺序。第三次是有意提醒幼儿思考问题解决的办法，通过教师的有意识引导幼儿发现问题、解决问题，并且在讨论中制订表演游戏的规则，以此来保证表演的效果。

情景二："十兄弟"皮影表演游戏初尝试

皮影戏表演游戏是以戏剧表演为基础的，幼儿在尝试过《十兄弟》故事表演游戏之后，对有丰富的材料、形式新颖的皮影戏表演游戏非常感兴趣。在家长的支持下，孩子们动手完成了自己喜欢角色的皮影偶，对于即将到来的皮影表演游戏也就更加期待了。

在前期，幼儿们通过收集资料和现场观影充分感受了皮影戏的魅力。他们讨论并选择了自己喜欢的角色进行制作和绘制，教师发现幼儿更喜欢形象帅气、能力厉害的角色，如顺风耳、千里眼等，出场台词多、形象威武的反面角色也有幼儿乐于选择，但像小兵、守卫这样的角色极少有幼儿选择。因此，在第一次的表演中出现了这样的问题：轮到小兵出场架走老爸了，可是没有小兵出场，老爸只好自己跟着旁白离开。台下的小观众大笑说："小兵都没有，老爸自己走了，哈哈!"并且一场表演下来我们发现没有人制作道具，如船、夜明珠、湖水等。幼儿们总结并发现了这些问题，这时教师提问："对于这些问题你有什么好主意呢? 怎么让我们的皮影戏表演游戏更加完整呢?"经过讨论幼儿们将缺少的皮影偶和道具罗列了出来，并且当场认领了制作皮影偶和道具的任务。

幼儿们基本没有皮影表演游戏的经验，因此在皮影表演游戏初体验的开始，最主要的目的是让幼儿熟悉表演皮影的工具，如幕布、台灯、皮影偶，并且进行工具的探索与使用的经验的总结。在游戏的过程中教师将幼儿们分为两组，在游戏的过程中交换扮演：一组是小观众兼小评委;另一组是小演员。在一场表演结束后分别进行自评和他评。在场地的设置上要有仪式感，设置评委席、评分表、铅笔、演员候场区等。全班的幼儿在此次的活动中都承担了角色(评委或演员)，不仅是小演员在体验扮演游戏，小评委也在模仿真正的评委。而在这样的过程中，幼儿能够充分地与材料互动、与同伴互动、与老师互动，在自评和他评的过程中发现问题、解决问题、制订规则，幼儿们有了积极的情绪体验。

情景三：皮影戏正式表演

一场皮影戏的正式表演需要的不仅是小演员们的努力，更是全班幼儿共同创设的结果。在筹办大二班的皮影戏表演中，每个幼儿都承担了自己相应的角色，并且积极主动地用实际行动将角色的职能落实。如后勤准备组，既要考虑设备是否完好、场地是否合适，还要确保演出材料准备充分、演出环境舒适美好，还要确定场地的使用等事宜;宣传组要制作宣传海报(电子版和纸质版)，给各个班级、各位老师发送邀请函等。

正式演出的过程也是一场大型的表演游戏，幼儿们在扮演成年人生活中的各个角色，如引路员、小礼仪、体验区和留言区的工作人员等。从提前布置好演出场地，到发送演出票邀请小观众对号入座，再到表演完毕邀请小观众体验皮影并护送小观众回班。

为中班表演的当天，乐乐和小艾提前换好礼服来到路口为前来观影的中班小观众引路，可是过了一会儿乐乐着急地来问教师："老师，为什么过了这么久才来了六个小观众，演出快开始了，他们是不是忘了啊?"教师回应道："我们的邀请函是周一发的，已经过了好多天了，有可能是忘了，怎么办呢?"乐乐和小艾想了想说："我们直接去中班接小观众吧!"说完便出发一个班一个班地去接小观众了。后来在门口负责迎宾的幼儿也发现了这个问题，便提议要一起去接小观众，这时教师问："如果大家都离开了，又有小观众自己来了找不到地方该怎么办呢?"这时芃芃主动说："我留在这里等你们!"完成分工后幼儿们迅速开始了自己的行动。小演员们也有条不紊地在后台准备着。

为小班表演的当天又出现了新的问题：小班的弟弟妹妹离开老师在陌生的环境

里感到害怕。这时佳瑶主动地坐在了一位小班幼儿的身边并牵起她的手低声安慰她，还为她拿来了一个小玩偶。其他幼儿看见佳瑶的行动，也模仿起来，主动坐在小观众旁边陪伴小观众观看皮影戏。

在每场表演游戏里教师都充当了摄影师的角色，将孩子的表现通过视频、照片的形式记录下来，在表演结束后发送给家长观看，最重要的是播放给全班幼儿看，让参与的幼儿客观评价自己的表现，思考进步的可能性，也让当场没参与的幼儿学习经验。

评析

活动开展的整个过程也是幼儿们游戏的过程，他们在皮影戏表演游戏中感受到快乐和满足，在表演游戏的过程中幼儿自己选择剧本、设计角色形象、参与表演。他们通过皮影戏对绘本《十兄弟》进行个性化地创编，从刚开始的由教师导演的被动模仿到后期个性化、自主化发挥，渐渐地本次活动转变为在教师帮助与支持下的自主活动。

此次活动是一系列连续的课程，其中不仅包含了绘本的皮影表演游戏，还带着幼儿亲身体验了社会中的真实角色，如宣传员、广播员、礼仪员、后勤人员等。活动的范围不仅仅在区角内，更是在教室内、幼儿园内，还有社区内。在活动的过程中幼儿积极选择自己喜欢的表演内容和角色，认真专注地制作道具，遇到问题坚持和同伴协商解决，进行了角色的分工与配合，制订了演出的标准与规则，体验了前所未有的成功感受。教师在本次活动中很少批评孩子，取而代之的是让孩子通过现场观影、回播录像的形式及自评和他评的方式客观地认识自己的表现。教师也在活动中发挥了即时引导的作用，掌握了干预的合适时机。

视频资源

皮影戏表演纪实

设计者/四川省绵阳市
花园实验幼儿园　孙怡、张瑞阳

（绵阳市花园实验幼儿园，孙怡　张瑞阳）

小螃蟹找朋友（双簧表演游戏）

游戏目标

1. 在表演过程中，学习双簧的表演技巧。

2. 能够在语言、动作、表情等方面表现小螃蟹的角色特征。

3. 感受双簧表演的乐趣。

游戏准备

知识准备：游戏前，教师组织幼儿观看双簧表演的视频，并且和他们一起讨论、总结双簧表演的程序；熟悉《小螃蟹找朋友》的儿歌。

物质准备：椅子一把，背面贴上一块长1米、宽30厘米的海报板（KT板），双簧头饰。

游戏过程

幼儿自主选择表演伙伴，一起商量表演的内容，确定表演喜欢的儿歌《小螃蟹找朋友》；根据自己的愿望，自由分配谁是前脸，谁是后脸；自由排练，准备表演，在排练中，教师适时指导幼儿挖掘幽默点，吸引观众观看的兴趣；进入表演区表演。

教师参与幼儿们的讨论，围绕选材以及前脸和后脸的表演配合情况评价表演的效果。

附儿歌

小螃蟹找朋友

小螃蟹，横着走，

急急忙忙找朋友。

夹掉小虾手指头，

拽着小鱼不让走，

拉到嘴边咬一口，

挥着大钳到河边，

吓跑了一群小蝌蚪。

小螃蟹皱眉头，

为啥找不到好朋友。

评析

游戏中幼儿们通过自己商量选择表演内容，积累了选材的经验，通过练习有意识地配合同伴的语速并使口型协调一致，大大提高了协同活动的意识与能力，为了把表演推到高潮、赢得观众的喜爱，他们尝试自己挖掘出表演的幽默点，表演的创造性得到了提高。

星光 T 台秀

游戏目标

1. 能够伴随音乐模仿台步、造型、表情。

2. 提高肢体协调能力和音乐节奏感，在节奏中享受快乐。

3. 在游戏中培养解决问题的能力，同时学会欣赏同伴，向同伴学习。

游戏准备

知识准备：教师引导幼儿观看职业模特的表演视频，和他们讨论模特的台步子、亮相、造型及表情等。

物质准备：不同风格的音乐作品，孩子们喜爱的衣服、帽子、饰品等装扮材料。

环境创设：在活动室开设表演区——星光 T 台秀，设计舞台背景，铺设地毯，布置成 T 台形状。

游戏过程

教师引导幼儿选择自己喜欢的服装、饰品进行装扮；组织装扮完成的幼儿走到T台一侧，可引导他们回忆视频中模特走秀的台步、造型、表情等；播放走秀音乐，幼儿开始登上T台，随着音乐的节奏迈出合拍的台步，走到台前或台中时摆出自己喜欢的造型；引导幼儿在走秀游戏结束时，将装扮材料整理归位；引导幼儿尝试评价自己和同伴的走秀表演。

（淄博市实验幼儿园，王艳君）

评析

该游戏在观察的时候，教师要重点关注幼儿参与活动的状态是否积极；走秀时幼儿是否大胆、自信，台步是否合拍，能否摆出不同的造型姿态；能否与同伴协商解决游戏中的矛盾冲突。走秀的表演游戏让部分幼儿克服了羞怯、胆小的心理，增加了自信，并且也发展了幼儿的表演才能，提高了他们的肢体协调能力和音乐节奏感。此外，这样的装扮形象游戏也锻炼了幼儿解决问题的能力，让他们学习处理同伴间的矛盾冲突，同时也让他们发现了同伴身上的闪光点，懂得欣赏小伙伴。

* * * * * * * * * *

本章小结

本章介绍了幼儿园表演游戏的概念、特点、分类及教育价值，表演游戏是学前儿童喜爱的游戏类型，不同年龄段学前儿童的表演游戏特点，以及教师在表演游戏的组织与指导等方面应该具备的能力，而后通过不同年龄段学前儿童表演游戏的案例，对常用的表演游戏进行实践性的评价与反思。

关键术语

幼儿园表演游戏　偶戏　故事表演　表演游戏区　幼儿园表演游戏评价

思考题

1. 什么是幼儿园表演游戏？
2. 幼儿园表演游戏和角色游戏、戏剧表演的区别是什么？
3. 大班学前儿童表演游戏的特点有哪些？
4. 表演游戏的情节是否一定要忠实表现原作品？为什么？

5. 如何做好表演游戏区的噪声控制？

6. 请判断下面的案例《宝爸宝妈上岗记》是表演游戏还是角色游戏，并说明理由。

宝爸宝妈上岗记

一、布置场景选择角色

师幼共同布置好宝宝洗浴整理室、宝宝体检室、宝宝喂养室及宝宝休闲室。请幼儿选择扮演宝宝的爸爸妈妈或工作人员。工作人员则佩戴工作证。

教师指导：这些区域也为班级游戏区，只需把各个游戏区材料摆开方便幼儿进行操作。刚开始，小班幼儿对工作人员的角色不是太了解，教师可先扮演工作人员，如扮演体检室的医生，做给布娃娃测量体温、打疫苗等工作，让幼儿了解各个工作人员不同的工作内容。

二、灵活变动区域进行游戏

引导幼儿带上自己的宝宝到想去的区域照顾。

教师指导：在活动中，如果洗浴整理室的人数较多，教师可引导幼儿带上宝宝去宝宝喂养室或宝宝休闲室进行游戏。教师可对幼儿说："今天洗澡的宝宝太多了，你的宝宝在哭吗？是不是饿了，快带他去吃点东西吧！"

三、教师记录现场故事，引导幼儿说宝宝的趣事

师幼整理物品，进行小结。

教师指导：教师现场记录并拍摄现场照片，游戏结束后请幼儿说说照片上发生了什么事情及当时的心情是什么样的，教师可以先讲述自己在事件当时是什么心情，并用语言、动作、表情展示出来，引导幼儿尝试用这种方式抒发自己的真实感受。

（绵阳市花园实验幼儿园，王智黎）

实训练习

实训一 手偶表演技能

目标

能够生动地讲故事；能够操纵手偶进行故事表演。

内容和要求

操纵手偶进行故事表演；准确把握人物的性格特点，处理好各种角色的语气、声调和情感。

实训二　手影表演技能

目标

能够用手影表现常见动物的造型；能够运用手影游戏进行表演。

内容和要求

练习并掌握各种手影动作造型；尝试用手影表现其他造型，可以用手影说儿歌或讲故事。

实训三　综合表演技能

目标

能够运用语言、表情、动作、歌曲、舞蹈、乐器等多种技能进行表演；能够自行设计和制作表演服饰、道具。

内容和要求

可以表演说儿歌、童话剧，并尝试创造。

拓展阅读

1. 彭俊英，魏婷，等. 幼儿园游戏活动的组织与指导. 北京：教育科学出版社，2014.

2. 孟小晨. 幼儿园表演游戏开展的现状研究——以福州市幼儿园为例. 硕士学位论文，福建师范大学，2014.

3. 朱宝霞. 幼儿园表演游戏特点与指导策略. 教育教学论坛，2010(36).

第七章　智力游戏

课程思政▶

　　本项目在了解智力游戏相关理论基础上，调动独立思考问题和解决问题的积极性，培养遵守规则、谦虚好学的习惯；通过研讨智力游戏案例，培养尊重幼儿、热爱幼儿的良好师德，强化和提高幼儿教师职业认同感。

学习目标▶

　　1. 了解智力发展的生理基础，掌握大脑发育和智力发展的关系及智力发展的规律。

　　2. 了解智力游戏结构和不同分类，理解游戏的内涵和对幼儿智力发展的价值，掌握智力游戏设计的原则，能够对一些常见的智力游戏进行组织和指导。

　　3. 理解大、中、小班智力游戏的特点，学会分析各种不同智力游戏对儿童智力发展的针对性，可以根据幼儿身心发展水平设计、改编智力游戏。

重点和难点▶

　　1. 智力游戏的指导要点。

　　2. 设计不同年龄班智力游戏。

　　高尔基曾说过："游戏是小儿认识世界和改造世界的途径。"20世纪70年代以来，心理学家做了大量关于游戏效用的实证研究，结果表明游戏与学前儿童思维、想象、记忆、言语、社会性等方面的发展密切相关。学前儿童好奇心强，喜欢游戏，在游戏中玩乐，在游戏中学会独立思考问题和解决问题，训练良好的思维习惯和学习习惯，可以为其以后的学习打下良好的基础。因此，游戏是学前儿童智力发展的动力，它能激发学前儿童的求知欲与创造力，并且可使学前儿童掌握一些知识技能，形成对待事物的正确态度，有助于学前儿童各方面能力的提高。相关研究表明，游戏训练对学前儿童的智商（Intelligence quotient，IQ）发展具有正面影响。

知识拓展

《幼儿园工作规程》(节选)

第五章　幼儿园的教育

第二十五条　幼儿园教育应当贯彻以下原则和要求:

(一)德、智、体、美等方面的教育应当互相渗透,有机结合。

(二)遵循幼儿身心发展规律,符合幼儿年龄特点,注重个体差异,因人施教,引导幼儿个性健康发展。

(三)面向全体幼儿,热爱幼儿,坚持积极鼓励、启发引导的正面教育。

(四)综合组织健康、语言、社会、科学、艺术各领域的教育内容,渗透于幼儿一日生活的各项活动中,充分发挥各种教育手段的交互作用。

(五)以游戏为基本活动,寓教育于各项活动之中。

(六)创设与教育相适应的良好环境,为幼儿提供活动和表现能力的机会与条件。

第二十九条　幼儿园应当将游戏作为对幼儿进行全面发展教育的重要形式。幼儿园应当因地制宜创设游戏条件,提供丰富、适宜的游戏材料,保证充足的游戏时间,开展多种游戏。

幼儿园应当根据幼儿的年龄特点指导游戏,鼓励和支持幼儿根据自身兴趣、需要和经验水平,自主选择游戏内容、游戏材料和伙伴,使幼儿在游戏过程中获得积极的情绪情感,促进幼儿能力和个性的全面发展。

第一节　智力游戏概述

一、对智力的认识

智力是一种比较复杂的认知心理过程,对儿童智力的研究是科学的儿童心理学诞生的重要标志。近一个世纪以来,心理学家一直在试图对儿童智力及其发展做出科学的解释,提出了多种智力理论,对智力的理解越来越全面和成熟。20世纪初的比纳、西蒙认为智力包含七种成分——语言、记忆、运用概念、推理、数的计算、视觉运动和社会智力;英国心理学家斯皮尔曼认为人的智力可以分为一般智力和特殊智力,一般智力是人从事任何活动都会表现出来的智力,特殊智力是从事特殊活动表现出来的智力;英国心理学家艾森克提出了流体智力与晶体智力说,流体智力来自遗传,晶体智力来自后天的实践锻炼;美国的吉尔福德提出了包含内容、操作和产物的智力三维结构;美国哈佛大学教授加德纳提出了多元智力理论,认为智力是加工运算最终可能产生的产品，是帮助人解决问题、创造出产品并进一步学习的东西，包括语言智力、逻辑数学智力、音乐智力、空间智力、身体运动智力、自然智力、人际关系智力、个人内部智力，这个理论为人们认识每个人的独特性提供了基础(见图7-1)。

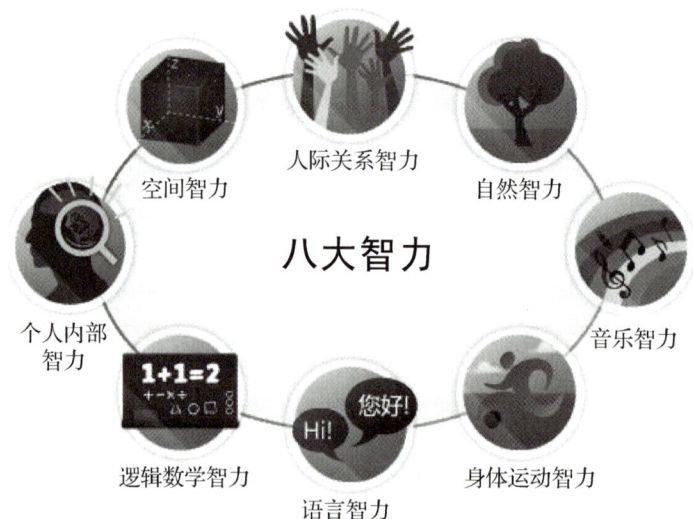

图 7-1　加德纳多元智力理论

　　1986年，美国耶鲁大学心理学教授斯腾伯格提出了三层次理论，认为任何一个人的智力都由智力基本成分、个人经验和环境背景三个层次组成，处于核心的是智力基本成分，如注意、记忆、认知策略、元认知能力，个人经验帮助人们解决实际问题，而且人还必须把这些经验和技能恰当地运用到他所生活的群体和文化背景中去。他的智力理论能够更好地解释一个人为什么比另一个人更聪明、更能适应生活及更能在工作中取得成就。

　　对智力的认识不同产生了不同的理论，但是对于人类智力的发展离不开实践活动和经验已达成共识。学前儿童的智力发展必须通过实际的感知和活动才能产生，同时学前儿童的智力又表现在掌握知识、技能及反应的一系列活动过程中。如脑筋灵活不灵活、反应速度的快与慢、游戏中动作的灵巧省力与笨拙等，所有这些都是智力的外在体现。著名的儿童教育家陈鹤琴认为，学前儿童智力发展不能只靠书本或"知识的灌输"，智力实际上是学前儿童认识社会生活、对客观事物进行分析与综合并据此做出适当行为反应的一种综合心理能力。培养学前儿童的智力是一项艰巨的系统工程，是一项综合性的教育。所以，陈鹤琴先生强调教师与父母必须设置各种游戏的环境、工作的环境，并组织学前儿童参加一些力所能及的劳动，随时随地地向大自然、大社会进攻，追求事物的真理。只有把握好这把开发学前儿童智力的"钥匙"，才能为学前儿童打开智慧之门。

二、智力发展的特点

大脑是人类智力产生和发展的生理基础。大脑的发育和智力发展的速度相一致，3 岁以前大脑发展最快，以后逐渐减慢，5 岁以前完成整个人脑发育的 80％，到 7 岁时脑部重量基本接近成人，为成人脑重量的 90％，大脑的结构和功能也基本接近成人，故 7 岁以前的学前期是智力发展的关键期，而 3 岁以前则更为关键。在学前儿童智力发展的关键时期或学前儿童敏感期，学前儿童的各项智力因素发展最快。例如：2.5 岁左右的学前儿童其计数的能力开始萌芽；3 岁左右的幼儿开始学习自我约束，开始有了规则意识；3.5 岁左右的学前儿童其动手能力开始形成并逐渐成熟；3～4 岁的学前儿童观察能力开始形成；4.5 岁左右的学前儿童开始对知识的学习产生兴趣；5 岁左右的学前儿童开始掌握数的概念，抽象运算及综合数学的能力开始形成；5.5 岁左右的学前儿童开始掌握语法、理解抽象的词汇，综合语言的能力也开始形成；6 岁左右的学前儿童其社会组织能力开始形成，观察能力开始成熟；7 岁左右的学前儿童其多项思维的能力开始形成。关键期智力发展的状况将影响学前儿童未来的发展，如果不予以重视就会错过学前儿童智力发育的最佳时机。关键期的相关研究提示我们，应当给予学前儿童科学的教育和训练，对他们进行各种感官的刺激，以促进学前儿童大脑功能的全面和快速发展。如果关键期不能得到应有的教育，学前儿童大脑的某些功能就得不到很好的发展。

知识拓展 ⏰

人出生后头三年的发展，在其程度和重要性上，超过人整个一生中的任何阶段……如果从生命的变化、生命的适应和对外界的征服，以及所取得的成就来看，人的功能在 0～3 岁这个阶段实际上比 3 岁以后直到死亡的各个阶段的总和还要大，从这一点上来讲，我们可以把这三年看作是人的一生。儿童是人生的另一极。

——蒙台梭利

儿童智力发展阶段理论告诉我们：一是教育儿童时要遵循儿童身心发展的规律，采取适时教育，抓住儿童发展的敏感期；二是人的智力发展和大脑神经发育密切相关，可以通过提供给学前儿童丰富多彩的、恰当的刺激，促进学前儿童神经系统的发育，从而提高学前儿童的智力水平。

学前儿童智力有了很大发展，随着他们年龄的不断增长，其智商呈不断发展的趋势，他们的算术能力和非文字推理能力等均得到了较快发展。在动作方面，学前儿童可以连续行走 20～30 分钟而不感到疲倦，会跑、跳、攀登；手的动作更加灵巧，能用铅笔书写、画画，能使用剪刀一类的工具。在言语方面，他们的词汇更加丰富，可以自由进行言语交际，初步掌握语法结构，开始产生内部言语，开始初步学习书面语言，言语对行为的调节机能也比以前增强了，因而其行为带上了一定的自觉性和计划性。在心理发展方面，虽具体性和不随意性仍占主导地位，但抽象概括性和随意性也在逐步发展，学前儿童的个性倾向开始形成。以上这些为学前儿童进行各种游戏奠定了身心基础，并且各种游戏又会促使学前儿童的智力水平向更高的层次发展。

三、智力游戏的内涵和价值

智力游戏是以完成一定的智力活动任务、发展学前儿童智力为目的，按照学前儿童心理和生理方面的发展规律和特点，专门为学前儿童设计的有规则的游戏。它要求幼儿在智力上做出一定的努力，但又以生动有趣的游戏形式进行，是使学前儿童在愉快的活动中增进知识，发展感知觉，培养观察力、注意力、记忆力、思维想象力、口语表达能力、创造力，陶冶情操，增进身心健康的有效手段。

在幼儿园中常玩的智力游戏既包括有针对性地训练学前儿童的注意力、观察能力、记忆和思维能力、创新能力等的游戏，如猜谜语、编故事、图片配对、拼几何图形、搭火柴棒、接龙、听声音、尝味道、猜一猜、摸奇妙的口袋、打数学牌及各种棋类游戏，也包括一些通过角色游戏、语言游戏及体育游戏等整合智力发展目标和身体发展目标等的综合性游戏。一般都有一定的难度，需要教师指导和学前儿童的努力。智力游戏可以调动学前儿童的学习兴趣，培养他们动脑筋的习惯，巩固学到的知识，促进学前儿童智力的发展。

学前儿童的体育游戏活动对智力的发展具有促进作用，这是有充分科学根据的。活动促使大脑释放出亮氨酸——脑啡肽。经常参加活动，大脑内的核糖核酸可比平时增加 $10\%\sim20\%$。核糖核酸可以促使脑垂体分泌激素，即内啡肽（包括脑啡肽）组成的蛋白分子，医学上称为记忆分子。它可以兴奋大脑神经细胞，加快神经细胞之间的信息传递，使大脑思维敏捷、提高记忆机能并进入最佳的工作（思维）状态。所以大脑的记忆功能与人体运动机能之间存在着互相影响和促进的内在联系。

知识拓展

智力发展有赖于大脑的发育。大脑是心理活动的器官，是人类智能的物质基础。大脑的结构和功能特征影响着人的心理活动，也影响着人的智力活动。从某种意义上说，大脑神经组织的结构和功能特征是一个人智力水平高低的生理基础，所以开发人的智力就是要想方设法改善人的大脑神经组织的结构以提高其功能。人脑功能状态的发育和发展，是由各种单纯感觉的发展进行奠基的，通过游戏可以合理选择和组织多元的感觉输入，加强触觉、平衡觉、本体感觉及手眼协调等能力的训练，使多种感知信息输入大脑，促进大脑有效地综合分析，并加强大脑与身体之间的协调反应，帮助学前儿童的感觉运动功能向正常方向发展，达到开发学前儿童身心潜能、促进其智力发展、增强其体质和培养其良好行为的目的。

国外学者曾对手脑关系进行多年研究后指出：儿童的智能在他们的手指头尖上。科学家们证实手和脑之间有着千丝万缕的联系。手和手指的灵巧精细的活动，能把大脑的某些特殊、积极而富有创造性的区域激发起来，促进思维的发展。苏联学者研究发现，与同龄儿童比较，那些参加游泳运动的儿童不仅身体强壮、抗病力强，而且开始说话的时间也早。这是由于他们的大脑皮层语言中枢的机能借助于游泳运动得以迅速提高的缘故。日本幼儿体育理论专家认为婴儿时期智力的发达与运动能力的发达有着不可分割的关系。我国的研究资料表明：体育锻炼与儿童的智力开发有着特殊的关系。因为，身体活动是在大脑皮质直接参与和控制下进行的。同时，在各种身体活动中逐渐形成相应的概括能力，发展成为独特的行动逻辑和感觉运动智力。如在学前儿童进行接皮球运动时，他们要判断来球的方向、力量和速度，同时又要做出反应——伸手接球，还要根据来球的力量做屈臂缓冲等一系列相应的动作。在这样一个运动过程中，学前儿童的观察力、运动感知力、注意力和反应速度都得到了锻炼和发展。

智力游戏益于学前儿童认知能力的形成和发展，对学前儿童的发展具有重要意义。智力游戏不仅可以丰富并巩固学前儿童的知识，还可以使其掌握一些基本操作技能。学前儿童在智力游戏中对游戏材料的摆弄和操作，有助于丰富和巩固其对有关物体的性质及物体间相互关系的认识；学前儿童在与伙伴共同做智力游戏的过程中，能够获得并加深对人与人之间的关系的认识；智力游戏是学前儿童的自主性活动，在游戏过程中学前儿童总是处于积极主动的状态，他们积极地感知和观察游戏中的玩具和游戏伙伴，记忆游戏中各自的角色、游戏的内容和游戏的情节，在这个过程中他们的记忆力、想象力、动手能力和创造性思维等均能得到锻炼；智力游戏使学前儿童之间的交往机会增多；智力游戏过程中幼儿需要表达自己的想法，需要用语言来交流思想、商讨办法，在这样的过程中学前儿童的语言表达能力会逐渐得到提高；在游戏过程中学前儿童懂得遵守行为规则，学会和同伴合作解决问题及控制自己的行为，有利于他们社会性的形成；智力游戏还可以挖掘学前儿童的各种潜能，展示每个学前儿童智力的独特性，而且能使其产生愉快的情绪，提高其学习的主动性、积极性，提高他们努力完成任务的坚持性、自信心，有助于学前儿童形成乐于动手、动脑的好习惯，保持积极的心理状态。

综上所述，有计划地组织开展丰富多彩、适合不同年龄的学前儿童的智力游戏活动是促进学前儿童身体机能发育和早期智力开发的重要途径，具有奠定学前儿童终身发展基础的价值。

四、智力游戏的结构和种类

(一)智力游戏的结构

智力游戏的结构包括以下四个方面：游戏的任务，即在游戏中要求学前儿童认识的内容和智力训练的任务；游戏的玩法，即在游戏中对学前儿童动作和活动的要求；游戏的规则，即确定和评定学前儿童的游戏动作和活动是否合乎要求的标准；游戏的结果，即在游戏中学前儿童要努力达到的目的，是判断游戏任务完成与否的标志。

(二)智力游戏的种类

1. 根据智力游戏所使用的材料进行划分

根据智力游戏所使用的材料进行划分，智力游戏分为：利用专门的玩具、教具、自然材料、日用品进行的智力游戏，如积木、套碗、积塑等；利用图片进行的智力游戏，如棋类、纸牌、拼图等；利用语言进行的智力游戏，游戏中不接触图片、实物，主要通过语言来完成游戏任务；利用身体运动和一些器材进行的智力游戏，主要通过身体活动进行，完成各项任务。

2. 根据智力游戏的任务进行划分

根据智力游戏的任务进行划分，智力游戏分为：训练感官的智力游戏；发挥想象、锻炼思维的智力游戏；发展语言的智力游戏；练习记忆的智力游戏；训练计算能力的智力游戏；训练反应能力、判断能力等的智力游戏。

猜一猜

独木造高楼，没瓦没砖头，人在水下走，水在人上流。（打一生活用品）

一个小姑娘，生在水中央，身穿粉红衫，坐在绿船上。（打一植物）

驼背公公，力大无穷；爱驮什么，车水马龙。（打一建筑）

有面没有口，有脚没有手，虽有四只脚，自己不会走。（打一物品）

周身银甲耀眼明，浑身上下冷冰冰，有翅寸步不能飞，没脚五湖四海行。（打一动物）

身穿绿衣裳，肚里水汪汪，生的子儿多，个个黑脸膛。（打一水果）

谜底

雨伞　荷花　桥　桌子　鱼　西瓜

不同年龄阶段学前儿童的智力游戏的特点是不同的。小班学前儿童的智力游戏比较简单，游戏任务容易理解和完成，游戏玩法具体、简单，游戏规则一般比较少，开始时对全体学前儿童几乎是同一规则要求。中班学前儿童的游戏任务与小班相比较复杂多样。游戏的动作逐渐多样化，游戏规则更多地带有控制性。游戏中除运用具体实物和教具外，还增加了一些语言的智力游戏和竞赛的因素。大班学前儿童智力游戏任务、内容都较为复杂，要求他们在游戏中进行较多的智力活动。游戏动作要求较高，主要是比较复杂的、相互联系的、连贯的、迅速的动作。游戏规则的要求也提高了，学前儿童不仅要严格控制自己，遵守游戏规则，而且要迅速、准确地执行游戏规则。

五、智力游戏活动及设计指导原则

(一)尊重学前儿童的自主性

学前儿童作为学习的主人,应该是主动者,他们在游戏的过程中应该有自主性并产生成就感。同样,教师作为教学的主体,也应该是一个深谙教育规律并善于创造性地将这种规律加以运用的教育者。在游戏的过程中,教师与幼儿应处于平等地位,出现问题时教师要以参与者的身份提出建议。成人也应在尊重幼儿游戏自主性的前提下,按照游戏的要求及不同类型游戏的特点,把握恰当的时机,对幼儿进行积极的、引导性的干预,以让幼儿感觉到自己在平等自然的情境中进行游戏。

(二)教师指导要适度

研究表明人类的大脑就像肌肉,可以锻炼。动脑越多,智力就越强,但是就像肌肉训练需要适度一样,大脑训练也需要适度的、科学的锻炼。要避免游戏超出学前儿童的理解范围和掌控范围,进而增加学前儿童的失败体验,使学前儿童产生失败情绪,导致不自信。另外,指导适度性还体现在要尊重学前儿童的自主性,不要剥夺学前儿童自己尝试游戏的意愿或代替他们做决定和操作。

(三)控制好智力游戏的难度

智力游戏种类繁多,要按照智力游戏的目的和学前儿童智力发展的水平及生活经验和能力进行选择和指导。另外,由于学前儿童智力发展水平不一致,在进行游戏时要考虑到学前儿童智力发展的个体差异性,尽可能让所有的学前儿童都参与到游戏中,使他们都有适合自己的游戏,防止游戏过难或过易,使其丧失游戏的兴趣,起不到游戏应有的教育作用。一个好的智力游戏应该目的、任务明确,玩法新颖,内容多变具有开放性,从简到难,规则简单易行,能够激发学前儿童积极的心理活动。

(四)关注指导的有效性

每个智力游戏都有一定的教育任务,要通过游戏的玩法与规则来实现。因此,学前儿童必须通过学习才能掌握游戏的玩法。此时,教师要关注指导的有效性,如帮助学前儿童掌握正确的游戏技能,必要时教师可以用生动、简明的语言及适当的示范,向小组或个别学前儿童介绍游戏的目的、要求、玩法及规则。还可以指导学前儿童之间互教互学。在游戏进行的过程中,教师要根据学前儿童进展的情况,随时给予指导,督促学前儿童遵守规则,要求他们按既定的玩法、步骤认真地完成游戏任务,逐步能独立地进行各种智力游戏。

(五)注重游戏的针对性

学前儿童智力游戏要根据学前儿童智力发展的规律,针对不同的年龄阶段进行选择。教师应当按学前儿童的不同需要,提出共同的要求,进行不同的练习。让每个学前儿童都能够参与到游戏中来,尤其是对能力差的学前儿童,应更多地鼓励、吸引他们参加智力游戏,及时肯定他们的进步,增强他们的自信心,提高他们的游戏能力。

(六)提供良好的支持

在游戏中,教师要注意为学前儿童提供良好的支持:一是指提供丰富的游戏材料,使学前儿童能得到一些具体、直观、生动形象的玩具作为实物材料,为唤起幼儿过去感知过的而眼前并不存在的事物的表象创造基础。因此,智力游戏中丰富的游戏材料,游戏过程中完整、正确、鲜明的表象能促进学前儿童记忆力的发展。二是提供游戏活动的良好心理氛围,只有在轻松愉快的氛围中学前儿童才能充分调动各种感觉、集中注意力完成各种智力任务,教师的耐心、爱心及宽容必不可少。

视频微课

智力游戏活动
及设计指导原则

第二节　学前儿童智力游戏案例与分析

寓智力开发于游戏之中,根据智力游戏的智育任务设计游戏规则,使学前儿童在做游戏的过程中增进知识,发展感知觉,培养其观察力、注意力、记忆力、思维想象力、语言表达能力及创造力,这就是智力游戏的功能。由于学前儿童的年龄差异,导致其智力发展不平衡,因此要根据学前儿童的智力发展水平设置智力游戏,不同年龄的学前儿童的智力游戏存在着不同的特点、任务和要求。

一、小班

(一)训练观察力、注意力的游戏

接龙卡片

游戏目标

识别几何图形、颜色、实物,学习排序,训练观察能力。

游戏规则

按接龙活动的要求依次出卡片,一次一张,每人一次,轮流进行,卡片先出完者为胜;接龙时从两头接,不能从中间接。

游戏准备

剪宽2厘米、长5厘米的白卡纸块若干片,画成接龙卡。

幼儿2~4人一组,每人取5~6张接龙卡。

游戏过程

实物接龙,把相同的实物相接;颜色接龙,把相同的颜色相接;形状接龙,把相同的形状相接。

辨别方位

游戏目标

分清上下、左右、大小，训练观察力。

游戏规则

按要求把画添在空格中。

游戏准备

幼儿人手一套彩笔、一套图卡。

游戏过程

把图卡中大的画在方格内；把图卡中小的画在方格内；把图卡中左面的图形画在方格内（大班）；把图卡中右面的图形画在方格内（大班）；把两张图卡中上面的图形画在方格内；把下面的图形画在方格内。

拼图游戏

游戏目标

识别图形、边线、色彩等，将散开的图形拼接完整，并能利用创造性思维将纸制小零件拼粘成自己设想的图案。

游戏准备

将完整画面用直线分割，剪成若干小块；剪纸条卷粘成圆纸圈，折粘三角形纸圈拼粘图案。

游戏过程

幼儿自己制作拼图卡片，比比看谁能最快将图画拼摆完整；制作纸圈拼花——剪纸条，学习将纸条卷在铅笔杆上做成圆纸圈，学习将纸条折粘成三角形纸圈；将不同形状的圆纸圈拼摆在彩色平面上，组成美丽的花形图案并胶粘固定成浮雕式图案。

（二）训练记忆力的游戏

小小摄影家

游戏目标

训练记忆力。

游戏规则

背对大家，不能偷看。

游戏准备

折叠纸筒（摄影机）一个。幼儿 5 人一组，每人轮流扮演摄影师。

游戏过程

教师选一个幼儿扮演摄影师。摄影师高举摄影机，观察大家随便摆出的各种姿势和表情，笑可以，哭也可以，故意做鬼脸也行，手脚动作也可以随便做。摄影师放下摄影机闭上眼睛，1分钟以后开始模仿小朋友们刚才的表情和动作，每做出一个正确的姿势和表情可得1分。每个人都有扮演摄影师的机会，得分最多的人是最优秀的摄影家。

摄像机的眼睛

游戏目标

训练记忆力。

游戏规则

盖起来的物品不能打开偷看。

游戏准备

铅笔、橡皮、积木、皮球、插片等10种物品。

幼儿10人一组，教师摆的东西应能让每个人都清楚地看到。

游戏过程

教师随意把10种物品排列在桌子上，用布盖住；将幼儿请进教室，掀开布让大家观察1分钟。在这1分钟里，幼儿要尽可能把桌上所有的东西记下来。时间一到，教师把布盖上，每个幼儿凭着记忆把桌上放的东西悄悄告诉教师。在3分钟之内能把桌上所有的东西说出来的幼儿就是胜利者。

"形位"记忆游戏

游戏目标

训练观察记忆能力。

游戏规则

模仿画自己涂，不互相看别人的。

游戏准备

试题卡片、学前儿童答卷卡数张。幼儿6人一组，人手一套答卷卡。

游戏过程

先让幼儿竖看试题0.5分钟，然后收起试题卡。让幼儿在空格上凭记忆画出图来（见图7-2）。

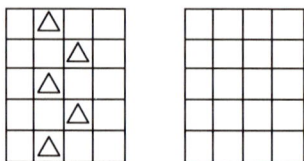

图 7-2　竖放

将试题卡片横放，再涂画一次（见图7-3）。

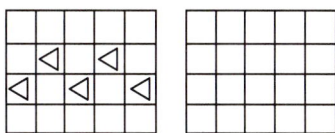

图 7-3 横放

(三)训练逻辑思维能力的游戏

找规律，补画图形

游戏目标

训练思维推理能力。

游戏规则

按规律把画填满空格。

游戏准备

彩笔、绘画纸。幼儿人手一套彩笔、绘纸。

游戏过程

幼儿按教师事先添画好并具有一定规则的图形，通过自己的思维推理将其余空格填满。

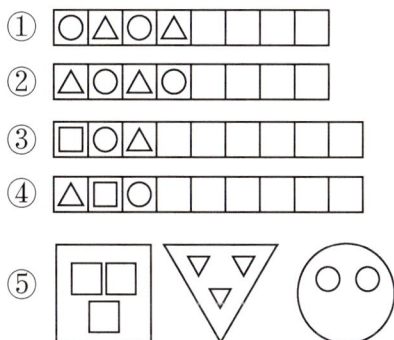

图 7-4 补画图形

把食品分类

游戏目标

练习分类、归类。

游戏规则

将同类别的物品画在一起。

游戏准备

彩笔、绘画纸、画有不同食品图像的卡片。幼儿人手一套彩笔、绘画纸。

游戏过程

根据颜色分类，将同样颜色的食品画在一起；根据种类分类，将同种类的食品画在一起。

揪尾巴

游戏目标

学习对应，比较多少。

游戏规则

在教师发出信号后，开始揪尾巴。在一定的时间内结束。

游戏准备

白纸条、红纸条。把白纸条、红纸条剪成40～50厘米长，幼儿每人一条。

游戏过程

教师将幼儿分成红、白两组。幼儿把红、白纸条夹在裤子或裙子后面。首先，红、白组各出一人相互追逐，揪尾巴给大家示范。听信号，大家分组相互揪尾巴。设置一定的时间，把揪下的尾巴按红、白一个一个对应比较，看哪组揪下来的尾巴多。

（四）训练创造性思维能力的游戏

看谁拼得多

游戏目标

发挥想象，培养拼图造型能力。

游戏规则

将所有的板都拼成图。4块直角三角形硬纸板，4块正三角形硬纸板。幼儿人手一套。

游戏过程

两种形状的硬纸板，可单独拼(见图7-5)；两种形状的硬纸板交叉拼。

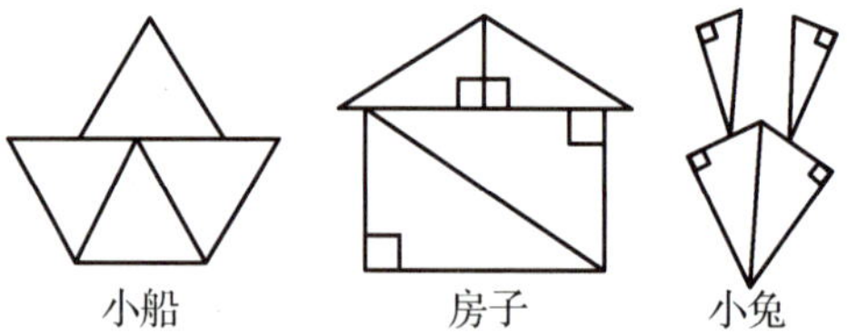

图7-5　拼图游戏

玩木棍

游戏目标

学习数数1～5。发挥想象，创造图形。

游戏规则

按所要求的棍的数量拼摆。

游戏准备

长棍(厚纸片)。幼儿人手一套长棍(数根)。

游戏过程

分别用 1、2、3、4、5 根木棍摆出不同的图形，可以分组比赛。

挖坑

游戏目标

用不同的物体比较大小深浅。

游戏规则

挖出的沙土放在坑的旁边，不乱扔乱扬。

游戏准备

木棒、量杯（小桶）、沙土地。

游戏过程

幼儿分两组在沙地上挖坑（不用工具），挖好后，比较坑的大小深浅：用木棍比一比深浅（量时做标记）；用量杯（小桶）装挖出的沙子，比比多少。

注意：用木棍量之前，用胳膊比、把腿站进去比均可以试一下，因孩子的胳膊及腿不一样长，故不好比较，因此，让幼儿想办法。比较大小时，用量杯量挖出沙子的多少，口大的坑不一定沙子多。也可以互相填坑，将 A 坑挖出的沙子填在 B 坑中，B 坑的沙子填在 A 坑中，谁的沙子有剩余谁的坑就大。教师还可以让幼儿想其他的办法。

（五）案例分析

小班的智力游戏具备两个特点：首先，由于幼儿年龄小，游戏一般比较简单，符合 3～4 岁幼儿身心发展的特点，趣味性大于实际操作性，启发性大于知识性。其次，游戏的规则要求低，尤其注意幼儿的兴趣性及参与意识的培养，激发幼儿学习知识的愿望。

每个智力游戏各有不同的智育任务，小班的智力游戏包括训练感官、训练记忆力、练习分类和归类、训练幼儿的创造性思维能力的游戏。这些智力游戏任务要求不高，内容不是很复杂，但是关注了多方面智力水平的发展，符合学前儿童教育的发展目标。

组织小班幼儿开展智力游戏的注意事项：首先，游戏所涉及的知识要适合 3～4 岁幼儿的接受能力，既不过难，也不过易，尊重其智力发展特点。其次，要选择那些规则简单、玩起来比较新奇、趣味性较强的游戏，增加游戏的吸引力。再次，对少数智商较高的幼儿，可以给他们选择一些难度较大的游戏。最后，教师要发挥好引导作用，成功地组织幼儿游戏活动，教师首先要熟悉这些智力游戏的目的、难点、重点、规则和游戏中的相关知识，以充分发挥其开发智力的作用。

二、中班

(一)训练学前儿童观察力的游戏

接龙卡片

游戏目标

识别长短、高矮、数字,学习排序,训练观察能力。

游戏规则

接龙时从两头接,不能从中间插。按接龙活动的要求依次出示卡片,一次一张,每人一次轮流进行。

游戏准备

长8厘米、宽4厘米的白卡纸。幼儿2~4人一组,每人取5~6张接龙卡。

游戏过程

可按数字接龙、长短接龙、高矮接龙、数字多1接龙、数物接龙。

认鼻子

游戏目标

训练观察能力。

游戏规则

被认鼻子的幼儿只能将头露在外面,其余用布帘遮挡。

游戏准备

纸、皮筋、布帘。布帘拉起,高度能遮住幼儿胸部以下。将白纸挖一个洞,露出鼻子的部位,两边系一皮筋,可当面具,套在幼儿脸上。

游戏过程

将参加者分成两组进行比赛。一方先派代表将鼻子露出的面具戴好,站在布帘的后面,由另一方的人认鼻子。两组幼儿中间用布帘隔开,使一方的人只能露出头。由表演的一方先发问:"这么漂亮的鼻子是谁的?"让另一方的人猜猜看。如果猜对了,双方互换位置继续进行游戏,如果猜错了则换另一个幼儿继续猜。最先完成的队为优胜队。

穿针引线

游戏目标

训练观察力、注意力。

游戏规则

只能用一只手拿住东西。

游戏准备

线、穿小孔的纸板。幼儿两人一组(最好是一男一女),分若干组。

游戏过程

同组的幼儿一人拿纸板，一人拿线。拿纸板的幼儿站成一行，拿线的幼儿站成一行，间隔 30 厘米。拿板的幼儿尽量不要动，让拿线的幼儿能顺利将线穿过针孔，谁先穿过谁获胜。

提示：这个游戏不但考验同组幼儿的观察力、注意力，还需要幼儿有良好的耐力。

拼找部位

游戏目标

观察、认识生活用具的部位，推测各部位的正确位置，提高对事物的注意力。

游戏准备

白卡纸、彩笔、剪刀。

游戏过程

幼儿自己用剪刀、彩色笔绘制成拼找游戏卡片，在拼找中比比看谁找得最快，拼得最准。

七巧板

游戏目标

培养发散性思维和对抽象事物、具体事物的认识能力。

游戏准备

在白板纸上画线，将正方形分成不同的七块，剪成七巧板做拼摆游戏。

游戏过程

七巧板是我国古代流传下来的有益于智力开发的游戏用具（见图 7-6），孩子们可在拼摆时进行比赛，比比看谁摆的新东西多及谁摆得像。

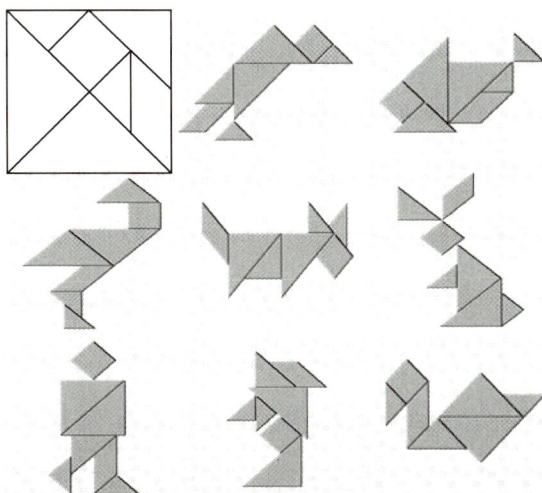

图 7-6 七巧板

(二)训练学前儿童记忆力的游戏

色位记忆游戏

游戏目标

训练记忆力。

游戏规则

按范例要求涂画。

游戏准备

试题卡片、幼儿答卷卡数张。幼儿6人一组,人手一套答卷卡。

游戏过程

先让幼儿竖看试题0.5分钟,然后收起试题卡;要求幼儿在空格上凭记忆画出图。

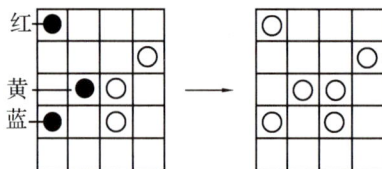

图7-7 竖放

将试题卡横放,再涂画一次。

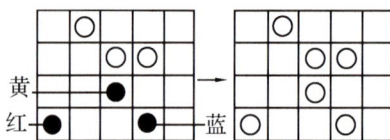

图7-8 横放

(三)提高学前儿童逻辑思维能力的游戏

哪些是玩具

游戏目标

锻炼思维能力,增长知识。

游戏规则

按教师的要求,摆弄自己手中的卡片。

游戏准备

日常使用的物品的卡片数张。幼儿人手一套卡片。

游戏过程

幼儿人手一套卡片,卡片上分别有碗、匙、锁、蔬菜、水果、面包、糖、面盆、牙刷、牙膏、香皂、铅笔、乒乓球、小娃娃、小汽车、积木、毛巾、水杯、游泳衣、救生圈、吸尘器、电冰箱、彩电、洗衣粉、洗涤灵等图形。

幼儿按教师的要求摆弄图片，教师让幼儿根据物品的用途找出：哪些东西能吃？哪些东西是玩具？哪些东西是盥洗用具？哪些东西是清洁卫生用具？哪些是游泳时用的？哪些是厨房用具？

找出图片，按顺序摆在自己的画册上。

送迷路的小动物回家

游戏目标

培养判断、推理、思维能力。

游戏规则

铅笔连线中途不能断开，不能与图中线路交叉。

游戏准备

动物卡片4张，迷路图4幅，铅笔若干。准备：将幼儿分成4组。

游戏过程

教师对幼儿说："小兔、小鸡、小鸭、小熊迷路了，不知道该走哪条路回家。小朋友，请你们送它们回家吧。"幼儿分成4组，分别连接4幅迷路图（见图7-9），先连完的组为优胜组。

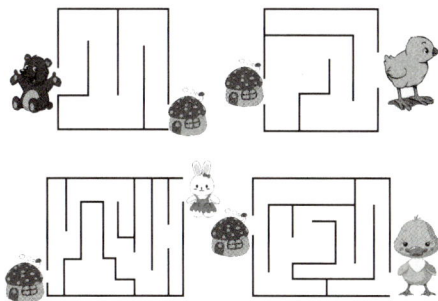

图7-9 迷路图

(四)训练学前儿童创造性思维能力的游戏

智力拼图

游戏目标

发挥想象创造力。

游戏规则

将所有的板都拼成图。

游戏准备

2个圆形，2个正方形硬纸板。幼儿人手一套。

游戏过程

拼图（见图7-10）。

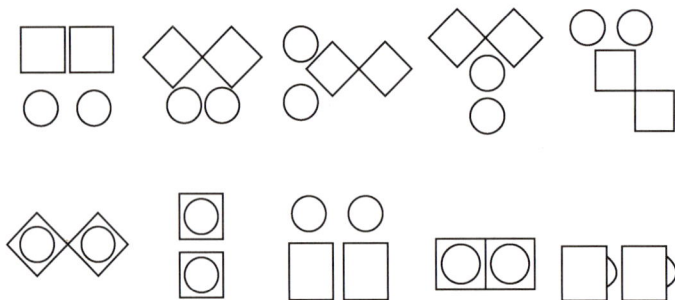

图 7-10 智力拼图

踢足球

游戏目标

充分运用自己的身体，把球踢向对方球门。

游戏规则

站在圆圈内的两个球员，彼此不能放开手臂。两队员必须站在圈内，不能跑出圈外。

游戏准备

足球、粉笔。幼儿分为两队，10人一队，两人一组。

游戏过程

把幼儿分成两队(A、B)，两人一组进入圈内(A、B队各一人)，A、B队各一人担任守门员站在表示球门的矩形内；圈内对抗的两位小朋友背靠背站着，同时用手臂把对方勾紧。教师把球放在场中央的圆圈附近，教师发命令后，两队队员要用脚踢球，使球进入对方的球门，进入球门得1分。站在圈内的两球员要注意球的方向，如果看到球滚到自己的位置附近，就要把它踢入对方的球门。

提示：教师可以规定除了手以外，还可以使用头部、背部，同时也可以允许把对方拖住，或者扭动身体来阻碍对方踢球。

幼儿虽不能跑出圆圈外，但可以用力拖住对方，转到对自己有利的位置来踢球。

(五)案例分析

中班的智力游戏具备两个特点：首先，比小班的智力游戏难度高一些，符合4～5岁幼儿身心发展的特点。游戏的知识性大于娱乐性，注重趣味性及幼儿实际操作能力的培养。其次，规则要求相对提高，注重幼儿在完成游戏任务的同时培养其遵守规则的意识，并在游戏中给幼儿一定的知识概念。

中班智力游戏的任务是通过具体活动促进幼儿各种感觉器官的发育，训练幼儿有序与集中注意观察事物的能力，促进记忆力及思维能力发展，由无意识记转变为有意识记；培养幼儿正确认识各种物体的特性和用途，体会物体之间具有的空间关系，认识事物间具有相互的作用，初步认识事物间的相关关系，获得简单的自然知识和科学技术知识；通过益智游戏，培养幼儿用语言代替实物进行想象的能力，用说话和简单的手势代替实物和扩展的行动。

组织中班幼儿智力游戏需要注意：要使幼儿在智力游戏中产生愉快的情绪，尽量激发幼儿学习的积极性，努力完成任务的坚持性，以及思维的敏捷和灵活性；培养幼儿动手动脑的习惯，发展幼儿的智力为最终目的；应考虑4～5岁幼儿的生活经验与接受能力，难度适当，不能过难或过于简单；在为幼儿选择智力游戏时，要循序渐进，由易到难，激发幼儿自主思考；在幼儿开始游戏前，教师需要讲解和示范游戏的玩法和规则；重视与鼓励幼儿积极参加智力游戏。

三、大班

(一)训练注意力、观察力的游戏

小猎人

游戏目标

能根据脚印图的提示，按照脚印的形状、数字、方向判断动物的行踪，寻找动物隐藏的地点，提高观察、判断、推理能力。

游戏规则

每组只找一种动物，动物与脚印要相符；必须依次找脚印，不能颠倒遗漏；要根据脚印的方向去寻找下一个脚印；如找到其他动物的脚印，要在原处藏好；谁抓到了动物，马上报告教师。

游戏准备

几种小动物的图片，若干种动物(狮、虎、豹、牛、马、鸭、鹅等)的脚印图，在脚印图上依次编号。将各种脚印藏在院中各处，只露出数字部分，前一个脚印要对准下一个脚印的方向，在最后一个脚印附近藏该种动物的图片。

游戏过程

教师提出任务，激发幼儿打猎的兴趣；幼儿到森林里打猎，每组要抓到一种动物，比一比哪组猎人的本领大。

注意：教师要观察幼儿活动，检查幼儿遵守规则的情况，指导幼儿追踪猎物；游戏可以反复玩，每次玩此游戏可以随意更换动物脚印和动物图片。

辨别声音的高低

游戏目标

知道声音有高有低，会辨别声音的高低并能用动作表示出来。

游戏准备

若干能敲打出声音的物体。

游戏过程

第一种方式是分辨高音和低音。全体幼儿在室内任意敲打声音高低差别较大的两种物体，听听声音有什么不同；教师用木棍敲打装有不同水量的玻璃瓶或碗，再请幼儿敲打，听听声音有什么不同。教师小结以上活动，启发幼儿得出结论：声音有高有低。教师弹琴，分别在高音区和低音区弹单个音，再分别在高音区和低音区弹一首简单的幼儿熟悉的歌曲，让幼儿辨别音的高低。

第二种方式是可以将声音和动作结合起来游戏。教师分别在高音区和低音区弹奏单音，启发幼儿用动作表示出音的高低，如音低蹲下，音高站起来。然后可以用不同的音符对应不同的身体位置，让幼儿配合做出动作。开始时，教师可以慢慢弹琴，待幼儿掌握后，可将音乐速度加快，幼儿做出与不同音调相应的动作。

第三种方式是听进行曲做动作(发展听力反应能力)。首先教师弹奏1~2遍进行曲，使幼儿了解乐曲的旋律。然后教师分别在中音区、高音区、低音区弹奏乐曲，启发幼儿用动作表示出音的高低，如中音区音乐齐步走、高音区音乐蹲下、低音区音乐半蹲。

(二)训练记忆力的游戏

配位记忆游戏

游戏目标

训练记忆能力。

游戏准备

教师准备形、数对应卡若干(作试题用，见图 7-11)。每个幼儿备有"数学空格"及"形空格"各一张(见图 7-12)。

图 7-11　教师用卡

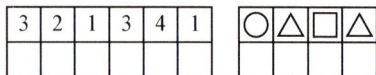

图 7-12　幼儿用卡

游戏过程

图案上面是数字，下面是对应的图形。教师先让幼儿观察1~2分钟；然后盖住图案，并要求幼儿在3分钟内画出对应的图形。第二次玩时，让幼儿在另一卡片中写出对应的数字，玩法同上。

说明：根据控制教师用卡的数量，可增减试题的难易程度。

数字记忆游戏——打电话

游戏目标

复习顺序数和倒序数，培养记忆力，训练灵敏性。

游戏准备

教师准备 9 张写上数字的卡片(见图 7-13),当作电话号码。幼儿备有 9 张空白卡。

游戏过程

教师先让幼儿默记 30 秒,然后背出电话号码。幼儿答对一部电话的电话号码,其他幼儿便鼓掌表示祝贺,看谁记忆力最好。

教师也可以组织进行默写比赛。

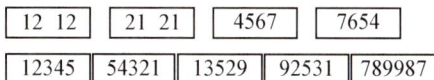

12 12	21 21	4567	7654	
12345	54321	13529	92531	789987

图 7-13 数字卡片

提示:根据控制数字的多少和电话机的个数来增加或减少试题的难度,适用于中班和大班。

(三)训练逻辑思维能力的游戏

坐飞机

游戏目标

1. 提高计数能力。

2. 可以顺数、倒数 10 以内的数,并能根据 10 以内数的顺序,按要求有次序地排列。

3. 调动学习的积极性。

游戏准备

自制小飞机模型一个。每个幼儿准备一张印好的跑道图纸(见图 7-14)。

游戏过程

幼儿左手拿飞机,右手拿铅笔,飞机飞一格,在圆圈里对照格子号码填写上一个数。幼儿注意力相当

图 7-14 跑道图纸

集中,教师也能随时得到幼儿的反馈信息,及时评价并给予指导。

由①飞到⑩,格子的号码依次是:①②○○○○○○⑨⑩。

由⑩飞回到①,格子的号码依次是:⑩⑨○○○○○○②①。

由⑦飞回到①要经过○○○○○○。看谁拼得快。

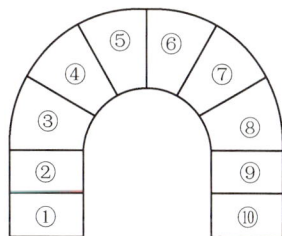

龟背棋

游戏目标

提高逻辑思维能力。

游戏准备

棋盘 1 个,黑白子各 12 个(见图 7-15)。

游戏过程

两个幼儿一起玩，黑白双方轮流把棋子下在棋盘中直线和弧线的交叉点上，每人每次下一个。幼儿要用自己的棋子去包围对方的棋子，使对方的棋子不能走动，这些不能走动的棋子就被"吃掉"了，从棋盘上拿走。

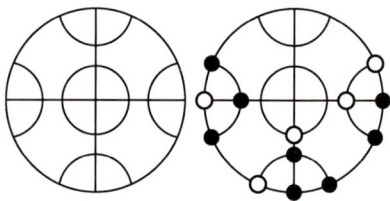

图 7-15　棋盘

棋盘上还剩有棋子时，双方就轮流在棋盘上移动棋子，每人每次走一个交叉点，进、退、平行、斜行均可，继续包围对方的棋子，先将对方 12 个棋子都吃掉者为胜，当双方都只剩下 2 个棋子无法包围对方棋子时，就算"和棋"。

益智图

游戏目标

培养思维能力。

游戏准备

在白板纸上绘图并剪成 15 块形状各异的小板（见图 7-16），用这 15 块小板拼摆各种人物、动物、建筑、交通工具等象征性物体。

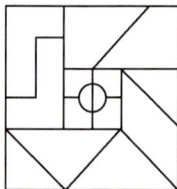

图 7-16　益智图

游戏过程

教师指导幼儿自己动手用厚纸板制作这种益智图，用 15 块板在桌面上拼摆图形，比赛谁摆得最好，并能说出所摆的是什么，从而认识多种几何图形。

扑克牌分类排序

游戏活动前我请幼儿拿出准备好的扑克牌，把大王、小王和 J、Q、K 找出来放回盒子里去；再把手里面有四种花色 A 的那张牌拿出来，告诉他们把这个 A 当作 1，然后要求幼儿根据扑克牌的不同特征进行分类游戏。

观察：活动一开始，孩子们都急急忙忙地从盒子里取出扑克牌全部散在桌子上，有的在找红色方块的牌，有的在找黑色桃心的牌。梦颖小朋友拿着红色方块的牌说："我选择这个颜色和形状的。"接着又拿出黑色花型纸牌 A 对若溪说："你从这张开始排，我们看谁先排完。"但梦颖好像对相邻数这个概念不是很清楚，在给数字排序时没有按一定的顺序，把所有同一花色的牌都混在了一起。我走过去指着操作区混乱的牌问："你看，这些牌乱七八糟的，一点儿都不好看，你们能不能想想办法给它们排排队，让它们整整齐齐、有规律地排在这里呢？"孩子们立刻七嘴八舌地议论起来。若溪说："我们可以先从 10 点开始，挨着顺序从上面排下来。"浩源说："对，我们还可以从 A 开始，从下面排上去。"说完，大家就七手八脚地动起来。在几个小朋友的共同努力下，他们组很快就把同一花色的牌按从大到小或从小到大的顺序，排成了整整齐齐的四串。

图 7-17　摆放扑克牌

图 7-18　扑克牌分类

分析：在这个活动中，部分幼儿能利用自己已有的生活经验，根据颜色和花色把扑克牌分成四类，并能按从大到小或从小到大的顺序排序。梦颖对相邻数的概念不清楚，导致在按图案分类和排序的过程中出现了错误。这时，我发现了问题并给予及时的引导。活动过程中幼儿能通过自己的探索、实践，找到多种扑克牌排序的方法。这个活动，改变了以往数学活动单一操作练习的形式，而以解决生活中的数学问题为宗旨，让幼儿在生活化的游戏中拓展数学经验。

（唐山市滦州市古马镇兴隆庄幼儿园，甄凤超）

(四)案例分析

大班智力游戏明显具有以下两个特点：首先，综合性提高，符合5~6岁幼儿的认知发展特点。此时期的幼儿抽象思维能力开始萌芽，可以完成具有一定难度的智力游戏。该阶段幼儿智力游戏的知识性大于娱乐性，创造性增强。其次，此阶段的幼儿智力游戏规则要求可以改变，幼儿可以在活动中提出新的规则，既增加了游戏的自主性，也可使幼儿在活动中学到一定的知识，意识到设立及遵守规则的价值。

大班幼儿的心理特点是有意注意、有意识记忆增强，具有一定的语言表达能力和初步的逻辑思维能力。由此，在开展大班智力游戏时，重点在于培养幼儿的各种能力和增加幼儿知识的广度，丰富幼儿的知识经验，培养其动手操作的能力，区别物体间的异同，发展幼儿的创造能力以及运用词语造句的能力。

组织大班幼儿智力游戏需要注意：在选择智力游戏内容时，应注意游戏本身的趣味性和吸引力，动手和动脑相结合，使幼儿愿意积极参加，认真活动；根据5~6岁幼儿的年龄特点，智力游戏的内容应有一定难度，具有一定的挑战性，使幼儿通过动脑思考后才能完成游戏任务，以发展幼儿的智力；组织大班智力游戏时，应有意识地让幼儿多用语言表达，互相交流，提高幼儿的语言表达能力，从而促进幼儿智力发展；教师是幼儿游戏的引导者，要加强自身的指导作用；强调幼儿在智力游戏活动中要遵守规则，充分运用已有的知识、经验完成游戏，有意识地培养幼儿主动思考、学以致用的能力；在组织幼儿游戏时，主要依靠语言讲解游戏，并要求幼儿独立开展游戏，培养幼儿独立思考的能力。

拓展视频

＊ ＊ ＊ ＊ ＊ ＊ ＊ ＊ ＊

视频资源

镜子"戏法"的游戏探究

设计者／河北省唐山市花苗实验幼儿园 王萌

视频资源

大班益智游戏案例"好玩的棋"

设计者／河北省唐山市花苗实验幼儿园 汤英青

本章小结

　　智力是一种比较复杂的认知心理过程，心理学家一直在试图对儿童智力及其发展作出科学的解释，提出了多种智力理论，对智力的理解越来越全面和成熟。尽管对智力认识的不同产生了不同的理论，但是对于人类智力的发展离不开实践活动和经验已达成共识。幼儿的智力实际上是幼儿认识社会生活、对客观事物进行分析与综合并据此做出适当行为反应的一种综合心理能力。培养幼儿的智力是一项艰巨的系统工程，是一项综合性的教育。儿童智力发展阶段理论告诉我们：一是教育学前儿童时要遵循学前儿童身心发展的规律，采取适时教育，抓住学前儿童发展的敏感期；二是在人的智力发展的关键期即幼儿期，可以通过给幼儿提供丰富多彩的、恰当的刺激促进幼儿神经系统的发育，从而提高幼儿智力活动的水平。

　　幼儿智力在学前期有了很大发展，为幼儿进行各种游戏奠定了身心基础，反过来，各种游戏又会促使幼儿的智力水平向更高的阶层上升。幼儿智力游戏是以完成一定的智力活动任务、发展幼儿智力为目的，按照幼儿心理和生理方面的发展规律和特点，专门为幼儿设计的有规则的游戏，是促进幼儿身心健康发展的有效手段。

在幼儿园中，常玩的智力游戏既包括有针对性地训练幼儿的注意力、观察能力、记忆和思维能力、创新能力的游戏，如猜谜语、编故事、图片配对、拼几何图形、搭火柴棒、接龙、听声音、尝味道、猜一猜、摸奇妙的口袋、打数学牌及各种棋类游戏，也包括一些通过角色游戏、语言游戏及体育游戏等整合智力发展目标和身体发展目标等的综合性游戏。这些一般都有一定的难度，需要教师的指导和幼儿的努力。智力游戏可以调动幼儿的学习兴趣，培养其动脑筋的习惯，巩固学到的知识，促进幼儿智力的发展。在幼儿园里有计划地组织开展丰富多彩、适合不同年龄幼儿的智力游戏活动是促进幼儿身体机能发育和早期智力开发的重要途径，具有奠定幼儿终身发展基础的价值。

智力游戏结构一般包括任务、玩法、规则、结果。一般根据目的和材料分为不同的种类。智力游戏指导的原则包括尊重幼儿的自主性、教师指导要适度、控制好智力游戏的难度、关注指导的有效性、注重游戏的针对性、提供良好的支持等。

智力游戏随着幼儿智力发展水平的不同而不同。游戏的设计和选编要按照幼儿的智力水平，符合不同阶段幼儿身心发展的特点，难度适中，由趣味性逐渐增加规则性，掌握简单的各种社会和自然常识及一些实际操作技能，逐渐重视语言对智力发展的重要促进作用。从小班到大班幼儿的智力游戏逐步从简单到复杂，关照幼儿智力多种构成成分的训练，要照顾全体幼儿并考虑到个体幼儿的差异性，以提高指导的有效性。同时，在游戏中要注意其他教育目标的达成，培养合作精神和探究精神、独立思考意识和创新意识、规则意识，促进语言表达能力和社会性发展等。

关键术语

智力游戏　游戏规则　拼图游戏　棋艺游戏

思考题

1.名词解释

智力游戏　多元智力理论

2.简答题

(1)简述儿童智力发展阶段理论的启示。

(2)学前儿童智力游戏包括哪些结构?

(3)学前儿童教师在指导幼儿进行智力游戏时应该遵循哪些原则?

3. 案例分析题

请分析下述智力游戏适合哪个阶段的幼儿,请设计一个关于该智力游戏的教学流程。

智力游戏:请观察两张图的画面(见图7-19),思考该找谁来帮忙,并把相应的图形和数字填入记录卡。

图 7-19 智力游戏图

记录卡

数字					
图形					

拓展读物

1. 张莹. 学龄前儿童身体动作的游戏设计及其效果评估. 北京:北京体育大学出版社,2018.

2. 莫群,周青云. 学前儿童游戏活动与指导. 长沙:中南大学出版社,2018.

第八章　体育游戏

课程思政 ▶

本项目介绍学前儿童体育游戏相关知识基础，增强学前儿童体育锻炼意识，掌握有效的体育游戏的组织方法，建构有序有效、诚信友好、助人为乐的游戏环境。

学习目标 ▶

1. 了解体育游戏的含义、分类和选择，理解体育游戏对学前儿童发展的价值。

2. 理解学前儿童体育游戏的设计原则，掌握一些基本的体育游戏的设计和基本操作要领。

3. 了解民间一些体育游戏，能够指导不同年龄阶段学前儿童的体育游戏。

重点和难点 ▶

1. 体育游戏的价值。

2. 体育游戏的组织与实施。

游戏是一种十分古老而又极为普遍的社会生活现象，是人类生存、活动的基本方式，也是学前儿童生活的重要组成部分。体育游戏是游戏在发展过程中派生出来的一个分支，融体力发展、智力发展、身心娱乐为一体，既是游戏的组成部分，又与体育运动有着密切的关系。现代绝大部分的竞技运动都源于民间游戏，可见体育游戏既有游戏的特点，又有体育的特征，对其本质属性可概括为：体育游戏是以身体练习为基本手段，以增强体质、娱乐身心、陶冶情操为目的的现代游戏方法。体育游戏作为儿童游戏的一个分支，将基本的体育锻炼寓于娱乐性极强的活动当中，是学前儿童生活中不可或缺的一部分，也起到展现学前儿童活力、促进幼儿发展的作用。

第一节 体育游戏概述

一、体育游戏的含义和分类

（一）体育游戏的含义

体育游戏是儿童以完成一定的体育任务、增强体质为目的，以发展走、跑、跳、投、钻、爬、攀登、平衡等基本动作为活动方式的游戏，也可称为活动性游戏。体育游戏大都是有规则的游戏，也有一些是器械游戏，如球类、绳类、环类、牛皮筋、童车、滑板等。最重要的是根据幼儿的特点组织生动有趣、形式多样的体育活动，吸引幼儿主动参加体育运动，可以培养幼儿对体育活动的兴趣，这是幼儿园体育活动的重要目标。《幼儿园教育指导纲要（试行）》（以下简称《纲要》）指出：幼儿园必须把保护幼儿生命和促进幼儿的健康放在工作的首位。幼儿园的工作首位既不是教育，也不是保育，而是健康。把安全和健康放在一切的首位。对于幼儿体育游戏来说，主要是通过身体的活动促进幼儿的健康发育，在游戏愉快的情绪中生出对体育运动的兴趣，为其以后健康的生活方式奠定基础。通过实践和理论的证明，科学的体育锻炼能较好地促进幼儿智力及非智力因素的发展，起到强身、健体、启智的作用。

（二）体育游戏的分类和选择

按照不同的标准可以将游戏分为多种，我们可以把体育游戏大致分为以下三类：按照动作的性质可分为走、跑、跳、投掷、平衡等；按照球类运动可分为篮球、足球、排球、羽毛球、乒乓球等；按照分散小型游戏可分为跳皮筋、跳格子、跳绳等。我们可以根据不同的原则选择和选编体育游戏，以促进学前儿童的发展。

1. 根据学前儿童身体发育规律、年龄差异等

在幼儿园可对小班、中班、大班的幼儿分别进行不同的体育游戏课程。小班幼儿由于体力、智力、接受水平等原因，他们在进行游戏的过程中主要进行一些简单的游戏动作。中班幼儿由于体力、协调能力等大大增强，在游戏的过程中可以担任不同的角色。大班幼儿的理解力、智力等都有了进一步的提高，在游戏的过程中可以让他们进行一些智力游戏，开拓他们的思维。

2. 根据不同的条件和场地环境

有些农村幼儿园物质资源不丰富，或者有些器材无法满足游戏的需要，那么教师就可以利用一些现有的条件自己动手制作一些器具，甚至废物利用。如用旧床单做成绳圈或开展民间体育游戏等。在场地小的情况下就让幼儿进行一些有利于发展其柔韧性和灵敏性的游戏，如在有限的场地里设置钻爬、攀登等游戏。在场地大的情况下就让幼儿进行一些有利于发展其爆发力和灵敏性的游戏，如追逐跑、接力跑等。

3. 根据不同的季节和气候

夏天的时候应进行一些活动量小的游戏，如以走为主、跑为辅的游戏，这样可以避免流汗过多导致中暑的现象。冬天的时候应进行一些活动量大的游戏，如跑、跳等，这样也有利于幼儿增强抵抗力。

4. 根据不同的发展目标

幼儿身体发育存在着不同的阶段性，每个阶段都有相对应的幼儿体育活动目标，规范幼儿体育活动尺度。《纲要》在健康领域部分明确规定了幼儿体育的总目标，这是幼儿园教师制订体育游戏的具体目标时，必须予以参考的重要依据，但也必须在分析本班幼儿具体情况、了解本班幼儿具体发展水平的基础上进行相应游戏的选择。如幼儿入园时间，以及幼儿哪些动作已经掌握得较好、哪些动作还需加强练习等，再设定具体的游戏目标。同时，在体育游戏实施过程中，还要根据幼儿身体机能的适应程度或对动作要领的掌握程度，以及幼儿自身创造性发挥的程度，及时调整预先设定的游戏目标，以使体育游戏更适合幼儿发展的需要与兴趣。

二、体育游戏对学前儿童身心发展的价值

陈鹤琴先生曾说过，游戏从教育方面说是儿童的优秀教师。让儿童从游戏中认识环境，从游戏中强健身体、锻炼思想、学习做人。游戏是儿童的良师。

（一）体育游戏是发展学前儿童身体素质的主要手段

已有生理学研究表明，学前儿童在成长过程中首先受到关注的是各项身体机能的发展，学前儿童身体的发展和体质的增强，不仅需要合理的营养与充足的睡眠，而且需要适当的锻炼。各种各样的体育游戏活动可以锻炼学前儿童的肢体，包括其动作的协调性与运动技能。学前儿童在户外进行的攀爬、追逐、跳绳、滑滑梯、荡秋千、拍皮球等运动性游戏，可以更好地发展学前儿童的基本动作技能，发展学前儿童走、跑、跳、钻等基本动作，可以锻炼学前儿童大肌肉群的运动能力，促进学前儿童对运动控制的能力、协调性与灵活性等，促进学前儿童的新陈代谢，可以使学前儿童情绪愉快。机械的训练无法激发学前儿童的兴趣，调动其运动的积极性。而体育游戏具有浓厚的趣味性，使得儿童愿意参与，而且体育游戏往往和一些简单的故事相结合，有情节，有孩子们熟悉的小动物或其他一些角色，孩子们乐此不疲，很容易在游戏中完成体育锻炼的要求。如在小班幼儿体育游戏"蚂蚁运粮食""小兔种萝卜"中让幼儿模仿蚂蚁爬、小兔跳的动作，可以很好地激发小班幼儿参与体育游戏的兴趣与积极性。对中、大班幼儿来说，内容较复杂、有多个情节和动作技能并具有一定综合性的游戏，能使幼儿随游戏的故事内容、情节变化而创造性地开展游戏。在体育游戏中，相同的内容若改变了游戏的规则和条件，对幼儿身体素质发展的影响就会有所不同。如同样是跑的内容，"揪尾巴"主要发展幼儿的灵敏性，"听信号变

速跑"主要发展幼儿的耐力，"接力赛"主要发展幼儿的速度。再如"炸碉堡"游戏，能为幼儿创造性的发挥留下想象的余地。在此游戏中，幼儿扮演甲方爬过"铁丝网"，跳过"小沟"，攀过"围墙"，来到"碉堡"前。当教师扮演乙方出现时，幼儿趴着不动，教师走了，幼儿才能把"俘虏"救出来，"炸弹"才能投向"碉堡"，这就要求幼儿具有敏锐的观察力与快速的反应力，并能与教师巧妙周旋，引开教师的视线，找到投"炸弹"的机会，这里既发展了幼儿的各项动作技能，又激发了他们的想象能力，也证实了体育游戏是幼儿教育中最重要的形式。体育游戏除了能够起到强身健体的积极作用外，还对幼儿的智力、观察力、注意力、记忆力、团队精神等方面起到充分培养和提高的作用。很多心理学家、教育学家都认为体育活动中的各种游戏是幼儿教育最有效的形式，它们不仅能强壮幼儿的体魄，最重要的是能促使幼儿各种社会心理的发展。

(二)体育游戏是学前儿童智力发展的重要途径

丰富多彩的体育游戏对于学前儿童具有强烈的吸引力，能使一些枯燥、抽象的概念和复杂的过程以更加直观的表现力展现在学前儿童面前。

从心理学的角度看，学前儿童的智力水平主要体现在学前儿童对事物的认知程度上。认知是指人们获取知识和运用知识的过程，包括感觉、知觉、记忆、思维、想象等，是智力的重要组成部分。学前儿童认知能力的获得主要依靠直观感知。对于学前儿童来说，游戏是最好的直观途径。

首先，学前儿童在认识事物的过程中，主要通过直接刺激感官获得的信息来了解外部事物的各种特性。他们最常做的行为包括摸、看、闻、尝、听、抓、举、扔、捏等，显而易见，如果在教育的过程中只重视看，就会造成学前儿童对事物片面的认识。而体育游戏能让学前儿童通过感知的直接经验，培养他们更全面认识事物的能力。如老鹰捉小鸡的游戏，在训练学前儿童身体协调性的同时也锻炼了学前儿童的注意力、观察力、判断力及自我保护的能力。

其次，学前儿童记忆能力的发展也离不开实际操作。因为学前儿童阶段的思维形式是具体形象思维，所以在记忆的过程中也要以具体形象为依据。心理实验反映，成功的回忆活动与成功的操作活动密不可分。在学前儿童记忆的发展中，通过参加体育游戏，学前儿童能够接受直接刺激并进行操作活动，从而获得很多印象深刻的信息，学前儿童回忆起来更容易成功。

最后，学前儿童的学习活动都建立在操作物体的主动性经验的基础上，思维的丰富和发展建立在言语和非言语的表征和"象征性"表征的积累上。学前儿童体育游戏中的创造性游戏(如堆沙堡)，能帮助学前儿童在直观事物与象征表征之间建立起牢固的联系，学前儿童在搭建有意义形象的过程中，能更好地认识图形结构、数量关系、颜色匹配等，能够促使学前儿童认知能力中数的概念的获得、形状的认识、空间概念的发展，在颜色的匹配过程中又可培养学前儿童的美感。

(三)体育游戏能促进学前儿童情感的积极发展

体育游戏是学前儿童自主的活动，可以使学前儿童在不被束缚的环境中尽情玩耍。现在的父母对幼儿疼爱有加，关怀备至。但过度的关注和保护，会使幼儿从小被限定在"安全"的空间里成长，也会使幼儿失去很多尝试的机会，使他们对某些事物缺少经验。还有一种情况是幼儿按照父母的规定进行学习和练习，这些学习往往是父母的选择，而非幼儿的喜好。还有一些家庭，由于不当的教育方式、不融洽的家庭气氛及单亲、留守等对幼儿的情感发展产生了不利的影响。体育游戏中的群体活动则能更好地解决这些问题。因为通过与同伴的交往，学前儿童可以获得另一种情感寄托，在与同伴的游戏中实现自己现实中的愿望和期待。另外，游戏过程中成人干预减少，学前儿童在自己的规则中活动，能更好地释放情绪，缓解与成人交流中的压抑、紧张和焦虑。而在与同伴共同玩耍时，学前儿童能通过与他人的交流、合作，习得更丰富的语言表达能力，习得人际交往中的互惠合作、为他人着想及合理表达各种情感等能力，从而促使学前儿童人际关系的健康良性发展。

童心，在交融中不再寂寞

南京师范大学幼教发展中心指导下属五所直属幼儿园开展民间体育游戏的研究与实践，成果颇丰。幼儿园的一位教师认为各式各样的民间传统游戏，使孩子们学会了怎样与人和谐相处及如何通力协作。童心从此不再孤独寂寞！

南京师范大学紫金幼儿园大一班的浩浩，从小父母离异，性格有点孤僻，个头矮小的他总爱躲在教室的角落，很少和其他小朋友玩耍。一次紫金幼儿园开展的"老鹰捉小鸡"游戏，让所有教师颠覆了对浩浩的印象。

当时，浩浩出任"鸡妈妈"。班主任蔡老师有点担心，平日内向从不参与活动的浩浩不知道能不能当好"鸡妈妈"？但让教师没想到的是，游戏刚开始，浩浩就紧紧地跟在自己的"小鸡"身边，忽然，"老鹰"猛扑过来，浩浩紧紧地抱住"小鸡仔"，小脸蛋因为紧张而涨得通红，被他保护的小班幼儿心甘情愿地被他抱着，在此后的游戏中还表现出对浩浩的依赖。"没想到浩浩的转变会这么大。"过了一个星期，浩浩的奶奶找到蔡老师，老太太激动地拽着蔡老师的手，说浩浩现在会主动关心人了，在家里还要求奶奶歇一歇，让他来扫地。

南京师范大学教科院王海英博士认为民间体育游戏具有最基本的公平关怀的理念，非常强调每个孩子都要积极参与，每个孩子都能找到快乐。

(四)体育游戏能强化对学前儿童意志的培养

《幼儿园教育指导纲要(试行)》中指出："在体育活动中，培养幼儿坚强、勇敢、不怕困难的意志品质和主观、乐观、合作的态度。"弗洛伊德也认为体育游戏可以使人的心理能量得以释放，使人的行为由紧张走向松弛，由不平衡走向平衡，最终维持健康的心理。从意志的形成和表现上来看，人的意志总是在一定的行动中表现出来，其发生、发展和形成都离不开行动。要在行动中体现人的意志，则要求行为人有明确的目的，克服行动中的困难。因此，我们评价一个人的意志，必须通过他的行动；而要锻炼一个人的意志，也必须令其行动才能达到目的。心理学研究结果表明，2～6岁学前儿童的意志水平是随着年龄的增长而增长的，4～5岁往往是学前儿童意志发展的关键期。体育游戏是学前儿童喜爱并参加最多的活动，是强化学前儿童良好意志品质培养的最佳途径。

（五）体育游戏有利于学前儿童良好个性的发展

在现代化教育改革中，我们的教育目的在强调终身学习、人本教育的同时，更强调个性的发展。发展心理学家指出幼儿期是个性发展和形成的重要时期。如果在这个时期能为个性的健康发展奠定良好的基础，将会对个体能否充分发挥自己的潜能、实现自我价值产生重要的影响。《幼儿园工作规程》第五章第二十九条明确指出："幼儿园应当根据幼儿的年龄特点指导游戏，鼓励和支持幼儿根据自身兴趣、需要和经济水平，自主选择游戏内容、游戏材料和伙伴，使幼儿在游戏过程中获得积极的情绪情感，促进幼儿能力和个性的全面发展。"国内外很多专家学者通过研究发现，幼儿的个性发展与体能发展有直接的关系。日本专家学者的有关研究也表明凡活动能力发展良好的孩子，其社会性的发展也好；凡活动能力发展较迟的孩子，其社会性也欠缺，依赖性强。

综上所述，体育游戏不仅可以锻炼学前儿童的身体，对学前儿童的心理发展也有不可低估的作用。在体育游戏中促进学前儿童的心智发展，已得到越来越多学前儿童教育者的认可。

知识拓展

经常参加体育运动可以增强记忆力和理解力，让人变得聪明

美国斯坦福大学的教授在追踪观察国内数十名爱好运动的儿童时发现，他们的思维能力不仅比一般儿童强，而且健康水平也比一般儿童高。健康的身体是聪明头脑的基础。我们在日常生活中也会发现，顽皮好动的孩子一般总比斯文爱静的孩子思维更活跃，爱好运动的青少年学习平均成绩比不爱运动的青少年学习平均成绩高一些。

为什么运动能使人聪明呢？美国生理学家对幼鼠的实验证明，运动能有效地增加大脑的重量和皮质的厚度，使它的活动性增强、机能增高。人也是这样，运动能增强大脑皮质的沟回，使它的表面积增大。大脑活动的基本过程是兴奋和抑制的交替，人在运动时，管理运动的脑细胞处于兴奋和抑制的快速转换过程，经过千万次这样的锻炼，它的调节功能、反应速度、灵活性和准确性便得到提高。实践证明，体育锻炼是提高思维能力和预防神经损伤引起的手脚发麻的重要措施。

　　另外，大脑对身体的运动和感觉是对侧支配的，大脑左半球支配右侧身体的活动，大脑右半球支配左侧身体的活动。两半球又有密切的神经联系，互相配合，互相促进。一般人的右手右脚活动多，大脑左半球就发达，而左撇子左手左脚活动多，大脑右半球就发达。大脑皮质的分工非常精细，平时他们的神经细胞不全出来工作，有一部分处于休息状态，只有在参加体育运动和思考问题时才出来工作。如果经常参加体育运动，就能把这些脑细胞的积极性调动起来，更好地发挥它们的潜力。

三、体育游戏的活动及设计指导原则

（一）安全性原则

　　体育游戏的根本目的是促进学前儿童的身心健康发展，所以在进行体育游戏时，首先要注重安全性原则。在体育游戏的设计、组织过程中更应强化安全第一的观念。这是因为体育活动都具有竞争、竞技和趣味性强的特点，学前儿童的积极性和参与性都比较强，再加上生性好动、注意力不易集中等特点，就使得学前儿童在参与游戏的过程中比较容易"忘乎所以"，会不同程度地产生激动的情绪，稍微不注意就可能出现各种意外，有时甚至出现完全无法预料的事。这就要求我们防患于未然，要保证游戏场地安全，尽可能避免选用尖锐或较重的游戏器材，在有足够安全保证的前提下才能通过体育游戏锻炼学前儿童的身心。

（二）合理设计原则

　　体育游戏要促进学前儿童的身心发展，应根据他们的年龄、性别及实际活动能力来选择和创编适合他们的游戏。体育游戏是通过使机体承受一定的运动负荷而达到促进机体机能发展的目的，运动负荷过小锻炼的效果不好，运动负荷过大对学前儿童正在生长发育的身体不利，所以体育游戏要注意使学前儿童的运动负荷适宜。影响运动负荷的主要因素有运动强度、运动密度、运动时间，而幼儿园体育运动的负荷特点是强度较小、密度较大、时间较短、强调节奏，若在有限的时间内进行强度不大的练习，就要调整好运动密度使其合理，尽量减少等待时间，多采用同时练习法、鱼贯练习法、流水练习法，尽量做到人手一件运动用具，变单一方向练习为全方位练习。掌握好游戏的生理负荷和心理负荷变化的节奏，调节生理负荷应根据"从逐步上升到相对平稳，然后逐步下降"的生理负荷曲线，做到高低结合、动静结合；调节心理负荷要灵活地调节认识活动的紧张和松弛，情绪活动的兴奋、欢乐和平静，以及意志努力程度的变化。

　　为了吸引学前儿童的注意力，使其保持较高的参与性，体育游戏活动方式要尽可能地灵活多变，根据学前儿童的活动能力调节体育游戏难度和强度。学前儿童的走、跑、跳、投、爬等基本动作虽已基本成形，但动作的准确性、协调性都比较差，缺乏灵巧性，动作的整体形态还显得较为笨拙，因此要求体育游戏的设计必须有机动应变的可行性。如跑动中的急停、转身和"老鹰抓小鸡"游戏中的躲闪动作等，都

属于含有机动、应变制约机制和相关运动能力的训练内容。在游戏中多安排或穿插进行有益于发展学前儿童精确能力、协调能力的内容，如拍皮球计时赛、用球拍端乒乓球过独木桥等。

（三）教育性原则

体育游戏具有较多的竞技性、趣味性，除了能发展、完善学前儿童精细动作和局部机能之外，更能在心理上使学前儿童体验各种感受，如成功、欢乐、失败、挫折。教育学前儿童胜不骄、败不馁，懂得总结成功、失败的经验。体育游戏中有许多是团体游戏，需要学前儿童之间的合作，在培养学前儿童合作、自信、自强、团结友爱、勇敢挑战困难等品质方面具有重要价值。当然，这也需要教师有效地指导才能达到此种效果。如某次做体育游戏时，三个大班的幼儿一起蜷在滚筒内，你推我挤，互不相让。"友好啊""商量啊"的提示都没用。其中一位教师走过去，弯腰蹲下问："嘿！我也想玩，怎样才可以啊？"但是没有人理她。于是她自言自语："哦，我知道了，是这样子挤的，对吧？"她说完也挤了进去，三个小孩都被教师挤出了滚筒外。教师趴在筒里，夸张地说："哦，真的很好玩！"这时三个孩子中的一个孩子拉着滚筒的边口说："老师，出来……我们商量商量吧。"在这个过程中，教师没有说教，用和幼儿一样的行为让他们体会到自己行为的不妥，主动提出了解决问题的措施，这就是教师的教育机智和教育艺术，体现了游戏中有效指导的价值。

（四）全员性原则

学前儿童体育游戏是一种有目的的教育活动，是为了促进学前儿童的身心健康发展，因此必须面对所有学前儿童。在选择、创编、指导体育游戏时，教师要做到考虑到不同幼儿的年龄、性别及心理特点和生理特点，不能只是面对一部分幼儿开展体育游戏。应该在游戏中认识到每个幼儿的特点，看到幼儿们的个别差异，耐心地、有针对性地进行指导和教育，创造愉快欢乐的活动氛围，让每个幼儿都能从体育游戏中体验到快乐和自信，都能主动积极地参与到游戏中，从而达到促进幼儿体能发展的目的。

（五）自主性原则

有效的体育游戏是一个开放的系统，不应该是封闭的。学前儿童年龄虽小，却是具有自主性和创造力、想象力的人，往往会在原有的游戏基础上产生一些新玩法。教师要以开放性的心态对待幼儿们的创新。另外，教师还可以请幼儿主动创造新玩法，以启迪幼儿的智慧，增加幼儿游戏的积极性。如在中班的一次体育游戏中，教师给幼儿提供了一根绳子，然后示范了一种游戏方法——捉尾巴。教师让幼儿两人一组，一个幼儿拖着绳子跑，另一个幼儿追逐抓绳子，然而还要求每组都要想一个和刚才不同的玩法展示给大家。很多幼儿都想出了自己独特的玩法，他们对自己想出来的游戏热情高涨，玩起来十分高兴。有的还会主动去观摩别人的玩法并进行模仿，这使游戏增加了很多趣味，既激发了幼儿的创造力，也促进了幼儿之间的交流。

(六)生活性原则

生活中的角色扮演、热门主题、废旧材料等都是学前儿童感兴趣的内容，因此在体育游戏内容的选择上，我们从学前儿童的生活经验出发，选择生活中学前儿童熟悉、崇拜的角色来激发学前儿童参加活动的积极性。生活中很多的废旧物品，如报纸、易拉罐、布袋等都可以用来给学前儿童当作运动器械，还可以培养学前儿童的环保意识及勤俭节约的好品质。

四、体育游戏的设计和实施

幼儿教师在设计和组织实施体育游戏时，从目标的设立、内容的选择到活动的开展，都要遵循学前儿童的身心特点，把运动、游戏、指导三者有机地结合起来，从而达到最优的体育教学效果。

(一)设立明确的活动目标

任何教学都必须先设定目标，即设定大前提。但在学前儿童游戏中目标存在不确定性，也就是说，在游戏的过程中经常会因为各种因素使得游戏的进行偏离原定的目标，所以要设定明确、可调整的目标，以使体育游戏更适合学前儿童的兴趣与发展的需要。

(二)选择适宜、富有趣味的内容与形式

体育游戏的选择、组织不当容易导致运动负荷难以控制，甚至发生伤害事故等负面事件，同时由于学前儿童天性好奇、好动、好模仿，如果只是采取简单、呆板的游戏形式，则难以激发学前儿童参与的兴趣与热情。因此，在创编和组织体育游戏时，教师要遵循幼儿的年龄和身心发展特点，把握好运动量，保证场地和器材的适宜性，同时还要注重体育游戏情节的构思，使游戏情节不仅符合身体锻炼的要求，而且符合幼儿的兴趣和认知背景，能够为幼儿留下想象和创造的空间，并具有教育意义。

对于小班幼儿，教师宜选择内容简单、有趣、身体动作技能要求低的游戏，如一些模仿小动物的爬、跑、跳等简单的动作，生动有趣，孩子易学，辅以适宜的音乐和故事等，就可以很好地激发小班幼儿参与体育游戏的兴趣与积极性。对于中、大班的幼儿，教师则可增加游戏的复杂性、情节性及动作的综合性和难度，丰富游戏的教育价值。教师还可以在游戏中增加一些竞赛元素，让幼儿体验失败和挫折，学会不指责同伴，学会沟通和理解等。这些教育功能的实现需要教师巧妙地设计游戏元素，使幼儿智力和非智力因素的发展融合在一起。

(三)善于利用情境和角色游戏，激发幼儿的游戏兴趣

兴趣是学习最好的教师，也是学前儿童参与活动的原动力。教师组织的体育游戏活动只有引起幼儿的兴趣，激起幼儿的好奇心与探究欲望，才能让他们积极主动地参与到活动中来。教师一般可以采取以下策略。

一是故事引导。生动有趣的故事情节容易引起幼儿的注意，使其置身于故事化的情境中，从而赋予游戏内容以"生命"，激发幼儿参与活动的愿望和动机。

二是器材吸引。在体育游戏中器材往往是不可缺少的，器材的变化可以使幼儿产生好奇心和探究欲望。教师既可以充分利用现成的体育器材，也可以利用收集的废旧物品自己动手制造器具，既环保又降低成本。游戏时教师应注意启发幼儿对各种器材进行发散性想象和操作，突破常规用法，尽量与单一的器械产生多种动作的互动。教师还可以鼓励幼儿在活动中创造性地使用和摆放各种器械，创设富有个性的竞赛活动，激发幼儿的创造力和想象力。

三是情境布置。幼儿具有冒险精神，喜欢追求刺激，勇于接受挑战，因此教师围绕游戏主题布置的生动形象的故事情境，往往能很好地吸引幼儿的注意，激发他们主动参与的积极性，从而使其融入游戏。在此过程中，教师可以因地制宜，利用幼儿园的花园、曲折小径、山坡等作为游戏的天然场景，大胆设计能够激发幼儿想象力与兴趣的故事情境。

四是角色扮演。角色游戏能够促进幼儿社会性的发展。在角色游戏中，幼儿能够体会到各种角色的形态、内心等，这满足了幼儿理解社会和自然的本能需要。在体育游戏中，教师应根据不同年龄幼儿社会性发展的特点，选择不同的游戏内容，并以不同的角色参与游戏。如游戏"勇敢的消防队员""兔奶奶过生日"，就是让幼儿在游戏中模拟各种动作以满足其身体发展的需要，同时借助对角色情感的体验，探索角色的生活和创造性地表现角色的行为，从而满足自己心理发展的需要、培养自信、体验成就感等。

（四）重视热身运动，防止意外伤害

热身运动是一切体育运动之前必备的环节，热身运动可以活动肢体、滑润关节、促进循环、舒畅肌肉，使身体更好地适应接下来的体育活动。幼儿身体机能不及大人完善，因此对他们来说热身运动环节更加重要。一般的热身运动包括头部、肩部、臂部、腰部、腿部、胯部、踝关节、腕关节的活动，有时根据需要可以加入高抬腿、原地小跑步等动作，还可以针对具体游戏发展的身体部位和素质，使用频率较高、较强的动作进行重点热身。如手推车的游戏对手腕的支撑力要求较大，因此可以让幼儿对手腕关节做较多的热身。此外，热身运动最好能配以节奏明显且轻快的音乐或幼儿熟悉的儿童歌曲，也可以利用体育器材配合幼儿肢体动作做热身操，还可以由教师创编一些与游戏情节和内容相关的简单动作，如动物、交通工具的形象动作等，从而更好地吸引幼儿积极参与。

（五）注意游戏规范的解释，保证游戏有序

在主体游戏部分，教师除了依据目标，运用生动有趣的方式开展之外，还要注意用恰当的语言讲解游戏规范。教师在讲述新的包含若干情节与场景的游戏时，要重点讲解游戏的动作和规则，而讲述竞赛性、躲闪性、器械类、球类等无主题游戏，

对动作和规则的讲解则应简短、精练、准确，有时可进行适当示范。同时，教师的讲解还要充分考虑幼儿的年龄特征与接受能力。如对于小班幼儿，教师要用富有感情的语调在游戏中进行讲解，以引导小班幼儿特别注意某个动作和规则；对于中、大班幼儿，教师应多组织主题游戏和模仿性游戏，教师讲解的语言要生动、形象，从而激起幼儿的想象与情感，让他们身临其境，能更逼真有效地做好各种动作，完成游戏的任务。同时，教师提出游戏规则的形式还要能引起幼儿注意，使幼儿容易接受。如游戏"我是小小传球手"，要求幼儿以各种方式站好，从头顶开始传球，也可以进行腿下传、左右传、边跑边传等多种玩法。游戏规则：幼儿要先站好，然后依次传递，不能越位传递。因为玩法多样，幼儿容易忽略规则，教师如果根据幼儿的理解力对球进行拟人化的游戏规则讲解，幼儿能更容易遵守规则："接下来4个球宝宝要和小朋友玩一个非常刺激的接力游戏，现在球宝宝请小朋友迅速站成4队，每队1个球宝宝，从排头第一个小朋友开始把球宝宝传给下一个小朋友，一直传到最后一个小朋友，哪一队先传完，就是胜利者。传的时候要一个一个传，每个小朋友都得抱一抱球宝宝，还要当心，别把它摔掉了，会很疼的。"幼儿听完就会记住依次传球、不能落地的规则。

幼儿规则意识和遵守规则的能力是保证体育游戏顺利的条件，也是体育游戏中重点培养的内容。精神鼓励、物质奖励都有利于培养幼儿的规则意识，如角色对话法和奖励其参加新游戏等，都能大大地调动幼儿遵守规则的积极性，教师要防止训斥、空洞单调的说教形式，要利用幼儿认知和情绪发展的特点，诱导幼儿乐于接受行为准则，从而自觉控制自己的行为。

(六)注重游戏效果的深化，变化升华游戏

学前儿童喜欢追求新鲜刺激、喜欢冒险，所以变化游戏是提高学前儿童兴趣的一种方式。在设计体育游戏时，教师要尽量变化和升华游戏，在游戏不同的阶段转化形式，提高趣味性，加强体育游戏对幼儿发展的促进作用。变化和升华游戏一般遵循由浅入深、由近及远、由低而高的原则。主题游戏提供的是基础游戏，而变化游戏是技巧变化的提高，要让幼儿有更上一层楼的尝试。

如幼儿通过在游戏中扮演不同的角色，体验不同的感受，发展不同的能力；也可以变化游戏人数，由单独游戏变成两人的合作互助游戏；还可以利用变化器材增加不同的设计效果，目的是让幼儿体验能力较高的各种技巧，以扩充其知识领域。由竞赛游戏升华为团体游戏，也是游戏设计中常见的变化形式。竞赛游戏是将小朋友分成若干组，轮到该组的时候才开始玩游戏，而团体游戏是在同一时间所有的小朋友一起参与游戏，这有助于幼儿全员参与、积极互动。

(七)强调愉快的游戏体验，实现快乐的收场

快乐的收场是一个好的体育游戏必要的组成要素，"见好就收"可以使美好的体验印象长久，为学前儿童回味游戏的过程留下空间，期待下次游戏的来临，是下次

游戏的良好开端。一般来说，在全班幼儿情绪较为高涨、还未感到很累的时候结束游戏最为合适。游戏结束时，教师还应引导幼儿参与器材的收拾与整理，以让幼儿养成有始有终的好习惯。

以上是幼儿体育游戏设计、实施过程中需要注意的原则。体育游戏的设计和实施存在预设和生成的统一，需要教师具备良好的游戏理论基础和一定的设计能力、活动的组织控制能力，在实施中要做到随机应变，把幼儿放在活动的主体地位，以发展幼儿身心为最终目标。在活动过程中，教师可以随时参与，和幼儿一起游戏。这一方面能促进师生关系的亲密性；另一方面可以加强教师对孩子的观察了解，考察游戏活动设计的科学合理性，如活动是否适合本班幼儿的发展水平及活动的器械、场景布置、规则等是否恰当、便于幼儿锻炼等。教师要随着游戏的进行及时调整活动的目标和方向，为下一次设计提供经验，尤其是对幼儿活动中表现出来的不同潜能和特点，寻找有针对性的教育方法。根据幼儿对有一定难度的活动较感兴趣的心理特点，教师在观察中还要注意及时捕捉幼儿的兴趣点，生成新的游戏，并让幼儿在活动中挑战自我，得到进一步发展。此外，教师还要对本班幼儿进行个别化观察，对发展水平、能力不同的幼儿提出不同的要求，并有针对性地对幼儿进行个别化的指导，在幼儿有需要时能给予必要的保护和帮助。

总之，在体育游戏中教师要创造一种快乐、活泼、多变的气氛，激发幼儿的活动热情，使其体验到活动的自主性，体验各种不同的感情和角色，在互动中建立自信，满足好奇心和成就感，宣泄情绪，锻炼运动技能，理解参与、合作、互助、分享等精神，培养积极、开朗、向上的个性品质。教师始终扮演着观察者、支持者、合作者、引导者的角色，在尊重幼儿的前提下适时适当地提供帮助与指导，在保证幼儿安全的前提下有效地鼓励幼儿运用已有的经验不断寻求新的游戏方法，在提高幼儿基本运动能力的同时，促进其智力因素和非智力因素的协调发展，使幼儿喜欢运动、乐于运动并提高体能。

知识拓展

国外小朋友玩什么游戏

俄罗斯—— 台阶游戏

一位幼儿摆个姿势站在台阶上，其他人站在台阶下，在倒数结束后大家以各种方式跳上台阶，如果谁的姿势和台阶上的幼儿一样，谁就获胜并可以先在台阶上摆姿势。

吉尔吉斯斯坦——数字天平游戏

在宽敞的场地上，20个人分为两组，有教师和男女生参加。教师代表数字3，男生代表数字2，女生代表数字1。游戏开始前，画出两个圆圈，大家都在圈外，当裁判喊出一个数字时，两个队就要在圈内站入相应的人并使人数之和与裁判说的数字一致，保持天平平衡。如裁判喊出 7，圈内就要站入教师一名，男生两名（3＋2＋2＝7）等。

美国——抬起头游戏

游戏开始前教师先选出 7 个孩子来到教室前方，当教师说"低头，竖起拇指"时其他孩子就要低下头，闭上眼睛把拇指竖起来放在桌上。这 7 个孩子则围着房间转一圈，每个人悄悄按下一个人的拇指，再回到前方。当教师说"抬起头"时其他人就要睁开眼，被按下拇指的孩子要猜出刚才按下自己拇指的是谁。

泰国——椰壳鞋游戏

将椰壳对半切开，在半个椰壳中心打孔，由外向内穿上一条 1 米长的绳子，在椰子壳内打结，绳子的另一头做法相同，一双椰壳鞋就做成了。每个参赛者站在椰壳上，用手拉住绳子中间看谁最先跑到终点。

日本——纸牌游戏

日本专用的纸牌上面有"公主""和尚"等角色。两个人以上参加游戏，分别有一个唱牌和取牌的人。唱牌的人念出牌面，取牌的人迅速敲击或压住这张牌，并将该牌拿到自己手上，如果抓错了就算失败。

加拿大——掷骰子游戏

游戏者围坐在地上或桌子周围，每个人都把自己的礼物放在地上，设置一定时间的闹钟，由年龄最小的人开始掷骰子，如果是 1 或 6 就能选一份礼物，所有人选完后时间未结束则继续再来一轮，闹钟响起时结束，看谁得到的礼物最多。

五、体育游戏选择和设计中要注意的问题

(一)游戏选择和设计符合学前儿童的智力和运动能力水平

不同年龄段对学前儿童的体育动作发展有着不同的要求，因此体育游戏的设计也不同。教师要根据《纲要》设计幼儿体育动作的发展目标，使体育活动的开展更有针对性。以上的体育游戏都充分建立在对学前儿童身心发展的认识上，符合学前儿童身体运动能力发展的规律。小班的体育游戏相对容易，中班和大班的体育游戏则随着幼儿的理解能力和运动能力的逐渐提高而增加了任务的难度，使得游戏既能满足幼儿的成就感，又具有一定的挑战性。将竞赛的形式用于幼儿的体育游戏上，也可以很大程度地增强孩子们的兴趣，吸引幼儿全身心的投入，体会团结合作及互助精神，并产生愉悦的情绪体验。幼儿在教师营造的欢快情境中融入游戏，使肢体和大脑同时运动，并在不知不觉间得到了锻炼和发展。

(二)指导体现尊重学前儿童主体地位的思想

在游戏指导中，教师要贯彻"最多观察、最少指导、最大帮助"的指导原则，充分尊重幼儿学习和活动的主动性。只有幼儿积极主动地参与到游戏中，游戏才能充

分发挥教育功能。

"最少指导"不是不要指导，而是与传统的指导方法相比，更应该凸显幼儿在活动中的主体地位，让幼儿充分探索实践。教师要明确游戏规则，通过练习帮助儿童理解游戏玩法，在认真观察的基础上发现幼儿在游戏过程中存在的问题。当个别幼儿缺乏安全感或不会操作运动器械时，教师适时给予"最大帮助"，通过各种手段为幼儿创设安全的心理环境，引导孩子与同伴相互学习。

(三)游戏设计和活动做到面向每个学前儿童

教师要为每个幼儿提供平等参与的机会，注重与幼儿的交流。教师在游戏中通过故事、音乐等手段引导孩子们积极投入，尊重幼儿自主探索、乐意合作、挑战自我的精神。活动练习从易到难，循序渐进地一步步展开，满足幼儿自由自在与同伴交往、游戏的欲望，幼儿在游戏中结识成现实的伙伴关系，使幼儿团结合作、乐于助人、遵守规则等社会性的行为得到了强化培养。尤其是民间体育游戏的引入，对促进幼儿健康心理品质的形成有良好的作用，为幼儿融入社会提供了有益的帮助。

(四)游戏设计能够合理利用废旧材料，注重一物多用

体育器械材料是丰富多样的，一般在每个幼儿园都有配备一定量的大型器械、公共器械供幼儿进行大动作的锻炼，但是这些器械并不能满足每个班级、每个幼儿的活动需要，这就要求教师根据各个年龄段体育游戏的需要增添器械。教师还可利用废旧材料制作相应的器械，可以一物多用且多次利用。如玩绳圈游戏，就是利用旧床单作为原材料，将民间游戏纳入幼儿体育游戏中。这种设计既环保又安全，并且将民间游戏的教育性发挥到最大。对于一些农村幼儿园来说，合理利用废旧物品开展体育游戏，更是开拓体育游戏资源的有效途径。

第二节　学前儿童体育游戏案例与分析

一、小班

(一)特点

小班幼儿的各种运动能力发展还不完善，协调性、耐力、速度等比较差，体育游戏往往不能强度过大，游戏不能过于复杂，应强调趣味性。

(二)案例

森林跋涉

游戏目标

1. 发展跳的能力及自控能力。

2. 激发参与游戏的自主性和创造性。

游戏准备

老鼠、猫头饰各一个；椅子21张，将椅子拼成独木桥状"HHHH"；设置障碍"FFF"。

游戏过程

活动开始，幼儿首先要进行热身运动；教师播放欢快的背景音乐，用语言激励幼儿去森林探险，教师示范游戏玩法，带领幼儿做游戏2～3次；幼儿自由玩椅子，探索多种玩法；教师鼓励幼儿自由玩，幼儿们自己想办法跟椅子做游戏，重点练习从椅子上向下跳；教师请个别幼儿示范玩法。

注意：教师要关注幼儿的安全，鼓励幼儿勇敢地尝试，引导幼儿观察他人，进行模仿学习和独自创造。

小老鼠上灯台

游戏目标

发展跳跃能力。

游戏过程

教师讲解游戏规则，全体幼儿和教师扮小老鼠站在椅子上说儿歌，儿歌说完后跳下椅子。这时"猫"来了，幼儿定住不动，否则就会被"大花猫"捉走。待"大花猫"走后，再重新做游戏。

游戏中教师要注意提醒幼儿一定要等说完儿歌最后一句后再跳下来。游戏可以重复2～3次，请幼儿轮流扮猫。游戏结束时，要有放松运动及示范搬椅子的动作，培养幼儿自己的事情自己做的习惯。

附儿歌

小老鼠上灯台

小老鼠，上灯台，
偷油吃，下不来。
喵喵喵，猫来了，
叽里咕噜滚下来。

游戏过程中，教师允许幼儿探索椅子的玩法，用多种多样的办法进行游戏。如把小椅子当作小车一样推、把椅子当作轿子一样抬、在椅子四周绕圆圈等。游戏时教师要注意关注全体幼儿，对个别不参与游戏的幼儿要注意保护和鼓励。在游戏过程中，不遵守规则的幼儿就会被停玩一次，让幼儿明白要遵守游戏规则。游戏结束时让幼儿自己搬椅子，也锻炼了幼儿的自理能力。

二、中班

(一)特点

进入中班后，幼儿的基本动作有了进步，他们不仅能够自如地进行跑、跳、爬等动作，参与性也有了提高。他们敢于尝试、探索各种动作，喜欢合作进行游戏。中班体育游戏选择面更广泛。

(二)案例

玩绳圈

游戏目标

1. 发展想象力和创造意识。

2. 锻炼肩部、腰部和腿部力量及身体的平衡能力。

3. 增强坚持性及合作意识。

游戏准备

旧床单编织成的绳圈、沙包若干。

游戏过程

在音乐背景中，首先，幼儿开始队列练习。队形变化为大圆→开花→4个小圆→大圆→切断分队。其次，幼儿进行模仿操练习。在幼儿热身结束后，教师将绳圈分发给幼儿，让他们自由采取各种方法玩。教师指导幼儿可以一个人玩，也可以几个人合作玩，鼓励大家看哪些小朋友花样玩得又多又好。最后，教师集中请幼儿演示，相互探讨绳圈的多种玩法，鼓励幼儿用刚才没有玩过的方法再玩一玩。

可以变化游戏：拉绳。

教师介绍拉绳玩法：幼儿两两一组，套在绳圈里背对背站立，将绳圈放置腰间，手握住绳圈，事先在两个幼儿的前方2米处各放一个沙包。等信号发出后，幼儿各自用力向前拉绳子，尽力去抓沙包，先拿到沙包者为胜。

注意：教师讲解规则并进行游戏示范，强调绳圈放置在身体的腰部，等信号发出后幼儿才能各自用力向前拉绳子，尽力去抓沙包。

幼儿两两自由组合进行练习，教师观察指导。在幼儿掌握规则后，教师可以加深游戏难度，要求幼儿3～4人一组进行同样的游戏，并注意观察指导、保护，鼓励和表扬遵守规则和坚持到底的幼儿，培养幼儿的意志。

游戏结束后，幼儿要伴随音乐进行放松运动。

两人三足

游戏目标

学习游戏"两人三足"，体验与同伴按节奏同步前进、齐心协力合作带来的快乐。

游戏准备

绑脚带子、沙包。

游戏过程

教师通过让幼儿回忆民间游戏"拍手游戏歌"，找到好朋友，做准备活动。教师提问："两个人有几只脚？怎样才能变成三只脚？"幼儿组合后，由教师帮助绑好，自由练习。在练习过程中，教师鼓励幼儿体会如何才能让两个好朋友不摔倒：让绑在一起的脚先开步，两个人嘴里可以喊口令1、2，先走的脚口令为1，后走的脚口令为2，然后鼓励幼儿自由练习。

大部分幼儿掌握技巧之后，教师组织幼儿进行比赛，可以赋予游戏一定的故事情节，如小松鼠要搬运粮食过冬。哪组幼儿先把对面的粮食运完就获胜。听口令，幼儿开始比赛1～2次。最后，结束活动，教师给胜利的幼儿奖励，对能够合作、互帮互助的幼儿给予表扬。然后，教师播放轻松欢快的音乐，幼儿背着粮食回家。（整理活动）

跳格子

游戏目标

培养平衡控制能力，学习单脚连续向前跳。

游戏准备

地上画有格子图、积木、篮子。

游戏过程

幼儿按数字的顺序一个一个跳，跳的时候不能踩到线，只能用一只脚来跳，另一只脚不能踩到地上，否则就算犯规了。待幼儿练习得熟练后进行比赛。

教师将幼儿分为两组，分别站在同一条线后。线的另一边是画好的格子，要求大家进行一场比赛，在一定的时间内，哪组最先把格子对面的积木运回放在自己这组的篮子里，哪组就算胜利了，奖励得到冠军的那组幼儿每个人一个红苹果。但是，幼儿在跳的时候，积木不能掉到地上，否则就算犯规，就不能得到冠军。比赛过程中，教师要注意指导和保护幼儿。比赛结束后，教师要带领幼儿进行放松运动。

三、大班

（一）特点

大班体育游戏在幼儿身心发展的基础上进一步复杂化，活动的协调性、灵活性、敏捷性及各项运动能力的针对性都有了很大提高，应注意培养幼儿对集体活动的兴趣，并且游戏中参与、合作、竞争、理解、遵守规则等教育性目标更加突出。

（二）案例

躲皮球

游戏目标

1. 培养灵活性和敏捷性。

2. 发展走、跑、跳及躲闪的能力。

3. 提高运动协调能力。

4. 增强积极参与集体活动的兴趣。

游戏规则

身体任何部位接触皮球就算输，不得跑出圈。

游戏准备

小皮球 1～2 个、在较大的场地上画一个大圆圈。

游戏过程

幼儿 10 人左右站在圆圈内，两位教师分别站在圆圈外围的两侧。游戏开始，教师用皮球滚向圆圈中的幼儿，幼儿可以用走、跑、跳的方法躲让皮球，如被皮球击中则退到圆圈外，不能再继续游戏，谁坚持到最后仍未被皮球击中谁就是胜利者。

小动物搬家

游戏目标

1. 发展往返跑能力和灵敏素质。

2. 培养竞争意识和合作精神。

游戏规则

物品必须全部按要求移动到指定位置；物品如果掉在地上，要捡起并放好；往返跑时最好步幅稍大，步数稳定，重心稍低，这样便于停止、转身、取物和起动，转身时以后腿为轴向前转，重心偏于后腿。

游戏准备

将椅子平行摆成对称的两列，右侧椅面上各放一小动物玩具。

游戏过程

教师将全班幼儿平均分成若干组，每组再平均分成两小组，每小组成一字纵队站在起跑线后；开始口令发出后，第一组第一名幼儿跑出，依次将右侧椅子上的物品移至左侧椅子上，跑至对面起跑线后拍同组对面第一名幼儿的手，该幼儿继续跑出，依次把左侧椅子上的物品移至右侧椅子上，先跑完的队获胜。

知识拓展

传统游戏玩出健康

跳皮筋灵活腰腿

跳皮筋是一种两脚交替或同时跳跃为主的全身运动，穿插着点、迈、勾、踩、掏、摆、转等动作。

幼儿经常做跳皮筋这种传统游戏，不仅能有效地增强内脏和血液循环系统的功能，增大肺活量，促进新陈代谢，还能够增强腿部和腰部的灵活性，促进骨盆的生长发育，发展力量、柔韧、灵敏等身体素质，更有助于幼儿提高弹跳力。

滚铁环练就平衡感

滚铁环是将眼观、手推、慢跑融为一体的全身运动。游戏以跑、推为主，穿插着扭、转、拉等动作。

在铁环滚动的过程中，幼儿不仅要保持一定的速度，推力也应朝向倾斜的一方，铁环才不会倒地。这就要求幼儿在跑动的同时还要控制铁环的平衡，有利于培养身体定向的准确性、稳定性和平衡感，对于肢体的协调也是一种很好的锻炼。

打陀螺坚实臂膀

打陀螺是以眼观、甩臂、弯腰为主的半身运动。游戏中结合了抛、甩、抽、拉等动作。

打陀螺可让臂腕部关节灵活，幼儿在用力甩鞭击打陀螺时，胸肌、肱三头肌、三角肌都得到了锻炼，韧带也得到了拉伸，使整个臂膀更加坚实有力，在观察陀螺旋转时也可锻炼眼神的敏锐性。

丢沙包培养敏捷反应

丢沙包主要是以折返跑、跳跃及投掷相结合的全身运动。游戏以投掷、闪躲为主，穿插着跳、闪、挪、掷、转等动作。

在进行丢沙包游戏时，幼儿按照"捕手"和"投手"分类，"捕手"需要眼疾手快、能躲能跳。在游戏中幼儿不仅可以锻炼身体的敏捷性，更能使眼手更加协调。"投手"将沙包狠狠砸出，不仅可以提高上肢的力量，同时又可以发展投掷瞬间的爆发力。

跳山羊锻炼爆发力

跳山羊是一种将冲刺跑与跳跃相结合的全身运动。游戏以跑、跳动作为主，结合了蹬腿、收腹等动作。跳山羊时从冲刺跑到腾空而起的瞬间都是对爆发力和胆量的锻炼。

＊ ＊ ＊ ＊ ＊ ＊ ＊ ＊ ＊ ＊

拓展视频

视频资源

体育游戏
"修整我们的家"

设计者/河北省唐山市
第二幼儿园 柳絮

视频资源

体育游戏
"小脚丫奇妙游"

设计者/河北省唐山市
花苗实验幼儿园 付艳华

本章小结

体育游戏是学前儿童以完成一定的体育任务、增强体质为目的，以发展走、跑、跳、投、钻、爬、攀登、平衡等基本动作为活动方式的游戏，也可称为活动性游戏。

体育游戏大都是有规则的游戏，也有一些是器械游戏。科学的体育锻炼能较好地促进学前儿童智力及智力因素的发展，一举多得（强身、健体、启智）。更重要的是，体育游戏使学前儿童在愉快的情绪中生出对体育运动的兴趣，为学前儿童以后健康的生活方式奠定基础。

按照不同的标准可以将体育游戏分为许多种，我们可以把体育游戏大致分为几类：按照动作的性质可分为走、跑、跳、投掷、平衡等；按照球类运动可分为篮球、足球、排球、羽毛球、乒乓球等；按照分散小型游戏可分为跳皮筋、跳格子、跳绳等。

体育游戏对学前儿童身心发展有重要价值：体育游戏是发展学前儿童身体素质的主要手段；是学前儿童智力发展的重要途径；促进学前儿童情感的积极发展；强化对学前儿童的意志的培养；有利于学前儿童良好个性的发展。

体育游戏设计和选编要遵循以下指导原则：安全性原则；合理设计原则；教育性原则；全员性原则；自主性原则；生活性原则。

幼儿教师在设计和组织实施体育游戏时，从目标的设立、内容的选择到活动的开展，都要遵循学前儿童的身心特点，把运动、游戏、指导三者有机结合起来，最终达到最优的体育教学效果。遵循的原则：设立明确的活动目标；选择适宜、富有趣味的内容与形式；善于利用情境和角色游戏，激发幼儿游戏的兴趣；重视热身运动，防止意外伤害；注意游戏规范的解释，保证游戏有序；注重游戏效果的深化，变化升华游戏；强调愉快的游戏体验，实现快乐的收场。

体育游戏设计和实施存在预设和生成的统一，需要教师具备良好的游戏理论基础和一定的设计能力、活动的组织控制能力，在实施中要做到随机应变，把幼儿放在活动的主体地位，以发展幼儿身心作为最终目标，随时观察幼儿的活动情况，改进和完善游戏，对幼儿进行有针对性的教育。

小班、中班、大班幼儿的体育游戏存在差异性。小班幼儿的各种运动能力发展还不完善，协调性、耐力、速度等比较差，体育游戏往往不能强度过大，游戏不能过于复杂，强调趣味性。进入中班后，幼儿的基本动作有了进步，他们不仅能够自如地进行跑、跳、爬等动作，参与性也有了提高。他们敢于尝试、探索各种动作，喜欢合作进行游戏。中班体育游戏选择面更广泛。大班体育游戏在幼儿身心发展的基础上，进一步复杂化，活动协调性、灵活性、敏捷性及各项运动能力的针对性都有了很大提高。注意培养幼儿的集体活动的兴趣，以及参与、合作、竞争、理解、遵守规则等教育性目标更加突出。不同阶段的学前儿童体育游戏的选择和设计要符合学前儿童的智力和运动能力的水平，根据《幼儿教育指导纲要（试行）》设计幼儿体育动作的发展目标，使体育活动的开展更有针对性；指导体现尊重学前儿童主体地位的思想，为学前儿童创设安全的心理环境；体育游戏设计要面向每个学前儿童，为每个学前儿童提供平等参与的机会，满足学前儿童各方面发展的需要；游戏中教师要提供安全的游戏材料，合理利用废旧材料，注重一物多用。

【关键术语】

体育游戏　传统体育游戏　学前儿童体育游戏指导的安全性原则

思考题

1. 名词解释

体育游戏

2. 简答题

(1)你认为学前儿童体育游戏的价值体现在哪些方面？

(2)学前儿童体育游戏的设计和实施要注意哪些原则？举例说明。

(3)体育游戏对学前儿童的智力发展有影响吗？

(4)简述体育游戏的指导原则。

(5)学前儿童体育游戏的选择和选编的原则。

3. 游戏实践

根据幼儿身心发展规律，设计一个促进小班幼儿身体协调性发展的游戏。

4. 案例分析题

游戏活动：捡果子

星星幼儿园中 2 班的幼儿在教师的带领下做游戏"捡果子"。

每个幼儿都背上了一个小纸篓，地上有许多纸团，有红色的、黄色的、绿色的，还有蓝色的，就像一枚枚秋天的"果实"躺在"果园"里。幼儿在欢快的乐曲中进入"果园"开始捡"果子"。但是要注意哟，可不能把捡到手的"果子"直接放入背篓，要抛起后用背篓接住"果子"！幼儿们还要比一比、赛一赛呢，看谁捡得多！

这个小游戏旨在提高幼儿动作的灵敏性与准确性。

请你根据中班幼儿的活动特点，设计一个完整的游戏活动过程，包括准备活动、游戏引导语及比赛形式等。

拓展阅读

1. 王秀，黄兰平，李冰. 体育游戏对幼儿社会化影响的实证研究. 教育与教学研究，2012(11).

2. 王佳丽，从最近发展区理论看幼儿体育教育之重构——维果茨基最近发展区理论在幼儿体育教学内容及阶段划分中的运用. 南京体育学院学报(社会科学版)，2010(6).

3. 焦杰. 有效提高小班幼儿体育游戏中规则意识的培养研究. 中国农村教育，2013(5).

4. 全海英，张婧婧，张烨. 情境启动体育游戏对 4～6 岁幼儿利他行为的促进研究. 沈阳体育学院学报，2014(4).

第九章 语言游戏

课程思政 ▶

本项目帮助学生在了解及实践学前儿童语言游戏的过程中体会汉语的发音规律和特点，感受汉语的魅力，引发学生对汉语及中国优秀传统文化的热爱之情。

学习目标 ▶

1. 了解语言游戏的教育价值和基本类型。
2. 清楚语言游戏的基本特征，掌握语言游戏活动的目标。
3. 能够进行语言游戏的设计和组织。

重点和难点 ▶

1. 语言游戏的目标。
2. 语言游戏的组织与实施。

语言是人类最为重要的交际工具和思维工具，它是以语音为物质外壳、以词汇为组织材料、以语法为结构规律而组成的符号系统。幼儿期是学前儿童语言发展的关键期。对于学前儿童而言，语言既是他们学习的内容，又是他们在学习过程中要应用的工具，只有掌握了语言他们才能以间接的方式去学习知识，只有学好语言他们才能有效地认识和把握世界，使自身的智慧潜能得以充分体现。因此，对学前儿童进行语言教育是非常必要的。大量教育实践已经证明，以游戏的方式进行语言教育深受学前儿童欢迎，同时也能取得良好的教育效果。本章主要介绍学前儿童语言游戏的相关知识和基本问题。

第一节　语言游戏概述

一、语言游戏的含义

真正的学前儿童游戏具有一个重要的本质属性即"自发性"，是指学前儿童自发的、由学前儿童内部动机所控制的行为，这样的游戏没有明确的目标，也不需要成人进行组织。而这里所说的"语言游戏"则具有明确的目标，并且要在游戏的过程中追求一定的结果，希望幼儿能通过游戏增强倾听的意识和能力、丰富词汇或掌握一些句式等。同时，在整个游戏的进行过程中，幼儿也需要教师的组织和指导。因此，语言游戏是指在教师的组织指导下，以发展幼儿语言为主要目的的有规则的游戏，其实质是一种"游戏化"的教学活动。学前儿童自发产生的游戏，通常参与人数较少，有时是学前儿童个人的行为，有时是两三个幼儿在一起玩。而语言游戏则常常涉及全班的幼儿，有全员参与的特点。

针对学前儿童好奇心强，目的性、坚持性差的特点，语言游戏把语言教学的任务和学前儿童喜爱的游戏方式巧妙结合，使学前儿童在轻松有趣的气氛中愉快地进行语言学习，最大限度地激发学前儿童说话的积极性和主动性，培养学前儿童口语表达的能力，真正达到"教学游戏化"的目的。

二、语言游戏的教育价值

(一)激发学前儿童对语言学习的兴趣

兴趣是行为的内部驱动力，如果学前儿童对某个事物感兴趣，就可以提高认识事物的效率，一旦学前儿童对语言学习产生了兴趣，就会主动寻找机会练习听话和说话，语言的潜能就能得到尽情发挥。语言游戏将语音、词汇、语法等语言知识与娱乐、游戏相结合，淡化了教与学的界限，使学前儿童真正成为活动的主人。游戏的形式打破了课堂教学的局限，消除了学前儿童对语言学习的枯燥感和紧张感。同时，每个学前儿童都能参与其中，满足了他们的表现欲和好模仿的心理特点，学前儿童在玩的过程中不知不觉地获得了大量的语音、词汇和理解表达方面的经验。语言游戏能培养学前儿童对语言活动的兴趣，反过来，学前儿童对语言学习的兴趣又能促进其语言能力的发展。语言游戏不仅能对学前儿童当前的语言学习产生积极作用，还能对学前儿童入学后的阅读、写作学习，甚至对终身的语言学习都起到积极的作用。

(二)促进学前儿童语言能力的发展

语言能力是在运用的过程中发展起来的，发展学前儿童语言的关键就是要为学前儿童创设一个使他们想说、敢说、喜欢说并能得到应答的环境。在语言游戏中，学前儿童可以根据游戏规则，愉快地与同伴交往、合作。作为思维和交际工具的语言，自始至终伴随着游戏进行。语言游戏为学前儿童提供了语言实践的良好机会和最佳途径。在游戏中他们的倾听能力、语言理解能力和表达能力得到了全方位的锻炼、多方面的提高，语言能力得到了整体发展。

（三）有利于发展学前儿童的智力

语言是对学前儿童进行教育的重要工具，它在学前儿童教育的全过程中起着重要作用。心理学家普遍认为，儿童早期语言能力的发展，是他们智力发展的重要标志。语言游戏是学前儿童运用智力的活动，是发展学前儿童智力的重要手段之一。在语言游戏的进行过程中，各种学习任务是教师通过新奇、形象、生动、有趣的游戏形式向幼儿提出的。幼儿若要按教师的要求、游戏的规则读准语音、掌握词汇，把意思表达得正确、完整、连贯，就需要有感知、记忆、思维、想象过程的积极参与。因此，语言游戏对于促进学前儿童的智力发展起到了积极的作用。

三、语言游戏的目标

（一）培养幼儿的倾听意识

"听"是"说"的前提，良好的倾听意识和倾听习惯对于学前儿童的语言发展具有重要的意义。语言游戏具有轻松愉快的学习氛围，幼儿在参与学习的过程中具有更多的主动性，为了能顺利参加游戏，幼儿会有意识地倾听教师介绍游戏规则，并力求听懂教师的讲解和理解游戏的规则。教师在游戏开始时，向幼儿介绍规则、提出一定的要求并布置活动任务，这个过程其实就对幼儿的倾听提出了具体要求。是否能够听懂教师布置的任务、理解游戏的规则，将直接影响到幼儿参与游戏的状态。因此，幼儿此时的倾听更具有主动性。同时，在游戏过程中，为了更好地完成游戏，常常需要幼儿能准确地把握和传递有细微区别的语音，提高倾听的精确程度，如游戏"传口令"，如果幼儿不能听准前一个幼儿的发音，就不能将这句话传递下去，此类游戏本身就和倾听能力的培养紧密联系在一起。

（二）复习巩固发音

各种各样的语言游戏都要求学前儿童能够积极地进行表达，这个过程也是复习巩固发音的过程。同时，根据不同的教学目标，教师还可以有针对性地设计专门的语音游戏，以进一步帮助幼儿复习和巩固发音。

1. 难发音的练习

在学前儿童的发音中，对韵母的发音较容易掌握，正确率高于声母，这个特点在整个学前期的各个年龄阶段中，以及在城市和乡村的儿童中都得到了体现。学前儿童较难掌握的声母是 z、c、s、zh、ch、sh、r、n、l，其中 zh、ch、sh 容易与 z、 c、s 相混，还容易将后鼻音 eng、ong 发成前鼻音 en、on 等。这主要是由于此时的儿童生理发育不够成熟，不能恰当自如地支配发音器官，唇和舌的运动不够有力，下颚不够灵活，而声母的发音要靠唇、舌、牙齿等细微分化的运动，因此学前儿童往往不能对声母做出明显的分化。教师可以根据这些实际情况，将这些难发的音设计到有趣的语言游戏中，帮助幼儿来进行学习和练习。

2. 方言干扰音的练习

学前儿童的发音水平除了受生理调节的制约外，语音环境也是影响发音的重要因素。在不同的地域，由于语言习惯的影响不同，学前儿童发音的准确度也不同。如南方学前儿童在学习普通话时对 en、eng 等前后鼻音较难区分，甘肃地区的学前儿童多为 n、l 不分。而且调查表明城乡幼儿发音的正确率有较大差异，这种差异就是由语言环境造成的。在语言游戏中，教师可有意识地将这些方言发音与普通话发音做对比，让幼儿掌握正确的发音。

3. 声调的练习

具有 4 个不同的声调是现代汉语重要的语音特点，声调是否准确将直接影响语义的表达。因而，念准普通话声调也是学前儿童语音学习的一个部分。教师可以用语言游戏承载各种相似音和声调，让幼儿在辨别中进行练习，从而掌握正确的声调。

（三）丰富扩展词汇

词汇是语言的基本构成单位，是人用以表征事物的工具。一个人如果没有足够数量的词汇，就不可能明确地表达自己的思想，也就难以与别人进行有效的交流。词汇数量的多少，直接影响到学前儿童言语表达能力的强弱。因此，词汇量是学前儿童言语发展的重要标志之一。应该说，学前儿童的词汇主要是在日常生活经验的积累过程中逐步增长起来的，学前儿童掌握的词类范围不断扩大，对词义的理解也日益深化。在语言游戏中，学前儿童在愉快的氛围中调动头脑中的词汇贮备，从而完成游戏任务，这个过程主要是以练习和复习词汇的方式进行的。

（四）尝试运用句型

学前儿童要获得语言，必须掌握语法结构，掌握组词成句的规则。学前儿童学习语言的过程，也是掌握语法的过程。句子无穷多，但类型毕竟是有限的，学前儿童能够理解和说出某类句子，意味着他已经掌握了这个方面的组句规则（句法），而句法的掌握是衡量学前儿童语法发展的重要标志。学前儿童在语言学习的过程中大量地积累句型，这是他们句法习得和发展的重要阶段。学前儿童在日常生活中可以获得运用句法的机会，而语言游戏则有意识地帮他们去练习，使他们通过专门的集中的学习迅速地掌握某种句法的特点和规律，并在游戏中提高熟练使用的水平。

知识拓展

幼儿园语言游戏活动各年龄阶段目标(小、中、大班目标)[①]

小班

乐意参加游戏活动，在游戏活动中能积极开口表达；

学习倾听，能在游戏中认真倾听教师的讲解和示范及同伴的发言；

能听懂并理解较为简单的语言游戏规则；

能发准某些难发的音，丰富词汇并学习正确运用词汇。

中班

能积极参与到语言游戏中，乐于参加竞赛性质的语言游戏；

养成积极倾听的习惯，理解游戏中较为复杂的指令；

在游戏中巩固练习发音，基本能做到发音准确；

在游戏中扩展词汇，并将学会的词汇运用到口语表达中；

在游戏中学习合作，能与同伴配合完成游戏。

大班

喜欢语言游戏，能较快掌握游戏的规则并自主进行语言游戏；

不断提高倾听的精确程度，准确掌握和传递有细微差别的信息；

能做到发音准确，基本无方言痕迹；

在游戏中学习正确运用反义词、量词和连词等，并能大量运用完整句和复合句；

能积极探索、丰富游戏内容，使语言游戏更加生动有趣。

四、语言游戏的基本特征

游戏最符合幼儿身心发展的特点，最能满足幼儿的需要，有效地促进幼儿发展。作为一种特殊形式的语言教育活动，语言游戏具有以下三个方面的基本特征。

(一)语言教育的目标隐含于游戏之中

语言游戏是一种"游戏化"的教学活动，那么既然是教学活动就一定是有目标的。每个语言游戏都包含着对语言学习的具体要求，就是说有具体的目标，是教师为了实现语言教育的目标而选择、设计、组织的游戏活动。如语言游戏"买图片"，重点就是训练幼儿发"g、k、h"这三个音。当然，语言游戏所包含的教育目标是比较含蓄的，其他的语言教育活动常常将学习任务直接呈现在学前儿童面前，如"谁能完整地将图片中的故事讲出来？""谁能接着续编这个故事？"但是，语言游戏则是将教育目标隐含在游戏中，让学前儿童边玩边说，不知不觉地完成学习任务，这也是利用了游戏活动独有的优势。因此，语言游戏是一种其他语言教育活动所不

[①] 杨荣辉：《幼儿语言教育活动设计与指导》，75～76页，北京，中国劳动保障出版社，2009。有改动。

能替代的活动形式。

(二)将语言学习的重点内容转化为一定的游戏规则

语言游戏都带有一定的游戏规则，而这个规则不是凭空制订的，而是教师在设计游戏时根据具体的语言教育目标，选择适当的语言学习内容，并将本次活动的语言学习重点转化为一定的游戏规则。学前儿童参与游戏时，必须遵守一定的游戏规则，按照规则进行游戏，在这样的活动中练习听和说的能力。如在小班"买图片"这个游戏中规定，幼儿必须正确说出自己要买的图片名称才能得到图片，如果幼儿发音不正确可以请其他幼儿帮助，重新发音正确后再得到图片。要发准的音就是语言学习的重点，这在规则中体现了出来。同时游戏的规则也可以提高游戏的趣味性，促使幼儿在游戏中付出一定的努力。

语言游戏的规则制订可以从性质上分为两种类型。一种是竞赛性质的游戏规则。在游戏中比比看谁听得准、说得对、说得多。如语言游戏"不说黑和白"，其目标是要求幼儿正确使用"像、同、跟、和"等词汇说出完整的句子，全体幼儿分两组开展竞赛活动，教师提出一个问题让两组幼儿分别回答，回答正确而且没有重复的组可以记1分，反之不计分，得分最多的组获胜。在这种竞赛性质的游戏中，幼儿若取得成功之后会获得极大的满足感。另一种是非竞赛性质的游戏规则。如语言游戏"打电话"，幼儿以角色扮演的方式模仿打电话的过程，进行语言互动，使幼儿积累了生活经验，并在游戏的过程中学会耐心倾听、相互交流，同时也满足了幼儿与成人互动、与同伴互动的愿望。因此，幼儿喜欢反复玩这个游戏，最后达到语言教育的目标。

(三)游戏的成分在活动过程中逐步扩大

语言游戏兼有活动和游戏的双重性质，从活动的组织形式上看，具有从活动入手、逐步扩大游戏成分的特征。由于语言游戏带有明确的学习任务，活动开始时，教师需要帮助幼儿理解活动的内容，交代游戏规则，并且示范游戏的玩法。然后，教师带领幼儿开展游戏，在幼儿熟悉游戏规则、逐步掌握游戏玩法后，再放手让幼儿独立进行游戏。应当说，语言游戏开始时是以教学活动的方式引入的，而最后又以游戏的方式结束。教师的主导作用在开始的时候体现得十分鲜明，而后随着幼儿游戏水平的提高而逐渐减少，直至幼儿完全自主的游戏。

伴随着游戏成分的逐步扩大，语言游戏存在着以下由活动逐渐向游戏过渡的三种转换。

其一，由外部控制向内部控制转换。语言游戏刚开始时，由教师主导创设游戏情境，讲解游戏规则，此时的幼儿只是被动地参与听、看并进行初步的尝试。当他们开始产生兴趣，并积极地跟随教师参与游戏时，幼儿活动内部控制的成分在逐渐增大，幼儿掌握规则后，开始尝试自己进行游戏，最终完全主动积极地投入游戏中，实现由外部控制向内部控制转换的过程。

其二，由真实情境向假想情境转换。尽管教师会努力提供形象的游戏场景，但游戏刚刚开始时，幼儿仍感觉处于真实的情境中。教师向儿童交代游戏的内容，讲解游戏规则，示范游戏的玩法，此时的幼儿均以旁观者的身份进行观察并思考，所有的一切对他们仍然是真实的情境。随着幼儿参与到游戏中，开始扮演其中的角色，并想象可能的情节、动作、语言，这时幼儿所处的环境便发生了变化，成为假想的情境，语言游戏此时完成了由真实情境向假想情境的转换。

其三，由外部动机向内部动机转换。幼儿刚参与语言游戏时，由外部动机决定他们参与的积极性。然而，由于语言游戏的特点，幼儿在游戏中自主的成分越来越多，他们的主动性、积极性逐渐得到充分发挥。随着他们对语言游戏规则和游戏内容、方法的熟练掌握，他们在活动中保持着越来越高的内部动机水平。当然，需要说明的是，幼儿能否将外部动机转换为内部动机，很大程度上取决于这个语言游戏是否真正具有游戏的特点，是否对幼儿能产生强大的吸引力。否则，幼儿在活动中只是被动地"参加"游戏，而不是真正投入地"参与"到游戏中。

五、语言游戏的类型

语言游戏的内容主要集中在幼儿听和说的理解和表达方面，所以语言游戏主要分为两种：一种是以"听"为主的游戏；另一种是以"说"为主的游戏。具体可分为以下五种类型。

(一)听力游戏

听力游戏是以发展听觉能力为目标的游戏。良好的听觉是清晰发音的前提。要使幼儿发音正确，教师必须注意发展幼儿的言语听觉，使他们能听得准确，能分辨语音的微小差别，尤其是区别某些近似的音，如 z、c、s 和 zhi、chi、shi，为幼儿准确地感知语音打好基础。发展听觉的游戏，实际上就是通过游戏的形式对幼儿的倾听能力进行培养，使幼儿能听懂普通话，能辨音、辨调，能够理解指令和要求。

传口令

游戏目标

能认真倾听，并发音准确。

游戏规则

传口令必须悄悄地说，不能让其他幼儿听见；排头的幼儿不能提前传，其他幼儿不能越位。

游戏过程

教师将幼儿分成若干小组，每组排成一列，将口令悄悄告诉每组第一个幼儿，由那个幼儿按顺序依次传下去，看哪组传得又快又准。

小录音机

游戏目标

认真倾听对方语言，并能迅速复述。

游戏规则

"录音机"放音时等待时间不能太长，要在 10 秒以内进行。

游戏过程

幼儿自由结组，轮流扮演"录音机"。"录音机"要做到毫无错误地复制声音。听到同伴的一句话，就要赶紧录下来并且播放。超过一定的时间还不播放或播放错误的话，表明"录音机"坏了，需要修理了，对方可以拍一拍"录音机"的肩膀或刮一刮他的鼻子。如果播放正确，可以拥抱一下！

你可知道我是谁？

游戏目标

能辨别同伴的音色。

游戏规则

上前说话的幼儿不能说出自己的姓名，也不能刻意变化音色。

游戏过程

教师以击鼓传花的方式选出一名幼儿，蒙上他的眼睛。教师在全班幼儿中指定不同的幼儿走到其面前，说一句："你好！你可知道我是谁？"如果参加游戏的幼儿猜对了，就换人游戏。如果猜错三次，就表演一个小节目。

（唐山师范学院，王颖）

(二)语音游戏

语言是以语音为表现形式的，语音是语言的物质外壳。发音准确是语言学习最基本的要求。语音游戏主要是以练习正确发音为目的，让学前儿童着重练习困难和容易发错的语音。由于练习语音比较枯燥，教师应采用生动活泼、适合各年龄班特点的游戏方式，提高语言学习的兴趣，使幼儿在玩的过程中克服困难，学会正确发音。

学前儿童发音不准主要有两方面的原因：一是生理上的原因。3 岁左右的幼儿，还不善于协调使用发音器官，即不会运用发音器官的某些部位，或者不能掌握某些发音方法，如舌尖、舌面、舌根要求发音器官各部位活动比较复杂，幼儿就容易发不准。二是受方言的影响。方言同普通话相比，在语音、词汇、语法方面都有差异，其中差异最大的是语音，有的方言和普通话的发音相差极远，这也是方言地区普通话教学的难点。要突破这个难点，教师需要掌握本地区方言中，哪些音的声母、韵母、声调与普通话有所不同，再结合幼儿本身发音的特点，找出本地区幼儿普遍感到困难和容易发错的音，从而确定本班语言游戏的重点，保证给幼儿有针对性的指导。根据我国学者对幼儿语言发展的研究，幼儿发声母比发韵母困难，也容易出错，发音最容易出问题的是：翘舌音 zhi、chi、shi、r；平舌音 z、c、s；鼻音 n 和边音 l；前鼻音 an、in、en 和后鼻音 ang、ing、eng 等。教师可以根据幼儿的实际情况，选取这些声母与一定韵母相结合的音节，设计一些游戏活动，如游戏"卖柿子"就较好地利用游戏形式帮助幼儿掌握这些难发的音。

卖柿子

游戏目标

sh、s、z 这三个声母的发音能够准确。

游戏规则

游戏过程中，幼儿要做到发音准确。

游戏过程

教师先做卖柿子的人，手拿五六张有柿子的图片，边走边说儿歌："水果上市，谁买柿子，柿子红红，柿子圆圆，柿子不涩，味道很甜。"

教师走到某个幼儿面前："你买不买柿子？"

买的人要反问："你的柿子涩不涩？"

卖的人："不涩不涩，你买几个？"

买的人说了几个后，卖的人将相应数目的图片给他。教师全卖完后，叫幼儿来卖，重复游戏过程。

捉蜻蜓

游戏目标

1. 能正确发出"天、灵、捉、蜻蜓"的字音。

2. 锻炼快速反应能力。

游戏规则

1. 扮蜻蜓的幼儿必须将食指碰到网（即手掌）。

2. 若同时抓住几位幼儿，可请一位幼儿作为代表；若一位幼儿也没捉住，则仍由原来的幼儿扮"网"继续进行游戏。

3. 提醒幼儿念准儿歌的字音。

游戏准备

飞舞的蜻蜓教具一个。

游戏过程

一位幼儿扮"网"，将手掌伸平，掌心向下。其余幼儿扮"蜻蜓"，用食指碰"网"。教师边念儿歌边抖动飞舞的蜻蜓教具（儿歌：天灵灵，地灵灵，满天满地捉蜻蜓。捉蜻蜓，捉蜻蜓，捉到一只小蜻蜓）。儿歌念完，扮"网"的幼儿手掌迅速握紧，扮"蜻蜓"的幼儿手指迅速缩回，然后换被捉住的幼儿扮"网"继续游戏。

（唐山师范学院，王颖）

（三）词汇游戏

词汇被形象地称作"语言的建筑材料"，一个人要很好地掌握语言这个交际工具，必须掌握足够数量的词汇，才能明确表达自己的思想，才能与别人进行自如地交谈。因此，词汇量的大小将直接影响语言表达的质量。幼儿期是积累词汇的时期，一般说来，3～6岁学前儿童掌握的词由1000个左右发展到3000～4000个，其对词义的理解也逐渐由抽象到具体。学前儿童的词汇是在日常生活经验的积累过程中逐步增长起来的，而词汇游戏是其中一个很好的方式。词汇游戏是以丰富学前儿童的词汇和正确运用词汇为目的的语言游戏。学前儿童语言学习的一个重要方面是大量积累词汇，增加口语表达的内容。通过词汇游戏，可以帮助学前儿童学习一些新词，进一步理解词义，学会运用词。

来来来

游戏目标

练习使用动词。

游戏规则

游戏以抢答的方式进行，教师说完短语后说"开始"时，幼儿才能往下接，否则算犯规。

游戏过程

教师说一句短语"××来"，然后幼儿在××后面加上一个合适的动词。例如：教师说"飞机来"，幼儿接"飞机飞过来"；教师说"太阳来"，幼儿接"太阳升起来"；教师说"雨点来"，幼儿接"雨点掉下来"；教师说"风儿来"，幼儿接"风儿吹起来"；教师说"我们来"，幼儿接"我们跑过来"。游戏可以采用抢答的方式进行，也可以让幼儿逐个回答。

看动作说词语

游戏目标

学习看动作说动词，培养幼儿的发散性思维。

游戏过程

教师做一个动作，幼儿说出相应的动词，并用连词应答。例如：教师做"抱"的动作，孩子说"抱—抱—抱娃娃"。教师接着说"抱—抱—抱西瓜"，幼儿再接着说"抱—抱—抱被子"。词组说得越多越好。

说相反

游戏目标

能正确说出反义词。

游戏规则

幼儿所接的反义词必须与教师给出的形容词音节数一致，如果教师说"冬天冷"，幼儿接"夏天热"，而不能接"夏天炎热"。

游戏过程

教师选择一名幼儿，进行游戏示范。教师说一句话，幼儿接着说出与该句话对应的反义词的下半句话。例如：教师说"冬天冷"，幼儿接"夏天热"；教师说"棉花白"，幼儿接"煤炭黑"。幼儿掌握玩法之后，可两人结组，自由游戏。

词语接龙

游戏目标

丰富幼儿的词汇，培养幼儿思维的敏捷性。

游戏规则

1. 不能说重叠词。

2. 允许想10秒左右，可以用数数计算时间。

3. 接不上来的幼儿要表演节目，然后由他起头，继续往下说。

游戏过程

幼儿2～5人为宜。第一个幼儿说出任何一个词，然后第二个幼儿用第一个词的后一个字作为词头，再说出一个词，以此类推。例如：第一个人说"大树"，第二个人应以"树"为词头，可以说"树叶"，第三个人可以说"叶子"……依次往下接。

（唐山师范学院，王颖）

（四）句子游戏

句子是能够表达一个相对完整的意思，并且有一个特定语调的语言单位，它由词或词组根据一定的规则组合而成。儿童能够理解和说出某个类型的句子，意味着他已经感性地掌握了这个方面的组句规则，而组句规则的掌握是衡量语法和语义发展的重要标志。因此，在幼儿园的语言教育中，仅仅对幼儿进行语音和词汇的教育与训练是不够的，只有幼儿能够按一定的语法规则组成句子，并用清晰的语言表达出来的时候，语音、词汇才起到交际工具的作用。句子游戏正是以训练幼儿按语法规则组词成句，并正确运用各种句式为目的的游戏。幼儿在日常生活中可能获得运用句法的机会，而语言游戏是有意识地帮助幼儿练习，可以让他们通过专门的、集中的学习迅速掌握某个句法的特点规律，并在尝试运用的过程中提高熟练使用的水平。这种游戏通常在中、大班进行。

如游戏"盖楼房"中学习使用句型"××越×越×"进行创编。活动开始，教师通过让幼儿听声音，吸引幼儿的注意力，激发兴趣，启发幼儿用"××越×越×"来表达。教师先敲鼓，力量由小到大，速度由快到慢。然后放录音，录音里风声由大到小，马走路的声音由大到小。教师提出问题："这是什么声音？这个声音是怎样的？可以用一个什么样的词来表达？"启发幼儿用"××越×越×"的句型来表达事物变化的过程，如"鼓越敲越响""马越走越远""风越刮越大"。教师将幼儿分成两组，要求两组幼儿轮流用此句型进行创编，每说对一个完整的句子就用积木添上一层楼，看看哪组楼房盖得高。

小动物爱吃的食物

游戏目标

1. 学说简单句"××爱吃××"。

2. 知道小动物喜欢吃什么食物，能正确地给小动物喂食。

游戏准备

1. 小动物转盘（转盘中间是指针，边缘画有小狗、小猫、兔子、熊猫、小羊等小动物）。

2. 肉骨头、小鱼、萝卜、草、竹子的图片。

游戏过程

教师与幼儿一起玩转转盘，教师念儿歌："转转盘，转转盘，拨一拨，转一转，小朋友们认真看，小动物们要吃饭。"转盘停止后，指定一名幼儿说出小动物的名称，以及该小动物喜欢吃的食物，如"小花猫爱吃鱼"。游戏可以反复玩，也可以由幼儿转动转盘并说儿歌。

见面歌

游戏目标

1. 学习用"××见面，×××"的句型创编儿歌。

2. 能够边朗诵儿歌边表演。

游戏过程

教师和幼儿练习小鸡、小猫、小狗的叫声，学习"××见面，×××"的句型。教师和幼儿边念儿歌边变化角色进行表演。随后共同创编儿歌继续表演。

附儿歌

见面歌

小鸡见面，叽叽叽，叽叽叽。

小猫见面，喵喵喵，喵喵喵。

小狗见面，汪汪汪，汪汪汪。

小朋友见面，你好！你好！

（唐山师范学院，王颖）

(五)描述性讲述游戏

单独的词或句子所能传递的信息是有限的，在言语交往中，常常需要人们较为系统地叙述事件的经过，说明事物的特征或表明个人的态度，这就必须用前后连贯的一段话才能表达清楚，这对思维的逻辑性和言语的流畅性要求更高。培养幼儿的口语表达能力是幼儿园语言教育的主要目的，幼儿的口语表达能力以能否说出连贯完整的语段为标志。幼儿园的描述性讲述游戏就是在语音、词汇、句子训练的基础上，以训练幼儿用比较连贯的语言具体形象地描述事物及提高口语表达能力为目的的语言游戏，它要求幼儿语言完整、连贯，并且有一定的描述能力。

百变魔法

游戏目标

1. 能用完整语言表述出物体的特征。

2. 提高辨析能力。

游戏过程

在小纸条上写好若干事物名称的词语，装进一个箱子，幼儿轮流抽签并描述抽到的词语，请大家猜猜是什么。例如：幼儿抽到了词语"苹果"，然后需要用几句话来形容它的形状、颜色、味道等；幼儿抽到了词语"香皂"，就可以用几句话形容它的气味、功能，或者说一说在什么时候需要用它等。注意，在描述的过程中不能说出该事物的名称。游戏可以采用分组比赛的形式进行。

（唐山师范学院，王颖）

六、语言游戏组织与实施的基本结构

语言游戏具有游戏和活动的双重性质，所以它的设计、组织与实施具有独特的规律，语言游戏的设计与实施的基本结构包括以下步骤。

(一)创设游戏情境，引发幼儿兴趣

在语言游戏开始时，教师的首要任务就是要激发起幼儿的兴趣，调动幼儿参与游戏的积极性。教师需要运用一些手段去设置游戏情境，常用的方式有三种。

1. 用实物创设游戏情境

教师使用一些与游戏有关的物品或玩具、日用品等布置游戏的情境，制造游戏的氛围，引发幼儿参与游戏的兴趣。大班"跟我说的相反"游戏活动开始，教师出示实物大皮球并说"大皮球"，要求幼儿立即做出相反的动作并说出相反的话，即幼儿迅速拿起一个小皮球并说"小皮球"。熟悉的实物很容易激发幼儿的兴趣，使幼儿很快进入游戏活动中。

2. 用动作或表演创设游戏情境

教师用动作表演，让儿童想象出游戏的角色、场所，进而产生游戏情境的气氛。如游戏"打电话"，在游戏开始，教师和一个幼儿表演妈妈和孩子之间打电话，这种直观的表演很容易把幼儿带入"打电话"的情境中，从而顺利进入下一个活动环节。

3. 用语言创设游戏情境

教师通过自己所说的话，直接描述或指出游戏中的角色及所处的环境。教师的口语表达能力在一定程度上决定着教育教学的质量和效率，同时也影响着幼儿的口语能力和思维能力的发展。如中班语言游戏"改错"，教师一开始就运用语言巧妙"出错"："今天吃早饭的时候，我看见小红把面包喝完了，把牛奶吃完了，真是个好孩子。"当错话引起幼儿注意时，教师立即提问："你们为什么笑？我什么地方说错了？应该怎样改？"以此引起幼儿改错的兴趣。

(二)交代游戏规则，明确游戏玩法

游戏规则是语言游戏能够顺利展开的基本保障。在创设游戏情境之后，教师接着就要向儿童交代游戏的规则，语言游戏是一种有规则的游戏，负有语言训练的任务，教师向幼儿交代游戏规则就是要向幼儿布置任务，讲清要求，明确游戏的玩法，保证游戏能顺利进行。教师可通过用讲解和示范相结合的方式介绍游戏规则，引导幼儿理解游戏的规则。教师在交代游戏规则时，要注意以下要点。

1. 语言应简洁明了

幼儿的认知能力较差，对于繁多冗长的话语难以记忆和理解，而且注意集中的时间短，所以教师的语言必须简洁明了、通俗易懂，要尽量使用幼儿能听懂的词句和幼儿喜欢的简短句式进行讲解，帮助幼儿抓住要领，领悟并掌握游戏规则。在交代游戏规则时，切忌啰唆、冗长的解释，以免幼儿抓不住要领，不能及时领悟理解游戏规则，影响游戏的进程。

2. 要讲清楚游戏的规则要点和游戏的开展顺序

语言游戏的规则要点一般都是游戏中幼儿要按照规范说出的话，教师应当让幼儿明白说什么和怎样说，以便他们能够在参与游戏时付诸实施。同时要帮助幼儿清楚地理解游戏开展的顺序，即先做什么、后做什么及什么角色做什么，这样他们才能够顺利地开展活动。如游戏"买图片"，教师用简洁明了的语言交代规则：买图片的幼儿必须说清楚图片名称，才能买到图片；幼儿如果发音不准确，阿姨就不卖给他；说错的幼儿可以请其他幼儿帮忙纠正，直到说清楚，才能买到图片。

3. 用较慢的语速进行讲解

教师在交代游戏规则时使用的语言应当是相对减慢速度的语言，从而保证幼儿能够听清楚，尤其是讲到关键的要求时更要放慢语速、加强语气，以凸显出讲解的重点。在带领小班幼儿进行游戏时尤其要注意这个问题。此外，在讲解规则的过程中还应该伴有教师的示范，两者配合更有利于幼儿掌握整个游戏的规则和玩法。

(三)教师引导幼儿游戏

游戏阶段是教师带领幼儿活动的过程，教师往往在游戏中充当重要角色，可以主宰游戏的进程。凡是有教师参加的游戏，幼儿的兴趣就会更高，教师担任游戏中的角色，可以拉近幼儿与教师的距离，形成亲密的师幼关系，并通过师幼互动营造一种宽松和谐的人际环境和良好的心理环境，使幼儿产生愉快的情感体验，增强对游戏的兴趣。而且，教师参与游戏本身就是对幼儿游戏的一种肯定，教师要充分发挥自己游戏主角的作用，帮助幼儿熟悉游戏规则，进一步明确和掌握游戏的玩法，掌握在游戏中运用语言交往的基本思路，为幼儿独立开展游戏积累经验，做好充分的准备。

教师引导幼儿游戏的过程，也是幼儿试玩游戏和逐渐熟悉游戏的过程。在这个过程中教师可以边讲边示范，也可以请部分能力强的幼儿和教师一起参加游戏，给全体幼儿做出示范。这样可以使另一部分幼儿有观察熟悉的机会，让他们熟悉玩法后再完全加入游戏。

(四)幼儿自主游戏

通过前面三个步骤的活动，幼儿已经比较熟悉并能掌握游戏的规则和玩法，具备独自开展游戏的基础。在幼儿自主游戏阶段，教师可以放手让幼儿自己开展活动。语言活动是以促进幼儿言语发展为目的的活动，活动的主体是幼儿。在活动的过程中，教师要创造条件让幼儿充分动脑、动手、动口，使幼儿处于最佳的活动状态，充分发挥幼儿的主体性。

幼儿自主游戏的开展形式可以根据游戏的具体内容来决定，常见形式有如下两种。

第一，以集体活动的形式进行游戏，全班幼儿均可参加。游戏常常以"教师一对多"的形式或"幼儿逐个参与"的形式进行。在这种集体活动的形式卜，游戏的氛围会比较浓厚，但是效率却较低，往往会造成部分幼儿等待时间过长的现象。

第二，以小组的形式开展游戏，教师可以让幼儿自由结组，选择适当的场地进行活动。这种形式增加了幼儿参与游戏的机会，但是由于小组过于分散，教师观察、评价幼儿活动情况的难度会随之增大。

另外，在幼儿自主游戏的过程中，教师应注意以下问题。

1. 教师应明确自己的角色定位

如果说在"引导幼儿游戏"的环节中教师是整个游戏的领导者的话，那么在"幼儿自主游戏"环节，教师就应该退出领导者身份，处于旁观地位，让幼儿真正成为游戏的主角，让他们尽情游戏。只要游戏能够顺利进行，教师就不要进行过多的指导和干涉。

2. 要督促幼儿遵守游戏规则，及时处理游戏中的纠纷

教师要注意督促幼儿遵守游戏规则，如发现其有不遵守规则的情况，应及时分析原因、分别处理。如果幼儿对规则还不了解，就应补充示范讲解；如果幼儿玩得兴奋，忘了规则，就应给予提醒；如果幼儿故意犯规，就用游戏的口吻按规则处罚。总之，教师应及时解决游戏中出现的矛盾和纠纷，以免因角色分配不当或其他问题影响游戏顺利进行。

3. 及时评价幼儿参与游戏的行为表现

特别是对幼儿在游戏中出现良好的表现，如发言积极、反应迅速、遵守规则等，教师应给予积极的肯定。因为教师的评价和态度能激发幼儿游戏的积极性，促使幼儿更加主动、积极地参与活动。

视频微课
语言游戏组织与
实施的基本结构

七、语言游戏设计与实施中应注意的问题

(一)教师可选择现成的语言游戏，也可自己创编

为充分发挥语言游戏的教育作用，教师应有目的、有意识地去选择高质量的语言游戏，并设计成语言教育活动方案。此外，教师还可根据本园或本班幼儿的语言发展水平创编语言游戏，将语言教育的目标巧妙地渗透到游戏中。如教师发现本班幼儿发音时"舌尖音"存在的问题较多时，就可以设计一个语音游戏，将幼儿容易发错的舌尖音反复呈现在游戏中，让幼儿在游戏的情境下反复发音、不断练习。

语言游戏通常包括游戏名称、游戏目标、游戏玩法、游戏规则四个组成部分。

1. 游戏名称

游戏名称要简单概括游戏的内容，如"传口令""小录音机""词语接龙"等。

2. 游戏目标

游戏目标应简要说明游戏中期望幼儿达到的具体水平，如"学会发某些音""能够运用反义词"等。

3. 游戏玩法

游戏玩法是游戏的主体部分，应说明游戏的人数、怎样分组，并详细介绍游戏的具体玩法，如游戏"词语接龙"的玩法：游戏分组进行，幼儿3~5人为一组。先由第一个幼儿说出任意一个词，然后第二个幼儿用第一个词的后一个字作为词头，再说出一个词。例如：第一个人说"大树"，第二个人应以"树"为词头，可以说"树叶"，第三个人可以说"叶子"，以此类推。必要时教师可写明提示语。

4. 游戏规则

教师应说明游戏中要遵循的基本要求，如游戏"词语接龙"的规则：不能说重叠词；允许想10秒左右，可以数数计算时间；接不上来的幼儿要表演节目，然后由他起头，再往下说。

(二)创设游戏情境应适时、适度

1. 适时

语言游戏一开始，教师应创设游戏情境，迅速吸引幼儿的注意力，激发幼儿参与活动的兴趣。这个环节的时间不宜过长，以两三分钟为最佳。一是因为如果导入环节过长会显得整个活动过程主次不分、重点不突出；二是因为幼儿的注意力容易分散，导入时间过长会影响幼儿对后面游戏规则掌握的积极性和稳定性。

2. 适度

适度是指情境的创设要针对幼儿的年龄特点，并非越新奇越好。如果是年龄较小的幼儿，其思维更加具体、形象，所以教师应利用巧妙的方式或利用动作、实物直接激发幼儿的兴趣。而对于中、大班的幼儿，教师可以使用语言的方式直接创设情境。如大班语言游戏"接车厢"，教师在活动开始创设游戏情境时运用了这样的提问："小朋友们，你们见过火车吗？火车是什么样子的？它由什么组成？今天我们大家一起来玩儿一个游戏'接车厢'。"教师的引导语简洁、明了，利用幼儿的生活经验引出游戏名称，能够吸引幼儿的注意力，激发幼儿对游戏的兴趣。

(三)给学前儿童充分的游戏时间，充分发挥他们的主动性

幼儿语言游戏设计与实施的基本步骤一共有四步：第一步，创设游戏情境，引发幼儿兴趣；第二步，交代游戏规则，明确游戏玩法；第三步，教师引导幼儿游戏；第四步，幼儿自主游戏。教师要认识到第四步是整个活动的重点和主体部分，前三个步骤只是为幼儿的自主游戏奠定基础。教师应给幼儿充分的游戏时间，让他们真正进入游戏情境，反复练习，从而实现教育目标，切不可虎头蛇尾，让幼儿草草游戏一会儿就结束活动。

在自由游戏环节，为了增强游戏的趣味性，幼儿可以在原有游戏的基础上进行发展和创造。如游戏"词语接龙"，游戏的基本玩法是幼儿 A 先说出一个词"大树"，然后幼儿 B 以"树"字作为开头接"树林"，以此类推。幼儿能够熟练进行游戏后，可以在接龙时将词语进行有节奏的重复并加上拍手。如幼儿以四二拍的节奏说"大树呀大树"，同时拍手两下，然后下一个幼儿接"树木呀树木"，同时拍手……

(四)游戏结束时可组织评议

游戏活动结束之后，教师可以组织幼儿对活动进行评议。这个环节的目的在于引导幼儿自发自愿地进行交流、讨论，积极表达情感，共享快乐，提升经验，同时激发幼儿再次参与游戏活动的欲望。

教师要鼓励幼儿把自己在游戏活动中的感受和体验表达出来，与同伴交流分享；也要抓住幼儿的闪光点进行重点讲评、加以鼓励，或者指出幼儿应该努力的方向；还可以就游戏活动中出现的问题或困难向大家提出讨论，让幼儿大胆地发表自己的见解，或者商量解决办法等。评价不仅能增强幼儿对游戏的兴趣，同时也使幼儿在

交流中共同提高。

总结评价可以多角度进行，既可以从幼儿的游戏表现进行总结评价，又可以从遵守游戏规则的角度进行评价。评价可以由教师来评，教师进行评价时要有目的、有重点，时间不宜过长。此外，评价也可以由幼儿自评或同伴间互评。幼儿评价时的发言也有利于发展其口语表达能力。

第二节　学前儿童语言游戏案例与分析

一、小班

(一)语言发展特点

小班幼儿听觉的分化能力比较差，对近似音不容易辨别。同时，幼儿由于不能很好地控制发音器官，常常出现各种类型的发音问题，尤其是舌尖音最容易出现错误，如把"知道"说成"基道"、把"楠楠"说成"兰兰"等。在这个阶段，幼儿的词汇量不断增长，能达到 1500 个左右，词类也越来越丰富，同时能较为熟练地使用复合句。

(二)指导

教师要充分认识到本班幼儿的发音特点，进行有针对性的指导。教师可以利用听力游戏培养幼儿的倾听意识和听觉的灵敏性，从而为幼儿的正确发音奠定基础；利用语音游戏帮助孩子进行易错音的练习，纠正错误发音；通过模拟情境的方式，如"打电话"游戏，让幼儿在交流的过程中练习和运用语言。

(三)案例与分析

打电话①

游戏目标

1. 善于倾听同伴和成人讲话，愿意和别人交往，愿意用口语表达自己的请求和愿望。

2. 学习正确、规范、清晰地发音。

3. 养成尊敬长辈、对人有礼貌的良好行为习惯，会使用"您、请、谢谢、再见"等礼貌用语。

游戏准备

玩具电话、玩具手机若干，生日蛋糕，蜡烛等。

---

① 全国幼儿园协会：《幼儿园语言教育活动指导》，185～186 页，北京，北京师范大学出版社，2002。

游戏过程

步骤一：出示实物，设置游戏情境

教师出示生日蛋糕，对小朋友说："今天是红红的生日，她很想邀请几个小朋友到她家去玩，和她一起分享生日的快乐。她会用什么方式邀请小朋友呢？今天老师要和大家一起玩'打电话'的游戏。"

指导反思：创设游戏情境的方法有很多，但对于小班幼儿来说，应尽量采用直观材料的形式，如在这个环节中教师呈现生日蛋糕创设游戏情境，能够迅速吸引幼儿的注意力，激发其好奇心和参与游戏的兴趣。

步骤二：介绍游戏规则和玩法

"打电话"游戏要有甲、乙两方进行对话。打电话时，先拿起电话听筒，然后拨号，拨号接通后才能讲话，讲话完毕要将电话挂好。讲话时要分清不同的角色和关系，表达要清晰、简洁、完整，说话要自然，正确使用礼貌用语。

指导反思：小班幼儿知识经验并不丰富，因此要使游戏能顺利进行，需要由教师先来介绍游戏玩法及注意事项。在这个环节中，教师提出了明确、具体的要求，使幼儿对游戏过程有了基本的认识。

步骤三：教师参与游戏，帮助幼儿理解和掌握游戏规则

首先，教师示范。教师先给方方小朋友打电话，拿起听筒："喂，你好！是方方吗？我是红红，今天是我的生日，我想请你到我家来参加我的生日晚会。你有时间吗？晚上 7:00 开始，一定要来啊，再见！"教师要提醒幼儿注意分清对象，认真倾听对方说话，学会比较清楚、有条理地表达自己的愿望和要求。

其次，教师引导幼儿游戏，特别是与个别幼儿的游戏。教师向幼儿询问一些在幼儿园和在家的情况，互相对话，也可以让小朋友自己给自己的父母打电话，把一件事情简明扼要地说清楚："喂，是妈妈吗？我告诉您一个好消息。'六一'儿童节到了，我们班要表演一个舞蹈节目，我被选上当跳舞的小演员了，还要上台表演节目呢，我真高兴！"教师鼓励幼儿用丰富的语言表达自己与人交谈的愿望，及时纠正幼儿错误的表达方式。

指导反思：在了解游戏的玩法之后，教师要先进行示范，以开头创设的"红红过生日"为情境，给小朋友打电话，清楚、有礼貌地表达自己的想法。然后，教师引导幼儿进行游戏，游戏中打电话的对象既可以是同伴，也可以是家人、教师等。教师可以让幼儿充分发挥想象，进行对话。

步骤四：幼儿自主游戏

教师请两名能力较强的幼儿扮演不同的角色打电话，内容可以是教师规定的，也可以由幼儿自定或即兴发挥；幼儿两人一组开展游戏，教师巡回观察、指导。

指导反思：在自主游戏的环节，教师先请两名幼儿在集体面前进行游戏，然后让所有幼儿两两结组、自由游戏。这样使得每个幼儿都有参与游戏的机会，增加了幼儿活动的积极性。在幼儿自主游戏的过程中，教师应放手让幼儿自己游戏，教师可退回到旁观者的位置，尽量少干预幼儿之间的游戏。当然，教师应密切观察幼儿的活动，了解幼儿游戏的状况，在需要的时候提供帮助和支持。

步骤五：游戏拓展

打电话的内容广泛多样，幼儿可以多样选择。打电话的地点可远可近，电话可以是本地区的，也可以是全国其他城市的，甚至可以是国际长途。在游戏中教师还可以对幼儿进行自我保护的教育，让他们记住自己家的电话号码，或者一些重要的电话号码，如"110""119"等。

指导反思："打电话"游戏内容本身就很贴近幼儿生活，在这个环节教师进一步将游戏内容与日常生活紧密结合，丰富了幼儿相关的知识经验，还很好地和自我保护教育相结合，使得游戏内容不断丰富、深化。

二、中班

(一)语言发展特点

中班幼儿的言语器官基本发育完善，基本上能够掌握汉语的全部语音，但仍会有少数幼儿对个别音感到发音困难，因此语音教育仍不可忽视。在这个阶段幼儿所掌握的词类范围不断扩大，对词义的理解也逐渐准确和深化。在语法方面，他们开始学会使用复合句，同时否定句、祈使句和感叹句也逐渐增多。但总体来看，中班幼儿语言的连贯性还较差，他们还不善于完整、连贯地讲述某个事件或描述某个实物。

(二)指导

进入中班之后，仍有个别幼儿发音不准，因此语音游戏还可以广泛开展，这也是受到幼儿欢迎的一种游戏类型。在这个阶段教师还可开展一些句子游戏和描述性讲述游戏，让幼儿学会有序、连贯、清楚地讲述一件事情。在游戏的设计和组织过程中，教师要注意游戏的趣味性，尽可能调动幼儿游戏的积极性。

(三)案例与分析

顶锅盖

游戏目标

1. 能遵守游戏规则，并积极地参与游戏活动。

2. 养成注意倾听的习惯，提高语言表达和动作反应的敏捷性。

3. 发准"盖、怪、菜"等容易混淆的字的字音，并能根据自己的生活经验，说出各种菜肴的名称。

游戏准备

物质准备：小铝锅盖一个。

知识准备：教师或家长在活动前丰富幼儿对有关菜名的认识。

游戏过程

步骤一：创设游戏情境

教师出示锅盖，用手指顶着锅盖的中心，口念游戏儿歌，营造一个轻松愉快的游戏气氛，引起幼儿对游戏活动的兴趣，然后带领幼儿一起念游戏儿歌，练习发准"盖、怪、菜"等字音。

指导反思：通过实物来创设游戏情境，引发幼儿兴趣，这是较为常用的方法。教师呈现出锅盖之后，口念游戏儿歌，生动、形象的演示容易调动起幼儿参与活动的积极性，为游戏的顺利展开奠定了基础。

步骤二：教师讲解游戏规则

幼儿必须边念儿歌边用食指顶着"手掌锅盖"。

儿歌念完，"手掌锅盖"才能去抓顶着锅盖的食指，同时食指也要赶紧缩回，不让"锅盖"抓住。若其被抓住，就要问："烧的什么菜？"被抓住的幼儿必须说出一道菜的名称，方能与"锅盖"交换角色，然后游戏继续进行。

指导反思：游戏规则中要求幼儿边念儿歌边进行游戏，这充分体现了语言练习的要求，并紧扣活动目标。教师讲解游戏规则时使用了简洁明了的语言，共分为三点将规则介绍清楚。

步骤三：教师引导幼儿游戏

教师可采用提问的方式，根据幼儿已有的生活经验，引导幼儿说出各种菜肴的名称。

教师扮"锅盖"，引导幼儿玩"顶锅盖"游戏：幼儿一只手做"锅盖"，另一只手顶锅盖，自问自答玩游戏。

指导反思：在幼儿做游戏之前，教师引导幼儿说出了各种菜肴的名称，这样接下来的游戏能够更丰富、有趣。然后，教师扮演"锅盖"和幼儿一起进行游戏，这种做法能够激发幼儿的参与兴趣。同时，教师的语言、动作都是带有示范、指导性质的，在教师的带动下，幼儿能够尽快进入游戏状态。因此，这个环节有着非常重要的意义。最后，活动逐渐过渡到幼儿能够自问自答，独自游戏。

步骤四：幼儿结伴游戏

幼儿两两结伴玩游戏，教师注意观察全体幼儿的活动情况，对出现的问题及时予以帮助和指导。

指导反思：幼儿掌握游戏规则和玩法之后，教师应放手让幼儿进行自主游戏。该教师采用的是让幼儿两两结伴的方法进行游戏，这样能够使所有幼儿参与进来，增强积极性。其实，这个游戏还可以采用多名幼儿围成一圈的方式来玩，能够进一步增强游戏的难度和趣味性。

三、大班

(一)语言发展特点

在正确的教育和引导下，大班幼儿基本能够做到发音标准、词汇丰富，而且语言表达也更加流畅。但他们还不能掌握和运用一些说话的技巧，如表情、语调、语速等，语言常常不够生动。

（二）指导

在大班可开展各种类型的语言游戏，但依据大班幼儿的语言发展水平，可适当减少听力游戏和语音游戏，增加词汇游戏、句子游戏和描述性讲述游戏，从而使幼儿的语言表达能力有所提高。但教师应注意，选用的语言游戏应考虑大班幼儿的实际水平，如在词汇游戏中，在丰富词汇的基础上可以进一步增加近义词、反义词的练习。

（三）案例与分析

接车厢①

游戏目标

1. 引导幼儿正确使用反义词，丰富幼儿的词汇。

2. 要求幼儿在游戏中能快速地说出反义词，培养幼儿思维的敏捷性。

3. 提高幼儿遵守游戏规则的自觉性，学习与同伴一起愉快地游戏。

游戏准备

写有儿歌的幻灯片。

游戏过程

步骤一：设置游戏情境

教师通过语言激发幼儿参与游戏活动的兴趣。建议教师这样提问："小朋友们，你们见过火车吗？火车是什么样子的？它是由哪几个部分组成的？"让幼儿知道火车是由火车头和一节节的车厢组成的。教师告诉幼儿："今天，我们大家一起来玩一个游戏，叫'接车厢'。"

指导反思：对于大班幼儿，教师可以采用语言创设游戏情境的方法，而且教师的引导语简洁明了，比较能吸引幼儿的注意力，激发幼儿对游戏的兴趣。

步骤二：介绍游戏玩法，交代游戏规则

大家一起念儿歌，扮演火车头的人，边用双手在胸前做开火车的动作，边在活动室里走动请"车厢"。

儿歌念完后，"火车头"必须站在一名幼儿面前，这名幼儿也要站起来。

"火车头"说一个词或一个句子，"车厢"必须对上相反的词句。

如果回答正确，扮演火车头的幼儿一起说："对对对，请你快来'接车厢'。"若回答错误，大家就说："错错错，请你好好想一想。"该幼儿就不能上来"接车厢"。

指导反思：此游戏的重点内容是学说反义词，这项内容已经转换成了游戏的规则，即对上相反的词就能当车厢，而且大家还要对答案进行验证。这样就做到了在玩游戏和遵守游戏规则的过程中，教师不仅达到让幼儿学说反义词的目的，还有效地训练了幼儿思维的敏捷性，提高了他们遵守游戏规则的自觉性。

---

① 朱海琳：《学前儿童语言教育》，185～187 页，北京，科学出版社，2009。

步骤三：教师带领幼儿游戏

可采用教师问、个别幼儿回答和集体练习的形式，运用游戏的对话方式，学习一对对的反义词。如我说上——你对下，我说大皮球——你对小皮球，丰富幼儿的反义词词汇。

教师带领幼儿学习游戏的儿歌："火车头，忙又忙，开来开去接车厢，开到这里说句话，对上了就是我的小车厢。"

教师扮演火车头，带领大家开展"接车厢"的游戏。教师先和大家一起念儿歌，再请个别幼儿扮演车厢，经过对答后，上来的"小车厢"依次双手搭在前一节"车厢"上连接起来，最后连接成一列长长的"火车"。教师带领幼儿在活动室绕一圈，从而进一步提高幼儿对游戏活动的兴趣。

指导反思：在幼儿基本了解游戏规则后，教师担任主角指导幼儿进行一轮游戏，这个环节非常重要。教师带领全班幼儿游戏，其语言、动作都带有示范、指导的性质。在教师的带领下，幼儿练习游戏中的规则性语言，可以尽快使幼儿进入游戏状态，并充分体验游戏的快乐。

步骤四：幼儿自主游戏

教师先请一名能力较强的幼儿扮演火车头，带领大家开展游戏。以后为了减少游戏等待的时间，教师可以同时安排3～4名能力较强的幼儿扮演火车头，带领全班幼儿进行游戏。游戏前教师要提醒幼儿自觉遵守游戏规则，"火车头"开车时应注意安全，尽量避免与其他"列车"发生冲撞事件。

指导反思：在这个过程中，教师可以放手让幼儿自己开展游戏，教师只是处于旁观者的位置，但是教师应该密切观察幼儿的活动，了解幼儿游戏的情况，并及时给予帮助和指导。此游戏比较适合采用分组的形式进行，这样可以减少等待时间，为幼儿提供更多练习的机会，让幼儿充分、自主地进行游戏活动，同时有利于幼儿与同伴合作能力的培养。

* * * * * * * * * *

拓展视频

视频资源

语言游戏"逛动物园"

设计者/河北省唐山市
第四幼儿园　冯冬雪

本章小结

语言是人类最为重要的交际工具和思维工具，它是以语音为物质外壳、以词汇为组织材料、以语法为结构规律而组成的符号系统。幼儿期是学前儿童语言发展的关键期，对于学前儿童而言，语言既是他们学习的内容，又是他们在学习过程中要应用的工具，只有掌握了语言他们才能以间接的方式去学习知识，只有学好语言他们才能有效地认识和把握世界，使自身的智慧潜能得以充分体现。因此，对学前儿童进行语言教育是非常必要的。大量教育实践已经证明，以游戏的方式进行语言教育深受学前儿童欢迎，同时也能取得良好的教育效果。在这一章，我们一起了解了学前儿童语言游戏的相关知识和基本问题。

真正的学前儿童游戏具有一个重要的本质属性即"自发性"，是指学前儿童自发的、由学前儿童内部动机所控制的行为，这样的游戏没有明确的目标，也不需要成人进行组织。而这里所说的"语言游戏"则具有明确的目标，并且要在游戏的过程中追求一定的结果，希望幼儿能通过游戏增强倾听的意识和能力、丰富词汇或掌握一些句式等。同时，在整个游戏的进行过程中，幼儿也需要教师的组织和指导。因此，语言游戏是指在教师的组织指导下，以发展幼儿语言为主要目的的有规则的游戏，其实质是一种"游戏化"的教学活动。幼儿自发产生的游戏，通常参与人数较少，有时是幼儿个人的行为，有时是两三个幼儿在一起玩。而语言游戏则常常涉及全班的幼儿，有全员参与的特点。

针对学前儿童好奇心强，目的性、坚持性差的特点，语言游戏把语言教学的任务和学前儿童喜爱的游戏方式巧妙结合，使学前儿童在轻松有趣的气氛中愉快地进行语言学习，最大限度地激发学前儿童说话的积极性和主动性，培养学前儿童口语表达的能力，真正达到"教学游戏化"的目的。

关键术语

语言游戏　听力游戏　语音游戏　词汇游戏　句子游戏　描述性讲述游戏

思考题

1. 名词解释

语言游戏

2. 简答题

(1)简述语言游戏的目标。

(2)简述语言游戏的基本特征。

(3)简述语言游戏组织与实施的基本结构。

3. 游戏实践

(1)尝试设计五种类型的语言游戏各一个。

(2)尝试在幼儿园里进行语言游戏实践。

拓展阅读

1. 王哼. 幼儿园语言游戏 50 例. 福州：福建教育出版社，2016.

2. 卓萍，程娟. 幼儿园语言活动设计案例. 武汉：武汉大学出版社，2018.

3. 周兢. 幼儿园语言教育资源. 北京：人民教育出版社，2015.

第十章　音乐游戏

课程思政 ▶

　　本项目在尝试分析幼儿园音乐游戏常见问题的基础上，帮助学生学会运用奥尔夫音乐教学法、柯尔文手势等方法，引导学前儿童自由创编，在节奏和旋律中愉悦地游戏，获得良好的情绪体验。

学习目标 ▶

　　1. 通过学习音乐游戏的相关知识，能正确认识音乐游戏的含义、特点、作用、种类、原则，掌握音乐游戏的指导要点。

　　2. 了解学前儿童音乐游戏方案的设计模式，树立正确的教学观、儿童观。

重点和难点 ▶

　　1. 音乐游戏的分类。

　　2. 音乐游戏的组织方法。

　　在学前儿童的成长过程中，游戏是最重要的教育活动之一。学前儿童在轻松、愉悦的音乐游戏的氛围中学习与探索，不仅能提高对艺术的感知与审美能力、开发和增长智慧、发展想象力和创造力，还能够提升表达与表现能力。

第一节　音乐游戏概述

　　音乐是艺术中的一种特殊形式。音乐具有特殊的音响运动，能够唤起人的情感共鸣；音乐是声音的艺术，通过听觉的感知与触动，能够体验旋律的高低、长短、强弱与快慢；音乐是时间的艺术，通过在作品中获得不同的音乐形象，激发情感上的共鸣与联想；音乐是情感的艺术，通过有组织的乐音体系编织着各种调式的色彩、旋律、节奏与音色，以借声传情的特殊手段打动和感染着每个人。音乐具有艺术中特有的力量，音乐疗法的先驱朱丽叶·阿尔文提出音乐能够改变人的情绪，因为音乐能影响人的意志与意识，使聆听者与演奏者同时感受其振奋人心的力量。

陈鹤琴先生认为应当重视儿童的音乐教育，用音乐来丰富儿童的生活，培养儿童的意志，陶冶儿童的情感。音乐教育是艺术教育的重要组成部分。音乐游戏更是学前儿童音乐教育活动中的一种特殊活动形式。

一、音乐游戏的含义

音乐游戏是在音乐的伴随下围绕学前儿童音乐教育活动中一定的要求，以发展学前儿童音乐能力为基础的有规则的游戏。音乐游戏是学前儿童喜欢并乐于参与的游戏形式，更是将音乐教育的内容与游戏形式联系在一起的活动形式。音乐是音乐游戏的灵魂。音乐游戏是学习音乐的手段，音乐游戏必须伴随音乐，才能更好地实现音乐教学的目的。音乐游戏不是单纯地把音乐作为背景和陪衬，而是利用音乐特有的符号和类型带动学前儿童加入游戏活动中，使音乐的旋律、节奏、声调、韵律等音乐要素有机地结合在游戏中，通过生动有趣的游戏形式表现出来，体现一定的游戏玩法与规则，让学前儿童在唱唱、跳跳、拍拍、打打、听听等多种形式的音乐活动中掌握一定的音乐知识、技能，享受快乐和交流的空间与时间，促进学前儿童对音乐的感受力和表现力。

音乐与游戏的关系是相互联系、相互促进的。音乐对游戏起着一定的支配、促进与制约作用，学前儿童要根据音乐的性质、节奏、情感、结构等方面进行游戏，在游戏中肢体动作、表情等的开始、过程、结束等要根据一定的音乐来安排。音乐游戏中的全部规则要建立在特定的学前儿童音乐教育活动目标的基础上，按照游戏中的规则帮助学前儿童具体、形象地感受和理解音乐，获得一定的情绪和情感。

二、音乐游戏的特点

(一)音乐性

音乐游戏离不开音乐的基本元素，即音乐内容、性质、节奏、结构。例如：在音乐游戏"动物狂欢节"中，教师通过选择圣-桑的交响乐《动物狂欢节》，让幼儿在游戏中感受不同乐器模仿动物的声音，如狮子、母鸡和公鸡、野驴、天鹅等，其中野驴的形象就是用华丽而朴实的钢琴演奏在表现，描绘的是野驴的奔跑，这种奔跑只用两架钢琴的快速乐句来体现，钢琴奏出急速流动的音阶乐句表现了野驴疾奔的情境。再如，优美典雅的大提琴描绘和赞咏了天鹅圣洁、优雅的形态，钢琴平静的音乐流动展现了清澈的湖面的碧波荡漾。乐曲中调性的变化为音乐增加了色彩，更突出了作品中乐器灵活运用的巧妙与音乐的特性。教师通过让幼儿倾听交响乐，对比表现作品形象的音色特点，帮助幼儿体验不同乐器展现的音乐风格，从而达到感受与学习音乐的目的。

（二）游戏性

在学前儿童音乐教育活动中，游戏不再仅仅是活动的内容，还是活动的重要形式和手段。音乐游戏的游戏性不仅体现在其教育内容中含有"音乐游戏"这样的特殊成分上，更体现在它的活动形式和方法自由、灵活、丰富多样上及有娱乐、玩耍、好玩的感觉上。具有游戏性质的音乐活动能够吸引学前儿童自觉自愿、快快乐乐地投入活动中，体验轻松与愉悦。如在音乐游戏"头发肩膀膝盖脚"中，教师带领幼儿在唱与默唱交替唱、变化速度唱的游戏形式中活动，发现幼儿兴趣很高，其实幼儿在活动的过程中觉得很好玩则正体现了游戏性的基本特点。

（三）情境性

音乐游戏中具有一定的情境性，能够积极调动学前儿童的兴趣，并吸引学前儿童主动地参与到活动中。如在音乐游戏"小兔乖乖"中，整个音乐分为两部分，即"小兔"的音乐和"大灰狼"的音乐，在玩游戏时幼儿根据音乐所展示的情节和内容进行表演。在游戏中，情境性的创设让幼儿跟随音乐的起始，分别带上头饰扮演小兔子、兔妈妈和大灰狼的角色，感受情境，使幼儿增加了对音乐作品的理解，同时增加了想象和创造的空间，并在动作表现上有了一定的自由发挥空间。

（四）动作性

学前儿童天生就是活泼好动的，在学前儿童音乐游戏中体现肢体、表情等动作的表达，正是符合学前儿童阶段的年龄特点的。如音乐游戏"小老鼠上楼梯"，要求幼儿能用身体的动作来表现音乐的形象。当歌曲中唱到"小老鼠上楼梯"时，幼儿跟随教师一起一边唱"哆来咪发嗦啦西"的上行音阶，一边扮演出小老鼠蹑手蹑脚抬腿上楼梯的动作形象；当唱到"小老鼠下楼梯"时，同样跟随游戏的进行又一起唱出"西啦嗦发咪来哆"的下行音阶，同时做出摔跤状，发出摔跤后"哎哟，哎哟"的呻吟声。幼儿在音乐游戏中表现出一定的肢体动作和表情，既活动了自己的身体，又感受了音乐作品中的形象，同时也增强了对音乐的感受性。

三、音乐游戏的作用

（一）发展学前儿童的音乐能力

音乐能力是人的基本能力之一，它是人们在从事演唱演奏、音乐欣赏或创作等音乐实践活动中表现出来的活动本领，同时也是反映个人音高感、节奏感、音乐听觉表象等的个性心理特征，是多种能力的综合表现。音乐能力表现在音乐活动中，既是学前儿童今后顺利从事音乐活动的条件，又必须通过音乐活动来发展。教师通过音乐游戏的活动形式，让幼儿在游戏中倾听音乐、进行节奏活动、运用歌唱与演奏乐器的形式充分感受与表达，使幼儿的音乐能力在音乐游戏中得到激发、挖掘和发展，从而提高对音乐的感知能力、音乐记忆能力、想象能力及音乐动作调节控制能力等。

(二)丰富学前儿童的情感

学前儿童的情绪和情感往往是不稳定的，音乐游戏有助于学前儿童情感的稳定与发展。音乐游戏中有着一定的旋律、节奏、声调等音乐要素，声音的表达可以为学前儿童传递一种美好的感情，可以拨动幼儿内心的琴弦，使他们产生一定的情感体验。如在音乐游戏"玛丽的小羊羔"中，幼儿表演小玛丽有了一只真正属于自己的小羊羔时的高兴，跟随节奏与旋律，幼儿会在内心中呈现出欣喜与快乐的情绪，而当音乐表现到小羊羔走丢了找不到时，幼儿在内心中又会跟随音乐表现出伤心与难过的情绪。这种巧妙而特殊的情感培养方式，既可以满足幼儿内在的心理需要，又可以提高幼儿对音乐的感受与表达；既可以丰富幼儿的心灵世界，又可以陶冶幼儿的情操。

(三)有助于学前儿童形成健康的个性

学前儿童通过在游戏中接触音乐的方式去感受旋律的起伏、音色的变化、节奏的明快、速度的统一与变化，并随时根据音乐的变化做出反应。这不仅使学前儿童在游戏中学会了听辨不同旋律、节奏、节拍、速度等音乐的基本技能，还促进了学前儿童良好健康个性的形成与发展。在不同的音乐游戏中学前儿童能够根据不同的音乐作品体验勇敢、快乐、勤劳、独立、坚定、自信。如音乐游戏"小蜜蜂"中幼儿扮演勤劳可爱的小蜜蜂，飞来飞去忙采蜜，歌唱小蜜蜂"嗡嗡嗡、嗡嗡嗡"，通过动作展示体会到蜜蜂辛勤的劳动过程，建立起劳动美的观念与乐于劳动的美德。

(四)促进学前儿童社会性的发展

参加集体组织的音乐游戏活动，既能使学前儿童建立初步的社会规则、学会与人交往与合作的意识，还能够培养学前儿童集体活动的协作精神，增强学前儿童的团队集体意识，从而为今后能够更好地适应社会、融入社会做好准备。如音乐游戏"洋娃娃和小熊跳舞"中，幼儿分甲外圈站立，在音乐的伴随下里圈与外圈的幼儿相互招手问好、相互拉手点头，又在拍手中说声再见，继续交新的朋友。在游戏中幼儿既熟悉了老朋友，又结识了新朋友，增加了同伴之间的亲密关系，锻炼了社会交往能力，培养了合作意识和自控能力。

四、音乐游戏的种类

音乐游戏根据不同的角度来划分，可以有不同的音乐游戏类型。

(一)从音乐游戏主体的角度分类

1. 自发性音乐游戏

自发性音乐游戏通常是学前儿童自发产生的，没有固定的规则、玩法和内容，没有功利性，带有一定的随机性、自发性和娱乐性。如幼儿找来瓶瓶罐罐做乐器，一边敲敲打打一边哼唱，一会儿又跳起舞来。整个活动由幼儿自己安排，活动显得很自由、快乐，教师一般不需干扰，突出幼儿独立自发的特点，幼儿会获得一定的成就感。

2. 教学性音乐游戏

教学性音乐游戏主要是围绕教学需要有目的、有计划地设计组织而展开的音乐游戏。在教师系统的设计与组织下，幼儿可以在活动中感受音乐的旋律、音符、节奏、速度等，并结合音乐的表现形式，根据游戏的基本要领，掌握音乐的基本要素，培养音乐感受力、表现力和创造力，同时锻炼感官与身体的协调能力。

(二)从音乐游戏发展能力的角度分类

1. 听觉游戏

听觉游戏以发展学前儿童音乐听觉能力为主，通过学前儿童倾听音乐中的高低、长短、强弱、音色等不同特征，提高学前儿童对音乐基本要素的反应力、记忆力、整体感知与分辨的能力。如在游戏"巨人的脚步"中，当听到音乐中表现巨人走来的脚步声时，幼儿马上做出用力踏步的动作，当听到巨人远走的脚步声时，幼儿又做出轻轻点踏的动作。"脚步"的印象增强了幼儿的分辨能力，同时使幼儿体会了声音的强与弱。

2. 歌唱游戏

歌唱游戏以发展学前儿童运用嗓音进行艺术表现的能力为主，以歌唱的形式展开游戏，学前儿童在游戏中既可以享受歌唱的乐趣，又可以培养一定的音乐感受力。如教师带领幼儿玩"丢手绢"歌唱游戏时，大家一起围圈蹲，教师边唱歌边带领大家做简单的拍手动作，歌曲唱完后两个幼儿开始追跑，被追上的幼儿进行个人表演或担任下一任单独游戏者。在反复的游戏中，幼儿以自然的学习方法和过程学会了唱歌，同时获得了游戏的快乐。

3. 韵律游戏

韵律游戏以促进学前儿童身体运动能力和协调性的发展为主，学前儿童在乐曲的伴奏下，跟随一定的节奏做出相应的律动动作或舞蹈动作，培养学前儿童的音乐感受力、表现力和创造力。韵律游戏中的动作包括基本动作、模仿动作和舞蹈动作。基本动作指走、跑、跳、点头、摇头、拍手、弯腰、屈膝等动作。模仿动作指模仿动物、人的劳动、自然界的现象、日常生活及舞蹈中的动作等。如在游戏"洗澡歌"中，幼儿先观看教师扮演的猫咪妈妈洗澡前后的动作，试着模仿一些表现洗澡时冲冲水、搓一搓、抹一抹、冲一冲的动作，然后幼儿佩戴头饰扮演小猫咪跟随"妈妈"一同"洗澡"。

4. 节奏游戏

节奏游戏以培养学前儿童的节奏感为主，借助语言或动作，帮助学前儿童感受与表现作品的节奏美。节奏游戏可以分为语言节奏游戏、人体动作节奏游戏。语言节奏游戏包括人名、儿歌节奏游戏。人体动作节奏游戏中，通常把人体比作天然的打击乐器，幼儿边唱边做拍手、拍腿、踏脚、弹舌等动作。此外，教师可以通过节奏模仿、节奏应答的方式来组织幼儿进行游戏。如教师边拍手边有节奏地对幼儿说："请你跟我这样做。"幼儿也一边拍手一边有节奏地答："我就跟你这样做。"

五、音乐游戏的指导原则

（一）主体性原则

幼儿是教育的主体，更是发展的主体。音乐游戏中教师应充分尊重幼儿的主体地位，充分关注幼儿喜欢参与和乐于参与表现的特点。教师要以多样化的游戏方式引导和发挥幼儿的主动性、积极性和创造性，通过运用肢体动作、表情动作、嗓音等形式，通过借助身边的乐器、自然物、生活用品等材料，让幼儿在自由、快乐、主动的氛围中体验与表现，培养幼儿对音乐的兴趣，促进幼儿的主体发展。

（二）趣味性原则

音乐游戏材料的选择要符合幼儿的年龄特点和发展水平，既要保证游戏的玩法和规则，也要具有趣味性，为幼儿所喜爱。教师可以在每次游戏中尝试增加新的刺激和挑战，保持幼儿适宜的兴奋度，静动交替，使幼儿感受到游戏的起伏与变化。

（三）开放性原则

在音乐游戏中，教师要注重环境与游戏相互结合的作用，积极利用室内、户外的不同区域，建立开放性的音乐游戏环境，增加幼儿交流的机会，既要考虑提高幼儿的合作能力和水平，又要注重隐形课程的影响，不拘泥于学科、形式、内容等方面。

（四）活动性原则

音乐游戏要求教师能够带动幼儿伴随各种肢体、思维，甚至全身性的反应活动，使幼儿在活动中掌握音乐的基本知识、技能，加强幼儿对音乐的感受、体验与表达能力，培养幼儿活泼的个性。

六、音乐游戏的指导要点

（一）选编合适的音乐游戏，做好游戏准备

教师要根据教育目标、任务和要求，充分考虑幼儿实际的音乐接受能力和动作水平，顺应幼儿的身心发展需要，为幼儿选择和编写合适的音乐游戏。教师在确定好具体的游戏主题后，要选择恰当的教学方法，以激发幼儿参与游戏的兴趣，促进幼儿在现有水平上获得进一步的提高，给予幼儿成功体验。

教师必须在开展游戏之前熟悉音乐游戏的目标、任务、玩法，预测游戏中可能会出现的各种问题及解决办法。同时，教师要为幼儿提供游戏时间，确定合适的游戏场地，准备好游戏中必需的物质材料，如头饰、玩教具等，为幼儿认知、理解与音乐相关的各种知识经验做好充分的准备。

(二)教会幼儿正确地做游戏

1. 介绍音乐游戏的名称、内容

不同的游戏都有不同的任务、玩法和规则。在做音乐游戏时，教师首先要让幼儿了解所玩的音乐游戏的名称、内容。如做音乐游戏"找朋友"，教师要先向幼儿介绍游戏的主题名称"找朋友"和小鸭、青蛙、小鸡、小鸟的角色，以及小鸭和朋友们互动、敬礼、握手、点头的情节和相互交换位置的规则等，这是指导幼儿玩音乐游戏的第一步。

2. 引导幼儿熟悉游戏中的音乐，学会其中的歌曲或乐曲

音乐游戏中，教师让幼儿熟悉其中的歌曲或乐曲。如教师在讲解完游戏内容和情节后，教唱游戏中的歌曲，而对没有歌词的乐曲，教师则可以指导幼儿注意倾听乐曲的节奏、旋律，带动幼儿跟随音乐打节拍哼唱或做具体的分解动作，感受音乐的特点，并利用优美的旋律创造宽松、愉悦的音乐氛围，鼓励幼儿用肢体动作或嗓音等大胆地创造表达。

3. 示范、指导幼儿学会游戏中的动作

音乐游戏作为有规则的游戏，有一定的玩法和规则。教师应以简洁明了、生动形象的语言和准确的示范动作，帮助幼儿学会游戏的基本玩法和掌握游戏的基本规则。如教师可以充分利用眼神、手势、动作等非语言行为来表现与表达，并引导幼儿积极地模仿与创造。教师指导幼儿学习游戏中的动作时尽量提供形象、生动、丰富、多样的示范，如指导幼儿跟随音乐作品在游戏中做"小鸟飞""小兔跳""小鸭走路""挤牛奶""抱娃娃"等各种动作。这些动作易于幼儿模仿，有助于提高幼儿参与游戏的兴趣。

(三)调动幼儿积极性，进行针对性指导

在幼儿学会游戏后，教师还要鼓励幼儿积极、主动地参与游戏，在参与过程中促进幼儿的认知、动作、审美、合作等能力的提高。发挥教师的角色影响，教师的角色要跟随游戏的发展需要而变化。如游戏前，教师自身是设计组织的主体；游戏开始后，教师变为幼儿的"玩伴"；游戏结束时，教师又承担评价反思的角色。

(四)做好游戏结束工作

游戏结束前，教师可以引导幼儿整理游戏材料和场地，根据幼儿在游戏中的具体表现做出评价和总结，并保持幼儿对再次游戏的新鲜度。

七、音乐游戏的常见组织方法

(一)利用柯尔文手势组织学前儿童进行音乐游戏

教师可以用直观的柯尔文手势表示出每个音的相对高度，引导幼儿观察手势掌握音准，还可以让幼儿与教师一起做手势动作，边唱边做激发幼儿参与音乐游戏的兴趣。

(二)利用奥尔夫音乐教学法组织学前儿童进行音乐游戏

奥尔夫音乐教育是世界著名、影响广泛的三大音乐教育体系之一。奥尔夫的音乐教育理念是原本性的音乐教育。原本的音乐是和动作、舞蹈、语言紧密结合在一起的，它是一种人们必须亲自参与的音乐，即人们不是作为听众，而是作为演奏者参与其间；它是先于智力的，不用什么大型的形式，不用结构；它带来的是小型的序列形式、固定音型和小型的回旋曲形式。原本的音乐是接近土壤的、自然的、机体的、能为每个人学会和体验的、适合于儿童的。利用奥尔夫音乐教学法组织学前儿童游戏，即利用奥尔夫声势、奥尔夫乐器、集体舞等形式组织学前儿童进行音乐活动。

(三)感受固定节拍

教学中出现的有规律的律动，可以刺激学前儿童体验固定拍，为以后学习节奏打基础，可通过游戏的活动使学前儿童加强有规律运动的感觉。

(四)训练节奏感

学前儿童能够独立、自信地伴随歌曲或歌谣表演出稳定的固定拍后，就能够意识到节奏了，既可以培养节奏感，也可以进行多声部节奏练习。

(五)识别力度和音色

可以用游戏的形式让学前儿童分辨声音的强弱变化和音色的差异。

第二节 学前儿童音乐游戏案例与分析

一、小班

鲨鱼来了

设计意图

音乐游戏是学前儿童艺术启蒙教育中的一个重要手段。伴随音乐符号的游戏能够锻炼幼儿的听觉，并且运用身体的姿态和动作表现生活，能够提高幼儿身体动作的协调性，发展幼儿的想象力和动作的表现力。

游戏目标

1. 让幼儿在音乐中感受节奏的快慢、强弱和气氛。

2. 培养幼儿对音乐游戏活动参与的兴趣。

3. 锻炼幼儿的倾听能力，培养幼儿的感受力、表现力。

游戏准备

活动音乐，小鱼头饰若干、鲨鱼头饰。

环境布置：水草、珊瑚礁。

游戏过程

步骤一：开始部分

教师："小朋友们好，现在请小朋友们听一段音乐，听一听、猜一猜是谁来了？"

（教师播放音乐）

教师："是谁游来了呀？"

幼儿："小鱼。"

教师："那小朋友们喜不喜欢小鱼呢？"

幼儿："喜欢。"（教师分发小鱼的头饰）

教师："小朋友们想一想，小鱼们是怎么游的呀？"（幼儿做各种游的姿势）

步骤二：基本部分

一名幼儿自荐扮演鲨鱼，其他幼儿扮演小鱼。

教师："小朋友们，我们一起做游戏吧。"（边放音乐边做动作，音乐声逐渐减小）

教师（轻声）："小朋友们想一想，在深深的大海里会存在哪些危险呢？"（小朋友们各抒己见）"那我们小心一点，慢慢地游吧！"

此时，教师播放鲨鱼出场音乐，鲨鱼突然出现："我是海底之王，没有谁比我强。"鲨鱼开始追击小鱼。（幼儿在感受的基础上自主想象用动作去表现鲨鱼的形象）

教师："刚才鲨鱼来的时候小朋友们怕不怕呀？"

幼儿："怕！"

教师："我们一起想想办法，鲨鱼来了，我们怎么办呢？"（介绍环境，由此联想怎么躲避鲨鱼）

鲨鱼和小鱼继续游。鲨鱼再次出现抓走小鱼，鲨鱼离开。

教师："小朋友们说一说你是怎么避开鲨鱼的？"

教师总结幼儿的各种方法（躲在水草里或珊瑚礁里）。

鲨鱼又一次出现，教师引导幼儿躲在安全地带，鲨鱼离开。

教师："小鱼们出来吧，大鲨鱼游走了！拥抱一下我们的小勇士们，你们成功地躲避了大鲨鱼的攻击！"

教师："小鱼们都游累了，鲨鱼也游远了，让我们安心地休息一下吧！"

步骤三：小结

评析

教师创设了一定的游戏意境，以"鲨鱼来了"为主线，带动幼儿一起倾听，一起随着情境做动作，一起想象与创编动作，非常符合幼儿的年龄特点，有一定的角色分配，游戏中有幼儿发挥想象力的空间，能够让幼儿自主地选择角色扮演并跟随音乐去表现。

（邯郸学院教育学院，学前教育系 09 学前东四组全体）

二、中班

摘果子

设计意图

根据奥尔夫的音乐教育理论，幼儿园音乐教学的目的是挖掘和发展人自身潜在的音乐素质和能力，培养幼儿对音乐的兴趣，使幼儿初步感受美、表现美。音乐教学内容的选择必须根植于幼儿"自然的生长土地",符合幼儿自然发展的法则,还要符合幼儿的身心发展,紧密联系幼儿的生活实际。教师要精心选择一些特点鲜明、易被幼儿接受的乐曲,在不同场合使用不同音乐,能有效激发幼儿的兴趣。因此,教师选择了奥尔夫音乐中的《摘果子》音乐选段,用生动有趣、引人入胜的独特教学方法,融入音乐节奏、音高、音色的认识及音乐形象的体验,鼓励幼儿在快乐的环境中兴致勃勃地参与音乐活动,提高幼儿听辨高低音的能力,让孩子用肢体动作大胆地表达自己对音乐的感受力。

游戏目标

1. 锻炼幼儿对高音及低音的辨别能力,培养节奏感。
2. 能够跟随音乐的变化学会运用肢体语言来创编动作。
3. 鼓励幼儿大胆表演,体验游戏带来的快乐。

游戏准备

音乐磁带、红色绸带每人一根。

游戏过程

步骤一:开始部分

幼儿一起唱拍手歌围成半圆坐下。

步骤二:练习听辨高音和低音

教师在钢琴上弹出几个音,如果孩子们听到的是高音,小手指就向上点;如果听到的是低音,小手指就向下点。

步骤三:欣赏理解音乐,认识音乐中的高音和低音

教师开始放音乐,如果孩子们听到的是高音,小手就向上跟着音乐节奏摆动;如果听到的是低音,小手就向下跟着音乐节奏摆动。教师要引导幼儿创编不同的动作来表现高音和低音,并跟着音乐大胆表现。

步骤四:音乐游戏——摘果子

"今天我们要去摘果子。"教师提问:"果园里种着什么果子?哪些是长在树上的?哪些是种在地上的?长在树上的我们可以怎么摘?种在地上的我们可以怎么摘?"(鼓励幼儿创编往上摘果子的动作和往下摘果子的动作)幼儿跟着音乐,听到高音,从树上摘个大苹果,听到低音,在地上摘颗小草莓。

做完一遍游戏后,教师引导幼儿:"果园里除了苹果和草莓外,还有什么果子?"根据幼儿的回答,教师引导幼儿跟着音乐摘果子两次。

步骤五:共同庆祝果子丰收

幼儿每人一根绸带跳丰收舞,教师鼓励幼儿自由创编高音和低音的动作。

评析

音乐游戏中的听觉游戏侧重对幼儿音乐和声音的分辨能力的训练,特别是注重培养幼儿对于音乐中音的高低、强弱、音色、快慢等方面的分辨能力。该游戏以摘果子为主题,通过摘果子活动,一方面使幼儿体验游戏的快乐,另一方面使幼儿锻炼音高低变化的辨别能力。该音乐游戏活动比较贴近幼儿的生活,使幼儿易对活动产生一定的兴趣,并较容易地投入游戏中。游戏中带有一定的动作的创编环节,加上绸带的使用，幼儿进一步发挥了想象力和创造力，同时感受了丰收的喜悦。

三、大班

大鞋和小鞋

设计意图

在幼儿们家里的鞋架上排列着各式各样的鞋子，幼儿特别喜欢穿爸爸的大拖鞋、妈妈的高跟鞋、弟弟的老虎鞋，穿大鞋和小鞋是幼儿在生活中很喜欢做的一件事，教师抓住幼儿的这一兴趣点，挖掘其蕴含的教育因素，设计了本次音乐游戏。歌曲《大鞋和小鞋》的歌词结构工整、旋律活泼轻快、节奏富有对比，幼儿通过游戏感受歌曲的节奏的不同、强弱的变化，体验音乐活动带来的乐趣。

游戏目标

1. 借助小图谱记忆歌词，进一步感受歌曲的旋律，完整准确地演唱。

2. 学习表现歌曲中大鞋和小鞋的强弱变化。

3. 体验歌唱游戏带来的愉悦。

游戏准备

经验准备：幼儿穿过大鞋和小鞋。

物质准备：图谱、若干小动物爸爸和宝宝的头饰（如熊爸爸和小熊头饰、公鸡爸爸和小鸡头饰等）。

游戏过程

教师通过倾听音乐，启发幼儿回忆所学歌曲；通过提问，引出所学歌曲《大鞋和小鞋》；引导进一步认识大鞋和小鞋的不同特征。

教师创设游戏情境，请幼儿戴上小动物头饰分别做穿大鞋和穿小鞋走路的动作进行练习，感受沉重缓慢和小巧轻快；指导幼儿演唱歌曲，增加幼儿的演唱兴趣，并加深他们对歌词的理解和记忆。

游戏一：图谱藏起来

教师先把第二段图谱藏起来，幼儿尝试演唱出被遮住的部分；再把第一段图谱藏起来；最后把所有的图谱藏起来。

游戏二：表演歌曲

幼儿有感情地完整演唱。

游戏三：与客人——教师互动游戏

教师唱大鞋的部分，幼儿唱小鞋的部分。

附儿歌

大鞋和小鞋

1=D 2/4

金 潮词

活泼地

[1]
5 5 | 6 6 3 | [3] 5 6 5 | 5 5 1 2 | 3 — | [5] 4 4 |

1. 我 穿 爸爸 的 鞋， 就 像 两 只 船， 开 在
2. 我 穿 娃娃 的 鞋， 就 像 两 顶 帽， 套 在

[7]
3 3 1 | 2 3 2 | [9] 6 5 | 4 3 | [11] 2 2 2 2 | 1 — |

大 大 的 海洋 里， 踢 踏， 踢 踏， 踢 踢 踢 踢 踏。
小 小 的 脚趾 上， 嘀 笃， 嘀 笃， 嘀 嘀 嘀 嘀 笃。

[13]
5 5 5 | 6 6 6 | [15] 4 4 4 | 5 5 5 | 4 3 | [17] 2 2 2 2 |

踢 踢 踏， 踢 踢 踏， 踢 踢 踏， 踢 踢 踏， 踢 踏， 踢 踢 踢 踢
嘀 嘀 笃， 嘀 嘀 笃， 嘀 嘀 笃， 嘀 嘀 笃， 嘀 笃， 嘀 嘀 嘀 嘀

[19]
1 2 2 | 1 — ‖

踏， 踢 踢 踏。
笃， 嘀 嘀 笃。

评析

　　此游戏能从幼儿的实际年龄特点和发展需要出发，游戏重点强调幼儿能完整地演唱歌曲。游戏难点侧重在表现大鞋和小鞋的强弱变化上。游戏中唱的歌曲比较贴近幼儿生活，音乐节奏鲜明，并具有一定的趣味性。有情境的歌唱游戏活动，有一定的感染力，能够引起幼儿情感的共鸣，也易于被幼儿接受和理解。

（天津市滨海新区大港凯旋幼儿园，韩晓冬）

* * * * * * * * * *

拓展视频

视频资源

中班打击乐活动
"小兔采蘑菇"

设计者/河北省唐山市
第四幼儿园 王研

本章小结

本章主要介绍音乐游戏的含义，其特点为：音乐性、游戏性、情境性、动作性。

音乐游戏的作用主要有：发展学前儿童的音乐能力；丰富学前儿童的情感；有助于学前儿童形成健康的个性；促进学前儿童社会性的发展。除此之外，我们还要了解游戏的类型。音乐游戏的指导原则包括：主体性原则、趣味性原则、开放性原则、活动性原则。音乐游戏的指导要点：选编合适的音乐游戏，做好游戏准备；教会幼儿正确地做游戏；调动幼儿积极性，进行针对性指导；做好游戏结束工作。

关键术语

音乐游戏　自发性音乐游戏　教学性音乐游戏　听觉游戏　歌唱游戏　韵律游戏
节奏游戏

思 考 题

1. 简答题

(1)学前儿童音乐游戏的含义和特点是什么？

(2)学前儿童音乐游戏的作用有哪些？

(3)学前儿童音乐游戏的原则有哪些？

(4)如何进行学前儿童音乐游戏的指导？

2. 游戏实践

请你结合所学知识，设计一个学前儿童音乐游戏案例并进行分析。

拓展读物

1. 许卓娅. 幼儿园音乐教育. 北京：人民教育出版社，2018.

2. 陈蓉. 从头到脚玩着乐. 上海：少年儿童出版社，2018.

第十一章　美术游戏

课程思政▶

本项目创设良好的游戏实践条件，帮助学生掌握学前儿童美术游戏的相关基础知识，引导学前儿童进行绘画、手工活动，在轻松、愉快的氛围中获得良好的艺术享受。

学习目标▶

1. 通过学习美术游戏的相关知识，能正确认识美术游戏的含义、特点、作用、种类、原则，掌握美术游戏的指导要点。

2. 了解学前儿童美术游戏方案的设计模式，树立正确的教学观、儿童观。

重点和难点▶

1. 美术游戏的分类。

2. 美术游戏的指导重点。

学前儿童美术是人类美术活动中的一种特殊组成部分，在内容、形式上与成人有着很多不同之处。美术活动对于学前儿童来说是认识世界、了解世界的一种方式，活动反映着他们的智慧，更传递着他们的情感与交流。

第一节　美术游戏概述

美术作为艺术的一个分支，又被称为造型艺术、视觉艺术和空间艺术。它是运用一定的物质材料，如颜料、纸张、画布、泥土、木料、石头、金属等，通过借助美术语言中的线条、形体、色彩等形式，塑造可视的平面或立体的视觉形象，表达对事物的情感的一种艺术活动。

美术游戏作为美术活动与游戏相结合的游戏形式，在学前儿童实践教学中发挥着积极有效的促进作用。

一、美术游戏的概念

美术游戏是遵循学前儿童身心发展规律和幼儿美术活动特点，以学前儿童的生活经验和审美需要为基础，有目的、有计划地运用美术工具和材料，以游戏的形式来激发学前儿童对美术的兴趣，让学前儿童在轻松愉悦的游戏中感受美、表现美和创造美的活动。

游戏是学前儿童的基本活动。学前儿童尚不能运用成人的语言符号系统去充分地表达自己内心的需要、情感与愿望，在这种情况下，美术语言成为唤起学前儿童内心思想与情感视觉表达的有效形式。美术游戏是游戏中的一种特殊形式，美术游戏为学前儿童提供了积极尝试的机会，让学前儿童在绘画、泥工、纸工、小制作等各项活动中，熟悉多种材料的性能，培养学前儿童的形象思维和感受美、体验美、热爱美、享受美的能力，发展学前儿童的聪明才智。

二、美术游戏的特点

(一)情感性

美术游戏对于学前儿童来说本身就是一种自然的需要，他们通过游戏中的涂涂画画、剪剪贴贴等外在的符号形式自由地、尽情地表达自己的观点，抒发自己的情感，用美术语言与外界交流，表露内心的世界，展现心灵的情感。如一位 4 岁半的幼儿在玩"画妈妈"游戏时，用红色表现妈妈的脸颊和眼圈，又用一根根竖直的长黑线条表现妈妈的头发，表现妈妈生气着急的样子。

(二)创造性

美术游戏中要有一定的美术工具和材料，这些东西可以为学前儿童提供丰富的创作灵感和创作思路。幼儿借助这些材料做游戏，使美术游戏成为一种创造性的活动，即幼儿不只是按照教师提供的工具去操作体验，还会按照自己的想法，自己找工具去尝试创作，表达个人对工具、材料的认识与理解，成为一种富有个性的独特的表现方式。这种表现的方式正是艺术创作所需要和追求的。

(三)形象性

美术游戏中的各种美术符号透露和体现着其形象性的特点。如线条有长有短、有粗有细、有曲有直，色彩有深有浅、有明有暗，以线条和色彩为基础，还可以体现出对称、均衡、节奏、韵律、变化与统一的形象性构图规律。形象性的符号很容易激发学前儿童内心的冲动，带动学前儿童再次借助形象性的符号语言交流与传递。

(四)愉悦性

在美术游戏中，学前儿童通常可以获得精神上的满足感，体验成功后的快乐情绪。美术语言是一种特殊的语言，它主要由形体、明暗、空间、色彩、肌理、材质等独特的方式呈现，借助游戏，这些方式可以激发和感染学前儿童的情绪，使学前儿童挥洒心情、张扬个性，满足其游戏的天性，体验愉快感和成就感。

三、美术游戏的作用

(一)发展学前儿童的美术技能

虽然学前儿童的年龄较小，但仍能掌握一些简单的美术技能。在美术游戏中，我们可以通过有趣的主题让学前儿童在边做边玩中不知不觉地学习和掌握知识和技能。这样的活动既可以提高学前儿童对美术的兴趣，又可以发展一定的美术技能。如在"彩色的花"涂色游戏中，学前儿童通过操作各种美术工具，如水彩笔、油画棒、水粉颜料、毛笔、调色盘，在纸上进行涂色，既增强了动手能力，又获得了一定的美术能力。学前儿童在执笔、涂色、调色的过程中既学习了多种美术技巧，还了解了色彩，认知了事物的特性。

(二)促进学前儿童身体发展与协调

美术游戏中丰富多彩的绘画、泥塑、纸工、废旧物制作等游戏方式，对学前儿童的手、眼、脑并用能力和身体的协调能力的发展有着不可低估的作用。如在"涂鸦"游戏中，小班幼儿最初画出一些无目的的线条，在动作的体验中幼儿感受了涂鸦的快感。随着涂鸦线条的重复与增加，幼儿对动作的控制能力逐渐增强，小肌肉的协调能力也逐渐得到锻炼。

(三)提高学前儿童的审美能力

美术游戏中，教师利用适当的环境和条件，营造良好的艺术氛围，使幼儿自由观察、欣赏，在游戏中认知形状、色彩、比例方面的对称、协调与美观，从而提高了幼儿的艺术兴趣和审美情趣，提高了他们感受美、体验美、表达美的审美能力，使幼儿在美的感受和熏陶下，受到潜移默化的教育。

(四)有助于学前儿童想象、创造能力的发展

学前儿童时期是培养人想象力、创造力的黄金时期。教师通过美术游戏可以为幼儿提供大胆探索与实践的空间，为幼儿提供适宜的操作环境，让幼儿借助一定的美术工具和材料，在环境的相互作用下得到发展。丰富的材料和工具给予幼儿充分的想象空间，使幼儿变得更积极主动，使他们产生种种美妙的联想。宽松、愉快的游戏形式可以使幼儿玩得更自由、更大胆，还可以激活幼儿的创造思维，激发幼儿的创作激情。

(五)美术游戏可以促进学前儿童的交往能力

幼儿通过在美术游戏中与环境、教师和同伴的相互沟通与交流，可以获得一些社会性的认知，感受分享、合作、参与的快乐，提高在语言方面的交流与对话，使幼儿在人、事、物的相互作用中逐步提高交往能力。

四、美术游戏的种类

依据美术游戏的方式可以将其分为两大类，即平面造型游戏和立体造型游戏。

平面造型游戏主要指通过借助一定的工具和材料，如颜料、笔、墨、棉签、海绵、卫生纸、自然物等，在纸上进行平面二维视觉的绘画游戏活动，包括涂鸦游戏、玩色游戏、涂色游戏、刮画游戏、喷洒印画游戏、吹画游戏、指印画游戏、印章画游戏、粘贴游戏等。

立体造型游戏主要是利用手工工具，如剪刀、小刀、胶水等，通过对点状、线状、面状和块状材料进行撕、剪、贴、折、叠、塑等形式加工改造，表现三维的手工制作造型活动，包括玩泥游戏、折纸游戏、撕纸游戏、制作游戏等。

五、美术游戏的原则

(一)生活化原则

任何艺术的源泉都是生活，美术游戏中也离不开生活的因素。因此，美术游戏中无论主题、内容还是方法，都要体现与生活紧密联系的关系。如"彩色面条"撕纸游戏、"汉堡包"制作游戏、"美丽的大树"粘贴游戏等主题就是孩子们十分熟悉的内容，符合幼儿的接受水平，也容易引起幼儿的制作兴趣，同时也可以增强幼儿对现实生活的认识。

(二)审美性原则

美术游戏的内容和形式是具有美感的。不论是平面造型游戏，还是立体造型游戏，都有美的内容，能够让幼儿观察生活，感受自然美和生活美中的色彩、力量、运动、对称、和谐等，从而增强幼儿审美能力的敏感性。在美术游戏中，有效运用材料与工具，使幼儿受到美的熏陶，在环境的潜在教育下形成初步的审美能力。

(三)互动性原则

美术游戏不仅要有教师对幼儿的美术技能指导，还要有对幼儿兴趣、能力、品质、习惯等多方面发展目标的有机渗透。游戏中小组之间、幼儿与同伴之间、教师与幼儿之间的互动，可以使幼儿在游戏过程中增进自主、协商、合作等能力，锻炼解决问题的能力和与周围的人交流与互动的能力，有利于幼儿健康发展。

(四)个性化原则

在美术游戏中教师要学会尊重幼儿的个性。每个幼儿本身都具有独特的个性。教师要考虑到幼儿长远可持续的发展，引导幼儿积极参与，在进行美术游戏的过程中发展和培养幼儿的美术能力和兴趣，避免单纯的技能、技巧训练，由简到繁，为幼儿创设有利于个性发展的环境，采取多样化的活动形式、方法和评价手段，促进幼儿个性化的发展。

六、美术游戏的指导要点

(一)选择合适的内容，准备相关的知识经验

教师要坚持从幼儿熟悉或感兴趣的题材入手，以幼儿周围的、身边的现实生活为对象，选择幼儿日常生活中常见到的、常听到的、有趣味的，以及能在幼儿心中留下深刻印象的且有利于激发幼儿兴趣、想象力、创造力的内容。如利用超轻黏土玩制作小动物的游戏、表现妈妈形象的刮画游戏、表现美丽蝴蝶的印画游戏等，都是幼儿喜欢的主题。

教师要加强自身的美术修养，同时还要了解幼儿，做好相关的知识经验准备，帮助幼儿在各种活动中提前扩展知识经验，掌握幼儿美术发展规律的理论知识和感性经验，做好游戏前充分的准备工作。

(二)提供丰富有趣易操作的美术工具、材料

准备美术游戏中常用的绘画、手工工具材料，如水彩笔、水粉笔、彩色水笔、彩色铅笔、棉签、蜡笔、油画棒、墨汁、各种纸张(报纸、宣纸等)、水粉水彩颜料、自然物(树叶、花瓣、羽毛、小木棍等)、生活废旧用品(挂历、抹布、钥匙、瓶盖、小梳子、线绳、纽扣、酸奶杯、纸盒等)、水果蔬菜、各种泥工纸工工具(小刀、剪刀、胶水等)。教师可以发动家长一起收集卫生、安全的美术游戏所用的物品，保证幼儿做游戏时材料充分且易于表现和操作，同时有一定的趣味性，符合幼儿实际的年龄发展特点。

(三)游戏过程中进行适宜指导

1. 运用多种方式，激发学前儿童参与的欲望

教师要充分利用实物演示、提问、故事、猜谜等多种方式创设情境，尊重幼儿的兴趣，并在幼儿的兴趣点上挖掘有教育价值的内容，让幼儿在获得有关经验的同时体验到成功，增强幼儿的自信。幼儿具有好奇、好动的特点，教师可以让幼儿在创设的游戏情境中边玩边学，在游戏中探索知识并巩固美术的基本技能，同时体验游戏的快乐。

2. 提供学前儿童体验工具材料性能的时间和空间

在美术游戏中教师要告诉幼儿可以随时取用各种美术材料，允许幼儿轻松自由地对造型、颜色等方面进行创作，使幼儿在自由进行美术游戏时对美术语言产生一定的兴趣，能够完全沉浸在活动中并感到愉快和满足。

3. 教师耐心讲解游戏过程和基本的美术技巧

教师要注意让幼儿弄清其操作的关键和步骤，以帮助幼儿形成初步的美术技能，将其技能迁移到各种美术游戏活动中。教师可以让幼儿先进行思考，发现问题所在，用易于理解的语言讲解技法的原理及步骤，让幼儿通过自己独立的思考，在进一步理解的基础上去掌握技能技巧。

4. 鼓励学前儿童大胆创作表现

在美术游戏过程中，教师要多安慰与鼓励幼儿，帮助幼儿放松心情，减轻对美术游戏的畏惧和害怕的心理；降低难度，对幼儿提出低层次的要求，变换游戏的方式，引导幼儿创作较为简单的作品；正面强化，寻找幼儿创作中的闪光点，帮助幼儿增强信心。

（四）注意正确评价学前儿童的作品

在评价过程中，教师要注意幼儿的作品是否构思新颖、有创造力及材料工具运用是否恰当。教师运用鼓励、表扬等正面评价方式带给幼儿的是成功的体验，可以使其感受到游戏的乐趣。教师可用启发对话的方式与幼儿讨论，以鼓励幼儿美的感知觉和潜能的发展。

（五）帮助学前儿童养成良好的美术行为习惯

教师要帮助幼儿学会在活动前如何放置各种美术工具和材料，在活动中如何条理性地使用工具材料，保持桌面、地面、画面、衣服的整洁；在游戏结束的时候，组织幼儿配合教师一起收拾整理，以培养幼儿良好的画画习惯。

第二节　学前儿童美术游戏案例与分析

一、小班

棒棒糖

设计意图

幼儿园美术游戏的内容选取、美术工具材料的获得等多方面力求回归幼儿、回归生活和符合时代需要。教师考虑到小班幼儿手部肌肉发育不完善、动作不灵活等特点设计游戏，让孩子乐意玩彩泥、愿意尝试，使玩彩泥成为小班幼儿真正喜爱的游戏活动。

游戏目标

1. 引导幼儿学习压扁、团圆的简单手工技能，发展幼儿的手部小肌肉群。

2. 引导幼儿学会使用插棒、包纸等手工方法。

3. 增强幼儿做泥工游戏的乐趣。

游戏准备

彩泥，塑料小细棒，正方形彩纸若干，废旧材料泡沫板。

游戏过程

步骤一：充分感受

教师出示棒棒糖实物，让幼儿认识色彩、体验色彩的美；出示彩泥棒棒糖，引出"棒棒糖找朋友"的游戏主题，让幼儿观察圆形棒棒糖和扁状棒棒糖的立体造型，并同幼儿讨论圆、扁棒棒糖的特征和区别及如何制作棒棒糖。

步骤二：体验制作棒棒糖

教师演示：用彩泥团圆、压扁的方法制成糖块，插上塑料小细棒，包上彩纸做成完整棒棒糖。

幼儿亲自尝试制作棒棒糖。教师进行巡回指导，要求幼儿在操作的过程中不要把彩泥弄到桌子上，在用小细棒的时候千万不可以把细棒对着小朋友的眼睛。

游戏中鼓励幼儿尝试制作喜欢的棒棒糖，创作创新造型。

步骤三：交流与分享

幼儿分坐在不同的桌子前，小组间进行对话交流并相互展示。

步骤四：送彩泥宝宝回家

教师引导幼儿将彩泥放进塑料盒子中密封好，并放在固定的地方。幼儿检查自己的地面、桌面是否清洁，把自己制作好的棒棒糖统一插在废旧材料泡沫板上。

评析

有趣、宽松的游戏环境可以让孩子爱上玩彩泥。对于小班的孩子来说，创设富有生活气息的、有趣味的游戏情境是十分重要的。在认知和学习泥工技能的基础上调动幼儿创作的积极性，使幼儿利用学习的泥工技能创造出各不相同的棒棒糖，让幼儿在边说边欣赏的过程中体验玩彩泥的乐趣，感受色彩的变化。该游戏操作简单，效果突出。

二、中班

印章画游戏——小黑鱼

设计意图

李欧·李奥尼的绘本故事《小黑鱼》是一场美不胜收的"视觉飨宴"。绘本中使用了水彩拓印画、印章画的技法，展现了海底世界中许多色彩斑斓的生物，画面水多色淡如梦如幻，充满了如同在水中的透明感。

经过研读绘本，教师了解了绘本故事中小黑鱼团结同伴战胜大鱼的情节是故事的精华，同时也可以将其作为贯穿整个美术活动的主线。绘本展示线路"看—猜—看"和思考创作线路"试—想—再试"两两重叠的情节，可以有效引发孩子们大胆联想，使孩子在看看、想想、画画、印印中发展思维能力。

《小黑鱼》紧贴绘本精彩的拓印特点，加之中班幼儿对拓印技法和印章画法这两种类似游戏的作画方法兴趣高且乐于尝试，使本游戏更缜密且更贴近中班幼儿的特点。绘本中"小鱼群游成大鱼"这种团结协作的情感教育是本次活动的奠基石。

游戏目标

1. 了解新的绘画方式——印章拓印。

2. 初步学习有目的地确定图形的位置，尝试添画背景使画面丰富，体验作画的乐趣。

3. 大胆尝试拓印,感受拓印画游戏的乐趣。

游戏准备

绘本《小黑鱼》、小鱼印章若干、铅画纸若干、蜡笔、印泥。

游戏过程

步骤一:欣赏绘本《小黑鱼》,引出游戏主题

教师:"老师带来一本大书和小朋友一起分享,先看看书的封面上有谁呢?"

教师:"对,它叫小黑鱼。"

教师:"再看看书的封底上有谁呢?"

教师:"小黑鱼和小红鱼是好朋友,它们每天都在一起玩耍。"

步骤二:初次探索印章的用法

教师(出示一条小黑鱼范图):"一天早上,小黑鱼早已游出来玩了!可是,小红鱼们在哪儿呢?我们去把小红鱼请出来玩吧!"

教师(出示小鱼印章):"咦?这是什么呀?这个是印章。"

教师:"今天,老师想请小朋友一起用这个印章把小红鱼请出来玩,好不好?"

教师:"老师已经准备好了许多小鱼印章,印章在印泥上轻轻喝口水,在纸上用力按一按,停一停,这样小红鱼就能请出来啦!"

教师:"现在请小朋友来试一试,听好要求,怎样会使请出来的小红鱼和小黑鱼向同一方向游呢?"(幼儿尝试探索、操作印章)

教师:"大家看,这些小红鱼游的方向都一样吗?"

教师:"哪儿不一样呢?"

教师:"那怎样让印出的小红鱼和小黑鱼往同一方向游呢?"

教师:"你们刚才印小红鱼的时候,有没有发现印章上有什么秘密呀?"

教师:"看,这印章上面有什么?"

幼儿:"有一个箭头的标记。"

教师:"要是箭头←小红鱼和小黑鱼会向同一方向游吗?要是箭头→小红鱼和小黑鱼会向同一方向游吗?"(教师在展示台上示范,让幼儿进一步探索操作印章)

教师:"小红鱼和小黑鱼是否向同一方向游与印章上的箭头方向有关,箭头与小黑鱼同一方向,小红鱼才能和小黑鱼向同一方向游。"

步骤三:介绍游戏情节,继续欣赏故事,体会小黑鱼的害怕

教师:"突然有一天,从海浪里突然冲出一条大鲨鱼,它一口一口地把小红鱼吞到了肚子里,只有小黑鱼逃走了。"

教师:"啊呀,这条孤零零的小黑鱼可怎么办呢?我们赶紧帮它想想办法吧!谁想到办法了?"(幼儿自由讲述)

教师(出示想出对付大鲨鱼办法的画面):"我们来看看,小黑鱼想出了什么好办法呢?"

教师(小结):"原来小黑鱼想的办法就是和小红鱼团结起来游在一起,变成海里最大的鱼!小黑鱼说'我先来当眼睛',它教小红鱼各就各位,紧紧地游在一起,等

到它们可以游得像一条大鱼了，就能去对付大鲨鱼了！"

步骤四：展开作画游戏，幼儿操作，提出作画要求与规则

教师："大鲨鱼来了，我们赶紧帮助小黑鱼和小红鱼来对付它吧！但在对付大鲨鱼之前，老师有几个要求：先把想变成的大鱼的形状用蜡笔画出来，接着先印做眼睛的小黑鱼，再印和小黑鱼向同一方向游的小红鱼；千万不要让小鱼游的方向不一样，不然大鲨鱼就会发现的。"

幼儿作画，教师在游戏中做进一步指导：提醒幼儿先画出大鱼的形状，再印小黑鱼，最后印和小黑鱼向同一方向游的小红鱼；提醒幼儿小鱼游的方向要一致。

步骤五：分享交流，体验共同努力赶走大鲨鱼的快乐

教师："呀！我们来看看我们班的小朋友变的大鱼有没有被大鲨鱼发现呢？"（教师简单讲评）

教师："哇，我们把那条大鲨鱼赶走了，开不开心呀？我们看看书上的小黑鱼和小红鱼有没有打败大鲨鱼吧！"

评析

情境是重要的教育资源，情境的创设和利用能够有效地促进幼儿的发展。该美术游戏借用绘本《小黑鱼》的故事情境，使幼儿跟随故事的情境一起思考、一起探索操作印章的用法，同时体验印章作画的快乐，这本身就是一种很有趣味的活动形式。整体运用故事情境贯穿前后，带动幼儿对游戏产生了浓厚的兴趣，这也是该游戏的成功所在。

三、大班

彩虹泡泡

设计意图

幼儿通过看一看、说一说、想一想，用多种感官感知彩虹的特征，并为后面的活动做经验的铺垫。

游戏目标

1. 让幼儿在游戏中参与调制吹泡泡游戏的肥皂水。
2. 观察肥皂泡在阳光下的色彩变化。
3. 体会游戏中的快乐。

游戏准备

大班幼儿关于彩虹的绘画作品。

调制好的肥皂水一瓶，记录用的白纸一张，彩色油画棒一盒，用于调制肥皂水的小罐子，配好比例的洗洁精、水各放于小瓶子中，吸管若干。

幼儿用书第11～12页。

游戏过程

步骤一：欣赏彩虹的图片，引发对彩虹的讨论

首先，翻开幼儿用书第11页，认识彩虹。

教师："看看画面上有什么？你们看见过彩虹吗？彩虹有哪几种颜色？你们喜欢彩虹色吗？"

其次，出示彩虹的想象画，展开合理的想象。

教师："老师找了很多关于彩虹的画，大家看看这些彩虹像什么？"（弯弯的桥、美丽的彩带）

步骤二：和泡泡追逐游戏，发现泡泡身上的彩虹色

首先，教师吹泡泡，和幼儿一起玩耍，引导幼儿发现泡泡身上的彩虹色。

教师："彩虹有着七彩光，大家都很喜欢。那么我们身边有没有彩虹色呢？让我们一起来找一找。"

其次，幼儿集体记录泡泡的颜色。

教师："这些泡泡都是什么颜色的？请你们把看到的画下来。"

步骤三：自己动手调制肥皂水，制造彩虹

首先，观察教师调制肥皂水的过程，尝试调制肥皂水。

教师："你们想玩吹泡泡的游戏吗？我们自己动手，调吹泡泡的肥皂水吧。"

其次，在阳光下玩吹泡泡游戏，体验彩虹色的美丽。

教师："你们知道泡泡是怎样吹出来的吗？"（教师示范：拿吸管蘸一点肥皂水，再轻轻吹出来。）幼儿自由结伴，在阳光下玩吹泡泡的游戏，观察泡泡上的色彩，看看大泡泡和小泡泡上的彩虹色有什么不同，泡泡上的颜色在暗处和亮处有什么不同。

评析

美术游戏是幼儿认识世界的另一种语言。在美术游戏中，美丽的图画和色彩这些视觉材料能够充分调动孩子们的学习兴趣和绘画兴趣。在游戏过程中，教师通过让幼儿亲自动手制作肥皂水，用吹泡泡的形式让幼儿观察泡泡、彩虹的颜色，然后用画笔画出来。游戏的气氛活跃、生动，适合孩子们开展。

* * * * * * * * * *

拓展视频

大班游戏案例
"纸杯声响"

设计者/河北省唐山市
花苗实验幼儿园 陈宇佳

本章小结

了解美术游戏的概念，懂得美术游戏的特点主要是：情感性、创造性、形象性、愉悦性。

美术游戏的作用主要有：发展学前儿童的美术技能；促进学前儿童身体发展与协调；提高学前儿童的审美能力；有助于学前儿童想象、创造能力的发展；促进幼儿的交往能力。除此之外，还要了解美术游戏的种类。美术游戏的原则包括：生活化原则、审美性原则、互动性原则、个性化原则。美术游戏的指导要点：选择合适的内容，准备相关的知识经验；提供丰富有趣易操作的美术工具、材料；游戏过程中进行适宜指导；注意正确评价学前儿童的作品；帮助学前儿童养成良好的美术行为习惯。

关键术语

美术游戏　平面造型游戏　立体造型游戏

思考题

1. 简答题

(1)学前儿童美术游戏的含义和特点是什么？

(2)学前儿童美术游戏的作用有哪些？

(3)学前儿童美术游戏的原则有哪些？

(4)如何进行学前儿童美术游戏的指导？

2. 游戏实践

请你结合所学知识，设计一个学前儿童美术游戏案例并进行分析。

拓展读物

1. 张念芸. 学前儿童美术教育. 北京：北京师范大学出版社，2012.
2. 王彩凤. 学前儿童艺术教育. 上海：复旦大学出版社，2012.

第十二章　特色游戏

民间游戏、亲子游戏、手指游戏、电子游戏和绘本游戏，这些在学前教育中比较少见的游戏，在近现代学前教育中却成了传承优秀传统文化及促进学前教育现代化、科学化、人文化发展的助力。本章主要介绍一些目前在幼儿园中比较流行的特色游戏。

第一节　学前儿童民间游戏

一、什么是民间游戏

民间游戏是指流传于广大民众生活中的嬉戏娱乐活动，俗称"玩耍"，主要流行于少年儿童中和成人娱乐节目中。有些游戏项目在发展中逐渐完备，最后形成了竞技项目或杂技艺术。民间游戏是我国优秀传统文化的重要组成部分，因为它活泼有趣，具有群体性、活动性等特点，对于场地、玩具、时间、人数没有太高要求而备受人们欢迎。

说到学前儿童民间游戏，人们都会津津乐道，"荡秋千""滚铁环""跳皮筋""打弹珠""丢沙包""跳房子""捉迷藏""老鹰捉小鸡"等游戏伴随着几代人度过难忘的童年时光，深深地刻在他们童年的记忆中。

"踩高跷"游戏

游戏目标

1. 运用高跷进行幼儿的各种体育锻炼，发展创造力。
2. 促进幼儿平衡能力的进一步发展，提高幼儿动作的协调性和灵活性。
3. 使幼儿感受与他人共同游戏的快乐，培养其竞争意识。

游戏过程

步骤一：听音乐进入游戏情境，做准备活动

教师："今天森林里有一场特殊的运动会——踩高跷比赛，你们想去参加吗？呀！我们这么多人，要不就开辆小火车一起去吧！运动会开始前先活动活动我们的手脚吧！"（带幼儿做准备活动）

步骤二：提供器械，幼儿分散练习平衡动作

教师介绍器械及部分玩法：头顶沙袋走平衡木，或者空手站在平衡木上做单脚站立、侧走、后退走。幼儿活动，教师照顾并指导个别幼儿踩高跷。幼儿每人取一副高跷，分散站在场地上，自由尝试踩高跷。集体听口令练习踩高跷前走10步，后退10步，侧走10步，转圈10步。幼儿自由分散练习。

步骤三：做游戏"做客去"

幼儿听信号集合站在场地，教师介绍游戏玩法。

每队请一名幼儿示范。

全体幼儿一起做游戏。

教师总结游戏情况，幼儿听音乐跟教师做放松动作，结束。

评析

踩高跷是我国传统的民间游戏，也是幼儿非常喜欢的一项游戏活动。踩高跷可以发展幼儿的身体平衡能力，提高幼儿的动作协调性，发展他们团结协作和竞争的意识。本次活动的设计体现了民间游戏活动的特点，整个过程由易到难，由简单到复杂，循序渐进，利用游戏情境贯穿活动，在引领幼儿体验游戏快乐的同时，提高了他们身体动作的协调性与灵活性，培养了他们的竞争意识。

二、民间游戏的特点

(一)游戏过程的趣味性和娱乐性

民间游戏能够代代流传是因为其具有极强的趣味性,最主要的原因就是游戏内容生动、形式活泼,符合学前儿童好奇、好动的特点。例如:"木头人""捉迷藏"等游戏充满了孩子式的幽默;"摔烟纸盒"游戏中好看的图案、扇的动作和纸盒摔在地上发出的声音都给幼儿带来了乐趣;"放风筝""踢毽子""跳皮筋"等游戏则动感十足,能让孩子奔跑、跳跃,满足了其好动的需求。

(二)游戏开展的随意性

民间游戏对场地、空间要求很少,不需要太广阔的场地,不需要太高档的设施设备,也不需要很多人,在家门口、草地上、胡同口、沙场等各个地方都能玩,只要有学前儿童就可以随时开始。

(三)游戏材料的简便性、生活性和地域性

民间游戏来源于生活,是学前儿童对成人社会生活的创造性再现,带有浓郁的地域特色和生活性,材料简单易得。

(四)参与人员的群体性和活动性

很多民间游戏都需要几个人一起玩,有合作,有竞争,可以充分调动学前儿童身体的各部分感官参与游戏,具有群体性和活动性的特征。

三、民间游戏的作用

(一)有利于学前儿童锻炼身体,增强体质,发展智力

民间游戏不仅注重体能的锻炼,还注重脑力的开发,有助于发展智力,对认知发展起着重要的作用。民间游戏还需要动脑筋,可以使人的思维能力、想象能力、创造能力得到进一步的发展。

(二)促进学前儿童社会性和个性的发展

在民间游戏中,学前儿童之间的互动可以加强人与人的交流和沟通,促进学前儿童社会性的发展,能满足学前儿童的好动、好胜等心理,促进其良好个性的形成。

(三)促进学前儿童综合感知能力的发展,增强动手操作能力,促进眼、口、手、脑的协调统一

因为手工游戏必须动手操作才能成功,如民间游戏"线翻花",通过手指灵活地支、撑、勾、挑、翻、收、放等动作,便可以翻出各种生动有趣的造型图案。要求学前儿童做到眼尖、脑灵、手准,手脑一致,手眼协调。于是,学前儿童的视觉、触觉、运动觉、知觉得到了有效的训练。

(四)有助于学前儿童良好品德和行为习惯的培养,意志的锻炼

民间游戏能加强学前儿童的品德教育和行为习惯的培养,对促进他们身心和谐

发展，起着十分重要的作用。在游戏过程中，学前儿童将自身融入游戏中，通过扮演角色，反复感知和模仿角色，如游戏"过家家""贴烧饼""抬花轿"等，通过玩游戏，学前儿童学会了怎样和别人友好相处、相互合作，在潜移默化中培养了团结合作、勇敢顽强的好品质，锻炼了他们的意志。

(五)民间游戏与课程整合，有助于学前儿童情感的发展，拓展生活空间和学习空间

教师可以利用区角活动、一日生活、零散时间来开展民间游戏。

(六)有助于幼儿园、家庭、社区的多向交流

开展民间游戏，可以邀请附近或周边的传统艺人、志愿者等参与，能调动多方力量，促进多项教育力量的交流和融合。

(七)传承优秀传统民族文化

许多民间游戏都是民间手工艺、优秀传统文化的延续，教师设计和组织民间游戏，让学前儿童能更好地参与，就能让他们了解传统文化的瑰宝，学习一些初步的技能。

总之，民间游戏对学前儿童综合素质的培养有着重要的作用，是学前儿童学会学习社会、了解生活、获得知识、开发智力、增进才能、强健体魄的一种学习活动，让我们把游戏时间还给学前儿童，让他们在游戏中快乐地成长，给他们更多的自由时间和空间，学习体验生活，适应生活的能力，促进身心健康和谐的发展，还给他们一个快乐的童年。

四、民间游戏的价值

由于民间游戏的上述特点和作用，使得它在幼儿园教育教学和管理中具有两方面的价值及功能：一是有助于促进学前儿童的发展；二是有助于幼儿园的教育管理。

(一)民间游戏促进学前儿童发展的价值

1. 有助于学前儿童身体的发展

民间游戏可以较好地发展学前儿童的基本动作，为提高学前儿童的运动能力奠定良好的基础。发展学前儿童走、跑、跳、钻等基本的动作，需要经过大量的反复练习才能收到效果，如果只机械地反复让学前儿童做这些动作，不能引起学前儿童的兴趣，也无法调动其积极性，这样练习的效果就会受到影响。在搜集到的民间游戏中，大部分游戏都有助于发展学前儿童的基本动作。由于民间游戏具有浓厚的趣味性，因此能引发学前儿童参加游戏的欲望，吸引他们积极主动地参加游戏。在民间游戏中，有简单的角色、情节和简易的玩具材料，这使学前儿童在游戏中情绪积极高涨，乐而不疲。经常开展这些游戏，可以使学前儿童在游戏中完成体育锻炼的需求，达到增强学前儿童体质、发展学前儿童基本动作的目的。

由于民间游戏的开展具有较强的灵活性和随机性，因此它不会受时间和空间等

因素的限制。对于幼儿园来说，由于园舍及场地窄小、教育经费紧缺、体育活动设施及玩具价格不断上涨等因素，要做到确保幼儿每天有足够的户外活动时间，具有一定的困难。民间游戏的灵活性及随机性使幼儿能利用点滴时间和有限空间开展活动，从而保证了幼儿活动的总量。

民间游戏中既有促进学前儿童小肌肉群发展的游戏，如"弹蚕豆""买买肉"等；也有发展学前儿童大肌肉群动作的游戏，如"跳格格""城门几丈高""新娘坐轿"等。还有一些游戏可以帮助发展学前儿童动作的协调性、敏捷性和平衡能力。

2. 有助于学前儿童认知的发展

民间游戏可以丰富学前儿童自然、社会方面的知识，扩大其知识面。大多数民间游戏都配有童谣和儿歌，这些童谣和儿歌中包含着许多关于自然和社会的知识，如"荷花荷花几时开"等。当然，民间游戏的儿歌中也存在着不少迷信的或过时的、不正确的知识，这需要教师对其进行筛选和改编，将挖掘、搜集到的游戏童谣和儿歌加以改编并赋予其新内容，使幼儿在玩乐中接受新知识、获取新信息，如"骑铁马"这则游戏，教师就可以把城市所发生的巨大变化嵌入儿歌中。

民间游戏对发展学前儿童的口语表达能力具有特殊的价值，尤其是对小班幼儿。首先，对于小班的幼儿来说，不仅仅是要提高他们的口语表达能力，更重要的是其说话胆量的锻炼。在民间游戏中幼儿处于放松状态，心理上没有压力，可以大胆地说话，同时在游戏过程中作为游戏伙伴的教师对幼儿所提出的要求，幼儿也会乐于接受，并且会变得敢于说话。其次，在民间游戏中有丰富的"说"材料，可以使幼儿有说的内容和想说的愿望，变"要我说"为"我要说"，这就大大提高了幼儿口语发展的速度和效率。最后，民间游戏还可以发展学前儿童的思维、想象、记忆、判断等能力。

3. 有助于学前儿童社会性的发展

把民间游戏引入幼儿园教育中，对学前儿童的社会性发展具有很大的促进作用，主要表现为学前儿童自然的游戏伙伴关系有助于其社会性的发展。民间游戏一般都需要若干名学前儿童共同合作才能进行，如"推小车"(2人)、"炒黄豆"(2人)、"拍大麦"(2人)、"城门几丈高"(集体游戏)等。在游戏中学前儿童之间的言语交往随时进行，促进了学前儿童社会性语言的运用。民间游戏中也有约定俗成的游戏规则，学前儿童在游戏中必须遵守这些规则，才能使游戏进行下去。富有幼儿情趣的民间游戏对学前儿童具有很大的诱惑力，这会促使学前儿童控制自己的行为，遵守游戏规则。在游戏过程中学前儿童会遇到许多问题，如人数多了或少了、玩具不够了、大家对游戏规则的理解不一致等。通过游戏伙伴间的相互模仿、相互协调，学前儿童学会了遵守规则，与他人友好相处；学会了自己解决人际矛盾及控制自己的情绪和行为。在游戏中每个学前儿童都不断地更换角色。游戏伙伴中会很自然地产生"领袖"，这些"领袖"也会很自然地被淘汰，这可以培养学前儿童的责任感和组织能力，同时教育学前儿童要平等待人，树立团结协作的意识，克服任性、娇惯、唯我独尊等不良习气。

4. 有助于学前儿童良好个性及意志品质的发展

民间游戏的一个很重要的特点就是娱乐性，学前儿童在游戏中享有充分的自由，没有任何干预，自娱自乐；学前儿童的情绪是放松的，没有心理压力。民间游戏也带有竞争性，当学前儿童在游戏中获胜时，就能体验到成功的喜悦，使他们的心理得到极大的满足，从而增加自信心和成就感。同时，在游戏中学前儿童也会面临失败，这会使学前儿童产生挫折感，但有趣的民间游戏又吸引着幼儿，使他们能忍受遇到的挫折，克服自身的弱点，继续参加游戏。在这个过程中，学前儿童承受挫折的能力得到锻炼，活泼开朗的性格得到培养。为了使游戏顺利地进行下去，参加游戏的每个学前儿童都必须遵守游戏规则，这需要学前儿童学会自我控制。在游戏角色的分配上，学前儿童也在学习着控制自己的喜好和行为。因此，民间游戏有助于培养学前儿童良好的意志品质。

(二)民间游戏在幼儿园管理中的价值

在幼儿园中运用民间游戏来进行教育、教学活动，不仅有助于幼儿的发展，还有利于幼儿园的管理，这主要表现在以下几个方面。

1. 有助于"勤俭办园"

目前，对于郊区和农村的幼儿园来说，"勤俭办园"仍然是十分必要的。开展民间游戏，有助于缓解目前园舍场地窄小及幼教经费紧缺不足的问题。民间游戏灵活、自由度大，一般不受时间、空间等条件的限制，所需要的玩具材料也简便，可以发动本园教师自制玩具。

2. 有助于合理地安排学前儿童一日活动

幼儿一日活动包括许多环节，主要有来园、体育锻炼、作业、游戏、进餐、午睡和离园。在安排一日活动时，有两个问题需要教师很好地解决：一是活动内容上需要动静交替；二是环节的过渡要自然，减少幼儿的等待时间。民间游戏的种类非常丰富，来园是幼儿愉快地开始一天生活的关键，为丰富活动的内容，教师可以选择一些发展小肌肉群或手眼协调能力的民间游戏，如"挑棍"游戏、"弹蚕豆"游戏、"烟盒三角块"游戏等。在体育教学活动中，教师可以选择一些能促进幼儿大肌肉群发展的民间游戏，如"猫捉老鼠儿更天"游戏、"荷花荷花几时开"游戏等。在户外小型分散活动中，教师一般可以安排一些活动量适宜且可以培养幼儿交往、合作精神的民间游戏，如"跳皮筋"游戏、"炒黄豆"游戏、"跳格格"游戏等。一日活动中还有许多零散时间，如幼儿来园后、离园前、饭后等环节的时间，教师可以选择一些不受时间、场地限制且玩具携带方便、容易收拢的民间游戏，如"翻绳"游戏、"捉猴"游戏、"找东南西北"游戏等。这样，不仅使幼儿园一日活动的各个环节过渡自然，管而不死，放而不乱，重要的是减少了幼儿排队和等待的时间，使幼儿得到充分的自由和发展。

3. 有助于幼儿园与家庭教育的联系

民间游戏可以成为幼儿园教育与家庭教育相互沟通的桥梁。民间游戏来源于生活，许多家长都会玩，幼儿园在开展民间游戏教育的过程中，可以向广大家长征集民间游戏；家长通过和自己孩子一起玩民间游戏，也可以了解幼儿在幼儿园中的发展情况。这样，幼儿园和家庭有了一个共同关心的事情，使家长和幼儿园的关系变得更为密切。

五、幼儿园开展民间游戏时应注意的几个问题

(一)搜集、改编民间游戏应注意科学性、思想性和教育性

由于幼儿民间游戏产生于民间，随着社会的不断发展，人们的生活方式、价值观念、风土习俗在不断发生着改变，这使民间游戏存在着时代和地方的局限性。因此，幼儿园开展民间游戏时，需要对所搜集到的民间游戏进行改编，这是一个重新创作的过程。教师在这个重新创作的过程中，应注意科学性、思想性和教育性，对搜集到的每个民间游戏进行整理和审查时可保留游戏的形式及结构，对其内容、情节、规则及相配的儿歌、童谣中不符合时代精神或不符合幼儿年龄特点的地方加以改造或重新编写，赋予其新的含义，使用于幼儿园的民间游戏在名称、内容、角色、情节、规则、童谣上尽可能符合幼儿身心发展的规律，并具有积极的教育意义。

(二)开展民间游戏时应注意针对性、灵活性、适度性

幼儿园在具体开展民间游戏时，应根据幼儿的发展目标有目的、有计划地进行。具体表现在以下三点：一是指教师应注意针对幼儿的不同年龄特点来选择不同的游戏；二是在一日活动中教师要注意针对不同的时间、不同的条件和幼儿的不同需要，选择适当的民间游戏；三是在同一年龄班中，教师要注意针对不同幼儿的不同发展水平，选择不同内容的民间游戏，提出不同的动作要求和不同的游戏规则，提供不同的角色和不同的玩具或替代物，以使每个幼儿在其原有水平上得到发展。

因此，教师开展民间游戏时应注意针对性、灵活性、适度性，需要随时随地调节游戏的难易程度，以符合幼儿的个体水平和特点。这样民间游戏才能起到促进幼儿发展的作用。

(三)开展民间游戏还应注意安全性

在改编、运用幼儿民间游戏时，教师应对游戏动作的设计、场地的选择、玩具的使用与制作等方面加强安全性的检查。

如"砍白菜"游戏，原游戏中的动作是用手掌"砍"在幼儿的头颈处，这种动作不利于幼儿身体的健康，可以改为弯下腰，"砍"在幼儿的脚跟处，这样更贴近生活实际，也比较安全。

六、幼儿民间游戏案例与分析

(一)小班

耍沙包

游戏目标

1. 锻炼幼儿手腕的控制能力，创新多种玩沙包的方法。

2. 发展幼儿的创造力和动作的协调能力。

游戏准备

塑胶场地，幼儿每人一个沙包(沙包上缝一根布绳)。

游戏过程

幼儿在塑胶场地上分散站好。

踢：幼儿右手提沙包上的布绳，用右脚内侧去踢沙包，看谁踢得多。

走：幼儿将沙包放在头顶上向前走；幼儿用下巴(或双腿膝盖、双脚)夹住沙包向前走(或跳)……

投：幼儿站在起始线上朝墙掷沙包，比比谁的沙包落地后离墙最近或最远。

抛：幼儿将沙包当作流星球，朝上抛，试试能不能接住。

游戏实录

周一，根据教师的要求，每个小朋友都带来了一个缝有布绳的沙包。教师没有急于告诉小朋友沙包可以怎么玩，而是启发孩子们自己动脑筋想一想。有的幼儿说可以踢着玩，有的幼儿说可以当作流星球扔着玩……说归说，用于实践又是另外一回事，在幼儿们急切的目光中，教师带他们来到场地上，让他们自由探索沙包的玩法。孩子们有的踢着玩，有的用头顶着玩，有的抛着玩，玩得非常兴奋，小小的沙包到了孩子们的手里，好像有了生命。面对这个小小的玩具，孩子们充满了好奇，虽然没有教师的介入，活动照样进行得有声有色。

孩子们热情高涨地玩了挺长一段时间，当他们再也想不出更好的玩法时，便不再专注于这个游戏了，除了少数幼儿还在玩沙包，孩子们有的在塑胶地垫上滚着玩，有的围着场地跑着转圈，活动开始有点乱了。这时，仍在玩沙包的几个小朋友的玩法吸引了教师。"岳阳，这次我来踢，你来帮我数吧。"佳睿一边说着，一边提着沙包的布绳很努力地踢了起来，虽然有时脚踢空了，可她又努力地等下一个。佳睿踢了5个便累得喘起来，就又换上了康妍……最后，是岳阳踢得最多，一共踢了8个。他们的玩法启发了教师，教师把孩子们集中起来，以竞赛的方式玩踢沙包的游戏。教师讲了游戏的规则：两个小朋友一组，在自己体力允许的情况下，比比谁踢得多。孩子们的积极性又重新调动了起来，游戏又大张旗鼓地进行起来了。

玩沙包的游戏再次进行时，问题又出现了，由于教师预先设定的游戏规则中对时间的限制不明显，幼儿体力消耗过大，一轮游戏下来，孩子就有点吃不消了。于是，又有小朋友嚷道："哎呀，老师，累死了!"而且，由于场地大，孩子们站得比较分散。发现了问题就得赶紧解决，塑胶地垫上画有小朋友做操时站的小圆点，于是教师要求每个小朋友找一个小圆点站好，这样孩子们站得就比较紧凑了。在游戏规则中，教师又加上了对游戏时间的限制：两个小朋友一组轮流踢沙包，在3分钟时间内比比谁踢得多，多者为胜，获得一朵小红花。另外，到了学期末，踢沙包个数最多的小朋友将被评选为年度"健康宝宝"。

规则改好了，游戏再次进行，有了前进的目标与方向，孩子们的积极性可高了，非常认真努力地踢了起来。现在，有的小朋友能连续踢到30个，有的还能左右脚轮流踢，玩出了新花样，玩沙包的游戏已经成了小班幼儿的特色游戏。

评析

幼儿们初次接触沙包，内心充满了好奇，并且很容易就想出了各种各样关于沙包的玩法，加之教师没有干涉他们的活动，使他们有了最大的自由发挥的空间。由于沙包玩法多样，接连玩了几天，孩子们的兴趣依然不减。

自由游戏中，幼儿虽然不受限制，但时间久了就会感到乏味。教师及时发现了这一点，只选取了幼儿比较感兴趣的"踢"的玩法，并设定了游戏规则，游戏规则中的竞争性又调动了幼儿参与游戏的积极性。

游戏中，教师意识到了规则中存在的问题，并立刻进行解决，将原先宽泛的规则进行了细化，并且改进了游戏的玩法，缩小了游戏的范围。加之教师意识到了"踢沙包"游戏有点枯燥，又给了幼儿一个长期奋斗的目标。有了前进的方向，孩子们参与游戏的积极性和主动性被再次调动起来。

金锁、银锁

游戏背景

本学期，幼儿园继续开展了民间游戏课题的研究，各种民间游戏在幼儿园内如火如荼地开展着。教师根据小班幼儿好奇、好动的年龄特点，结合民间游戏的特点，选择适合的民间游戏，让孩子们在玩中乐、乐中学、玩中有得、玩中有创，更好地促进了幼儿的全面发展。

玩法一

民间游戏的儿歌有很浓厚的趣味性，而且容易理解。一开始教师与一位幼儿玩，配上朗朗上口的儿歌，很快吸引了幼儿的注意力，孩子们很快就学会了游戏的具体玩法，并且对这个游戏也非常感兴趣，"金锁、银锁"游戏热火朝天地开展起来了，孩子们也都玩得很开心。但是，随着幼儿对游戏越来越熟练，问题也接踵而至。"不算不算，我还没念完呢，你的手就已经躲走了。""老师，我老是抓不着冬冬的手，他的手老是提前跑了，还没念完就跑了……"越来越多的孩子反映着相同的问题，教师仔细琢磨了游戏的全过程，发现是游戏的规则出现了漏洞，让机灵的孩子钻了空子。

玩法二

发现问题后，教师决定将游戏的规则进行细化。于是，教师和孩子们一起商量了起来："谁不念到最后一个字，谁就不许玩。""谁先把手抽走，就表演节目。""遵守规则的才是好宝宝。"……孩子们七嘴八舌地说开了。最后，教师和幼儿一起决定违反游戏规则的幼儿将失去继续参加游戏的资格，同时在游戏结束后评选出"最佳游戏宝宝"。游戏又继续运转起来了，这次，再也没有孩子耍小聪明了，游戏继续受到了幼儿们的喜爱。

玩法三

"老师，两个人玩起来太简单了。""对啊，再教给我们一个更好玩的吧。"有的幼儿开始嚷着要换个新游戏。于是，教师提醒幼儿们："如果人多点会怎么样？"于是，幼儿们开始去找自己的好朋友，三四个一组地玩了起来。这下，幼儿们更起劲了，偶尔也会跟教师来一把，赢了就会忍不住"嘿嘿嘿"地笑，胜利的喜悦溢于言表，欢乐的笑声充满了整个教室。

评析

教师要进行适宜的指导，促进幼儿对民间游戏的兴趣。由于小班幼儿年龄小，教师必须进行适宜的指导，才能使幼儿主动、愉快、积极地参与整个活动，从而促进幼儿身心的发展。小班幼儿的年龄特点及他们认知发展的水平决定了幼儿在整个活动中需要教师的指导。所以在小班阶段，教师应以"大伙伴"的身份直接参与游戏，这无形中是对孩子游戏活动的支持和认同，更加会引起幼儿参与游戏的兴趣。

游戏规则、玩法都制订好了，到了实践阶段却出现了问题，教师意识到由于游戏规则制订得不够细化，缺少违规惩罚措施，让机灵的孩子钻了空子，致使部分幼儿的游戏兴趣明显降低。针对这样的情况，教师和幼儿一起商量和调整了游戏规则，游戏继续受到了幼儿们的喜爱。

民间游戏有其相对固定的规则和玩法，教师在引导幼儿理解游戏规则的意义之后，重要的是鼓励幼儿对游戏进行创新。在组织民间游戏时，教师不应让幼儿呆板地遵守规则，按照固定的玩法一成不变地进行游戏，而是要鼓励幼儿在游戏中根据自己参与游戏的体验和需要，制订出适宜的规则。幼儿自己制订的游戏规则，他们更容易去遵守。

(二)中班

赶小猪

游戏背景

民间游戏对幼儿来说之所以魅力无穷，就是因为幼儿的自主性可以在游戏中得到充分体现和发挥。在"赶小猪"游戏中，幼儿所表现出的自主性等内部活动的动机，在主客体的相互作用中及在外界环境的影响下逐步发展。

游戏过程

步骤一："这'小猪'怎么不听我使唤？"——自发玩耍，积极主动

第一次玩"赶小猪"游戏，幼儿们充满了好奇，迫不及待地拿起竹竿就试了起来。他们手握两尺长的竹竿，在用装了水的矿泉水瓶简易地隔离出的一条不到两米宽的路上自由赶着"小猪"（用包装纸团成的纸球代替）。一开始，"小猪"好像总不听使唤，一会儿"小猪"被赶到小路外去了，一会儿竹竿又没能碰到"小猪"，虽然如此，却丝毫不影响幼儿们对此游戏的兴趣。他们坚持不懈地弓着身子赶着，兴致勃勃地一次又一次把"小猪"赶到终点。

评析：民间游戏本身具有操作性强、趣味性浓的特点，加之其动作技能对孩子有很高的挑战性，因此，在游戏初期幼儿能够全身心地投入，并感到满足和愉快，具有极强的积极主动性。

步骤二："乒乓球'猪'跑得真快！"——自主选择，充分体验

经过一段时间的练习和玩耍，幼儿们终于能让"小猪"跟着自己的竹竿走了。他们开始不满足于在路上赶"小猪"。有的幼儿甚至拿着竿子跑出了场地，去戳动操场里的小石子、落叶等。看来，幼儿已不再满足于单一的游戏情境与材料了。于是，教师请幼儿自己找材料对"小猪"的队伍进行扩充。他们从家里带来了乒乓球、藤编球及大小不等的皮球、塑料球、跳跳球等。新的游戏材料一投放，场地上又热闹起来。明明和好朋友朗朗边赶着乒乓球边议论着："乒乓球'猪'跑得真快！"丽丽把藤球给可可玩，并告诉可可："赶藤球'猪'要用力。"不同材质的"猪"滚动速度不同，对力度的把握也有所不同；大小不同的"猪"对动作准确性的要求也有所不同。幼儿自主选择材料，体验着不同材料所带来的不同感受。教师也用两个纸箱做成两个"家"，分别贴上两个粉粉嫩嫩的小猪的头，小猪家的门——箱子开口一个大、一个小，鼓励孩子将"小猪"赶进家里。

评析：随着经验的不断丰富，在好奇心的引领下，幼儿自发地探索着新的游戏环境和材料。幼儿自带的材料为幼儿积累、整合经验搭建平台。给幼儿一个自由的空间，让他们通过自主选择游戏材料、同伴，按自己的学习进度来获得体验。玩什么，和谁玩，怎么玩，完全是自己当家做主。幼儿在游戏的过程中不受外力的干扰，自主掌握着材料的使用，控制着游戏的节奏。

步骤三："我们赢了！"——自我调控，合作竞争

幼儿们赶"猪"的技能越来越娴熟了。在一次游戏中，兰兰兴奋的叫喊声吸引了大家的注意："我的'猪'先进了！"原来她和龙龙自发比赛谁的"小猪"先赶进家里。她的成功也引起了别的孩子的关注。"你们还想再比一次吗？"我不失时机地问。"想！"成功的喜悦和竞争的快乐使他们又一次开始了比赛。其他孩子也按捺不住对比赛的向往，从最初的加油助威纷纷加入比赛的行列中。比赛成为游戏的催化剂。孩子们

不断地总结着经验："天天，你刚才应该把'小猪'传给我。""美馨，你要把他们的'小猪'赶出去。"他们也不断地自己解决着游戏中的问题，不断与同伴商议调整着游戏规则。他们或三三两两地拿着竹竿争先恐后地比着谁先将自己的'猪'赶进家里，或分成两队类似踢足球的方式，双方成员在阻止对方将'猪'赶进自己球门的同时，还要相互配合将'猪'赶进对方球门。孩子们对比赛乐此不疲，赢了的欢呼雀跃，输了的立刻投入下一轮比赛，好像下一场赢的一定就是自己。孩子们在比赛中的配合越来越娴熟，从最初的独自争球、独自传球，到后来的配合传球，都表明了他们合作意识、团队意识的增强。"赶小猪"游戏进入了一个高潮。

评析：幼儿充分表现游戏才能，赋予"赶小猪"游戏以新意。而其结果不会给参与者带来心理压力，只会为下一次的努力带来动力。在游戏中，幼儿是相对独立的又是互相联系的。一方面，他们不再依靠成人的帮助，而是自己完成任务，自己做出决定，自己克服困难。幼儿感受到了民间体育游戏中的竞争，体会到了比赛带给自己的刺激与快乐。另一方面，幼儿学会了怎样与同伴团结协作，学会了乐观积极地面对失败，在与同伴、与材料的互动中建构了自己的认知经验。这个过程是幼儿自主性发展的重要阶段，而成功解决问题并获得同伴认同，使他们体验到独立自主的自豪感，这样就加强了幼儿独立自主的自信心。

选择花样翻绳的绳子

游戏准备

本次活动的材料是家长提供的，幼儿带来的绳子种类很多（塑料绳、橡皮筋、松紧带、毛线、电话线、彩带、玻璃丝等），其中有的不能用来翻绳。

为了让孩子自己判断哪条绳子适合翻绳，我们设计了表格，将幼儿带来的绳子标上数字，让幼儿用每条绳子翻一翻、想一想、记一记，从操作中判断哪种绳子适合进行花样翻绳，让孩子在实践中寻找答案，获得直接的经验。

玩法一

在活动中教师发现幼儿已具备初步的判断能力，能从15条绳子中做出正确的判断。能力强的幼儿能进行直觉判断。他们拿到较硬的绳子时，直接肯定地说："这不用试了！肯定不好翻！"彦君一拿起电话线就说："这条肯定难翻，没弹性。"振强拿到塑料绳马上说："这条不好打结！"于辰翻完每条绳子后，都将绳子高高举起："这是9号绳子，谁要？""7号绳子在哪里？"这种语言传达的方法使她加快了记录的速度，振强和志炜也用同样的方法很快地完成了记录。当幼儿发现手中的绳子好翻时，会高兴地请同伴一起玩花样。梓聘和苏楠采取两人合作的方法，更加准确地进行判断，玩得很开心。

1. 发现问题

由于能力的差别，有的幼儿速度快，他们在操作中没有按照绳子数字的顺序，拿到哪条就先翻哪条，节省了许多时间；有的幼儿速度慢，他们在操作中，按照绳子数字的顺序，花了许多时间找绳子。

2. 支持策略

鼓励幼儿之间互动交流，互动学习。

3. 活动感悟

幼儿非常喜欢用表格记录，他们之间出现了自主合作的现象，这使教师对表格记录的活动方式充满信心。

4. 合作统计

幼儿 3 人一组分别统计每条绳子认为好翻的幼儿有几个及认为不好翻的幼儿有几个。通过统计，教师可以准确地了解幼儿认为好翻的绳子是哪几种。在活动中，幼儿通过观察、思考、判断、记录掌握初步的统计能力。

玩法二

幼儿能自主分配任务：一人负责数打"√"的数量，一人负责数打"×"的数量，一人承担记录的任务。幼儿分工明确，能顺利完成记录任务。活动中，幼儿会相互提醒，经常可以听到这样的话："记住，你数的是打'√'的数量。""别记错了，打'×'的是 7 不是 1。"出乎意料的是幼儿统计的准确性很高，在 6 组幼儿中，只有婉祺这组出现了一点小差错。

活动感悟：在统计过程中，能力强的幼儿凸显出指导的作用，他们会认真热情地提醒能力弱的幼儿，帮助他们解决一些小的问题，使同伴之间的合作更加顺利，教师在活动中应多提倡幼儿之间"强带弱"的学习方式。

(三)大班

西瓜乐

游戏目标

1. 发展幼儿的奔跑、反应及自控能力，增强幼儿的规则意识。

2. 培养幼儿互相合作的能力，体验游戏的快乐。

游戏准备

皮球若干、报纸若干、筐 8 个。

游戏过程

步骤一：热身运动

教师："小朋友今天天气真好，农民伯伯在田里忙着种西瓜，你们想不想种西瓜呀？"(幼儿回答想种西瓜)"那好，我们也来种西瓜，等西瓜长出来了我们还要切个大西瓜尝尝。"

师幼共同做热身运动。

步骤二：师幼共同游戏

玩创编游戏"种西瓜"和"切西瓜"。教师提醒幼儿遵守游戏规则，一段时间后，紧急集合。教师："刚才老师接到农民伯伯打来的电话，说是要我们帮忙收西瓜，你们说好不好？"

玩游戏"运西瓜"。教师提出游戏方法与规则：活动按小组比赛的方式进行，幼儿听口令出发不需抢跑，掉下的皮球必须重新放回报纸后继续前行，到达终点后返回交给另外两位小朋友后站到队伍后面，直到把皮球运完，先运完的小组获胜。

游戏开始，教师提醒幼儿注意安全。

游戏结束，教师表扬胜出者，整队回教室。

评析

民间游戏是幼儿最喜欢的活动，组织幼儿开展民间游戏活动是幼儿园健康教育的重要内容之一，它贯穿在幼儿园一日生活的各个环节中。教师在开展传统的民间游戏活动时挖掘和创编出了许多新的游戏玩法。民间游戏"荷花荷花几月开"和"切西瓜"是中班幼儿非常喜欢玩的游戏，可是进入大班后幼儿就不太感兴趣了。于是教师把两个游戏重新创编组合，经过尝试发现幼儿喜欢玩了，也乐意玩了。这次教师想再结合民间游戏"运西瓜"来个大串烧，并且取个好听的名字叫"西瓜乐"，相信小朋友一定会喜欢的。

老鹰抓小鸡

设计意图

民间体育游戏因其较强的趣味性、娱乐性、实用性，深受幼儿喜欢，使幼儿们的体育锻炼更富有情趣。"老鹰抓小鸡"是练习奔跑和多人合作的游戏，需要有合作和协调的能力，游戏难度较大。班内已组织幼儿开展了一次"老鹰抓小鸡"的体育活动，幼儿的兴趣很高，但在活动中扮小鸡的幼儿为了不被老鹰抓住，往往忽略了动作的幅度。而且小鸡躲闪方向的不一致，有时会撞到别的幼儿。本次活动尝试调整活动内容，通过变换游戏的方法及规则来增加游戏的安全性和趣味性，同时激活幼儿的创新思维，增加玩法，提高幼儿对活动的兴趣。

游戏目标

1. 锻炼幼儿的奔跑能力，快跑时会闪躲，不碰撞。

2. 能开动脑筋，运用多种游戏练习。

3. 培养幼儿勇敢、互相协作的品质。

游戏准备

呼啦圈若干个、音乐的磁带及录音机。

游戏过程

步骤一：引出课题，激发兴趣；模仿动作，活动身体

教师扮演母鸡，幼儿扮演小鸡。

教师："小鸡们，天亮了，我们该去捉虫了。瞧，今天天气可真好，让我们一起来活动一下身体吧！"

小鸡做游戏（颈部、上肢运动）→小鸡喝水（腰部运动）→整理羽毛（体侧运动）→捉地上、庄稼上的虫子（跳跃运动）→休息（放松运动）。

步骤二：复习游戏"老鹰抓小鸡"

教师："小鸡们，我们来玩'老鹰抓小鸡'的游戏吧，谁来说说怎么玩？"

幼儿："老鹰去抓小鸡；鸡妈妈把小鸡挡在身后，保护它们不被老鹰捉住；小鸡跟在鸡妈妈的身后跑，保护好自己不被老鹰捉住。"

幼儿分成几组游戏，教师提醒扮小鸡的幼儿注意跟上前面幼儿的节奏。

步骤三：出示呼啦圈、布块，鼓励幼儿想游戏的新玩法

教师："我们'老鹰抓小鸡'分成几组来玩，可以一起玩吗？我这里有一些呼啦圈和布块，可以利用上，你们能想出新的玩法吗？"

幼儿："可以两只老鹰一起去抓小鸡；可以两只母鸡一起保护小鸡；老鹰可以用呼啦圈去抓小鸡；小鸡也可以用布当成网去捕老鹰。"

教师和幼儿商定游戏玩法和规则，和幼儿一起讨论："老鹰只能追套怎么样的小鸡？""两只母鸡或者多只母鸡可以怎样保护小鸡不被老鹰抓？""老鹰的家在哪里？""小鸡可以怎么捕老鹰？""什么时候游戏结束？"教师总结幼儿的讨论结果，进行新游戏，如"能干的鹰""能干的母鸡"等。

幼儿游戏，教师给予指导。

步骤四：教师小结，评价、表扬勇敢、互相协作的幼儿

教师："小鸡们，天快黑了，我们该回家了。"母鸡带领小鸡做整理羽毛、拍拍翅膀飞的动作，以放松肌体和情绪，在音乐声中走回教室。

评析

整个活动以游戏的形式来贯穿，提高了幼儿参加体育活动的兴趣，幼儿沉浸在角色中，积极、主动地投入活动中去。教师通过让幼儿探索和体验"老鹰抓小鸡"的新玩法，培养其创新意识，发展他们的创造性思维，让幼儿在玩中学、学中玩。活动过程中，教师通过启发幼儿讨论游戏的新玩法，让幼儿练习跑和躲闪的动作，便于幼儿接受和练习。另外，教师还让每位参与这个活动的幼儿都可以当"老鹰""母鸡""小鸡"，让每个参加的幼儿都能快乐地体验到"老鹰抓小鸡"所带来的乐趣，可使每个幼儿在活动中都获得成功的体验。幼儿通过努力可以不断达到更高的竞技水平，通过胜负的差异体验成就感与荣誉感，在享受成功与胜利的愉悦的同时不断增强和发展自信心，达到锻炼的目的，并通过变换游戏的方法及规则，增加了游戏的安全性和趣味性。同时通过活动，使幼儿动作的协调性和控制能力得到了培养，互相协作的能力也有所提高。

第二节 学前儿童亲子游戏

婴儿最初的游戏是亲子性的（跨代际的）。当成年人向婴儿微笑、用手指逗弄婴儿或与婴儿谈话时，亲子间的交流游戏就自然而然地开始了。

各代人都需要亲子之间的交往，良好的亲子交往有助于各代人之间的沟通，从而减少冲突。亲子游戏是 20 世纪末期在美国、日本兴起的研究父母与子女关系及其教育的新兴课题，是一种专业化程度极高的、锁定孩子成长的系统新型教育模式。它通过调适家庭内部成员之间（主要是父母与孩子之间）的关系，进行对父母的培训与提升。

美国亲子教育倡导者托马斯·戈登曾指出现代父母并没有获得足够的机会和条件来接受如何教养子女的训练。幼儿园只有预先实施父母教育，提供一系列合理、有效并具有针对性的方法，协助父母教养他们的子女，才能提高家庭亲子活动的频率及质量。促进亲子关系的良性发展，能够预防从而减少儿童适应问题的发生。幼儿园开展的集体亲子活动和对家长进行亲子活动指导正是这样的亲子教育的特殊形式。

一、亲子游戏的含义

亲子游戏是成人与儿童在家庭中共同度过闲暇时间的一种交往手段，它是家庭内成人与儿童交往的重要方式，也是衡量这种交往质量的重要指标。

知识拓展 ⏰

著名儿童教育专家陈帼眉教授说过：家长对小孩子的教育，第一是培养良好的生活习惯，第二就是跟孩子做亲子游戏。现在很多人都开始重视亲子游戏，这是非常好的现象。

通过亲子游戏，家长与儿童间加强了交流，增进了亲密性，并且促进了孩子认知、情绪、社会性的发展。近年来，大量的事实证明游戏也有治疗作用，可以通过亲子游戏，使儿童在身体上和心理上得到锻炼和康复。

二、亲子游戏的特点

从广义上讲，家长和孩子之间相互配合交流的活动都可以被看作是亲子游戏，而科学的亲子游戏应该具备以下特点。一是能够启发孩子的智慧。这就要求游戏活动既能够利用和发挥孩子现有的能力，又能够引导和发展他们新的能力。二是家长要能和孩子平等地参与到游戏当中。做亲子游戏不是上课，家长不能高高在上指手画脚，而应当是游戏的参与者，并且跟孩子处于平等的地位。三是游戏的形式应该注重相互配合，家长能自然而然地引发孩子智能的发展。设计的游戏应让孩子主动寻求家长的配合，这样家长就能顺理成章地教给孩子一些知识和技巧。四是游戏的整个过程要能够给孩子和家长双方都带来乐趣。要让孩子在游戏中体会到创造和成功的快乐，而家长则能够体会到亲子交流的幸福。

只有特定的亲子游戏才适合进行比赛，家长应学会更多的游戏，并将具有特定功能的亲子游戏同日常的育儿生活互相交融起来，这样就可以在丰富而快乐的育儿生活中使孩子的潜能不断地被开发出来。

三、亲子游戏在学前儿童游戏发生、发展过程中的地位与作用

亲子游戏是学前儿童游戏的一种重要形式，在学前儿童游戏的发生、发展过程中占有重要的地位。

(一)亲子游戏的发生发展

1. 最初的交互模仿活动

儿童一生下来就不是单纯的生物学意义上的人，而是一个社会学意义上的人，处于人所特有的社会文化环境中。在这样的环境中，成人尤其是父母或儿童的看护者是影响儿童生活与发展的重要因素。他们不仅仅是婴儿日常生活的主要照料者——给婴儿喂奶、换尿布、满足婴儿的各种生理需要，还是儿童直接接触与交往的最早的对象。在这种接触与交往的过程中，发生了最早的亲子游戏。

当母亲给孩子喂奶、换尿布时，我们可以看到，母亲往往会跟小婴儿说话、微笑，甚至模仿小婴儿的一些动作(吐舌头、抓挠等)，而不在乎孩子是否能懂得自己的话。大约在 3 个月后(这个时间不是绝对的)，母亲的这种热情就有了回报。当母亲低下头来，轻轻跟孩子说话的时候，孩子的小脸明显地有了表情，他(她)在朝自己的妈妈微笑。当母亲模仿他(她)的吐舌头动作时，他(她)也会跟着再吐舌头。婴儿欢乐的表情与动作激起了母亲与之交往、嬉戏的更大热情，这种直接的交互模仿活动正是最早的亲子游戏出现的迹象。以后，这种由成年人发起的游戏逐渐演变成由婴儿发起的游戏——最初的交互模仿活动。

2. 以物为中介的协调活动(以物为中介的协同活动)

除了上述由视线交流、动作、表情和声音为媒介的直接的交互模仿活动之外，成人与儿童的游戏还往往借助于玩具和游戏材料来进行，这就是早期亲子游戏的另一种形式——以物为中介的协调活动。

3. 高级游戏形式

随着儿童的发展，亲子游戏也逐渐复杂，孩子的主动性增强，并且陆续出现结构游戏、语言游戏、角色游戏等高级游戏形式。因此，从这时起，我们可以把亲子游戏划分为两种性质不同的类型。

一是嬉戏性游戏，如藏找、追跑等。这类游戏以触觉、肢体运动为中心，目的在于情感上的交流和情绪上"快乐"的满足，带有浓厚的"亲情"性质。

二是教学性质游戏，如利用扑克牌教孩子认数、计算的游戏（接龙、猜谜等）。在这类游戏中，成人往往试图去教给孩子某种知识、技能或解决问题的策略等。这可以说是一种带有社会文化内容的游戏。

一些研究表明，父亲往往倾向于与孩子玩第一种性质的游戏，而母亲往往倾向于和孩子玩第二种性质的游戏。

（二）亲子游戏的价值与意义

亲子游戏不同于儿童独自游戏和伙伴游戏的地方在于，其卷入了成人这样一个既不同于物又不同于同龄伙伴的交往对象。成人在亲子游戏中和儿童结成了两种关系：一种是横向的、对等的玩伴关系；另一种是纵向的、不对等的应求关系。这两种关系使亲子游戏具有情感性和发展性两个价值，这两个价值正是亲子游戏的价值根源所在。

1. 情感性

为了共同的游戏和嬉乐的需要，成人与儿童在游戏中结成了横向的、对等的玩伴关系。由于这种关系以在共同生活中积累起来的亲子感情作为基础，使得这种游戏带有明显的"亲情"性质，表现出在游戏过程中有较多的身体接触与视线交流及无拘束的笑。这一点使得亲子游戏不同于成人与儿童游戏的另一种类型——师生游戏。

由于亲子游戏以亲子之间平等的玩伴关系为基础，亲子游戏又能够进一步促进亲子关系的发展，密切与加强亲子之间的情感联系。

亲子依恋是在父母与子女之间形成的双向情感联系，亲子之间的感情虽然以先天的血缘关系作为基础，但是后天的共同生活是这种感情壮大发展的土壤。母爱或父爱都需要后天的培育。"一份辛苦一份爱"，当父母看到孩子能回应自己发出的游戏信号和自己一起游戏时，会感到莫大的喜悦与安慰，忘却育儿的辛劳和烦恼。而子女对父母的依恋，不仅需要父母能够及时满足他们的生理需要，也需要父母与他们进行交往与交流，孩子可以感到父母的爱与关注，从而进一步强化与父母的情感联系。

2. 发展性

成人是成熟的社会成员，具有丰富的社会生活知识、经验。事实上，他们不仅是孩子的玩伴，还是孩子的保护者、教育者。他们在和孩子游戏的过程中，自觉或不自觉地教会孩子一些知识、经验、想法，"富教育于游戏之中"。因此，除了对等的玩伴关系外，成人和儿童在游戏过程中还结成了纵向的不对等的应求关系。由于这种关系的存在，亲子游戏具有明显的发展性特点。这种发展性主要表现在以下六个方面。

其一，儿童在亲子游戏中所获得的知识、经验和技能往往比在独自游戏和伙伴游戏中获得的知识、经验和技能更丰富，有益于其认知和发展。其二，4 岁以前，当儿童与同龄伙伴一起游戏时，往往出现得更多的是独自游戏和平行游戏。但在亲子游戏中，由于有成人的引导与帮助，儿童能够很好地承担游戏合作者的角色，提高其社会性交往的水平。其三，亲子游戏卷入了大量的语言交往，因此有助于儿童语言的发展。其四，亲子游戏有助于亲子间安全依恋的形成。其五，成人能够敏感地知觉到儿童对游戏的情绪与体力反应，适时采取与儿童发展水平相适应的方式调整游戏，使游戏有利于儿童的健康发展。其六，亲子游戏不仅有益于亲子间的感情交流、密切亲子关系及促进儿童的发展，对于儿童的实物游戏和伙伴游戏也具有重要的促进和影响作用。儿童可以将在亲子游戏中获得的对待物体的态度、方式方法及人际交往的态度、方式方法迁移到儿童的实物游戏和伙伴游戏中去。反过来，儿童在实物游戏和伙伴游戏中获得的经验又会进一步丰富亲子游戏的内容。

四、在中国家庭倡导亲子游戏的特殊意义

(一)存在的问题

亲子游戏可以丰富家庭生活，密切亲子关系，促进儿童健康发展，既有益于成人也有益于儿童。在中国家庭倡导亲子游戏，更有其特殊的意义。通过初期的调查和观察，我们发现多数家庭在亲子游戏上普遍存在着的问题有：开展家庭亲子游戏的家庭并不多；在开展了亲子游戏的家庭中，多数以智力游戏为主，很少开展其他方面的游戏；和幼儿进行亲子游戏的家庭成员多为母亲，其他成员很少参加；家长同幼儿游戏时，更注重追求游戏的结果，对游戏过程中出现的问题和幼儿对亲子游戏的反应并不十分在意。

知识拓展

在对 100 名幼儿园教师和 200 个家庭进行的问卷调查中有这样一道题目：

你同意以下哪种表达方式？（请打"√"）

①玩＝学（游戏就是学习）

②玩≠学（游戏不同于学习）

③玩＋学（游戏和学习要结合起来）

结果是 100 名幼儿园教师中没有选②的，有 94 人同意③，而只有 6 人同意①。家长的回答与教师的回答相似，没有人同意②，189 人同意③，11 人同意①。从逻辑上分析，③的逻辑前提实质上是②，而不是①。人们普遍选择"玩＋学"这个表达方式，实质上其在思维深处是认为"游戏不同于学习"。

这里涉及对什么是"学习"的理解。传统上我们习惯将识字、念书或读、写、算的技能训练看作是"学习"，而不认为幼儿的游戏也是学习。

(二)解决方法

转变家庭亲子游戏中存在的问题的方法有以下五种。其一，通过请家长来园参加家长座谈会、召开家长会等形式，转变家长重视智力教育、轻视其他教育的观念。其二，请家长和幼儿一起来幼儿园参加亲子游戏，教师对亲子游戏的具体实施进行指导，家长进一步学习亲子游戏的方式、方法。其三，请家长观察教师在亲子游戏及其他的活动中对幼儿及家长的教育行为，理解教育过程同教育结果一样重要。其四，请家长参与班级的各种类型的亲子活动，感受幼儿的全面发展的重要性，重视情感教育。其五，把游戏引进家庭，改善家庭内的人际关系，形成家庭生活中民主平等的氛围。提高家庭教育的质量是目前迫切需要重视的问题之一，在中国家庭内倡导开展亲子游戏具有特殊的现实意义。

五、在中国家庭内开展亲子游戏的策略

根据中国家庭教育中存在的问题，提出在中国家庭开展亲子游戏的六点策略。

第一，向家长宣传和说明游戏的重要性，破除"游戏不同于学习"的传统观念，重视并参与游戏。

第二，以尊重孩子为基础，建立平等的亲子关系。请家长观察日常生活中的孩子，了解孩子的兴趣、发展的水平，根据孩子的实际状况选择活动，做到尊重孩子；在活动中倾听孩子的意见，注意孩子的需求，及时调整活动安排。亲子活动是走进孩子内心的捷径。家长通过游戏与孩子建立彼此信赖的关系，逐步形成平等的亲子关系。

第三，家长在游戏中应注意培养与鼓励儿童的创造性与独立性，不要"望子成龙"心切，处处"越俎代庖"，去代替孩子游戏，代替孩子动脑筋想办法克服困难和解决问题，不要培养孩子离开大人不会玩的依赖态度与习惯。

第四，在开展亲子游戏的同时，鼓励和支持儿童的独立游戏及与伙伴的交往与游戏，培养儿童独立游戏及与伙伴交往和游戏的兴趣与能力。

第五，进一步了解孩子的心理、生理特点，遵循科学的方法。家长通过观察和学习，逐步了解孩子心理和生理的特点。3～6岁是儿童个性倾向开始萌芽的时期，他们的感知觉逐渐完善，容易认识生动、形象的事物和现象，注意力不稳定，对感兴趣的事物注意力较易集中，但时间不长，以具体形象思维为主。孩子的情感常受外界情境的支配，情感容易激动、变化、外露且不稳定，在个性方面逐渐表现出性格、兴趣、能力等方面的个人特点。在活动中家长应注意遵循规律，使用适合孩子特点的方法。

第六，注重儿童的情感体验和能力的培养，为其终生发展奠定一个良好的基础。家长应该明确地认识到在亲子活动过程中，除了发展孩子的认知、良好个性以外，亲子之间的情感交流应该成为游戏的最重要目的，孩子在游戏过程中获得良好情感

体验是其成长、发展的基础。孩子需要的是爱而不是知识和技能的灌输。亲子活动应更加富于感性，而不是知识性和系统性，在孩子通向成长的道路上协助他构建自我。

家长在活动中应注重孩子各种能力的培养，而不只是培养其技能和技巧。家长应该通过和孩子一起尝试、体验、动手操作等过程，激发幼儿的好奇心和探究欲望，发展孩子的认识能力。家长在活动中还应注重培养孩子的基本生活自理能力，积极和孩子进行交流，提高孩子语言交往的积极性，发展孩子的语言能力，并在艺术活动中培养孩子初步感受美、表现美的情趣和能力。

六、指导亲子活动的具体形式

幼儿园对家庭亲子活动的指导形式可以分为：集体亲子游戏、教育讲座沙龙、儿童教育咨询、家庭亲子游戏展示、提供亲子活动方法等。

集体亲子游戏从结构上可以分为游戏型、竞赛型、综合型、游艺型、操作型等；从内容上可以分为体育游戏、音乐游戏、美工游戏、语言游戏、认知游戏等。

七、幼儿亲子游戏案例与分析

(一)小班

小班亲子活动方案

情感对对碰："点名"游戏

出示玩具BO BO，请宝宝和BO BO顶顶牛后，让妈妈抱起宝宝有节奏地摆动：大家/好——/我叫/BO BO/大家一起说：欢迎/你——/欢迎/你——/依次请宝宝介绍自己的名字。

奥尔夫音乐游戏："世上只有妈妈好"

宝宝坐在妈妈的腿上一起随音乐摆动，然后请宝宝站起来，走到妈妈的身后，给妈妈捶背。

评析

这些活动可以促进幼儿的身心全面发展，学习动作、聆听节奏、学习语言等各种活动交替进行，可以让孩子保持较长时间的兴趣。

穿鞋比赛

设计意图

此前，幼儿园举行了小班幼儿穿鞋比赛。在比赛过程中，幼儿对比赛的概念不是很理解，竞争意识还比较薄弱。但是经过这次比赛，幼儿对比赛概念有了初步的认识。所以幼儿园在此次的亲子运动会上再举行一次亲子穿鞋比赛，有家长的参与可能幼儿会更喜欢，还可以加强家长科学育儿的理念，从而达到"自己的事情自己做"主题活动的目的。

游戏目标

1. 掌握穿鞋的正确方法。

2. 培养幼儿的生活自理能力，提高幼儿的自我服务意识。

3. 培养幼儿的竞争意识。

游戏准备

塑胶跑道(共 50 米)、小旗若干(并插在起点线上)，鞋子自备。

游戏规则

1. 孩子必须穿好鞋后，家长才能背起孩子跑。

2. 鞋子不能穿反，必须由幼儿自己穿，大人不得帮忙，否则犯规。

游戏过程

家长和孩子把鞋子脱下后放在终点线上，然后家长牵着孩子一起从起点线跑到终点线，各自穿好鞋子后，由家长背起孩子再跑回起点线举起小旗，用时短的取胜。

评析

这个游戏对幼儿来说很有吸引力，而且规则很简单。经过上一次穿鞋竞赛后，小朋友有了竞赛经验，竞争意识提高了，这次又有家长的参与，所以游戏更有趣。通过这次亲子穿鞋比赛，幼儿进一步掌握了穿鞋的正确方法，自我服务意识也提高了，体验了成功的快乐。

(二)中班

九九重阳节

游戏目标

1. 初步知道重阳节的基本习俗，愿意和爷爷奶奶一起欢度节日。

2. 激发幼儿尊敬老人的情感，增进亲子关系。

游戏过程

步骤一：介绍重阳节，教师引出重阳节主题

教师："每年的农历九月初九是重阳节，它是我们中国的传统节日，也是我们爷爷奶奶的节日。今天，小朋友都把自己的爷爷奶奶请到幼儿园里过节了，开心吗?"

邀请爷爷奶奶来介绍重阳节。

步骤二：互动环节

教师："小朋友们上幼儿园很长时间了，也学会了很多很多的本领，今天是爷爷奶奶们的节日，我们一起来表演一些节目给他们看，好吗?"幼儿表演《小指勾一勾》《太阳喜欢》《举起你的右手摆一摆》等歌曲演唱节目，然后观看爷爷奶奶的才艺表演。

步骤三：合作分享环节

教师："今天是爷爷奶奶的节日，我们和爷爷奶奶一起制作一份水果沙拉献给我们最亲最爱的爷爷奶奶，好吗？"

幼儿和爷爷奶奶自主选择水果，开始制作水果沙拉。随后，各组可以互相参观，自由评一评，教师及时将这热闹的场面拍下来。最后，大家互相品尝水果沙拉。

（教师可灵活穿插"我给爷爷奶奶敲背捶腿"的感恩活动）

评析

在这次亲子活动中教师感到孩子们长大了，他们通过教师讲解爷爷奶奶为自己做的一切，感受到爷爷奶奶的辛苦，并学会关爱老人和孝敬老人。但在第一个环节中教师的讲述还不是很好，还应把本地的重阳习俗了解得更好；第二个环节是互动环节，孩子和家长各展示了自己的本领；第三个环节是本次活动最好的一个环节，孩子们做好了沙拉，都是先去喂自己的爷爷奶奶，爷爷奶奶的脸上呈现出高兴、幸福的表情。通过本次亲子活动后，教师认识到：想上好一节课，不管是什么样的课，首先自己要了解好教案的内容，要有自己的思路。

尊敬老人，从小做起。尊敬老人是我国一直以来的传统美德，家长们都会为孩子讲许多有关爱老、敬老的故事。因此，幼儿园开展敬老、爱老的感恩活动也是让孩子们从小就知道孝敬老人、关爱老人。

体验快乐、增加感情。通过本次活动孩子们感受了和爷爷、奶奶在一起的快乐和幸福，了解了爷爷奶奶的辛苦和劳累，通过亲子互动"做沙拉"活动进一步加深了孩子们和老人之间的亲情。

大熊猫

游戏目标

1. 专心听家长讲故事。

2. 进一步了解大熊猫的外形特征。

3. 初步了解不同的动物都有自己的本领，有独特和可爱之处。

游戏准备

布手偶、亲子故事《大熊猫》。

游戏过程

教师出示布手偶（名叫"布布"），告诉幼儿布布认识了两位新朋友，名叫"盈盈"和"乐乐"，请幼儿猜猜它们是什么动物。

邀请两位家长出示幼儿用书或电子书，一位扮演大熊猫盈盈，一位扮演鹦鹉乐乐，一起讲述亲子故事《大熊猫》。盈盈是一只大熊猫，它的身体圆圆的，尾巴短短的，有一双黑眼睛，最爱吃竹子。鹦鹉乐乐是大熊猫盈盈的好朋友。这天，它来探望大熊猫，请大熊猫参加最受欢迎动物选举比赛。大熊猫说："我不会表演，身上又没有彩色的皮毛，小朋友会喜欢我吗?"鹦鹉说:"我来帮你想想办法。"鹦鹉想了想，对大熊猫说:"你可以像海豚一样去学跳圈，然后表演给小朋友看。"鹦鹉找来一个呼啦圈，把它挂在树上，然后使劲拍着翅膀给大熊猫打气:"加油，加油!"大熊猫走向呼啦圈，它越走越快，鹦鹉以为它一定能跳过去，可是大熊猫突然停下来说:"我不是海豚，根本跳不了那么高。"鹦鹉只好说:"我再给你想想办法。"之后，鹦鹉又对大熊猫说:"你可以在身上贴花儿，让自己变得更美丽。"大熊猫觉得这个建议也不错，于是把鹦鹉采来的花一朵一朵地贴在身上，可是一阵大风吹过，身上的花全都被吹走了。大熊猫又变回了原来的样子。大熊猫失望地坐在一边。突然，它听见远处传来"咯咯"的笑声，原来是小朋友们来看它了。小朋友们都觉得大熊猫很有趣，还在猜它的尾巴是黑色的还是白色的。虽然大熊猫不会表演，身上也没有彩色的皮毛，但是小朋友还是很喜欢它。

教师向幼儿提问:大熊猫的外形是什么样的?(身体圆圆，尾巴短短，有一双黑眼睛，毛皮是黑白相间的)鹦鹉请大熊猫参加什么活动?(最受欢迎动物选举)为什么大熊猫担心小朋友不喜欢它?(它不会表演，身上又没有彩色的皮毛)鹦鹉帮大熊猫想了什么办法?(学跳圈和在身上贴花儿)这些办法成功了吗?为什么?(不成功。因为大熊猫不能像海豚一样跳得那么高，贴在身上的花儿又被风吹走了)你认为贴上花朵的大熊猫美丽吗?为什么?(自由回答)如果你是大熊猫，你会去学海豚跳圈和在身上贴花儿吗?为什么?(自由回答)你喜欢大熊猫吗?为什么?(自由回答)

教师与幼儿一起回顾在这个主题学过的动物，回忆它们的本领，或它们最美丽、最有趣的地方。

教师总结每一种动物都有它们自己的本领，有独特和可爱之处，并与幼儿一起复述故事。

评析

这个活动主要是让家长参与亲子故事活动，让幼儿能专心听家长讲故事，听完故事后能说出大熊猫的外形特征，知道不同的动物都各有本领，有独特和可爱之处。

(三)大班

蚂蚁运豆

设计意图

教师为了更好地融洽亲子关系，让孩子体验亲子活动的快乐，激发孩子从小爱父母、爱家庭的美好情感而设计本游戏。

游戏目标

1. 学习用旧报纸揉团的方法制作"豆子"。

2. 在亲子制作和游戏活动中体验成功和快乐。

3. 激发孩子爱父母、爱家庭的美好情感。

游戏准备

旧报纸、杂志，彩色闪光纸、皱纹纸、其他彩色纸若干，宽胶带，剪刀，做好的"豆子"几颗，塑料小筐 8 个，蚂蚁头饰若干；布置室外游戏场地。

游戏过程

步骤一：漂亮的"豆子"

教师出示几个"豆子"，让孩子和家长说说这是用什么做的及有哪几种颜色，激发孩子的兴趣。

教师示范做"豆子"：把一小张报纸或几页杂志纸揉成团，用闪光纸或皱纹纸包裹，再用胶带缠紧即可。

步骤二：亲子制作彩豆

分家庭开展制作活动，可分工协作，如让孩子揉纸团、家长包闪光纸和缠胶带，也可让孩子独立完成。教师提供各种材料，供家长和孩子选择，比比哪个家庭做得又快又好。

步骤三：亲子游戏"蚂蚁运豆"

故事导入，激发兴趣。有一天，天空中突然电闪雷鸣，眼看一场暴风雨就要来临，蚂蚁的家就要被暴风雨冲垮淹没。在这危难时刻，每只蚂蚁都有责任保护自己的家。于是，它们齐心协力来摆脱危险，并把自己家里的粮食（豆子）运到了安全的山洞，建立了新的家园。

亲子扮演角色进行游戏。四个家庭同时参加游戏。家长和孩子戴上蚂蚁头饰排队站在起点处，听到口令，家长将一张报纸铺在地上，从起点处的塑料筐中拾起一颗"豆子"放在报纸上，然后双手拉着报纸的一边往后拖。如果途中"豆子"滚落，家长必须拾起并放在报纸上，方可继续前进，家长将"豆子"运至前面 8 米处的塑料筐（安全山洞）前，把报纸上的"豆子"拾起放进筐中，然后立即捡起报纸跑回起点将报纸送给孩子。孩子接过报纸，用同样的方法将"豆子"运到前面的筐中。亲子循环接力"运豆"，最先运完 10 颗"豆子"的家庭获胜。（温馨提示：可几个小家庭组成一个大家庭，以大家庭为单位进行比赛）

步骤四：活动小结与材料的收拾和整理

教师、孩子、家长讲讲活动的过程和体会，共同收拾和整理游戏材料。

活动延伸：在家庭中利用各种废纸制作纸球，创造性地开展各类活动。

评析

幼儿园应和家庭、社会密切配合，共同为幼儿创造一个良好的成长环境，使他们的童年过得快乐而有意义。本案例活泼有趣，充分调动了孩子和家长的积极性，给孩子和家长提供了一个互动、交流的平台，他们玩得非常开心，也让家长们真正参与到幼儿园教育活动中，形成了教育合力。

本活动分为两个部分：第一部分是制作"彩豆"。制作的材料是旧报纸、杂志、各种彩纸、胶带等，材料易收集，制作较简单，幼儿能独立完成，"豆子"用各种彩纸包裹，色彩艳丽，能激发孩子参与制作的愿望和兴趣，使孩子能够主动学习，每个家庭都能很好地完成。第二部分是亲子"运豆"游戏。教师先以故事导入，并设置游戏情境，活动中适时有效地指导，保证了活动有序顺利地进行。亲子接力抢运粮食（豆子）的比赛过程既紧张又有趣，让孩子在活动中体会到了亲子合作游戏和成功的快乐，更让孩子懂得了家的重要性，从小萌发为父母、为家庭服务的愿望，培养了孩子爱父母、爱家庭的美好情感。

我为妈妈烫头发

设计意图

区域活动开始了，孩子们像往常一样纷纷来到了各自喜欢的区域玩了起来。一向热门的剪纸区域今天却只来了两位幼儿，可没过一会儿，浩浩小朋友也起身向热闹的"医院"走去。连续两天剪纸区域都很冷清，这样可不行，必须再次引发孩子们对剪纸的兴趣。

游戏过程

教师特意拿出了婕婕剪的又细又长的纸条问幼儿们："你们看，婕婕剪的细细长长的纸条多漂亮呀，它像什么？"这时，幼儿们热闹了起来，有的说像线，有的说像水，有的说像妈妈的头发……这时，教师灵机一动马上说："对呀，它还像妈妈的头发。"接着，教师又马上找来废旧材料制作了妈妈的头像，又请婕婕把刚才剪的纸条贴在了头像上，于是细长的纸条就变成了妈妈的头发。教师又问："妈妈直直的头发真漂亮，你们妈妈的头发和她一样吗？""不一样，我妈妈的头发是卷卷的。"苗苗马上说道。"是吗，你妈妈的头发是卷卷的真漂亮。那，这个妈妈也想变成卷卷的头发，谁来帮妈妈烫头发。""我来、我来……"小朋友们一下子热闹了起来。就这样，在教师的指导、帮助下一个烫头发的妈妈出现了。于是，剪纸区域又热闹了起来……这样的活动也非常适合在家庭中开展，让孩子为家里的爸爸妈妈或爷爷奶奶用纸条、毛线、布条等材料设计发型。

评析

活动中材料的适时投放、更换是十分重要的，它与幼儿活动发展的情况有着密切的关系。然而，教师投放、更换材料的"秘诀"就是要在活动中敏锐观察幼儿对材料的反应，分析出幼儿的需求。为幼儿提供的操作材料应更加注意孩子的年龄特点和兴趣爱好，材料和环境最好是他们生活中经常接触的、熟悉的。"我为妈妈烫头发"就是教师找到了激发孩子兴趣的切入口。孩子都有新鲜感，他们对一成不变的东西不感兴趣，因此活动中教师应注意观察，并适当调整。在教师与幼儿互动的过程中，虽然材料充当了重要的角色，但它是无声的，它的暗示作用并不是独立发挥的，有时它需要与教师的语言提示、行动参与及同伴的经验共享等因素结合才能发挥作用，从而激发幼儿参与活动的积极性和创作灵感。最后，让幼儿把这个亲子游戏带回家，和家长一起玩，使家庭成员关系更加融洽，也让幼儿更注意观察家人，增强对家人的关爱之情。

(四)0～3岁学前儿童亲子游戏

捕小鸟

游戏目标

1. 促进幼儿大运动技能的发展。

2. 锻炼幼儿反应能力和判断能力。

3. 增进亲子感情。

游戏过程

在公园中树木成林的地方，让我们停下来和宝宝做个游戏吧！妈妈和宝宝扮演小鸟，模仿小鸟在空中飞行，边飞行边说儿歌：

小鸟小鸟天上飞，高高兴兴飞呀飞。

飞到东来飞到西，快快乐乐飞呀飞。

突然来了一张网，小鸟小鸟快快藏。

说儿歌的时候，妈妈和宝宝模仿小鸟在林中飞行，爸爸扮作的捕网悄悄地躲在一旁，当儿歌说完最后一个字时，爸爸马上从一旁扑出来，张开双臂扮作捕网去抓小鸟，小鸟只要马上抱住身边的任意一棵树即可安全。反复游戏，中间可以交换角色。

评析

宝宝扮作捕网时，爸爸妈妈可以适当地被宝宝抓住，从而调动宝宝的游戏兴趣，让宝宝体验成功感。

婴儿被动操(2～6个月婴儿，5分钟，动作要轻柔)

第一节：扩胸运动(二八拍)

①两臂左右分开，手心向上，手背贴在桌面上。

②使婴儿两臂在胸前交叉。

③分别重复①和②。

第二节：伸展运动(二八拍)

①两臂前平举，掌心相对。

②轻拉婴儿两臂向两侧斜上举，手背贴在桌面上。

③重复①。

④还原成预备姿势。

第三节：屈腿运动(二八拍)

①使婴儿两腿同时屈至腹部。

②还原成预备姿势。

③重复①。

④还原。

第四节：两腿上举运动(二八拍)

①将婴儿两腿向前上方举起，与腹部成直角。

②还原。

③重复①和②(0~4个月婴儿至此为止，4~6个月婴儿加做第五节至第八节)。

第五节：肩绕环运动(二八拍)

①找婴儿两臂，以肩关节为轴心，使两臂由胸前向上，向外侧轻轻环绕一圈，回到预备姿势。

②相反方向绕环一周。

③重复①和②(注意拉力不要过大)。

第六节：后屈运动(二八拍)

①轻轻提起婴儿双腿，只抬高下肢，胸部不得离开桌面，还原。

②轻轻握住婴儿两肘，使上体抬高，腹部不得离开桌面，还原。

③重复①和②。

第七节：翻身运动(二八拍)

①一手握婴儿两脚腕，另一手托婴儿背，帮助婴儿翻身趴下，并使婴儿的头、肩稍抬起。

②换一只手握婴儿脚腕，另一只手插到婴儿胸下，帮助婴儿将身体翻转过来仰卧。

③重复①，但为反方向。

④重复②，但为反方向(亦可连续一个方向两次后再重复)。

第八节：整理运动

扶婴儿两臂轻轻活动，再扶小腿轻轻摇动，或让婴儿仰卧在桌上自由活动数分钟，使肌肉及精神渐渐放松。

整个婴儿操做5分钟，动作要轻柔。

模仿操

小鸟：小鸟小鸟起得早，拍拍翅膀把虫找。左边看一看，右边看一看，尖嘴敲一敲，小爪刨一刨，吃饱了肚子哈哈笑。小鸟高兴地跳呀跳。

天天做操身体好：早上空气真正好，我们大家来做操，伸伸腰，伸伸臂，弯弯腰，弯弯腰，踢踢腿，踢踢腿，蹦蹦跳，蹦蹦跳，天天做操身体好。

第三节　学前儿童手指游戏

俗话说心灵手巧。著名哲学家康德曾说手是身体的大脑。著名教育家苏霍姆林斯基也曾说儿童的智慧在他的手指尖上。对于幼儿来说，手指的活动是大脑的体操。活动的是手，得到锻炼的是大脑。手的动作与人脑的发育有着极为密切和重要的关系，对语言、视觉、听觉、触觉等的发展也有极大的助益。

手指游戏是一边念诵儿歌或韵律，一边协调双手动作变化的游戏。玩手指游戏的时候我们手做动作，口念儿歌，手眼协调，全身的能动系统只做一件事情，孩子的注意力、记忆力、感觉统合能力、节奏感和韵律感同时得到了训练。在人类进化的过程中，双手的活动引发了大脑的思维，大脑的思维又通过双手的活动来完善，手是人类的"第二个大脑"，创造了人类璀璨的文明。动手做事是孩子成长的基础，手指游戏让孩子学会动手、勤于动手、爱上动手。同时，手指游戏也是亲子间交流最好的游戏。

其实手指操游戏并不难，想要孩子高兴起来也不难，只要你想教就很简单。本节主要介绍一些在幼儿园较为常见的手指操游戏。

一、小班

手指操

第一节

一只小鸡叽叽，低低头（鸡嘴状点桌面三下）吃米米（碰碰食指三下）；

来了（先伸出右手手心向下）一群（再伸出左手手心向下，放在右手上）小鸭鸭（做鸭嘴状三下），游游泳（两根大拇指交叉，其余手指并拢晃动）呷呷呷（做鸭嘴状三下）；

两只小象（两只手的食指和小指同时伸直）走过来（放在桌面做走的动作），钩钩鼻（大拇指碰碰）做游戏（两根大拇指绕一绕）；

一群（先伸右手）小鱼（再伸左手）游过来，游到东游到西，游到（两手游泳状打开）大海妈妈的怀抱（两手交叉放胸前）里。

第二节

一根手指（右手）一根手指（左手）变成大山（两根食指叠在一起）；

两根手指（右手）两根手指（左手）变成剪刀（剪两下）；

三根手指（右手）三根手指（左手）变成水母（两根食指勾在一起，中指无名指并拢动一动）；

四根手指（右手）四根手指（左手）变成胡须（合并放在下巴位置）；

五根手指（右手）五根手指（左手）变成海鸥（手心面向自己，大拇指交叉向上飞）。

第三节

一根手指（先伸右手）五根手指（再伸左手合拢当作小碗）小朋友（右手有节奏地上下运动）吃水果；

两根手指（右手筷子）五根手指（左手）小朋友吃面条；

三根手指（右手叉子）五根手指（左手）小朋友吃蛋糕；

四根手指（右手勺子）五根手指（左手）小朋友吃米饭；

五根手指（右手）五根手指（左手）小朋友做馒头（双手左右晃动）；

大家一起吃（两手胸前换位拍手，最后啊呜吃掉）。

第四节

你拍一我拍一，伸出大拇哥碰碰头；

你拍二我拍二，伸出食指哥摆一摆；

你拍三我拍三，伸出中指哥弯弯腰；

你拍四我拍四，伸出无名指搭拱桥；

你拍五我拍五，伸出小指头拉拉钩；

五根手指伸出来，小朋友（两手胸前交叉）来做玩乐操（翻手腕后伸出两根大拇指）。

第五节

（两手并拢）一门开（两根小指头先开）进不来，

二门开（两根无名指再开）进不来，

三门开（两根中指开）进不来，

四门开（两根食指开）进不来，

五门开开（手指都开）我进来了（手腕放一起做花状，小朋友对着手心点点头），

见到我的好朋友（十根手指弯弯动动），拉拉钩（拉小指）敬个礼（除大拇指外其他手指动动）碰碰头（大拇指碰碰），

相亲相爱（手腕摩擦）不分手（两手握一起）。

第六节

一根手指点点（两根食指碰碰），

两根手指剪剪（做剪刀状横剪一下竖剪一下），

三根手指（食指、中指、无名指）弯弯，

四根手指插插（两手交叉），

五指开花（做花状托住下巴）。

小手拍拍

小手拍拍，小手拍拍，（拍拍你的双手）

手指伸出来，（伸出你的食指）

眼睛在哪里？（用一种夸张的语气问）

眼睛在这里，（指你的眼睛）

用手指出来。（一边指着你的眼睛一边用眼神鼓励你的孩子）

可以灵活变化：可以把眼睛改成其他任何一个身体部位，如鼻子、嘴巴等。这个游戏教会孩子认识五官和身体的部位，让他增强自己的身体意识。

我的一家

爸爸是司机，开汽车，嘀嘀嘀；（双手大拇指单伸出来，向下按）

爸爸旁边是妈妈，妈妈洗衣服，刷刷刷；（双手食指单伸出来，做搓衣服的动作）

个子最高是哥哥，哥哥打篮球，砰砰砰；（双手中指单伸出来，向上做投篮动作）

哥哥旁边是姐姐，姐姐在跳舞，嚓嚓嚓；（双手无名指单伸出来，做绕圈动作）

个子最小就是我，我在敲小鼓，咚咚咚。（双手小指单伸出来，做敲小鼓动作）

我是一个大苹果

我（指着自己，表情夸张）是一个大苹果，（双手张开表示"大"）

小朋友们都爱我，（双手食指点着前面的人）

请你先去洗洗手，（双手做洗手的动作）

要是手脏，（用右手食指点着左手手掌）

别碰我！（挥动右手表示"不"）

小熊小熊

小熊小熊圆圆脸，（用手在宝宝的手心画圆）

一步一步上上坡，（从宝宝的手往手臂上点上去）

叽里咕噜滚下来，（在宝宝身上从上往下做滚状）

滚进一个山洞里。（用手点到宝宝的胳肢窝挠挠）

我有一双小小手

我有一双小小手，

小手拍一拍，小手拍一拍；（把小手拍一拍）

小手藏起来，小手藏起来。（让宝宝把小手藏在身后）

小手在哪里？小手在哪里？（留有时间让宝宝想一想）

小手在这里，小手在这里。（把小手从身后拿出来，拍一拍）

我有一双小小脚

我有一双小小脚，

小脚踩一踩，小脚踩一踩；（让小脚踏踏地）

小脚藏起来，小脚藏起来。（让宝宝用小手把小脚捂住）

小脚在哪里，小脚在哪里？（留有时间让宝宝想一想）

小脚在这里，小脚在这里。（把小手拿开，小脚欢快地踏一踏）

二、中班

手指操

第一节

石头剪刀布，石头剪刀布，做什么（左摆一下）做什么（右摆一下）？

左手是石头，右手是石头，胖胖脸胖胖脸（握拳贴小脸两边）。

石头剪刀布，石头剪刀布，做什么做什么？

左手是剪刀，右手是剪刀，小白兔小白兔（做小兔）。

石头剪刀布，石头剪刀布，做什么做什么？

左手是布，右手是布，小螃蟹小螃蟹（手心对前胸两根大拇指靠一起，另外的四根指头只是前面弯曲一下）。

石头剪刀布，石头剪刀布，做什么做什么？

左手是石头，右手是剪刀，小蜗牛小蜗牛（石头放剪刀上面）。

第二节

花园里百花开，（先向下压腕再向上伸直）

万紫千红多姿多彩，（小舞花两次，手心合拢成没开的花苞）

菊花张开小嘴巴，（大拇指先开成菊花）

兰花扬起小下巴，（绕腕向下压成兰花指，手心面向大家）

鸡冠花（手花状），真神气！（手腕对在一起另一只手成花状直立）

喇叭花开早早起，（左上、胸前、右上、胸前）

什么花儿（食指伸出放在太阳穴边绕想问题）晚上开，

节日喜庆（由上向下水波状）烟花开（手指握拳猛地张开分三次）。

第三节

我家（拍一下手，移动对空合拢）有个玩具柜（打开，大拇指向上），

柜子一共有几层，（关上门再打开两次）

一层二层三四层，（从一层小指开始分别弯曲，二层无名指，三层中指，四层食指）

我的柜子有四层，

一层一层（小指放小指上面，无名指放无名指上面……）关上门。

第四节

小桌子四方方，（手背朝外，手指相对，对缝插进，手腕向下压大拇指靠压食指）

小朋友们坐边上，（大拇指先开，慢慢都打开）

一个我（指我）一个你（指你）大家一起做游戏（拍两下手），

一张纸（左手）一支笔（右手）画幅画儿真美丽（左右大拇指食指成长方形），

画座楼房高又高，（小指放小指上面，无名指放无名指上面……大拇指向上伸直）

画座小桥弯又弯，（手腕向下压成桥）

画群和平鸽飞过桥。

第五节

好朋友（右手打开向外伸）在一起（左手打开向外伸），

我们快来（握拳猛地打开手同时向外拉两次）锻炼身体（快速胸前绕绕拍一下），

头儿（大拇指交叉换位三下）扭扭碰碰碰，

脖子（食指交叉换位三下）扭扭碰碰碰，

腰儿（中指交叉换位三下）扭扭碰碰碰，

屁股（无名指交叉换位三下）扭扭碰碰碰，

脚儿（小拇指交叉换位三下）扭扭碰碰碰，

大家来做扭扭操（两手交叉握握再合并伸直），

做个健康好宝宝（右手慢慢爬，上拳下手撑变蘑菇，左手再来一次）。

第六节

拍拍（拍两下）插插（手指打开背靠一起手插进、手指并一起向前）开始拨。

右拇指动动向右拨（右手弯曲左手伸直向右拨），

左拇指动动向左拨（左手弯曲右手伸直向左拨），

拨呀拨呀拨呀拨，

两只小手（摊平）不分家（竖起两个大拇指碰到一起）。

三、大班

手指操

太阳公公睡觉（两手像伸懒腰）静悄悄，

月亮婆婆睡觉眯眯笑（两手一并放在脸的一侧），

老爷爷睡觉（两手指指向两腮像在摸胡子）胡子翘（两手张开向外指），

小宝宝睡觉（两只胳膊抱起来）呼噜呼噜（两只胳膊交互转圈），像只小花猫（两手放在两腮像小猫的胡子）。

四、0～3岁学前儿童手指游戏

小不点醒了

胖子醒了，（伸出无名指）

大个子醒了，（伸出中指）

你醒了，（伸出食指）

我醒了，（伸出大拇指）

大家都醒啦。（拍手）

宝宝的小手

爸爸瞧瞧，（左手从背后伸出，张开手指挥动）

妈妈看看，（右手从背后伸出，张开手指挥动）

宝宝的小手真好看，（双手一齐摇动）

爸爸瞧瞧，（闭合左手，往背后收）

妈妈看看，（闭合右手，往背后收）

宝宝的小手不见了，（双手都放在背后了）

爸爸妈妈快来看，

宝宝的小手出现了。（双手从背后再拿出来）

鸭子

走起路来摇又摆，（将手臂和胳膊肘抬高，左右摇晃身体或蹲下）

一边走一边叫，（手心贴手心，一开一合）

脚蹼连着脚趾头。（把手指张开）

下雨了，真开心，（笑）

潜下水去找食吃。（举双手做潜水动作）

猫头鹰

猫头鹰眼睛大，（用食指和大拇指围成圆圈放在眼睛上）

敏锐的鼻子，（用食指指向鼻子下方）

敏锐的耳朵，（在头边伸出手指）

爪子就是脚。（弯曲的手指像爪子）

住在高树上。（指向头顶）

当它看见你，（指另一个孩子）

它就拍翅膀，（弯曲肘部拍打手臂像翅膀）

一边拍，一边叫"呜、呜"。

我家的刷子

这些是我家的刷子，

它们很容易让每个地方清洁。

我每天用牙刷刷牙，（刷牙的动作）

我每天用梳子梳头。（梳头的动作）

用它们清厨房，洗池子，（擦洗的动作）

用它们刷厕所。（擦洗的动作）

用它们擦皮鞋，（擦鞋的动作）

用它们清鞋底。（清鞋底的动作）

用刷子刷地板，（刷洗动作）

用刷子刷墙面。（粉刷动作）

用刷子清洗烧烤架子，（刷洗动作）

刷子的用途实在多。

我的牙刷

我有一支小牙刷，（指向牙刷）

紧紧握住牙刷柄。（手里握住牙刷）

早上刷牙要用它，（假装刷牙）

晚上刷牙也用它。

拓展视频

手指游戏"花园里"

设计者/唐山师范学院 么娜

第四节 学前儿童电子游戏

一、电子游戏的原理

随着信息技术的不断发展，电子游戏已经成为人们娱乐活动的主要方式。与传统游戏相同，它具有规则、互动、目标等游戏的基本元素，是一种包含体验和参与的娱乐活动。究其本质，电子游戏是指通过计算机、平板电脑、手机和游戏机等终端设备进行游戏的娱乐方式，是以电子游戏本身为核心，以玩家为主体，以游戏行为为主要内容的独特的艺术形式。

研究表明，儿童通常在社会动机、情感动机和表现动机的激励下产生对电子游戏的浓厚兴趣。电子游戏能满足玩家各种不同层次的需求，包括美的需求、自尊的需求、自我价值实现的需求、爱的需求、安全需求等。近年来，电子游戏对儿童心理、智力、能力发展等方面的影响得到了人们的广泛关注，越来越多的教育人士开始关注游戏与生活、个体发展的关系，研究如何利用电子游戏促进儿童学习，使儿童的知识、技能、智力、情感、态度、价值观等在游戏中得到教育和提升。但是由于开发管理不规范、分类杂乱、体制不健全等原因，电子游戏的教育品质不能得到有效提升，潜在的教育价值也没有得到应有的发挥。

二、学前儿童电子游戏的价值

随着科技的快速发展，电子游戏已经成为青少年们的主要娱乐方式，虽然游戏中的负面因素会影响青少年的健康成长，但是也有很多学者认为游戏中含有大量的教育因素，可以对学前儿童成长产生积极的作用。

(一)培养学前儿童多方面的能力

电子游戏能够促进学前儿童手眼协调，通过生动的画面、精致的音效、紧凑的环节使其集中注意力，不受外部环境的干扰，增强学前儿童的空间和视觉技能，促进其深层学习。此外，游戏往往要求游戏者做好计划、迅速做出决定及与其他游戏者有效沟通，有利于提高学前儿童的反应能力、沟通能力，锻炼其思维敏捷性和逻辑能力，有效提高学前儿童的创新能力。同时，在一些与现实生活相似的游戏情境中，游戏者不仅能够提高解决游戏问题的能力，还能将这种能力迁移到现实生活中。

(二)提高团队协作能力

网络游戏可以让不同区域、不同年龄的游戏者在一起履行不同的职责，这就使得学前儿童可以在游戏中增强社会性，明确自身角色，更好地与他人相处，培养个人的组织能力、团队协作能力及社交能力。

(三)强化激励作用

简单的游戏可以使学前儿童紧张、疲劳的大脑得以放松，复杂的游戏则可以锻炼他们解决问题的能力，使其反应的灵活性增加。此外，学前儿童可以在赢得比赛的过程中增强自信，获得自我满足与肯定，强化激励他们认识自身优点，从而不断进步。

(四)促进学习

学前儿童可以在玩电子游戏的过程中获得成功的体验，形成学习的主动性和积极性，使学前儿童的学习能力和智力水平得到提升。

(五)愉悦心情

电子游戏所营造的是一个虚拟的世界，可供不擅长人际交往的学前儿童在游戏中练习交流和沟通，获得稳定的情感体验。

(六)认识自然

电子游戏可以将各种自然界的现象虚拟地呈现在屏幕上,将生活中很难接触到的自然景象展现在人们面前,学前儿童可以根据自己的兴趣与电子游戏发生互动,超越眼前的环境认识全世界。

(七)促进多元智能发展

电子游戏利用网络能够实现各种信息的传递和交流,有利于学前儿童言语智能和人际交往智能的发展。大量的视听觉素材为学前儿童提高空间智能、音乐智能创造了环境。特别是游戏时,学前儿童还需要用身体运动表达思想及高度集中注意力观察游戏情节的变化等,因此他们要在游戏中综合使用各种智能,实现了在玩中学的目标。

三、电子游戏的分类

近年来,电子游戏产业不断繁荣,电子游戏的网站数量日益增多,游戏内容丰富,更新也非常迅速。许多富有教育意义的电子游戏得到了人们的广泛关注,研究者从不同的角度对电子游戏进行了不同的分类。

按照电子游戏的平台,可以分为计算机游戏、电视游戏和便携游戏。计算机游戏包括单机游戏与网络游戏。电视游戏是游戏机游戏的别称,主要与计算机游戏相区别。便携游戏是指在便携式电子设备上玩的电子游戏,包括手机游戏、掌上游戏机等。

按照硬件平台分为大型游戏机游戏、控制台游戏、网络游戏、无线游戏等。

按照游戏内容和博弈规则分为休闲游戏、竞技游戏、益智游戏、装扮游戏、角色扮演游戏、回合游戏、体育游戏等。

综观目前对电子游戏的分级分类方式,虽然角度不同,划分方式各异,但对于学前儿童这一个特殊群体来说,这些分类方法仍然存在很多问题。例如:目前的电子游戏分类比例不均衡,以益智类、学习类为主,欣赏、创造类游戏不足;分类依据界限模糊,如动作类、敏捷类、射击类、战争类游戏都各划为单独的类别,而下设的游戏多有重复,混在一起;分类缺乏针对性,把儿童游戏统归为一类,没有将游戏针对不同年龄阶段的儿童进行更细致的分类;当前分类下的游戏内容较为繁杂,良莠不齐,不易选择。

2012年9月,我国教育部颁布了《3~6岁学前儿童学习与发展指南》(以下简称《指南》),从语言、科学、社会、健康、艺术五个领域,对3~6岁各年龄段幼儿学习与发展提出了目标和教育建议。《指南》中的说明第二条明确地表述了《指南》制定的目的,即为幼儿后继学习和终身发展奠定良好素质基础,促进幼儿体、智、德、美各方面的协调发展。可见,幼儿的发展应当是现实的、全面的、协调的和未来可持续的、终身的发展。因此,我们认为学前儿童的电子游戏也应符合促进幼儿全面、协调发展的标准,新的电子游戏分类标准应该满足幼儿全面协调发展的需求。

因此，根据已有游戏对儿童各项能力发展的支持，结合《指南》的要求，我们认为可以将学前儿童电子游戏分为生活习惯与自理类、倾听阅读与表达类、社会适应与交往类、科学探究与实验类、数学认知与意识类、艺术欣赏与表达类六个类别。

四、电子游戏案例及分析①

(一)健康类电子游戏的教学应用

学前儿童在健康领域的学习与发展是其他领域学习与发展的基础。学前儿童只有拥有了强健的体质、愉快的情绪，才能积极主动地投入对外界环境的探索之中，并与他人建立良好的关系，从而获得丰富的感性经验，促进社会性的良好发展。当前的一些学前儿童电子游戏正是实现这样学习的良好途径，在轻松愉快的氛围中，学前儿童不仅能够发展动作能力，还能够参与到与他人的交流中，与他人建立良好的关系。

1. 生活与习惯

生活自理能力和安全生活的能力是学前儿童适应社会生活必备的基本能力，而学前儿童阶段是养成良好行为习惯的重要时期，幼儿需要以良好的生活习惯为基础，积极维护和保障自身健康。与此相关的电子游戏帮助学前儿童学习需要养成的一些良好的生活习惯：睡觉前不吃零食、记得刷牙，如"学刷牙"游戏；不要边看电视边吃饭，如"正确吃饭"游戏；不要随便和陌生人说话，如"不和陌生人说话"游戏；玩完玩具要收拾，如"整理玩具"游戏；坐公交车要坐稳扶好，如"坐公交"游戏。

2. 情绪安定愉快

学前儿童心理发育十分不成熟，极易受环境的变化、亲子分离、心理冲突等因素的影响而出现较大的情绪波动。良好的情绪不仅是维持健康的重要内容，也是学前儿童与他人交往、建立良好的关系的前提。情绪安定与愉快是学前儿童保持身心健康及产生适应行为的重要条件。电子游戏为学前儿童营造了轻松愉悦的氛围，使学前儿童在逐渐引导和学习中习得知识、接受指导，并在答对游戏题目后获得成功的体验，愉悦身心。

3. 生活自理能力

基本的生活自理能力是学前儿童成长与发展必须具备的能力，学前儿童的生活自理能力包括独立进餐、盥洗、排便后的自理、穿脱衣服和鞋袜、整理生活用品与学习用品等方面。而学前儿童生活自理能力的发展建立在身体动作发展的基础上，

---

① 这部分内容中涉及电子游戏均为当前网络电子游戏的一般介绍和分析。

尤其是手的动作能力。

许多学前儿童电子游戏都涉及进餐、盥洗、整理生活用品等细节，要求学前儿童在生活中不断观察、积累经验，鼓励学前儿童做力所能及的事情，学习和掌握生活自理的基本方法。

植牙手术

游戏简介

作为牙医的你要进行一次牙科手术，赶紧点击鼠标，拿起工具，根据提示顺利完成手术，帮助男孩恢复完美牙齿。

符合要求

该游戏符合《指南》健康领域中"具有良好的生活与卫生习惯"和科学领域中"具有初步的探究能力"的要求，通过简单的小游戏，帮助学前儿童认识如何治牙，强化保护牙齿的重要性，并通过逐步探究了解医生是如何帮助我们治疗牙齿的。

(二)语言类电子游戏的教学应用

语言类电子游戏是以学前儿童耳听口说为主的智力游戏，以其自身的新奇性和趣味性吸引学前儿童，在游戏的过程中是一个由不知到知、由知之不多到知之较多的感知语言信息的过程，锻炼学前儿童对语言信息的理解和表达。

1. 愿意说话并能清楚地表达

一些电子游戏为学前儿童创设了自由、宽松的语言交往环境及创造了说话的机会，让学前儿童体验语言交往的乐趣，让他们想说、敢说、喜欢说。

2. 阅读与书写准备

阅读与书写是进行系统正规学习活动的重要基础，语言类电子游戏可以激发幼儿的阅读兴趣，引导学前儿童体会文字符号的用途。

三只小熊儿歌

游戏简介

有三只熊生活在一起——熊爸爸、熊妈妈、熊宝宝，熊爸爸很强壮，熊妈妈很苗条，熊宝宝好可爱，熊宝宝正在一天一天长大。鼠标点击开始播放动画，欣赏一段优美动画并体会其中乐趣。

符合要求

该游戏符合《指南》语言领域中"认真听并能听懂常用语言"的要求，帮助学前儿童学习新的儿歌，给学前儿童带来乐趣，提高认知水平、观察力。

(三)科学类电子游戏的教学应用

1. 亲近自然，喜欢探究，具有初步的探究能力

学前儿童时期是培养探索能力的最好时期，如"娃娃找线索"游戏以找线索为主要形式,学前儿童在亲自动手操作鼠标的过程中,以自身经验匹配小动物和相应的食物,再加上找线索加以尝试,在愉快的游戏中学前儿童感到满足,增强了他们探索大自然的兴趣。

2. 在探究中认识周围的食物和现象

水果认知

游戏分类

学习类(网站)、科学探究与实验、倾听阅读与表达类(新分类)。

游戏简介

游戏罗列了生活中常见的水果图片,如苹果、葡萄、梨子、香蕉、桃子、橘子等。要求幼儿根据图片和水果名称,用鼠标点击正确的水果图像,播放对应的水果动画,认识水果。

符合要求

该游戏符合《指南》科学领域中"具有初步的探究能力""在探究中认识周围的事物和现象的能力"和语言领域中"认真听并能听懂常用语言"的要求,有利于帮助学前儿童识记和分辨水果,并通过讲解提高学前儿童的倾听能力和理解力。

3. 感知形状与空间关系

喜羊羊拼图

游戏简介

该游戏共有 46 关。要求幼儿在限定时间内完成拼图。

符合要求

该游戏符合《指南》科学领域中"感知形状与空间关系"的要求,要求学前儿童在对原来的图形有深刻认识的基础上,根据原图的轮廓找到对应的拼图。有利于加深学前儿童对形状的理解与认知,培养学前儿童的观察能力和思维能力。

4. 初步感知生活中数学的有用和有趣

天天连萌

游戏简介

该游戏要求幼儿仔细观察每个图案,选择能够相互连接的两个相同的图案进行消除,图标消除后整体会相应地移动,更加具备难度和挑战。

符合要求

该游戏符合《指南》科学领域中"感知形状与空间关系"的要求,学前儿童需要找到形状相同并可以消除的两个图形,有利于加深学前儿童对形状的理解与认知,培养他们的观察能力、思维能力和记忆力。

(四)社会类电子游戏的教学应用

社会类电子游戏能激发学前儿童的学习兴趣，调动学习的积极性；能让学前儿童在游戏的过程中学到知识，促进学前儿童智力的发展；可以培养学前儿童的各种基本能力，如想象力、创造力、观察力等；能够锻炼学前儿童与他人交往、合作的能力；能够培养学前儿童的社会适应能力和自控力。

火柴双截龙

游戏简介

恶势力统治了火柴星球城市街道。两个勇敢异常的年轻人决定去挑战这一切，请幼儿操作键盘，通过共同合作消灭所有敌人，到达终点。

符合要求

该游戏符合《指南》社会领域中"愿意与人交往""能与同伴友好相处"的要求，锻炼学前儿童合作能力、操作能力、手眼协调能力和快速反应能力。

(五)艺术类电子游戏的教学应用

《指南》中对艺术领域的规定目标主要是让幼儿感受艺术的美，表达艺术的美。教师可以通过电子游戏来实现这个领域的具体目标。

小猪吃番薯

游戏简介

小猪吃番薯吃得很开心。但是却没有好看的颜色，请小朋友们使用鼠标在右侧选择自己喜欢的颜色并填涂。

符合要求

该游戏符合《指南》艺术领域中"喜欢进行艺术活动并大胆表现""具有初步的艺术表现与创造力"的要求，提高学前儿童对颜色的认知，通过绘画的方式表现自我，培养学前儿童颜色分辨能力、审美能力。

一起学钢琴

游戏简介

为幼儿引入钢琴练习，请幼儿们先熟悉一下琴键，然后跟着乐谱弹奏，完成一首优美的曲子。

符合要求

该游戏符合《指南》艺术领域中"喜欢进行艺术活动并大胆表现""具有初步的艺术表现与创造力"的要求，提高学前儿童对音乐的感知与喜爱，并通过游戏提示大胆表现与创造，提高对钢琴的认识。

第五节　学前儿童绘本游戏

　　游戏是自主、自由且有益于身心的放松活动。于学前儿童而言，游戏是教育的基本活动，是学前儿童反映现实生活的活动。绘本是学前儿童了解世界和畅想世界的窗口，体现了幼儿的兴趣所在。因此，选择适宜的绘本，让教师掌握各种游戏形式，以绘本为中心开展主题活动，并结合绘本中的角色形象或情节，设计出丰富有趣的游戏，将绘本教学的目标及内容渗透其中，以此使幼儿园的绘本教学更加生活化、趣味化。

　　本节内容按照小、中、大班的分类方式，选取《汉堡男孩》《花格子大象艾玛》《长颈鹿不会跳舞》三个绘本，将各类游戏形式与绘本结合，以绘本游戏案例的形式呈现幼儿园中的绘本教学。

一、小班

汉堡男孩[①]

内容简介

　　现在很多幼儿都会偏食，我们推荐这本书的初衷就是想要告诉幼儿正确的饮食习惯，并且也想提醒家长注意幼儿的营养均衡。

　　有些幼儿只爱吃肉，不爱吃蔬菜；有些幼儿只爱吃蔬菜，不爱吃肉；还有些幼儿干脆不喜欢吃正餐，只喜欢吃零食！

　　幼儿现在正处于成长阶段，身体所需的各种营养都要通过食物来获得。每种蔬菜、肉类都含有幼儿所需的各种营养成分，只有均衡摄取才能帮助幼儿拥有一个健康的身体。

　　维尼很喜欢汉堡，除了汉堡他什么都不吃。有一天，维尼刚从"大大汉堡店"走出来，发现自己变成了一个巨型汉堡！狗狗要吃维尼，壮牛们追着维尼要出气（没办法，谁让维尼身上的汉堡是用牛肉做的呢），肚子饿了的男孩子们也追着维尼跑，大家都要吃掉维尼！

　　可怜的维尼，到底该怎么办才好呢？

游戏一：汉堡男孩追逐战

　　道具准备：汉堡男孩、小狗、小牛头饰，狗舍，球场，牛舍。

游戏过程

　　环节 A：教师用跑、跳、走的形式，带领幼儿进入游戏场地。

---

① ［英］艾伦·杜兰：《汉堡男孩》，北京，连环画出版社，2009。

环节 B：第一关，汉堡男孩来到足球场，遇到了踢足球的男孩们。汉堡男孩在前面跑，男孩们在后面追，两组幼儿围着场地进行追逐游戏。

环节 C：第二关，汉堡男孩继续往前跑，遇到了小狗。汉堡男孩在前面跑，踢足球的男孩和小狗在后面追，幼儿围着场地进行追逐游戏。

环节 D：第三关，汉堡男孩继续前行，遇到了小牛。汉堡男孩在前面跑，小狗、小牛和踢足球的男孩们在后面追，幼儿进行追逐游戏。教师发出口令，幼儿停止追逐。

环节 E：放松活动。幼儿跟随铃鼓节奏调整步伐，游戏结束。

游戏二：水果拼拼乐

道具准备：铃鼓一个，水果标志。

游戏过程

环节 A：每位幼儿胸前佩戴一种水果标志，围成圆圈。教师拍打铃鼓，幼儿根据铃鼓的节奏加快或减慢走的速度。

环节 B：水果找朋友。教师有节奏地拍打铃鼓，当发出指令"快找到和你一样的朋友"时，幼儿要迅速找到与自己相同标志的同伴，并紧紧抱在一起。游戏反复进行。

环节 C：水果排排队。增加水果标志给幼儿佩戴在胸前，教师有节奏地拍打铃鼓，幼儿跟随铃鼓的节奏在规定范围内自由活动，教师发出指令"水果排排队"，幼儿迅速站在与自己标志相同的水果标志位置依次排好队。

环节 D：水果摘摘摘。每位幼儿身上佩戴水果标志，教师拍铃鼓，幼儿自由活动，教师发出指令"摘水果喽"，幼儿通过追逐摘取其他幼儿胸前的水果标志，并粘贴在自己身上，摘取的水果标志最多者为胜。

游戏三：蔬菜大丰收

道具准备：蔬菜、汉堡男孩头饰、菜篮、棕色菜地。

游戏过程

环节 A：老师和幼儿边唱儿歌边做活动准备游戏："秋天天气好，菊花都开啦，菊花朵朵对着我们弯弯腰，秋姑娘飞来了，对着我们笑，小白兔一跳一跳又一跳。"

环节 B：以《汉堡男孩》的故事情景导入，激发幼儿活动兴趣。将幼儿分成四组，分别站在场地的两边，两队幼儿做接力准备。

环节 C：教师讲解游戏的规则。首先种菜的幼儿先拿菜篮边跑边把蔬菜种到菜地里，种完后快速跑向对面，并把空菜篮子交给对面摘菜的幼儿，接过篮子的幼儿把种在地里的蔬菜摘到篮子里，快速跑向对面，交给下一位种菜的幼儿。游戏继续进行。

环节 D：两队进行比赛，最先跑完的为胜利，师幼一起分享游戏的快乐。

（唐山市南堡经济开发区第一幼儿园，苏乃萄）

二、中班

花格子大象艾玛[①]

内容简介

世界上有没有花格子颜色的大象呢？艾玛和其他大象灰灰的颜色不一样，它就是一只花格子颜色的大象。它喜欢讲笑话，有它在绝不冷场，它是大家的开心果。可是，它却有一点小小的烦恼：为什么自己不是一般的大象？有一天，它想了一个办法，让自己身上的颜色变得跟别人一模一样。可是，当它和别人一样时，结果会怎样呢？故事的主角艾玛善用自己的与众不同，转换为它独特的幽默感，带给大家欢乐。在艾玛的身上，我们可以看见人性中的美丽与单纯，也能因此发觉自己潜在的真性情。

游戏一：我的水果不见了

道具准备：水果图片，胡萝卜道具。

游戏过程

环节 A：让幼儿观察今天我们的教室有什么不一样。（如：地上有很多萝卜）

环节 B：地上的胡萝卜用来增加幼儿游戏的挑战难度，真正需要幼儿来找的是藏在各处的水果宝宝，教师事先将水果宝宝的图片藏在一定范围内，教师开动小火车在规定范围内寻找，调动幼儿玩游戏的积极性。

环节 C：教师帮助寻找困难的幼儿一起寻找，然后幼儿排好队将图片拿到教师面前。

环节 D：每位幼儿要数一数自己找到了几张水果宝宝的图片及分别找到了哪些水果，并说出水果的名称。

环节 E：最后，找到水果数量最多且说出相对应的水果宝宝名称的幼儿获得胜利。

游戏二：蒙眼小将猜猜猜

道具准备：眼罩，音乐。

游戏过程

环节 A：让幼儿参与到游戏前准备工作中，并认真听教师讲解游戏规则。

环节 B：规定起点，选择一名幼儿戴上眼罩站在起点处。音乐开始，其他幼儿随着音乐的旋律跳舞，音乐停止，跳舞的幼儿马上保持原地不动。

环节 C：戴眼罩的幼儿在起点转三圈，然后出发寻找其他幼儿，并要求猜出所找到的幼儿是谁。

环节 D：蒙眼的幼儿可以通过捕捉幼儿身上的一些特性来辨别其身份，如摸摸脸、摸摸衣服、摸摸头发等。

---

① ［英］大卫·麦基：《花格子大象艾玛》，北京，中信出版集团，2018。

环节 E：如果实在猜不出来，可以求助现场参加游戏的幼儿，帮助自己形容一下这个"目标"的特征(如眼睛大还是小、个子高还是矮、头发长还是短)，给出此类提醒。

环节 F：若猜出幼儿的身份，则换下一个人，游戏继续。

游戏三：艾玛闯关记

道具准备：呼啦圈、软梯、塑料障碍物道具。

游戏过程

环节 A：四名幼儿一组做游戏，进行游戏前准备工作。

环节 B：每位幼儿先模仿出大象的动作，比赛过障碍接力跑。

环节 C：幼儿在过障碍接力跑的过程中，必须保持模仿大象的动作，手不能松开，如果手松开就要回到起点重新开始。身体钻过圆圈，在下一个圆圈里面要跳起来，然后绕过障碍物并转一圈。通过软梯充当的障碍物时要跳到格子里。

环节 D：幼儿跑到终点处要先与教师击掌，待折返回起点跑完全程后，再与下一名幼儿击掌，进行接力跑。如果不进行击掌，下一名幼儿是不能开始游戏的。

环节 E：首先完成全部接力跑的组获胜，游戏结束。

(唐山市南堡经济开发区第一幼儿园，孙玉兰　卢雨航)

三、大班

长颈鹿不会跳舞[①]

内容简介

杰拉德是只长颈鹿，长脖子优美而纤细。可惜它的膝盖向外弯曲，腿瘦得骨头连着皮。杰拉德不太会跳舞，它总是摔倒，遭到其他动物的嘲笑。在一年一度的丛林舞会上，杰拉德担心会在舞会上出丑而伤心难过地离开了舞台。一只不起眼的蟋蟀安慰十分沮丧的杰拉德，鼓励他寻找适合自己的乐曲。在一个美丽的月圆之夜，杰拉德发现，原来换一首音乐来跳舞，就可以变得独一无二……

游戏一：森林演奏会

道具准备：铃鼓、碰钟、沙锤、舞板、串铃等，《森林狂想曲》音乐节选。

游戏过程

环节 A：幼儿欣赏音乐《森林狂想曲》。欣赏音乐过后，提问幼儿："这首曲子里，有哪些动物呢？""哪些乐器适合演奏呢？""想一想，小青蛙唱歌时适合用什么乐器呢？""小鸭子和孔雀的音乐用什么乐器演奏呢？"

环节 B：再次播放音乐，幼儿自主选择乐器，尝试根据音乐的变换，用打击乐器演奏。幼儿在教师的引导下探索适合展现每种动物的音乐的乐器。

---

① [英]吉尔斯·安德列：《长颈鹿不会跳舞》，北京，科学技术出版社，2012。

环节 C：根据幼儿选择乐器的情况分组，分段逐句演奏乐曲。

环节 D：幼儿尝试为《森林狂想曲》配器演奏。

环节 E：演奏结束后，幼儿交换乐器，再次演奏，游戏可重复进行。

游戏二：巧手擂台赛

道具准备：《长颈鹿一家》《长颈鹿的有趣故事》，轻音乐，一次性盘子，彩笔、手工纸、剪刀、双面胶等。

游戏过程

环节 A：情境导入。教师说："宝贝们，今天森林里有一场故事表演会，每个小朋友都会带自己的动物朋友参加故事表演，你想好带谁了吗?"

环节 B：将幼儿分成 4 组，每组 8 人。每组幼儿讨论选定一个题目，并决定用哪种方法来完成。

环节 C：擂台赛计时开始，时间 30 分钟。播放第一首轻音乐时，幼儿开始用选定的材料进行制作。

环节 D：播放第二首轻音乐时，制作完毕。每组请一名幼儿讲述制作的故事内容，其他幼儿与老师一起评分。

环节 E：颁发游戏奖状，分别设立最佳创意组、最佳讲述组、最佳合作组。游戏结束。

游戏三：拼图游戏

道具准备：动物拼图。

游戏过程

环节 A：今天有很多小动物来到了这里，可是，小动物们不想这么快就被你们找到，它们藏到了拼图里，小动物们说了，它们还带来了好听的故事，只有你们把拼图完成，小动物们才会和你们一起讲故事，你们准备好了吗?

环节 B：八名幼儿一组，每人选择一套图片开始拼图，拼图最快的幼儿得 8 分，其他幼儿按拼图速度依次得分为 7、6 、5……1 分。

环节 C：然后每人创编讲述图片上的故事，要求内容讲述得清楚明白，逻辑合理得 1～8 分。

环节 D：累计分数最高者为胜。

（唐山市南堡经济开发区第一幼儿园，刘翠兰）

* * * * * * * * * * *

本章小结

　　民间游戏、亲子游戏、手指游戏、电子游戏、绘本游戏，这些在传统的学前教育中比较少见的游戏，在近现代学前教育中却成了传承优秀传统文化，促进学前教育现代化、科学化、人文化发展的助力。

　　民间游戏是指流传于广大民众生活中的嬉戏娱乐活动，俗称"玩耍"，主要流行于少年儿童中和成人娱乐节目中。有些游戏项目在发展中逐渐完备，最后形成了竞技项目或杂技艺术。幼儿民间游戏是我国优秀传统文化的重要组成部分，因为它活泼有趣，具有群体性、活动性等特点，对于场地、玩具、时间、人数没有太高要求而备受孩子们的欢迎。

　　亲子游戏是成人与儿童在家庭中共同度过闲暇时间的一种交往手段，它是家庭内成人与儿童交往的重要方式，也是衡量这种交往质量的重要指标。

　　手指游戏是一边念诵儿歌或韵律，一边协调双手动作变化的游戏。玩手指游戏的时候我们手做动作、口念儿歌、手眼协调，全身的能动系统只做一件事情，孩子的注意力、记忆力、感觉统合能力、节奏感和韵律感同时得到了训练。

　　随着信息技术的不断发展，电子游戏已经成为人们娱乐的主要方式。与传统游戏相同，它具有规则、互动、目标等游戏的基本元素，是一种包含体验和参与的娱乐活动。究其本质，电子游戏是指通过计算机、平板电脑、手机和游戏机等终端设备进行游戏的娱乐方式，是以电子游戏本身为核心，以玩家为主体，以游戏行为为主要内容的独特的艺术形式。

　　绘本是学前儿童了解世界和畅想世界的窗口，体现了学前儿童的兴趣所在。因此，选择适应的绘本，让教师掌握各种游戏形式，以绘本为中心开展主题活动，并结合绘本中的角色形象或情节，设计出丰富有趣的游戏，将绘本教学的目标及内容渗透其中，以使幼儿园的绘本教学更加生活化、趣味化。

关键术语

　　特色游戏　民间游戏　亲子游戏　手指游戏　电子游戏　绘本游戏

思考题

　　1. 名词解释

　　民间游戏　亲子游戏　手指游戏

2. 简答题

(1)民间游戏的特点有哪些?

(2)民间游戏的作用是什么?

(3)民间游戏在促进幼儿发展方面有哪些价值?

(4)幼儿园运用民间游戏时应注意哪几个问题?

(5)在中国家庭内开展亲子游戏有什么策略?

(6)指导亲子游戏的具体形式是什么?

3. 游戏实践

设计幼儿民间游戏、亲子游戏、手指游戏、电子游戏、绘本游戏的案例并分析
(小、中、大班各一)。

拓展阅读

1. 董旭花,王翠霞,阎莉,刘霞. 幼儿园创造性游戏区域活动指导. 北京:中
国轻工业出版社,2014.

2. 翟理红. 学前儿童游戏教程. 上海:复旦大学出版社,2012.

第十三章　学前儿童游戏案例

课程思政▶

本项目主要分析各年龄阶段学前儿童游戏常见案例，联系学前儿童心理学、学前儿童教育学、学前儿童卫生学及五大领域教学活动设计，总结经验，增强理论与实践联系，提升学前儿童游戏设计水平。

学习目标▶

1. 通过对本章的学习，能够全面深入地了解不同年龄阶段的学前儿童游戏的特点、内容及教育指导要点。

2. 了解各年龄阶段学前儿童游戏的设计类型与模式，树立正确的儿童观、教学观、方法观，提高教育者的游戏组织及指导能力。

重点和难点▶

1. 各年龄学前儿童游戏的特点。

2. 各年龄学前儿童游戏的组织与指导。

不同类型的游戏有不同的游戏特点及指导要点。作为学前儿童游戏的指导者，不仅需要充分把握学前儿童游戏的特点与应用策略，更需要深入不同年龄段去关注具体的每个年龄段的特点，关注具体的操作要领，认识到游戏本身的设计类型必须符合学前儿童实际发展的需要，体现出这个阶段儿童自身的成长与变化。运用合理的游戏类型帮助学前儿童顺利、健康地度过这个阶段，体现游戏的价值，使学前儿童真正在发展与促进中成长。

第一节　0~3岁儿童游戏

出生后的前两年对于儿童来说是生长发育最为迅速的时期，这个阶段儿童身体生长发育的速度远超于其他阶段。2 岁的儿童动作能力已经很灵活，大肌肉群动作和精细动作能力逐渐发展，同时语言学习也表现得非常迅速。通过各种运动，0～3 岁儿童的认识范围逐渐扩大，自我意识也逐渐形成。游戏是这个阶段的儿童接触社会的重要活动方式，游戏方式主要体现在家庭父母与孩子之间的亲子游戏，以及各种专业的早教机构中父母与孩子之间的互动。了解 0～3 岁儿童游戏的特点、内容及如何引导儿童游戏，有助于我们更准确地把握学前儿童游戏的发展特点。

一、0～3 岁儿童游戏的特点

0～1 岁婴儿的游戏主要以感觉运动类游戏为主，伴随象征性游戏等。1～3 岁儿童的游戏仍以感觉运动类游戏为主，伴随象征游戏的初步萌芽，儿童开始喜欢独自游戏。

二、0～3 岁儿童游戏的内容

(一)感觉运动类游戏

感觉运动类游戏主要以身体运动游戏为主，具体又细分为以下三种类型。

1. 大肌肉群动作游戏

0～1 岁的婴儿以仰卧游戏、翻身游戏、坐站游戏、爬行游戏、行走游戏为主。1～3 岁的儿童以行走游戏、站立游戏、钻爬游戏、原地蹦跳游戏、双脚跳游戏、单脚跳游戏、单脚站游戏、平衡游戏、踢球游戏、追逐游戏、抛掷游戏、攀爬游戏、倒退走游戏、转圈游戏为主。

2. 精细动作游戏

0～1 岁的婴儿以抓握游戏、抓捏游戏、握笔游戏、手指游戏为主。1～3 岁的儿童以抓握游戏、手指游戏、敲打游戏、拼图游戏、手工游戏、绘画游戏为土。

抓握游戏主要指"用杯子喝水""拿勺搅拌""摆玩具""搭积木"游戏；抓捏游戏主要指"用五指抓捏玩具""用三指抓捏小纸球""拇指和食指对捏拣豆豆""插棍""指尖捏翻书"游戏；握笔游戏主要包括"画线""点点儿"游戏；手指游戏包括"手指摆动""捏拢放开""指点"游戏；绘画游戏主要指"涂鸦""玩色""涂色""刮画""喷洒印画""吹画""指印画""印章画""粘贴"游戏；手工游戏主要指"泥工""纸工""制作"游戏；敲打游戏主要指"敲打厨房用具""敲打生活用品""敲打小型乐器"游戏；拼图游戏主要指"多块图形拼摆操作"游戏。

3. 感觉游戏

感觉游戏主要包括视觉游戏、听觉游戏、触觉游戏、语言游戏、社会性交往游戏。

(1)0～1 岁的婴儿感觉游戏的内容

视觉游戏主要指分辨形状、颜色、大小等；听觉游戏主要指寻找声源、辨音游戏、倾听音乐等；触觉游戏主要指辨别物体轻重、形状、温度、质地等；语言游戏主要指发音游戏等。

社会性交往游戏主要指直接的动作、表情的模仿，如"皮肤接触""目光交流""给物接物""指物认物""镜子"游戏。

（2）1～3岁的儿童感觉游戏的内容

视觉游戏主要指"欣赏图画""照镜子""辨别识物""找不同""配对"游戏；听觉游戏主要指"寻找声源""辨音""倾听音乐""听唱儿歌"游戏；触觉游戏主要指辨别物体性质、特点，如"蒙眼分类""袋中取物""玩沙玩水"游戏；语言游戏主要指"发音""说儿歌""说号码"游戏；社会性交往游戏主要指"抱妈妈""指认妈妈""目光交流""镜子"游戏。

（二）象征性游戏

象征性游戏开始出现在儿童1岁左右，最初表现为儿童自己做动作，如假装吃东西、假装喝水等，开始时主要表现为独自进行，而后发展到与同伴进行眼神交流。2岁后儿童进入独自游戏阶段，游戏中儿童会自言自语，会边玩边笑，会模仿或再造想象的角色再现成人世界的活动。

三、0～3岁儿童游戏的指导要点

（一）遵循儿童发展特点，侧重游戏的活动性

遵循儿童的发展特点，顺应儿童的成长规律，使儿童在各种刺激中学会接受信息，在自己的探索中获得发展，有助于提高游戏的质量。儿童的游戏活动应是丰富多彩的，应侧重游戏的活动性。因为在游戏活动中儿童既能操作各种材料，又能与人交往，在彼此之间的联系与作用下儿童可以获得认知的机会，可以了解人与周围事物的关系，同时可以学会认识和理解问题的方法，从而促进身心的和谐发展。

（二）投放安全游戏材料，创设适宜的游戏环境

由于儿童的年龄相对较小，自理能力和独立性较差，游戏活动中的游戏材料需要大小适中、不易破损、不易掉色脱落、卫生、安全、无毒、色彩鲜艳、表面光滑。成人应创设适宜的游戏环境，保证儿童的游戏环境温馨、安全、自然，促进儿童的情绪积极、情感色彩充裕；在游戏环境中尽可能融入儿童经历过的生活素材，使其物化的环境蕴含情感成分，从而提升儿童学习、探索的愿望。

（三）激发儿童的探索潜能，注重游戏互动与交流

在富有童趣、自由探索的环境中，成人让儿童自由操作，可以满足其内心的探索欲望和好奇心。当儿童试图探索摆弄各种材料、玩具时，成人要学会跟随儿童探索的方向去观察，了解他需要什么，会遇到什么样的困难，耐心平和地引导他继续探索，并给予他一定的鼓励和肯定。当儿童对游戏材料有了一定的理解和认识之后，教育者可以以游戏者的身份参与其中，在互动中引导，发挥教育者自身的榜样力量，

使游戏材料更有效地运用与操作。同时，情感环境也会影响儿童社会性游戏的发展，让儿童积极参与到社会性游戏和交谈中，有助于其依恋的培养与形成，建立探索和游戏的自信。

四、婴幼儿游戏案例

音乐抚触(适合年龄段：0～12 个月)

游戏目标

1. 训练婴儿对音乐的感受力，培养节奏感。

2. 发展婴儿的听觉。

3. 增进亲子间的交流，使婴儿获得安全感。

游戏准备

适合 0～1 岁婴儿的音乐(如世界名曲、舒缓的轻音乐等)或妈妈孕期经常听的音乐。

游戏过程

家长先播放婴儿爱听的音乐 5～10 分钟。家长把婴儿放在床上或地板上，与婴儿进行目光交流，并根据音乐的节奏给婴儿做身体上的准备运动。家长根据音乐对婴儿的身体从头到脚进行抚触按摩。

游戏提示

家长让婴儿身体感受音乐的节奏，有利于婴儿更喜欢音乐。婴儿安静时进行游戏，当婴儿出现哭闹时要停止游戏。要注意抚触时的节奏，尽量保持匀速，每个身体部位 10 秒左右；可根据婴儿的情绪表现调整速度，有助于婴儿感受节奏的快与慢。

追视玩具(适合年龄段：0～3 个月)

游戏目标

1. 训练婴儿对形状、色彩的感知能力。

2. 锻炼婴儿眼睛的运动能力。

3. 增进亲子间的交流。

游戏准备

色彩鲜艳的充气塑料小玩具。

游戏过程

家长把婴儿平放在床上或垫子上，呈仰卧状。家长与婴儿进行目光交流，将玩具放在婴儿眼睛的正上方(约距宝宝 30 厘米)，跟婴儿说话，使婴儿关注玩具。家长向左向右慢慢移动玩具。

游戏提示

让婴儿的身体感受不同的图片刺激物，有助于提高幼儿的感知能力。出示几张图片后，可让婴儿眼睛适当休息。如婴儿不追踪图片，可将图片向婴儿眼前移动几厘米。

小脚踢铃铛（适合年龄段：2～4个月）

游戏目标

1. 锻炼婴儿的下肢及足部力量。

2. 促进婴儿的视觉刺激和运动发展。

3. 增进亲子间的交流。

游戏准备

一副玩具塑料小手铃、一根绳子、一个小夹子。

游戏过程

家长将一根绳子的两端系在婴儿的床栏杆上，把玩具塑料小手铃用夹子夹在绳子上，能让婴儿抬起脚刚刚碰到。家长轻轻抬起婴儿的一只小脚丫，帮助他试踢铃铛，引起婴儿的注意。等铃铛声停止响后，再抬起婴儿另一只脚，帮婴儿再次试踢铃铛。家长晃动铃铛，引导婴儿自己去踢铃铛。

游戏提示

游戏可以反复进行。玩具还可改为塑料小彩球、气球、毛绒小玩具等。

点豆豆（适合年龄段：4～6个月）

游戏目标

1. 让婴儿练习抓握，促进手部肌肉协调动作的发展。

2. 增强婴儿的感觉刺激，发展婴儿的触觉。

3. 增进亲子间的交流。

游戏准备

带手臂的毛绒玩具小娃娃。

游戏过程

当婴儿把手伸出来时，家长抚摸他，一边用玩具娃娃的手臂触碰婴儿的手心，一边有节奏地说儿歌《点豆豆》："点豆豆，点豆豆，点个金豆豆；点豆豆，点豆豆，点个银豆豆。"家长也可以用自己的手指点触婴儿的手心，试着让婴儿练习抓握。

游戏提示

让婴儿身体感受不同的图片刺激物，有助于提高婴儿的感知能力。家长出示几张图片后，可让婴儿的眼睛适当休息。

爬爬爬（适合年龄段：7～9个月）

游戏目标

1. 锻炼婴儿全身的运动能力。

2. 帮助婴儿练习爬行，促进其运动的协调发展。

3. 增进亲子间的交流。

游戏准备

带声响的音乐盒。

游戏过程

家长把带声响的音乐盒放在地垫上的一个角落，让婴儿趴在地垫上，家长与婴儿进行语言交流逗引婴儿向玩具处爬行，家长向左或向右移动图片。

游戏提示

让婴儿的身体感受不同的图片刺激物，有助于提高婴儿的感知能力。家长出示几张图片后，可让婴儿的眼睛适当休息。

藏猫猫（适合年龄段：6 个月～1 岁）

游戏目标

1. 锻炼婴儿的触觉。

2. 增进婴儿的手部灵活性。

3. 让婴儿感受存在与消失的不同。

游戏准备

一个小手帕或小方形毛巾。

游戏过程

家长和婴儿面对面坐在地毯上。家长把手帕蒙在婴儿脸上，然后帮婴儿拉开手帕，让他看到家长的脸，并逗他开心。几次训练后，婴儿开始学会自己拿布蒙脸，然后自己掀掉手帕。

游戏提示

家长还可以利用手帕和婴儿玩"拉""丢""拿"的游戏，增进婴儿手的握力，在家中也可尝试着利用窗帘和婴儿玩藏猫猫游戏。

滚皮球（适合年龄段：1～1.5 岁）

游戏目标

1. 训练幼儿的手眼协调能力。

2. 通过滚球动作，帮助幼儿提高大运动技能。

3. 增进父母与幼儿的感情交流，培养幼儿的时间感。

游戏准备

塑料小皮球一个。

游戏过程

家长选择和幼儿脑袋大小差不多的皮球，并坐在离地面两步远的地方。用手把球轻轻滚到幼儿旁边，与幼儿进行语言交流，鼓励幼儿把球滚回来，待幼儿把球滚过来后，继续游戏。

游戏提示

幼儿传球熟练后，可一点点扩大传球距离。家长也可以试着将球轻弹给幼儿，再让他弹回来。

拖拉小车运玩具(适合年龄段：1.5～2岁)

游戏目标

1. 训练幼儿身体动作的协调性。

2. 锻炼幼儿的行走技能。

3. 增加游戏的趣味性，培养幼儿收拾玩具的好习惯。

游戏准备

玩具塑料拖拉小卡车、拖拉线绳、积木块若干。

游戏过程

家长拉着小车来回移动，吸引幼儿的注意。家长将幼儿和玩具积木块放在某处，引导幼儿把积木块捡起放到拖拉小车中，拉动小车运玩具。游戏反复进行，家长与幼儿一同参与看谁玩具捡得多、送得多。

游戏提示

家长要注意对幼儿良好习惯的鼓励与夸奖，可让幼儿尝试倒退走、拐弯走、侧着走等动作，促进幼儿运动智能的发展。

幼儿飞上天(适合年龄段：2～2.5岁)

游戏目标

1. 锻炼幼儿的颈部肌肉。

2. 发展幼儿的平衡能力。

3. 帮助幼儿克服害怕的心理，锻炼胆识，增进亲子间的交流。

游戏准备

音乐背景、户外草地或地毯上。

游戏过程

家长站立用双手拖住幼儿的整个身体，幼儿伸开手臂，面向下。家长与幼儿进行语言交流，准备飞行。家长的腿一边前后移动，一边将幼儿的头胸部向上倾斜，代表要向高空飞翔。家长将幼儿身体的头胸部向下倾斜，表示低空降落。

游戏提示

家长可让幼儿抬头、低头、转头表示飞机转向，训练幼儿的头颈部肌肉，可将幼儿头朝上举高或头朝下成倒立状，做飞机特技。

花母鸡下蛋（适合年龄段：2.5～3 岁）

游戏目标

1. 训练幼儿的节奏感，让幼儿进行颠弹运动。

2. 发展幼儿的语言表达能力与身体协调性。

3. 增进亲子间的交流，让幼儿体验游戏的乐趣。

游戏准备

《花母鸡》下蛋音乐。

游戏过程

家长伸直双腿坐在床上，幼儿面对面坐在家长的膝盖上。家长双手拖着幼儿的双臂，屈伸膝盖做颠弹动作。幼儿一上一下地跟随运动，跟家长一起说儿歌《花母鸡下蛋》："花母鸡下蛋了，一个一个圆又大，一会儿孵出小鸡来，蹦蹦跳跳真可爱。"

游戏提示

当儿歌说到最后一句时，家长可以伸开双腿，让幼儿的屁股坐在床上。家长可跟随儿歌调整颠弹节奏的快慢，游戏可以反复进行。

快乐粘粘贴（适合年龄段：2.5～3 岁）

游戏目标

1. 训练幼儿动手操作的能力。

2. 发展幼儿的想象力和语言表达能力。

3. 让幼儿体验游戏的乐趣。

游戏准备

一支画笔、一张大纸、部分不干胶小贴花。

游戏过程

家长在纸上提前画上小花、小草或太阳等图案，让幼儿撕下小贴画，发挥想象力贴在不同的位置上。幼儿根据自己的想象，继续涂色或添加图画。作品完成后，幼儿讲述作品。

游戏提示

画笔用完后立即收拾好，以免幼儿弄丢或弄脏衣服、桌子等。当幼儿无从下手时，教育者可以做一些简单的语言引导，帮助幼儿思考。

第二节 小班幼儿游戏

3～4 岁小班幼儿处于身体迅速发展的时期，思维发展正处于直觉行动到具体形象思维的过渡阶段，思维具有拟人化特点，认识上很大程度上还依赖于行动；口语表达能力和人际交往能力较弱，常通过自己的行动表达需求；情绪作用大，易激动，控制能力弱；喜欢模仿，模仿动作具有夸张性的特点。

一、小班幼儿游戏的特点

小班幼儿游戏主要以象征性游戏为主，伴随感觉运动性游戏，由独自游戏向平行游戏、联合游戏过渡。该年龄段的幼儿处于独自游戏和平行游戏的高峰期，其游戏行为易受周围影响，对游戏材料和模仿感兴趣，游戏内容、想象内容进一步丰富，目的性还不强，选取的材料简单，建构技能简单，与伙伴交流少，游戏情节简单且不稳定，坚持时间短，自我中心意识强，控制能力有限，在游戏上缺乏解决问题的经验、能力和耐心，面对规则游戏，表现出规则意识不强的特点。

二、小班幼儿游戏的内容

(一)感觉运动类游戏

1. 大肌肉群动作游戏

大肌肉群动作游戏主要包括走的游戏、跑的游戏、平衡游戏、球类游戏、跳跃游戏、钻爬游戏、投掷游戏、攀爬游戏等。

2. 精细动作游戏

精细动作游戏主要包括手指游戏、敲打游戏、拼图游戏、手工游戏、绘画游戏。

3. 感觉游戏

视觉游戏主要指"分辨颜色""分辨图形""分辨空间"游戏；听觉游戏主要指"寻找声源""辨音""倾听音乐""听唱儿歌"游戏；触觉游戏主要指"触摸辨物""触摸分类""触摸造型""触摸动作"游戏；嗅觉与味觉游戏主要指"闻一闻、尝一尝食物"游戏；语言游戏主要指"猜谜""说儿歌""阅读"游戏；社会性交往游戏主要包括"亲子""认识自己""同伴交往"游戏。

(二)象征性游戏

1. 角色游戏

角色游戏主要指幼儿从模仿妈妈、爸爸、教师、警察、司机、医生、超市营业员等具体形象的动作，过渡到表现假象的游戏情节和角色，如医生看病、护士打针、妈妈抱娃娃、做饭、超市购物、坐出租车、上班等。

2. 结构游戏

结构游戏主要指幼儿利用积木中摆弄、重复、拼搭、堆高、推拉等动作，构造简单的形体，采用玩水、玩沙、玩泥等材料展开以构造具体事物为内容且主题较为单一的游戏，如"搭建房子""小桥""小桌子""小火车"游戏。

三、小班幼儿游戏指导

(一)创设温馨健康环境，考虑投放材料效果

教育者为幼儿创设一种温馨健康的环境，使幼儿在家、在幼儿园都拥有爱、鼓励与引导，以利于幼儿自主游戏。教育者始终以尊重幼儿、爱护幼儿为原则，建立平等沟通的关系，以幼儿的眼光看待游戏，让幼儿感受到十足的安全感和心理的自由感，激发幼儿对游戏的兴趣、好奇心和创造动机。

小班幼儿由于生活经验的局限，游戏中很多模仿操作都只停留在单一的动作上，加上他们思维的概括性、灵活性较差，往往在游戏中发生争抢，为此教师在投放材料时要确保材料数量多、种类多。特别是在平行游戏中，幼儿通过对同伴动作的模仿，也能逐步提高自己的能力。在幼儿能较为熟练地使用这些玩具、有了新的需要时，教师可再根据幼儿的能力和实际需要逐步增加其他的游戏材料。此外，教师可提供给幼儿可选择的材料，以使幼儿生成自己需要的游戏。

(二)恰当介入必要引导，有效提高游戏质量

小班的幼儿年龄相对比较小，游戏中经常会遇到不能自己解决的各种问题，教师的恰当介入能够引导幼儿保持探索行为，去了解材料的功能，同时注意学习游戏技能。教师或家长要根据儿童喜欢模仿、易受环境因素影响的年龄特点，时刻保持对幼儿的观察。当幼儿对新出现的游戏材料不感兴趣、不会操作时，教师可以在幼儿旁边玩和幼儿相同的材料或进行与幼儿相同的游戏情节，给幼儿提供榜样和示范，以达到指导的目的。教师也可以为幼儿提供合适的材料，促进幼儿游戏中创新能力的提高。

(三)拓展游戏知识经验，促进游戏内容多样化

在游戏中教师可以增加生活印象，使游戏的内容丰富多彩；利用一日活动中的各个教育活动、生活活动，如参观、阅读、节日娱乐等形式帮助幼儿体验多种生活；借助家园合作，平时注意带幼儿多观察、探索；借助视频、图片等给幼儿更直观的展示。如活动的时候，可以帮助幼儿了解一些日常的生活用品、社会行为规则；在开展超市购物的游戏前，教师或家长可以先带幼儿去参观超市，了解超市收银员是怎样和顾客对话的，了解购物交费的步骤。这样幼儿在开展游戏时，游戏情节会更加丰富，内容也会更加生动。

四、小班幼儿游戏案例

扔飞毯

游戏目标

1. 锻炼幼儿的投掷能力。

2. 发展幼儿的想象力和语言表达能力。

3. 使幼儿体验参与集体游戏的快乐。

游戏准备

自制棉布小飞毯人手一个。

游戏过程

幼儿分成两个组，各自在一条线上站好；听口令，一起向前扔飞毯；完成任务后，捡回飞毯，重复游戏。

游戏提示

游戏还可采用沙包、手绢等物品，增加游戏材料的多样性。游戏中可变换花样，如增加"向后方扔""向上方扔""两个人面对面互扔互接"等方式。幼儿全体要按口令要求做，学会集体游戏的简单规则。

小鱼小鱼游来了

游戏目标

1. 训练幼儿动作的协调性。

2. 锻炼幼儿动作的敏捷性。

3. 使幼儿感受集体游戏的快乐。

游戏准备

小鱼头饰若干。

游戏过程

教师带领幼儿一起拉手围圈，请几位幼儿站到圈中做小鱼，其他幼儿一起做渔网把手举高。大家一起说儿歌《小鱼小鱼游来了》："小鱼小鱼游来了，小鱼小鱼游来了，游到东来游到西，小鱼小鱼真调皮；小鱼小鱼游来了，小鱼小鱼游来了，游来了，游来了，快快游来捉住你。"大家一起说到"快快游来捉住你"时，小鱼如没有游出渔网，就说明已被捉到，被捉到的幼儿继续做小鱼，同时更换角色由另几位幼儿来做小鱼，继续游戏。

游戏提示

游戏中可有1~2位教师参与，其中一位教师充当小鱼的角色，带动幼儿一起互动合作，增加游戏气氛。

手指兄弟

游戏目标

1. 认识自己每根手指的名称、五官和身体部位。

2. 锻炼手指的灵活性。

3. 增强认识自己的意识。

游戏准备

儿歌《手指兄弟》的音乐。

游戏过程

教师放儿歌《手指兄弟》，幼儿倾听。教师边念儿歌《手指兄弟》边做动作。教师示范动作，幼儿跟随教师一边说儿歌一边做动作。全体幼儿说儿歌做动作。

游戏提示

教师要边念儿歌边示范，可将速度放慢，当幼儿学会后可适当加快速度。

附儿歌

手指兄弟

大拇哥，二拇弟，

（伸出大拇指四指曲向手心，伸出食指左右摆动）

三中指，四小弟，

（中指向上伸，无名指做弯腰状）

小妞妞，她最小，

（伸出小指头左右摆动）

一扭一扭去唱戏。

（双手左右交替伸出小指头）

娃娃家

游戏目标

1. 愿意扮演角色与同伴一起玩。

2. 学会礼貌用语与人交往。

3. 懂得按照自己的意愿选择角色和游戏。

游戏准备

知识准备：幼儿有参与娃娃家的经历。

物质准备：娃娃家所需材料，如毛绒娃娃、小梳子、小镜子、水杯、小勺、小碗等；最新投放的游戏材料有帽子、电话、手表；游戏背景音乐。

游戏过程

教师提问幼儿是否玩过"娃娃家"游戏、喜欢做什么角色及都会怎么做。幼儿相互讨论。教师引出娃娃家里的毛绒娃娃要招待客人，对幼儿提出新任务。幼儿自己选择角色进行娃娃家游戏。幼儿相互介绍，确定游戏身份。教师以毛绒娃娃妈妈的身份带客人们来娃娃家做客。音乐停止游戏结束。

游戏提示

教师可通过语言引导幼儿用说话的形式大胆地进行交流，同时要学会运用礼貌语，如"你好""欢迎""请进""谢谢""再见""欢迎你再来"等。

给小动物盖房子

游戏目标

1. 学会用结构材料运用加高、盖顶技能创造性地建构房子。

2. 发展动手操作能力和想象能力。

3. 培养爱护小动物的意识和美德。

游戏准备

知识准备：搭建的相关知识经验。

物质准备：人手几个塑料玩具积木块，小动物模型人手一个，辅助材料拼插小花；活动区域室。

游戏过程

教师创设情境："下雨了，请小朋友们为玩具小动物盖房子，让小动物避雨、休息。"教师发放人手一份游戏材料，幼儿根据主题，尝试用材料拼搭房子造型。盖完房子，大家一起参观小动物的家。

游戏提示

游戏中教师可以提醒幼儿整理余下的游戏材料，按类摆放整齐。

第三节　中班幼儿游戏

与小班幼儿相比，4～5岁的中班幼儿进一步发展，活动能力增强，认识范围扩大，能遵守一定的规则，具有初步自我控制的能力，思维以具体形象为主，好奇、爱提问，有丰富、生动的想象力，难以分清假想和现实，表达自己的想法时经常伴随手势、表情。

一、中班幼儿游戏的特点

中班幼儿的游戏进入象征性游戏发展的顶峰时期，幼儿对游戏的兴趣明显增强，并且做游戏的水平大大提高，内容与情节比小班阶段更为丰富且多样化，还出现了以物代物等替代行为。进入联合游戏阶段后，幼儿能自主确定与选择主题，自己组织游戏，自行分工、扮演角色等；愿意与他人交往，但交往技巧还很欠缺，游戏中常出现纠纷；角色意识强，但还不稳定；开始对规则游戏产生兴趣，关注游戏结果。

二、中班幼儿游戏的内容

(一)感觉运动类游戏

1. 大肌肉群动作游戏

肌肉动作游戏主要包括"倒退走""障碍跑""平衡""跳跃""单脚跳""综合运动""攀

爬"游戏。

2. 精细动作游戏

精细动作游戏主要包括手指游戏、节奏游戏、益智游戏、手工游戏、绘画游戏等。

3. 感觉游戏

感觉游戏主要以视觉游戏、听觉游戏、触觉游戏、嗅觉与味觉游戏、语言游戏、社会性交往游戏为主。

(二)象征性游戏

1. 角色游戏

中班幼儿游戏的主题与内容，均为幼儿亲身经历的，或者是熟悉的、感受过的生活中的事。幼儿在日常生活中积累的经验印象越深刻，在游戏中的反映越逼真越自然，角色意识和行为也越具体形象。

2. 结构游戏

幼儿从单纯使用如积木块等游戏材料搭建主题单一的内容，过渡到运用多种结构技能来操作金属、塑料、泥、沙、水等多样化的结构材料，并体现多情节、多主题的内容，如"花园城堡""宝宝的家""漂亮公园""快乐动物园"游戏。

3. 表演游戏

表演游戏以扮演文艺作品的角色，运用表演技能再现文艺作品中简单人物造型、言语、动作片段为主，如"小兔乖乖"游戏中兔妈妈敲门唱歌的情境、"小红帽"游戏中大灰狼装成奶奶和小红帽的对话情境等。

(三)规则游戏

规则游戏以智力游戏、体育游戏、音乐游戏为主要内容。

三、中班幼儿游戏指导

(一)鼓励幼儿自主尝试，发挥创造性游戏的功能

中班的幼儿在游戏中总会遇到材料不足的情况，作为教师可以鼓励他们面对各种问题要试着自己想办法解决，鼓励幼儿参与材料的搜集、设计与制作，引导他们用合适的物品替代游戏材料，或者利用手头现有的半成品创造性地去玩游戏。这样既能充分发挥他们的动手操作能力，又能促进孩子的想象力、创造力的发展，既能丰富游戏的主题，又能发挥幼儿的主动性和创造性。

游戏本身对于幼儿来说是自主自愿的自主性活动。特别是在象征性游戏发展的顶峰时期，幼儿在角色、结构及表演游戏的创造性游戏中结合自己的兴趣和需要，学会主动发现问题，学会表达想法，与别人分享，从他人的想法中得到新的构思，体验探索、思考的乐趣。在探索中发展幼儿的合作能力，引导他们相互关注，与同伴相互协商，培养幼儿与同伴合作学习的意识和能力。

(二)注重个别游戏指导，培养良好心理品质

在游戏中每个幼儿的能力有差异，教师要学会对能力较差的幼儿进行帮助。教师可以参与到游戏中成为幼儿的游戏伙伴，发挥实际的支持和引导的作用，以平等的身份和幼儿共同游戏，用自己积极投入角色的情绪影响幼儿，给予幼儿进行游戏的勇气和力量，也非常有助于协调游戏者之间的各种关系。同时，在游戏中教师要锻炼幼儿的意志力，使幼儿在遇到困难时学会调整心态，可以向同伴和教师寻求帮助，也可以自己克服困难，坚持完成游戏。教师在游戏中要帮助幼儿建立明确的目的，在游戏前后增加思考的过程，鼓励他们学会在问题面前不低头，努力克服困难，体验成功后的喜悦感，从而使他们逐渐养成遇事能自己动脑筋克服困难及坚韧不拔、坚持到底的行为习惯，学会和同伴相互配合、协作，并最终内化为个性品质。

(三)帮助幼儿建立游戏规则意识，使规则内化为其自身需要

随着年龄的增长，幼儿的联合游戏开始增多了。幼儿喜欢与同伴一起玩游戏、交流，甚至讨论问题，但他们还不能围绕共同的目标合作开展。中班幼儿虽然比小班幼儿的游戏能力增强了，但其自控能力还有限，通常以自我兴趣为中心，对于游戏中必须遵守的规则还缺乏一定的认识，游戏中往往出现同伴争抢玩具、打闹等现象。教师可以巧妙地利用环境的熏陶，在活动材料上体现多样化、层次化、趣味化，利用直观形象的图标帮助孩子认识和理解规则，用教师良好的行为影响幼儿，善于抓住有利时机为幼儿做好行为示范，如发放游戏材料时教师以分享的形式进行，让幼儿体验分享的快乐后自觉产生分享的动机，学习模仿教师的行为。此外，教师对幼儿要多一分宽容和接纳，冷静地从教师自身的教育行为和幼儿的年龄特点出发，这样可以使幼儿的规则意识得到巩固，并将规则内化为幼儿的习惯。

四、中班幼儿游戏案例

看谁跳得快

游戏目标

1. 练习单脚跳的技能。
2. 锻炼幼儿身体平衡能力。
3. 培养幼儿的竞争意识。

游戏准备

小动物头饰若干。

游戏过程

教师一边讲解单脚跳的动作要领，一边示范。幼儿开始练习单脚跳，教师进行个别指导。之后，大家一起玩游戏"看谁跳得快"。教师讲解规则——分两个组，先

由每组第一个幼儿开始，听口哨进行单脚跳，谁先到终点谁获胜，获胜者获得一个小奖贴。游戏结束时，幼儿做放松运动。

游戏提示

教师要在幼儿练习做单脚跳动作的过程中，请做得好的幼儿进行个别示范。

沙中寻宝

游戏目标

1. 训练幼儿身体的灵活性和思维反应能力。

2. 锻炼幼儿的手部小肌肉群。

3. 体验团结合作，增强幼儿的规则意识。

游戏准备

幼儿园活动沙坑，玩具游戏币、贝壳若干，挖沙用的小工具如塑料耙子、小铲、小桶、小车等若干，幼儿玩沙服装人手一件。

游戏过程

教师引入主题"沙中寻宝"。游戏开始，幼儿自主选择寻宝工具。教师讲解规则，幼儿继续"寻宝"。幼儿向教师展示宝藏，比比看谁的宝贝最多。

游戏提示

教师提醒幼儿不要相互扬沙，要遵守游戏规则。教师要保证幼儿的安全，防止尖锐物品存放在沙子中。

拔萝卜

游戏目标

1. 运用形象的动作、语言和表情进行表演。

2. 体验表演游戏的快乐。

3. 懂得遵守游戏规则，与同伴友好合作。

游戏准备

知识准备：幼儿学习了故事《拔萝卜》，并已熟悉故事情节和对话。

物质准备：老爷爷、老奶奶、小姑娘、小猫、小狗等的头饰，大萝卜道具。

游戏过程

教师唱儿歌引入主题，激发幼儿表演的兴趣。教师将幼儿分组进行表演"拔萝卜"，并对表演的幼儿和观看的幼儿分别提出要求。幼儿游戏时教师观察指导。师生互评，一起分享表演的体验。

游戏提示

教师要求幼儿在观看表演时注意倾听，保持安静，并对表演的幼儿提出要求：要注意同伴合作，注意动作、表情和语言的形象性。教师应鼓励幼儿创编故事情节。

漂亮的公园

游戏目标

1. 引导幼儿能够围绕主题运用多种材料。

2. 提高幼儿围合拼搭、拼摆、延长的技能；培养幼儿发现问题、解决问题的能力。

3. 鼓励幼儿尝试与同伴分工合作，体验合作的乐趣。

游戏准备

知识准备：幼儿参加了公园游园活动。

物质准备：栅栏、花草、绿色地毯、动物图片；结构材料（如积木块、插接棒若干）、若干辅助材料（如塑料小盒、一次性筷子、果冻盒等）。

游戏过程

教师出示公园图片引入主题，激发幼儿游戏的兴趣；提出要求让幼儿做小小建筑师，设计"漂亮的公园"；介绍建构用的材料。幼儿自由分组，选择自己喜欢的材料进行建构。大家共同欣赏建造好的公园，并说说公园的布置。

游戏提示

教师在游戏中可以指导幼儿选择和使用不同类型的建构材料进行建构，并强调幼儿要将搭好的物体摆放到指定的地方。游戏结束后，教师要带领幼儿一起收拾游戏材料。

特色小吃店

游戏目标

1. 培养幼儿自主确定游戏主题的能力。

2. 培养幼儿协商分配角色的能力。

3. 体验合作、交往的积极情绪。

游戏准备

知识准备：幼儿有同家长去各类小吃店的经历。

特质准备：各类小吃店主题游戏玩具，做食品用的辅助材料，如海绵、塑料管、海绵纸、果冻盒等。

游戏过程

教师出示各类特色小吃店的主题游戏玩具，引入主题，激发幼儿游戏的兴趣。幼儿自主设计主题，利用现有的游戏材料布置场景。教师引导幼儿协商分配游戏角色。幼儿分组后开始游戏，教师巡回指导。幼儿自评游戏。

游戏提示

教师提醒幼儿根据主题选择材料进行摆放，并在游戏结束后带领幼儿一起收拾整理游戏材料。

第四节　大班幼儿游戏

5～6 岁大班的幼儿有了较明显的个性特征，其中最突出的是儿童自我意识的发展；他们情感的稳定性和有意性开始增强，在相互交往中，合作意识逐渐提高，规则意识逐步形成，他们开始学习着控制自己的行为，遵守集体的一些共同规则；随着其抽象思维能力的初步发展，幼儿能从内在的隐蔽的原因去理解各种现象的产生，能根据事物的本质属性进行初步的概括与分类；手指小肌肉群动作能力快速发展，控制能力、操作物体的能力大大加强；想象、创造的欲望表现比较强烈，会用多种方式表达自己的想法，专注时间长。

一、大班幼儿游戏的特点

大班幼儿进入象征性游戏发展的成熟阶段，随着幼儿的社会生活认知能力的逐渐提高，他们的游戏表现出经验较丰富，主题与内容较有新意的特点。幼儿处于合作游戏阶段，愿意与伙伴交往和合作，能主动设计、策划游戏，分工明确，建构的目的性、计划性加强，坚持力增强。在规则游戏中，幼儿能够按照游戏规则独立完成，愿意玩较为复杂的竞赛类游戏，能对游戏过程和结果做简单评价。

二、大班幼儿游戏的内容

(一)感觉运动类游戏

大班幼儿的大肌肉群运动游戏、精细动作及感觉游戏的内容相对中班幼儿更复杂多样一些。

(二)象征性游戏

1. 角色游戏

大班幼儿的角色游戏内容反映幼儿熟悉的、感知过的各种事物中较为复杂的人际关系，情节更为丰富。

2. 结构游戏

大班幼儿在结构游戏中能够运用复杂多样的结构材料和结构技能，体现生活中印象更为深刻的事物形象和表达内心充满创造性的建构内容。

3. 表演游戏

大班幼儿能够在表演游戏中扮演文艺作品的角色，运用表演技能再现文艺作品中较为复杂、完整的人物造型、言语和动作。

(三)规则游戏

大班幼儿的规则游戏主要是以运动性发展为主的竞赛类游戏、益智类游戏、棋牌类游戏，如"飞行棋""象棋"游戏。

三、大班幼儿游戏指导

(一)构建分层投放模式，激活游戏创新意识

一般游戏主题确定好之后，教师可以参与到孩子们选用材料的问题讨论中，引导他们去创造自己需要的道具，材料投放要有层次，以确保幼儿保持游戏的兴趣和对游戏的新颖感。教师要预设第一次投放、第二次投放、第三次投放的环节，从最开始投放简单易操作的基础性材料入手，根据游戏情节的需要，在讨论与引导中增加半成品、废旧材料创新的机会，采用递进式的投放。游戏时教师要随时注意观察幼儿对游戏材料的具体使用情况，根据孩子的兴趣特点和实际活动水平对材料进行有效的增减。教师要尊重幼儿的原有经验，鼓励幼儿动手寻找并制作自己需要的材料，大胆想象，通过实践使思维与想象变为现实，既要保证幼儿在游戏中的主体地位，又要激活幼儿的游戏创新意识。

(二)发挥小组合作实效，提升合作交往能力

合作是人与人之间为了一个共同的目标而进行的协调行为。大班的幼儿与成人、同伴的相互交往和共同活动，成为其认知社会的重要途径。幼儿在游戏中通过合作获得的不仅是对社会生活的多样感知，还体验了合作交流的快乐情绪。小组合作中有成员间的差异与互补，有面对困难时相互的鼓励和支持，这为幼儿提供了与同伴合作的机会，从而逐步提升了他们的合作意识和能力。教师可以在游戏开始时就有让幼儿自主选择同伴的过程，让他们在小组中相互陈述自己的观点、学会倾听同伴的意见，随着游戏的展开，通过共同讨论、利用手头资源，逐步统一玩法和展开游戏情节。幼儿在运用语言能力的同时，进行实际的练习，在不断地自我反思中学会表达自己的意愿，学会运用猜拳、轮流等方式协调解决矛盾，学会合作。

(三)提供分享经验机会，注重引导科学评价

教师可以为大班幼儿提供宽松、温馨、自主的环境平台，引导幼儿在集体、同伴和教师面前敢于交流和分享自己的经验；积极利用适当的表扬与鼓励，激发幼儿在游戏中表现自己的主体地位；以肯定的态度对待每位幼儿，给予幼儿讨论、发言的机会，并能够理解接纳幼儿出现的错误；坚持正面评价的原则，帮助幼儿提高自信心，同时在评价中帮助幼儿发现与学习别人的优势，弥补不足，提高游戏水平；教师还可以将幼儿提出的建议拿出来和大家一起进行讨论，为以后的游戏做铺垫；让幼儿在快乐自主的游戏中感受成功的喜悦，增强参与游戏的主动性。

四、大班幼儿游戏案例

三只小猪盖房子

游戏目标

1. 鼓励幼儿积极参加角色游戏，培养其对游戏的兴趣。
2. 培养幼儿归类、收拾整理材料的意识和能力。
3. 懂得遵守游戏规则，与同伴友好合作。

游戏准备

知识准备：幼儿学习了故事《三只小猪》，已熟悉故事情节和对话。

物质准备：猪妈妈、猪老大、猪老二、猪老三、大灰狼头饰，小房子道具。

游戏过程

教师以看表演的形式引入主题，激发幼儿的表演兴趣。教师请幼儿自由分组表演故事《三只小猪》，并提出要求。幼儿使用道具材料游戏，教师做具体指导。师生互评，一起谈表演和观看的感受。游戏结束，教师带领幼儿一起整理游戏材料。

游戏提示

教师要求幼儿在观看表演时注意倾听，增强观众意识。教师对表演的幼儿提出要求——要注意同伴合作，注意动作表情和语言的形象性。鼓励幼儿完成角色分配任务。

动物大世界

设计意图

游戏是幼儿园教育的基本活动和主要形式，将语言教育与游戏结合不仅可以提高幼儿的兴趣，还可以让幼儿学到知识和锻炼幼儿的反应力，可谓一举多得。此活动以"动物园的动物"为切入点，符合大班幼儿的实际经验，让孩子们学会分类和用语言完整表达。在最后的说话游戏中还可以进行一系列的延伸活动，幼儿会觉得既有趣又有成就感。

游戏目标

1. 理解游戏规则并能按规则进行游戏。

2. 具有文明的语言习惯，懂得按次序轮流回答，不随意打断别人。

3. 能用一句完整的话描述自己所说的动物，在游戏中体验知识的乐趣。

游戏准备

提前让小朋友搜集各种动物的名称。

游戏过程

教师和孩子们一起有节奏地拍手来让大家安静下来。

教师："胡老师现在要做一个调查，谁去过动物园？"（大部分都举起了手）"那你们肯定能说出很多种动物，我现在请小朋友每个人说出两种动物，不能重复。"（幼儿回答）（狗熊、老虎、狮子、孔雀、鲨鱼、老鹰、企鹅、喜鹊、鸳鸯、豹子……）

教师："好，小朋友们说了这么多种动物，我们发现小朋友说的喜鹊、老鹰是'天上飞的'（语速放慢）；老虎、狮子是'地上跑的'（语速放慢）；鲨鱼、金鱼是'水里游的'（语速放慢）。原来我们可以把动物分成三类，小朋友们跟老师一起说'天上飞的'（教师的手举起并做飞的姿势）、'地上跑的'（教师用食指和中指交替前行做奔跑状）、'水里游的'（教师双手合闭弯弯曲曲做游的姿势）。接下来我们要通过一个游戏来看看小朋友的反应力和知识量。好的，现在请小朋友全部起立，搬小椅子围成一个大圈。"（小朋友开始围圈，教师提醒个别小朋友将圈围好）

第一环节：挑兵点将

教师："现在我来说一下规则，这个环节叫'挑兵点将'，当我说'动物园里有什

么'的时候，我点到谁，谁只能说'天上飞的''地上跑的''水里游的'这三句话中的其中一句，明白了吗？"(幼儿回答明白了)

教师："动物园里有什么？"(教师用手指向一个小朋友)

幼儿："天上飞的。"(这个小朋友站起来反应了一会儿才说)

教师："非常好，只是反应有点儿慢，我希望下一个小朋友能反应快一点，好的，请小朋友竖起耳朵仔细听，动物园里有什么？"(教师快速指向一名小朋友)

幼儿："水里游的。"(反应很迅速)

教师："好，好，非常好，反应很快。动物园里有什么？"(又指向一名小朋友琳琳，因为教师看到她在发呆)

幼儿："额……狮子。"(其他小朋友开始有些骚动，有的说她回答错了，有的偷偷告诉她应该说什么，有的只是在大笑)

教师："狮子？这不是老师想要的答案，你说错是因为你刚才没有认真听，好了，大家一起告诉她，当老师说动物园里有什么的时候，你们可以说什么？"(大家一起说"天上飞的、地上跑的、水里游的")

之后教师的"挑兵点将"又进行了好多次，直到大部分小朋友明白了规则。

第二环节：动物连连看

教师："现在我们把难度加大，开始第二轮挑战，名字叫'动物连连看'。我们一起提问'动物园里有什么'，老师指向谁，谁就可以说其中一类，后面的小朋友要说具体的动物。比如，我指向了毛毛，毛毛如果回答'地上跑的'，那后面的丫丫要说一种地上跑的动物，丫丫后面的小朋友接上，咱们看能接多长，好不好？"

幼儿："好！"(神情激动，有的鼓起了掌)

教师："我们一起说，动物园里有什么？"(师生一起有节奏地说，教师指向朵朵小朋友)

朵朵："天上飞的。"

幼儿："天鹅、蝴蝶、老鹰、小鸟(澜澜说的小鸟)。"(孩子们一个个排队说)

教师："小鸟是什么鸟？澜澜，我们要说具体的名字，不能说小鸟，现在给你一次机会，说是什么鸟。"

澜澜："额……麻雀。"(思考了一下，小声地说)

教师："好，后面的继续。"

幼儿："蜜蜂、大雁、喜鹊、海鸥、斑马(润润说的斑马)。"(小朋友大笑，场面一下子乱了)

教师："斑马是天上飞的吗？(故作惊讶地说)看来是润润有点儿紧张。好的，我们现在从你这儿开始，大家一起来说，动物园里有什么？"

润润："地上跑的。"

幼儿："豹子、大象、狮子……"

就这样游戏进行了大约10分钟，轮了大约四五圈，有的幼儿一开始就错了，有的幼儿说乱了，有的幼儿说重复了，有的幼儿表现很好，能一气呵成连续十几个不出错。

第三环节：说出一句话

教师："好，小朋友现在已经掌握得差不多了，接下来我们继续增加难度，进入最后一个环节'说出一句话'，规则是当你说出某一个动物时要用一句话来描述它。比如，天鹅，我喜欢天鹅白白的羽毛。这就可以，现在我们就来试一试。"

教师："地上跑的，毛毛(指向毛毛)。"

毛毛："熊猫，熊猫胖胖的，很可爱。"

教师："非常好，大家为毛毛鼓鼓掌(鼓掌)，现在请毛毛指向其他小朋友。"

毛毛："天上飞的，颜颜(毛毛指向颜颜)。"

颜颜："喜鹊，很好听。"

教师："什么很好听呢？补充完整，成一句话。"

颜颜："喜鹊的叫声很好听。"

教师："非常好，颜颜指向其他小朋友。"

颜颜："水里游的，丫丫(颜颜指向丫丫)。"

就这样以此类推持续了大约 15 分钟，轮了一圈多，幼儿们几乎都可以说出有关动物的一句话。表达特别好的幼儿得到了大家的表扬和掌声。

结束语

教师："非常好，今天小朋友们的表现非常出色！好了，自己给自己鼓鼓掌吧。(掌声雷鸣)下次我们再进行这个活动时，将会继续增设环节，让大家来挑战，大家有信心吗？"(孩子们大声地说"有")"现在请小朋友把椅子放回去，然后小便、洗手、喝水。"

延伸活动

每个幼儿说一句话，进行串联，要相互有关系有情节，最后形成一个有趣的动物故事。

(河北省直机关第四幼儿园，胡朋蕾)

＊＊＊＊＊＊＊＊＊＊

拓展视频

视频资源

小班过渡环节游戏
"玩偶超级变"

设计者/河北省唐山市
花苗实验幼儿园 付艳华

本章小结

　　对于不同年龄段的学前儿童来说，不同类型的游戏一直伴随他们左右。作为学前儿童游戏的指导者，既要把握学前儿童游戏的特点与应用策略，又要学会关注具体的每个年龄段的特点，尊重学前儿童实际发展的需要，学会运用合适的指导策略和技巧帮助学前儿童顺利度过学前阶段。

关键术语

　　婴儿游戏　小班游戏　中班游戏　大班游戏

思考题

1. 简答题

(1)0～3岁儿童游戏有什么特点？

(2)0～3岁儿童游戏的指导要点有哪些？

(3)小班幼儿游戏的特点和内容有哪些？

(4)小班幼儿游戏的指导要点有哪些？

(5)中班幼儿游戏的特点和内容有哪些？

(6)中班幼儿游戏的指导要点有哪些？

(7)大班幼儿游戏的特点和内容有哪些？

(8)大班幼儿游戏的指导要点有哪些？

2. 游戏实践

结合所学内容，设计一个适合1～3岁幼儿发展的游戏案例并分析。

拓展阅读

1.［美］斯蒂文·谢尔弗. 美国儿科学会育儿百科(0～5岁). 北京：北京科学技术出版社，2012.

2.［美］简·尼尔森，谢丽尔·欧文，罗斯林·安·达菲. 0～3岁孩子的正面管教. 北京：北京联合出版公司，2015.

参考文献

[1]北京师范大学教育系、北京崇文区光明幼儿园自选游戏课题组.幼儿园游戏指导[M].北京：北京师范大学出版社，1996.

[2]陈霞.幼儿园结构游戏中的教师指导研究——以济南市幼儿园为例[D].山东师范大学硕士学位论文，2014.

[3]陈玉茜，单大卯.幼儿体育的一个新领域——儿童感觉统合训练[J].南京体育学院学报，2001(1).

[4]陈喆，曾彬.我国亲子游戏研究综述[J].成都师范学院学报，2014(12).

[5]崔颖波.论"体育"不是"身体教育"[J].天津体育学院学报，2009(6).

[6]董旭花.幼儿园创造性游戏区域活动指导：角色区·建构区·表演区[M].北京：中国轻工业出版社，2014.

[7]贵淑玲.创设教学情境的四个方法[J].甘肃教育，2011(16).

[8]焦杰.有效提高小班幼儿体育游戏中规则意识的培养研究[J].中国农村教育，2013(5).

[9]林菁.幼儿园创造性游戏指导与实施[M].福州：福建人民出版社，2011.

[10]林小环.幼儿园体育游戏的设计与组织实施[J].学前教育研究，2011(5).

[11]刘洪霞.调动幼儿积极性主动性的有关操作问题[J].学前教育研究，1994(2).

[12]刘立民，么娜.幼儿园游戏设计[M].大连：大连理工大学出版社，2012.

[13]刘焱.幼儿园游戏与指导[M].北京：高等教育出版社，2012.

[14]马维国，秦金亮，曹桂芳.合作目标结构游戏训练对儿童分享观念与分享行为影响的实验研究[A]，第八届全国心理学学术会议文摘选集[C]，1997.

[15]么娜，胡彩云.幼儿游戏活动指导(第二版)[M].上海：华东师范大学出版社，2021.

[16]么娜.可以一起玩的幼儿游戏[M].北京：光明日报出版社，2014.

[17]么娜，李艳利.幼儿园教师专业发展及职前、职后教育研究[M].北京：中国原子能出版社，2015.

[18]么娜. 浅论明代前后童谣取材上的演变[J]. 大家, 2011(23).

[19]么娜. 浅谈幼儿园美术游戏的组织方法[J]. 学园, 2012(11).

[20]么娜. 浅谈幼儿园亲子活动的组织策略[J]. 教育导刊, 2011(4).

[21]么娜. 幼儿园建构活动课程游戏化模式研究[M]. 北京: 中国原子能出版社, 2019.

[22][美]约翰逊, 等. 游戏与儿童早期发展[M]. 华爱华、郭立军, 译. 上海: 华东师范大学出版社, 2006.

[23]孟小晨. 幼儿园表演游戏开展的现状研究[J]. 福建师范大学硕士学位论文, 2014.

[24]彭俊英, 魏婷, 等. 幼儿园游戏活动的组织与指导[M]. 北京: 教育科学出版社, 2014.

[25]彭新武. 复杂性思维与社会发展[M]. 北京: 中国人民大学出版社, 2003.

[26]邱学青. 学前儿童游戏[M]. 南京: 江苏教育出版社, 2008.

[27]全海英, 张婧婧, 张烨. 情境启动体育游戏对"4~6岁"幼儿利他行为的促进研究[J]. 沈阳体育学院学报, 2014(4).

[28]邵伟德, 胡建华, 沈旭东. 体育课程"身心教育一元论"原理构想[J]. 体育与科学, 2010(2).

[29]唐燕. 幼儿园教育活动设计与实施(第二版)[M]. 上海: 华东师范大学出版社, 2022.

[30]王佳丽. 从最近发展区理论看幼儿体育教育之重构——维果茨基最近发展区理论在幼儿体育教学内容及阶段划分中的运用[J]. 南京体育学院学报, 2010(6).

[31]王新晨. 根据幼儿体育游戏特点实施幼儿体育游戏教学[M]. 教育导刊, 2002(23).

[32]徐光兴. 儿童游戏疗法心理案例集[M]. 上海: 上海教育出版社, 2007.

[33]许卓娅. 学前儿童艺术教育[M]. 上海: 华东师范大学出版社, 2008.

[34]杨枫. 学前儿童游戏[M]. 北京: 高等教育出版社, 2006.

[35]余育娜. 合理开展幼儿体育活动促进幼儿身心和谐发展[J]. 体育学刊, 2000(1).

[36]翟理红. 学前儿童游戏教程(第二版)[M]. 上海: 复旦大学出版社, 2013.

[37]张丽华, 方红, 杨丽珠. 游戏促进幼儿自尊的实验研究[J]. 应用心理学, 2006(6).

[38]张天军. 学前儿童语言教育[M]. 上海: 复旦大学出版社, 2012.

[39]张志勇, 邓淑红. 自闭症儿童体育游戏干预个案研究[J]. 体育与科学, 2010(8).

[40]章茹. 从社会演化看游戏的发展[J]. 吉林体育学院学报, 2007(4).

[41]赵寄石、楼必生. 学前儿童语言教育[M]. 北京：人民教育出版社，2003.

[42]周红梅. 当前幼儿园结构游戏存在的问题和对策探析[J]. 教育导刊，2011(5).

[43]朱宝霞. 幼儿园表演游戏特点与指导策略[J]. 教育教学论坛，2010(36).

[44]朱俊卿. 从脑科学新成果视角看幼儿智力开发[J]. 教育探索，2010(5).